Tibor Zelikovics

Zeitenwende 2012

Tibor Zelikovics

Zeitenwende 2012

Globale Transformation • Das Erwachen der Menschheit
Der Beginn des Goldenen Zeitalters

© Hans-Nietsch-Verlag 2008
Alle Rechte vorbehalten.
Nachdruck, auch auszugsweise,
nur mit ausdrücklicher Genehmigung
des Verlages gestattet.

Lektorat: Friedhelm Loevenich
Korrektorat: Sylvia Schaible
Umschlaggestaltung:
Falk Wegner, www.lightshapes.de
Innenlayout und Satz: Rosi Weiss

Hans-Nietsch-Verlag
Postfach 2 28
79002 Freiburg

www.nietsch.de
info@nietsch.de

ISBN 978-3-939570-23-3

Inhalt

Teil II – Die biblische Prophetie

Einleitung

Ein großer Teil dieses Materials entstammt der Aufzeichnung einer Vortragsreihe, die der Autor bereits 1981 in den Räumlichkeiten des *Wiener Internationalen Zentrums* vor Stabsmitgliedern der *Vereinten Nationen* in englischer Sprache gehalten hat. Die Vortragsreihe stieß auf großes Interesse und wurde mehrmals wiederholt. Das Material wurde zum Schluss als Manuskript erfasst, um es mehreren Interessenten zugänglich zu machen.

Man sucht normalerweise nach Informationen, die auf dem neuesten Stand sind, wenn man sich über ein Thema gut unterrichten möchte. In dem Bereich der Prophezeiungen ist es aber vorteilhaft, wenn wir es mit Material zu tun haben, das alt ist. Denn so können wir sicherer sein, dass es sich um echte Präkognition (Vorherwissen künftiger Ereignisse) statt nur um das gute Gespür eines erfahrenen politischen und historischen Analytikers handelt.

Es ist nicht allzu schwierig für einen gut informierten Fachmann, Ereignisse mit einiger Wahrscheinlichkeit vorherzusagen, wenn die Vorzeichen bereits erkennbar sind. Trotzdem treten manchmal politische und historische Veränderungen ein, die selbst die besten und erfahrensten Beobachter überraschen.

Vorhersage der deutschen Wiedervereinigung

Als Beispiel bieten sich die Ereignisse in der jüngeren Vergangenheit an, die mit dem Zerfall der Sowjetunion begannen: die Demokratisierung der Ostblockländer, der Fall der Berliner Mauer und die deutsche Wiedervereinigung, die bedauerlichen Kämpfe in Jugoslawien etc.

Solche Ereignisse können als Paradebeispiele für die Befürworter des prophetischen Phänomens dienen, da diese Veränderungen alle Politikexperten im Schlaf überraschten. Man hätte wirklich ein Prophet sein müssen, um sie vorherzusehen.

Tatsache ist, dass aus den unzähligen Büchern, die sich mit Nostradamus und anderen prophetischen Quellen befassen, uns bis jetzt nur eines bekannt ist, das zum Beispiel die deutsche Wiedervereinigung klar vorhergesagt hat, und dies sogar mit Angabe des Jahres. Das Interessante an diesem Buch (ein Auszug daraus erscheint im Anhang) ist, dass es nicht bloß *einige,* sondern fast *zehn* Jahre vor dem vorhergesagten Ereignis erschienen ist. Es ist gerade das Alter des oben erwähnten Buches, das uns beeindruckt und neugierig macht. Dies zeigt, dass im Bereich der Prophetie ältere Werke sogar aufschlussreicher sein können als neuere.

Davon also, dass ein großer Teil der Informationen im vorliegenden Buch vom Autor bereits 1982 niedergeschrieben wurde, sollte sich der Leser nicht verunsichern lassen, wenn auch manches anachronistisch klingen mag. Für diese neue Ausgabe wurde einiges ergänzt und aktualisiert, aber vieles wurde mit Absicht so belassen, wie es war. Es wird dem Leser dadurch umso bemerkenswerter erscheinen, dass politische Entwicklungen, die sich erst jetzt langsam zu entfalten beginnen, und Weltgeschehnisse, die niemand vorhersehen konnte, aus den prophetischen Quellen schon vor längerer Zeit erkannt werden konnten.

Die Herausgeber, Wien im März 2008

Kapitel 1

Die kommende Zeitenwende und die „Zeichen der Zeit"

Die meisten von uns sind mit der Geschichte von „Jona und der Wal" vertraut. Der Prophet aus dem Alten Testament wird von seinem Gott beauftragt, die sündhafte Stadt Ninive zu warnen. Er soll sich in die Stadtmitte begeben und lautstark schreien: *„Vierzig Tage und Ninive wird untergehen!"*

Jona fürchtet sich vermutlich vor dem Spott der Öffentlichkeit und will seinen Auftrag nicht erfüllen. Er begibt sich zum Hafen und nimmt das nächste auslaufende Schiff. Ein Sturm kommt auf und das Schiff gerät in Seenot. Die Besatzung glaubt, dass Gottes Zorn auf ihnen liegen muss, weil jemand unter ihnen offenbar schwer gesündigt hat. Jona gesteht und wird von der Besatzung über Bord geworfen. Der Sturm legt sich und das Schiff ist gerettet.

Auch der Prophet wird vor dem Ertrinken bewahrt. Er wird, wie wir aus der bekannten Geschichte wissen, von einem riesigen Fisch geschluckt. Drei Tage verbringt er im Bauch des Meerestieres, bis er endlich bereit ist, seinen Widerstand gegen Gott aufzugeben und seinen Auftrag zu erfüllen. Der Fisch speit ihn daraufhin wieder an Land.

Der zweite Teil der Geschichte ist weniger sensationell, aber von unserem Standpunkt aus interessanter. Jona begibt sich nach Ninive und beginnt zu predigen. Die Stadtbewohner nehmen sich seine Botschaft zu Herzen und tun Buße. Die ganze Bevölkerung samt König und Hof fastet, kleidet sich in Sackleinen und setzt sich in Asche (wie es damals Sitte war), um Reue zu zeigen. „*Als aber Gott sah, wie sie sich bekehrten von ihrem bösen Wege, reute ihn das Übel, das er ihnen angekündigt hatte, und tat's nicht*" (Buch Jona 3,10).

Das Fazit aus der Geschichte ist: Prophezeiungen können zwar strenge Warnungen und detaillierte Beschreibungen von verheerenden Konsequenzen aussprechen, die über die Menschheit kommen würden, wenn sie sich nicht besinnt und ihren Lebenswandel ändert. Aber solche Vorhersagen sind bedingt: Hoffnung gibt es immer.

Somit ist keine prophetische Quelle, die kategorisch und unabänderlich den „Weltuntergang" vorhersagt, ernst zu nehmen.

Selbst Nostradamus qualifiziert seine Prophezeiungen mit den Worten: „*Es ist offenbar, dass alle Prophezeiungen ins Herz des Menschen gepflanzt sind durch den Atem Gottes und durch engelgleichen Geist ... Die Zukunft selbst jedoch beruht allein und ausschließlich auf dem freien Willen.*"[1]

Welchen Sinn haben Prophezeiungen?

Wenn der Verlauf der Zukunft von unserer freien Entscheidung abhängt und nicht unabänderlich ist, welche Aufgabe erfüllen Prophezeiungen dann überhaupt? Auch kann die Frage gestellt werden: Wieso treffen sie dann so oft ein?

Prophezeiungen dienen anscheinend als Warnungen vor und Hinweise auf drohende Umstände. Somit hätten wir die Möglichkeit zu reagieren und die Gefahr abzuwenden. Bleibt eine angemessene Reaktion aus oder wird sie nur halbherzig durchgeführt, dann trifft der vorhergesagte Umstand ein.

Ein Arzt kann die ernsten gesundheitlichen Konsequenzen, die seinem Patienten drohen, wenn er einige schlechte Gewohnheiten nicht aufgibt, genau schildern. Der Patient kann die Warnungen ernst nehmen oder nicht und entsprechend darauf reagieren. Seine Zukunft liegt in seinen eigenen Händen.

Der Umfang an prophetischer Literatur, über die unsere Zivilisation verfügt, ist enorm. Allein die Bibel besteht zu einem Drittel aus prophetischen Büchern und prophetischen Passagen. Aus den neununddreißig

Büchern des Alten Testaments stammen siebzehn von den Propheten. Auch die historischen oder poetischen Bücher beinhalten Prophezeiungen. Im Neuen Testament weisen drei der vier Evangelien prophetische Kapitel auf, in denen Jesus die Weltsituation vor dem „Messianischen Zeitalter" genau beschreibt. Zudem haben wir die berühmte *Offenbarung (Apokalypse) des Johannes,* die mit ihren zweiundzwanzig skurrilen Kapiteln fast ausschließlich prophetisch ist. Aber auch die Briefe der Apostel beinhalten prophetische Kapitel und Absätze.

Wir werden in unserem Buch diesen biblischen Prophezeiungen besonders viel Aufmerksamkeit schenken, da sie sich zum größten Teil auf unsere Zeit zu beziehen scheinen und ernste Warnungen und Hinweise beinhalten.

Wie funktionieren Prophezeiungen?

Die Meinung, dass Prophezeiungen nur aufgrund ihrer suggestiven Wirkung eintreffen, ist weit verbreitet. Man kann nicht leugnen, dass Prognosen und Prophezeiungen es an sich haben, selbstverwirklichend zu wirken durch den suggestiven Einfluss, den sie ausüben. Astrologische und „mediale" Vorhersagen in populären Zeitungen und Zeitschriften können auf die Entscheidungen von Individuen einwirken und allein dadurch die prognostizierten Resultate hervorrufen.

Manche Prophezeiungen, die unter der Bevölkerung effektiv genug verbreitet werden, können sogar historische Konsequenzen verursachen. Pessimistische Wirtschaftsprognosen zum Beispiel vermögen Angst und Panik auszulösen und das Vorhergesagte heraufzubeschwören. Sobald genug Menschen an etwas glauben – sei es positiv oder negativ –, beginnt sich die Gesellschaft in Richtung dieses Glaubens zu bewegen.

Die nationalsozialistische Propagandamaschine Hitler-Deutschlands benutzte dieses Phänomen bewusst unter Verwendung von astrologischen und prophetischen Vorhersagen, indem sie nicht davon abließ zu verkünden, dass es die unaufhaltsame Bestimmung der arischen Rasse sei, die Welt zu beherrschen.

Der mögliche Missbrauch von Prophezeiungen soll uns jedoch

nicht davon abhalten, von den nützlichen Aspekten dieses Phänomens Gebrauch zu machen.

Viele Prophezeiungen sind außerdem verschleiert und können nur kurz vor oder nach ihrem Eintreffen verstanden werden. Dies schließt die Möglichkeit der Massensuggestion aus. Andere Prophezeiungen, die bereits eingetroffen sind, waren unter der Bevölkerung zu wenig verbreitet, um das Phänomen der Massensuggestion auszulösen. Andere wiederum beschäftigen sich mit geologischen oder meteorologischen Ereignissen, die einer psychologischen Beeinflussung kaum unterliegen.

Dem Leser wird später selbst klar werden, wenn er die in diesem Buch zum Teil mit verblüffenden Details ausgestatteten Prophezeiungen liest, dass es sich dabei nicht allein um Massensuggestion handeln kann.

Kosmische und geschichtliche Zyklen

Unsere Zivilisation ist wahrscheinlich nicht die erste auf diesem Planeten, die eine hohe technische Entwicklung erreichte. Viele renommierte Gelehrte und Wissenschaftler vertreten die Meinung, dass die Legenden um vorgeschichtliche Zivilisationen – etwa Atlantis oder Lemuria – auf Tatsachen beruhen.

Die menschlichen Zivilisationen erreichen immer wieder technische Höhepunkte, wobei sie die mächtigsten Geheimnisse der Natur kennenlernen – Atomenergie, Gentechnologie. Fehlt einer Zivilisation die spirituelle Reife, um mit diesen Mächten umzugehen, ist sie dem Untergang geweiht.

Metaphysisch veranlagte Historiker sprechen von Zyklen in der Geschichte, die sich unaufhörlich wiederholen. In den heiligen Schriften der Inder begegnen wir einer ähnlichen Lehre. Diese Zyklen sind nach der indischen Philosophie in Zeitalter oder *Yugas* unterteilt, die in etwa mit den astrologischen Zeitaltern übereinstimmen. Jedes astrologische Zeitalter dauert ungefähr 2160 Jahre und ist jeweils einem der zwölf Tierkreiszeichen zugeordnet. Ein ganzer Zyklus würde demnach ca. 26.000 Jahre dauern.

Diesen 26.000 Jahren wiederum entspricht ein sogenanntes „Platonisches Jahr" – ein ganzes astrologisches Jahr oder ein *Präzessions-*

zyklus. Diesem Thema werden wir später mehr Aufmerksamkeit schenken, wenn wir über den Maya-Kalender und die Pyramiden-Prophezeiungen sprechen.

Wichtig ist für uns im Moment, dass es sich hier um einen natürlichen Zyklus handelt, der nur wenigen von uns bekannt ist, der aber möglicherweise mehr Einfluss auf unser Erdenleben hat, als wir erahnen. Es ist für uns leicht zu erkennen, welche Veränderungen innerhalb eines Erdenjahres eintreten. Die Jahreszeiten wechseln sich ab. In der nördlichen Hemisphäre ist der Sommer warm und der Winter kalt. In der südlichen Hemisphäre ist es umgekehrt. Wir können mit Gewissheit vorhersagen, dass die Jahreszeiten im nächsten Jahr sich auf ähnliche Weise verhalten werden.

Diesen Zyklus kann jeder Mensch sein Leben lang beobachten. Die gesellschaftlichen Veränderungen, die während eines Zyklus von 26.000 Jahren eintreten, kann jedoch niemand selbst beobachten, da sich die wiederholenden Muster durch die lange Zeitspanne unserer Aufmerksamkeit entziehen. Außerdem hat keine uns bekannte Zivilisation einen so langen Zyklus überdauert, dass über den erlebten Ablauf berichtet werden könnte.

Der Wassermann und die astrologischen Zeitalter

Die indischen Philosophen und die Astrologen behaupten, dass regelmäßige geschichtliche Muster existieren. Es handle sich dabei nicht bloß um physische Phänomene wie Jahreszeiten oder kältere und wärmere Zeitalter, sondern um Veränderungen, die die Verhaltensmuster von Menschen und die Entwicklung der Zivilisationen beeinflussen.

Nach der astrologischen Weltsicht wechseln sich die Zeitalter im Takt von ca. 2100 Jahren ab. In einem Platonischen Jahr oder Präzessionszyklus durchlaufen wir alle zwölf Tierkreiszeichen, bevor ein neuer Zyklus beginnt. Jedes Zeitalter wird von den Eigenschaften eines der zwölf Tierkreiszeichen geprägt.

Wir befinden uns seit ca. 2000 Jahren im Fische-Zeitalter, das auch als Zeitalter der Religionen oder als das „christliche" Zeitalter bezeichnet werden könnte. Die christliche Religion und die christlichen Länder haben sich im Lauf der letzten 2000 Jahre als die dominanten Weltmächte durchgesetzt. Es ist auch interessant, dass die ersten Christen den Fisch als ihr Symbol wählten. Die Religionen hatten während des Fische-Zeitalters einen ungewöhnlich starken Einfluss auf das Weltgeschehen, im positiven wie auch im negativen Sinn. Während die Verbreitung der hohen christlichen Ideale als der positive Pol bezeichnet werden kann, wurde Religion in dieser Zeit missbraucht und als Motor für die grausamsten Handlungen eingesetzt – Verfolgungen, Inquisition, die Kreuzzüge und unzählige Religionskriege.

Das Zeitalter vor unserem, das von Mars dominierte Widder-Zeitalter, war durch militärische Eroberungen und den Aufbau von Weltreichen gekennzeichnet – Assyrien, Babylonien, Persien, Griechenland, Rom. Davor dominierte 2000 Jahre lang der Stier. Die wandernden Stämme wurden zunehmend sesshaft. Städte wurden gebaut. Die Landwirtschaft setzte sich durch.

> Die astronomischen Bedingungen, die die astrologischen Epochen zeitlich begrenzen, bestimmen für diese eine Bewegung im Tierkreis in der entgegengesetzten Richtung, als wir es gewöhnt sind. Das Widder-Zeitalter kam also vor unserem Fische-Zeitalter und Stier kam vor Widder.

Nach der astrologischen Weltsicht treten wir bald ins Wassermann-Zeitalter ein, das durch eine Faszination mit Technologie, aber auch die Achtung vor humanitären Werten gekennzeichnet ist. Die Eigenschaften des Wassermannes mit seinem futuristischen Idealismus treten immer stärker in Kraft. Die Vision einer neuen, perfekteren Weltordnung, ermöglicht durch die neuen Technologien, wird die Entwicklung unserer Gesellschaft zunehmend bestimmen.

Die Wendezeit

Während sich erkennen lässt, dass die aufeinanderfolgenden Zeitalter durch klar ausgeprägte Tendenzen gekennzeichnet sind, können wir auch beobachten, dass die Veränderungen nicht plötzlich eintreten. Ein kommendes Zeitalter beeinflusst das vorherige und umgekehrt.

Obwohl wir nach den astrologischen Berechnungen erst in einigen Jahren in das Wassermann-Zeitalter eintreten, sind die zu erwartenden Veränderungen bereits klar erkennbar. Während die Kirche ihren Einfluss als politische Kraft immer mehr verliert, machen sich Ideale wie die zunehmende Bedeutung von Menschenrechten oder das Bestreben nach einer vereinigten Welt stärker bemerkbar.

Paradoxerweise üben fundamentalistische und fanatisch-religiöse Strömungen immer noch einen wesentlichen Einfluss auf die Weltpolitik aus. Der Übergang von einem Zeitalter zum nächsten wird typischerweise von größeren Unruhen und Umwälzungen begleitet. Es ist, als ob ein geschichtlicher Abschnitt sich nicht ohne Kampf durch den folgenden ablösen lassen will. Das Mars-Zeitalter der Weltreiche kämpfte gegen das aufsteigende Zeitalter der Fische. Dies manifestierte sich durch Roms verzweifelte Verfolgung der Christen. Rom fiel trotzdem und wurde durch das „Heilige" Römische Reich abgelöst. Die römisch-katholische Kirche wurde zur dominierenden Macht in der Politik Westeuropas. Die orthodoxe Kirche entwickelte sich in Osteuropa ebenfalls zu einem wesentlichen Machtfaktor.

Während die Eroberungen und der Aufbau der Weltreiche im Mars-Zeitalter von reinen Überlebens- und Machtfaktoren motiviert wurden, waren es im Fische-Zeitalter zunehmend religiöse Motive (bzw. Vorwände), die Armeen in Bewegung setzten – die islamischen Eroberungen, die Kreuzzüge, der Dreißigjährige Krieg.

Das Wassermann-Zeitalter warf seinen Schatten bereits im letzten Teil des Fische-Zeitalters voraus. Starke idealistische Strömungen, die der Dominanz der dogmatischen Religionen, aber auch den von den Kirchen unterstützten Monarchien entgegenwirkten, setzten sich durch – die Reformation, die Französische und Amerikanische Revolution, der Aufstieg des Bolschewismus etc.

Zu Ende des letzten Millenniums war ein neues Phänomen zu beobachten – Eroberungskriege nicht länger im Namen der Religion sondern aus humanitären Gründen, um „die Welt zu retten". Die napoleonischen Kriege waren, zumindest nach außen hin, von der Motivation beflügelt, die unterdrückenden Monarchien zu stürzen, um die Ideale der Revolution – „Freiheit, Gleichheit, Brüderlichkeit" – in der Welt zu verbreiten.

Karl Marx baute auf dem humanistischen Fundament der Französischen Revolution auf, um diese Philosophie beinahe in eine Art Religion zu verwandeln. Auch der deutsche Nationalsozialismus gab vor, seine Welteroberungskampagne sei ein Kreuzzug, um die Welt zu retten. Auch der dritte Möchtegern-Welteroberer der Neuzeit, der Kommunismus, hatte zum Ziel, eine weltweite „Diktatur des Proletariats" zu gründen, basierend auf den gleichen humanitären Idealen, die bereits der Französischen Revolution zum Sieg verholfen hatten.

Prophetie und Präkognition

Das Wort „prophezeien" bedeutet ursprünglich „verkünden" oder auch „deklarieren". In der altgriechischen Kultur war der Prophet ein Sprecher der Götter, einer, der die Nachricht verkündete, die er erhalten hatte. Das Wort „Prophet" im biblischen Sinn hatte die gleiche Bedeutung. In diesem Zusammenhang muss es sich bei der Prophezeiung nicht notwendigerweise um eine Vorhersage der Zukunft in jenem Sinn, in dem wir das Wort heute im Allgemeinen verstehen, handeln. Prophezeien hieß ursprünglich nur die Botschaft der Götter verkünden. Allerdings handelten viele dieser Botschaften von zu erwartenden Ereignissen und im Lauf der Zeit wurde Prophetie dann ausschließlich als Zukunftsvorhersage verstanden. In dieser Bedeutung werden wir dieses Wort hier verwenden.

Die neuere Wissenschaft bezeichnet Prophezeiung, Vorhersage, als „Präkognition", was wörtlich so viel wie „Vorherwissen" bedeutet. Präkognitive Phänomene sind in neuerer Zeit durch namhafte Wissenschaftler studiert und exakt dokumentiert worden. Es besteht kein Zweifel an ihrer Echtheit und Gültigkeit. Es gibt Menschen, die sehr detailliert von kommenden Ereignissen träumen, sie in Visionen erleben oder einfach über sie Bescheid wissen – Wochen, Monate oder Jahre, bevor sie eintreten. Einige Physiker, die bemerkt haben, wie präzise solche Beobachtungen sind, haben ihre Theorien über die Natur von Zeit und Raum einer Revision unterzogen und infolgedessen Spekulationen entwickelt, die sich mehr und mehr mystischen Bereichen annähern.

Wir haben nicht die Absicht, uns an dieser Stelle mit theoretischen Aspekten präkognitiver Erscheinungen auseinanderzusetzen oder sie einer allgemeinen Untersuchung zu unterziehen. Wir haben uns auf die Untersuchung der Vorhersagen selbst beschränkt – insbesondere derjenigen, die historische Bedeutung besitzen, d.h. sich mit dem Schicksal ganzer Nationen und in einigen Fällen dem Schicksal der ganzen Menschheit befassen.

Messianische Erwartungen

Ein interessanter Aspekt des prophetischen Phänomens ist, dass es fast immer in einem religiösen Zusammenhang anzutreffen ist. In den meisten Fällen sind es die heiligen Schriften der verschiedenen Religionen selbst, die als Quellen dienen. Die jüdisch-christliche Tradition weist eine besonders reiche Fülle an Prophezeiungen auf.

Dass ein großer Teil der Prophezeiungen des Alten Testaments und fast alle Prophezeiungen des Neuen Testaments sich messianischen Themen widmen, ist nicht überraschend. Die Ankunft bzw. Wiederkehr des Messias oder Christus ist ein Hauptthema sowohl im Judentum als auch bei den Christen. Wir begegnen diesem messianischen Thema aber auch bei anderen Religionen. Die Buddhisten sprechen von dem Maitreya-Buddha. Die Muslims hoffen auf das Kommen des Mahdi. In der Hindu-Tradition ist von der Reinkarnation eines Avatars wie Krishna oder Rama die Rede.

Es handelt sich in allen Fällen um einen gotterfüllten Menschen, der die Menschheit vor ihrem drohenden, durch spirituellen Verfall verursachten Untergang rettet und in die göttliche Harmonie zurückführt. Die Hauptaussage dieser messianischen Traditionen ist, dass der Messias kommt, wenn die Menschheit Gefahr läuft, sich zu zerstören und nicht fähig zu sein scheint, sich selbst zu retten. Doch er kann erst dann erscheinen, wenn die Menschen bereit sind, ihn zu akzeptieren und auf ihn zu hören.

Die globale Krise

Sage uns ... welches wird das Zeichen sein deines Kommens ...?

Jesus antwortete „... ein Volk wird sich erheben wider das andere und ein Reich wider das andere, und es werden geschehen große Erdbeben ... Pestilenz und Hungersnöte ... Das alles aber ist der Anfang der Wehen. ...

Denn es wird alsdann eine große Trübsal sein, wie sie nicht gewesen ist von Anfang der Welt bisher und auch nicht wieder werden wird."

(Matthäus 24; Markus 13; Lukas 21)

Der Menschheit steht eine Krisenzeit von einem Ausmaß bevor, das in der Geschichte der Welt noch niemals aufgetreten ist.

Es leben mehr Menschen auf der Erde als jemals zuvor und eine drohende Überbevölkerung ist bereits abzusehen. Wenn diese Entwicklung weiterhin so verläuft, reichen unsere Naturressourcen bald nicht mehr aus, wobei es sich nicht nur um Bodenschätze handelt, sondern um rein lebenserhaltende Ressourcen wie Trinkwasser oder Sauerstoff.

Die Regierungen der Welt machen sich Sorgen darüber, wie sie ihre Trinkwasserversorgung in der nächsten Zeit absichern können. Einige Länder sind dabei von Flüssen abhängig, die in feindlichen Ländern entspringen. Die Nationen bekriegen sich oft wegen Kleinigkeiten. Wie wird es erst sein, wenn es um die lebenswichtigsten Ressourcen geht?

Wir verfügen außerdem über Waffen, die unsere Welt in wenigen Minuten zerstören könnten. Solche Waffen stehen heutzutage nicht nur den Großmächten, sondern auch kleineren Ländern, deren Regierungen zum Teil relativ unstabil sind, zur Verfügung. Es ist auch denkbar, dass sogar Terrororganisationen Zugang zu Massenvernichtungswaffen bekommen können – sprich Atomsprengköpfen oder Chemiewaffen.

Geologische und klimatische Veränderungen

Das Weltklima scheint uns Menschen immer weniger freundlich gesonnen zu sein. Während ein Teil der Welt sintflutartige Regenfälle und Überschwemmungen erlebt, sind Dürre- und Waldbrandkatastrophen in anderen Weltteilen an der Tagesordnung. All das scheinen Auswirkungen unseres kurzsichtigen Umgangs mit der Erde zu sein – Treibhauseffekt, Ozonloch. Ozongase bleiben nach ihrer Freisetzung in der Atmosphäre bis zu 30 Jahre lang aktiv. Obwohl auf globaler Ebene Maßnahmen getroffen worden sind, den Ausstoß von Ozon reduzierenden Gasen zu vermindern, wird sich das Ozonloch noch lange Zeit weiter vergrößern, bevor es sich dann wieder langsam zu schließen beginnt.

Es gibt eine Theorie, wonach sogar das sogenannte „El niño"-Phänomen, beeinflusst u. a. durch vulkanische Eruptionen unter Wasser und Magmabewegungen, die die Meere erwärmen, möglicherweise auf menschlichen Leichtsinn zurückgeführt werden kann.

Wir haben in den letzten fünfzig Jahren enorme Mengen an Erdöl aus dem Erdinneren gepumpt. Diese Ölvorräte stehen unter massivem Druck und lassen gigantische Hohlräume in der Erdkruste zurück, wenn sie entfernt werden. Dass dies einen Druckausgleich verursachen muss, liegt auf der Hand.

Die Erdkruste besteht aus einer Anzahl tektonischer Platten, die auf der flüssigen Lava im Erdinneren schwimmen. Wo diese Platten einander berühren, entstehen Erdbebenzonen. Manche dieser Zonen befinden sich auf der Erdoberfläche, manche unter dem Meer. Die Reibung und Verschiebung der Platten gegeneinander verursacht Erdbeben oder vulkanische Unterwassereruptionen. Bereits eine Veränderung von wenigen Zentimetern in der Position der tektonischen Platten kann geologische Katastrophen verursachen. Ein großes Ungleichgewicht des Drucks im Erdinneren muss logischerweise eine Auswirkung auf die Position der tektonischen Platten haben.

Mittlerweile werden Informationen über den Zusammenhang zwischen menschlichem Leichtsinn und globaler Erwärmung sowie klimatischen Veränderungen bzw. der steigenden Temperatur der Weltmeere von den Medien weltweit verbreitet.

Seuchen

Eben da wir Menschen begonnen haben, stolz auf unseren medizinischen Fortschritt zu sein, treten neue Massenkrankheiten und alte Seuchen (von denen wir dachten, sie längst besiegt zu haben) in

Erscheinung, gegen die wir hilflos sind. Die Krankheitserreger entwickeln Resistenzen gegen die bisher wirksamen Antibiotika. Es gibt heute mehr Tuberkulosekranke auf der Welt als je zuvor. Immer wieder wird von neuen Epidemien berichtet – Cholera, Ebola, Malaria, von BSE und Aids ganz zu schweigen. Vormals beinahe unbekannt, ist Krebs fast zur Seuche unseres Jahrhunderts geworden.

Manche dieser Epidemien sind Zivilisationskrankheiten. Andere wiederum entstehen aus dem Boden der Armut und des Elends, die sich in der Welt immer stärker verbreiten.

Wirtschaftskrise und Hungersnöte

Während wir weltweit wesentlich mehr Lebensmittel produzieren als in der Vergangenheit, verhungern mehr Menschen als je zuvor. Diese Hungersnöte werden durch Kriegszustände und Wirtschaftsfaktoren verursacht.

Das jetzige Wirtschaftssystem mit seiner Überproduktion an nicht essenziellen Gütern kann mit den Anforderungen der heutigen Zeit nicht zurechtkommen. Zu viele der hergestellten Güter finden keine Absatzmärkte mehr. Diese Überproduktion zerstört die Umwelt, kann aber nicht gestoppt werden, ohne ernsthafte wirtschaftliche Folgen nach sich zu ziehen – ein gefährlicher Teufelskreis.

Die kommende Weltregierung und der Antichrist

Alle diese Faktoren tragen dazu bei, die Welt zunehmend zu destabilisieren und eine Krisenatmosphäre zu schaffen. Die Geschichte zeigt uns, dass nichts günstiger ist für den Aufstieg einer Diktatur als eine schwere Krise. Auch wenn in unserer Zeit die Demokratie sich als dominante Regierungsform durchzusetzen scheint, dürfen wir nicht vergessen, dass die Gesetze aller Länder vorsehen, in Krisenzeiten den Zivilregierungen diktatorische Vollmächtc einzuräumen. Droht der Nation ein Zerfall ins Chaos, so hat der Präsident oder Premierminister die Macht, das Kriegsrecht auszurufen.

Abgesehen davon beginnen Menschen in Krisenzeiten regelrecht nach einer Diktatur zu rufen. Es ist eine instinktive Erkenntnis, dass

solche Zeiten sich nicht für Diskussionen oder Abstimmungen eignen, sondern konsequente Entscheidungen und unverzügliches Handeln erfordern. Deshalb auch können die Armeen der Welt und die militärähnlichen Instanzen (Polizei, Feuerwehr) nicht demokratisch strukturiert sein.

In Zeiten schwerer Krisen beginnen die Menschen nach einer starken, fähigen Person oder Instanz zu suchen, die sie anführen kann. Dies ist auch der Grund, warum Möchtegern-Diktatoren Krisen, falls diese nicht bereits bestehen, absichtlich (möglichst unbemerkt) provozieren.

In den Prophezeiungen ist entsprechend von einem sogenannten „Antichrist" zu lesen. Dieser Ausdruck scheint sich auf eine charismatische und, zumindest am Anfang, sehr beliebte und verehrte Persönlichkeit zu beziehen, die in der „Endzeit" an die Macht kommen wird und versprechen wird, die Welt aus der globalen Krise zu führen.

Der Antichrist (d. h. Pseudo-Christus) wird absolute Vollmacht erhalten und diejenigen, die sich seiner weltrettenden Politik widersetzen, grausam verfolgen. Seine „Schreckensherrschaft" wird nur wenige Jahre dauern. Die Erde wird während dieser Zeit zunehmend von immer schwereren Naturkatastrophen heimgesucht. Schließlich werden die Menschen, die diese Zeit überleben, sich ihrer Unfähigkeit, sich selbst zu retten, bewusst. Sie werden sich für eine spirituelle Lösung (also für eine innere Veränderung der grundlegenden Einstellung und Geisteshaltung jedes Einzelnen) öffnen und bereit sein, sich der Führung eines spirituell veranlagten, wahrlich liebevollen Retters zu fügen, der dann auf der Weltbühne erscheinen wird.

Wann wird all das geschehen?

Viele Menschen assoziieren Prophezeiungen mit übertriebenen „Weltuntergangs"-Prognosen und Vorhersagen über alles Leben vernichtende Katastrophen. Ausdrücke wie „Endzeit" und „zur Zeit des Endes" erscheinen zwar in den Prophezeiungen, beziehen sich aber auf das Ende der vorhergehenden Epoche bzw. auf die Zeitenwende. Dies ist aus dem Zusammenhang klar ersichtlich, da solche „Endzeit"-

Beschreibungen immer von Beschreibungen des Tausendjährigen Reichs, d. h. eines Goldenen Zeitalters, gefolgt werden. (Der Ausdruck „Tausendjähriges Reich" übrigens, den die Nazis für ihre Zwecke missbrauchten, stammt eigentlich aus der Bibel-Prophezeiung [Offenbarung 20,4 und 6]).

Einige Propheten geben auch genaue Jahre an. Gelegentlich sind solche Jahresangaben verblüffend genau, meistens sind sie aber, auch wenn sie sonst zuverlässigen Quellen entstammen, grob falsch. Viele Beispiele aus den Geschichten diverser Sekten, die sich mit Prophezeiungen beschäftigen, zeigen, wie trügerisch Jahresprognosen sein können. Die Anhänger verkaufen Hab und Gut, sagen sich von allen Bindungen los und versammeln sich samt Frau und Kind in der Wildnis, um auf die Entrückung oder auf die Ankunft des Messias zu warten. Die Anführer der Gruppen müssen sich nachher intensivst ins Gebet vertiefen, um halbwegs glaubwürdige Erklärungen zu finden, wieso die vorhergesagten Ereignisse nicht zeitgerecht eingetroffen sind.

Die „Zeichen der Zeit"

> *Des Abends sprecht ihr: Es wird ein schöner Tag werden, denn der Himmel ist rot. Und des Morgens sprecht ihr: Es wird heute ein Unwetter kommen, denn der Himmel ist rot und trübe.*
>
> *Über das Aussehen des Himmels könnt ihr urteilen; könnt ihr dann nicht auch über die „Zeichen der Zeit" urteilen?*
>
> (Matthäus 16,2–3)

Wir begegnen Jahresprognosen bei Nostradamus, Edgar Cayce und Jeane Dixon. Die Pyramiden-Prophezeiungen deuten auf astronomische Phänomene, die überzeugend mit bestimmten Jahren in Zusammenhang gebracht werden können. Die biblischen Prophezeiungen, die auf genaue Zeitpunkte hinweisen, definieren diese in Zusammenhang mit klar erkennbaren gesellschaftspolitischen und historischen Ereignissen. Alle Quellen, die wir hier berücksichtigt haben – wenngleich sie sich zeitweise Jahresprognosen bedienen –, beschreiben auch übereinstimmende politische und historische Ereignisse.

Solche „Zeichen der Zeit" sind auf jeden Fall zuverlässiger als einfache Jahresangaben. Wir konzentrieren uns in diesem Buch deshalb in erster Linie auf prophetische Beschreibungen historischer Weltgeschehen und erwähnen Jahresprognosen nur der Vollständigkeit halber.

Warum war das Jahr 2000 von Bedeutung?

Eine Millenniumswende ist von einer enormen psychologischen Prägung begleitet. Man erwartet einfach eine Veränderung. Das Phänomen der „sich selbst erfüllenden Prophezeiung" spielt hier sehr wohl eine wesentliche Rolle.

Abgesehen davon gaben diverse prophetische Quellen das Ende des Jahrtausends als Zeitpunkt für den Anfang des *Goldenen Zeitalters* an. Die Propheten waren sich allerdings nicht darüber einig, was das genaue Jahr betraf. Nostradamus und Jeane Dixon sprachen von 1999. Edgar Cayce dagegen gab 1998 als Stichjahr an. Auch wurde der Begriff „Goldenes Zeitalter" nicht von jedem gleicherweise verstanden.

Bei Nostradamus ist außerdem keineswegs erwiesen, ob er 1999 wortwörtlich oder symbolisch meinte. Er sagt in seinen klärenden Briefen, dass die Prophezeiungen erfüllt sein würden und das Goldene Zeitalter beginnen würde, „*bevor die Welt ins siebente Millennium eintritt, wenn man von dem Zeitpunkt an rechnet, der auf die biblische Schöpfung hinweist"*.[2]

Die Bibel enthält Stammbäume, wonach von der Erschaffung der Welt bis zur Geburt von Jesus von Nazareth ca. 4000 Jahre vergangen wären. 2000 Jahre später wäre dann der Beginn des siebenten Millenniums. Natürlich ist es für uns heutzutage schwer zu glauben, dass die Welt erst vor 6000 Jahren geschaffen wurde. Es ist hier nicht der Ort, die Streitfrage „Schöpfung kontra Evolution" aufzuwerfen. Aber wir können jenen folgen, die annehmen, dass die Schöpfungsgeschichte, wie sie im Buch Genesis erzählt wird, eine tiefere spirituelle und sogar prophetische Bedeutung hat.

Es ist vielleicht auch kein Zufall, dass unsere Zivilisationsepoche nicht älter ist als ca. 6000 Jahre. Die Zeiten vorher werden „vorgeschichtlich" (prähistorisch) genannt.

Das siebte Millennium
und das Tausendjährige Reich

*Und so vollendete Gott am siebenten Tage seine Werke ... Und
Gott segnete den siebenten Tag und heiligte ihn ...*

*... ein Tag vor dem Herren ist wie tausend Jahre und tausend
Jahre wie ein Tag.*

*... sie werden Priester Gottes und Christi sein und mit ihm
regieren tausend Jahre.*

(1. Mose 2,2–3; 2. Petrus 3,8; Offenbarung 20,6)

Es ist eine alte Lehre, mit der Nostradamus ohne Zweifel vertraut war,
dass die biblischen sechs Tage der Schöpfung und der siebente Tag der
Rast die 6000 Jahre andauernde turbulente Menschheitsgeschichte
darstellen, die von einem siebenten Millennium der Erlösung und des
Friedens abgelöst werden.

Die Verwendung dieser Form von Zahlensymbolik ist nicht uncha-
rakteristisch für den biblischen Brauch und es könnte sehr gut sein,
dass sich Nostradamus darauf bezog, als er sagte, dass das Goldene
Zeitalter mit dem siebenten Millennium nach der Schöpfung beginnen
würde. Er ist aber in seinen Jahresberechnungen keineswegs präzise
und nennt diesbezüglich zwei voneinander abweichende Jahreszahlen im selben Brief. [3]

Es gibt außerdem andere Zeitrechnungen und Kalender, einige
davon sogar heute noch in Verwendung, die sich ebenfalls auf die biblische Schöpfungsüberlieferung berufen, aber Zahlen angeben, die sich
von Nostradamus' Angaben wesentlich unterscheiden. Nach dem jüdischen Kalender z. B. befanden wir uns zur Zeit der Jahrtausendwende
im Jahre 5760, wonach das siebente Millennium erst in ca. 250 Jahren beginnen würde, während es nach Nostradamus' Berechnungen
schon 180 Jahre vorher angefangen haben müsste.

Es soll also festgehalten werden, dass das Jahr 2000 nur in unserem
westlichen Kalendersystem von Bedeutung war. Der islamische Kalender
zählte das Jahr 1420, der jüdische, wie gesagt, 5760, der buddhistische
2541 und beim chinesischen Kalender schaute es nochmals anders aus.

Jesus wurde „vor Christus" geboren

Ein weiteres Problem ist die kuriose Tatsache, dass Jesus nach den uns zur Verfügung stehenden Angaben im Jahre vier vor Christus geboren wurde oder einigen Gelehrten zufolge sogar im Jahre sechs oder sieben v. Chr.

Unser gegenwärtiges Kalendersystem basiert auf einer Laune von Kaiser Augustus, der beschloss, den Kalender vorzuverlegen, um so das Jahr Null in seine Regierungszeit fallen zu lassen. Jesus wurde vier bzw. sechs oder sieben Jahre vor dieser Kalenderreform geboren. Wenn wir also 2000 Jahre nach Christi Geburt rechnen, hätte das siebente Millennium bereits 1993, 1994 oder 1996 begonnen.

Es scheint, dass die einzige Möglichkeit, wie wir aus der 7000-Jahre-Theorie einen Nutzen ziehen können, darin besteht anzunehmen, dass diese Zeitangaben sich nicht exakt auf unser Kalendersystem beziehen; dass also seit der biblischen Schöpfung bis zur Zeit Christi ca. 4000 Jahre vergangen sind und dass das messianische Zeitalter ungefähr 2000 Jahre nach Christi Geburt beginnen wird.

Die biblische Prophetie umgeht, wie gesagt, diese Problematik, indem sie keine Kalenderjahre erwähnt, aber stattdessen eine Vielzahl von Einzelheiten nennt, nach denen bedeutende geschichtliche Veränderungen erkannt werden können. Diesem Beispiel folgend bräuchten auch wir keine Jahrtausendwende, um wahrzunehmen, dass eine gravierende Umstellung, wie dies in den Prophezeiungen längst beschrieben wurde, bereits im Gange ist.

Kapitel 2

Zeitenwende 2012

Der Kalender und die Prophezeiungen der Maya

Eine Veränderung, die durch den Abschluss des gesamten großen Zyklus ausgelöst wird, hat bereits eingesetzt, signalisiert durch eine Verschiebung der resonatorischen Frequenz; diese Verschiebung kündigt das Ende des Großen Zyklus an und gibt eine Vorahnung von dem Glanz unserer galaktischen, solaren und planetarischen Wirklichkeit der nachfolgenden Ära, die 2012 n. Ch. beginnt.[1]

José Argüelles

Wer waren die Maya? Weshalb erschienen sie vor 5000 Jahren wie aus dem Nichts, schufen eine Hochkultur mit zahlreichen erstaunlichen Bauten und einer sogar noch erstaunlicheren Wissenschaft, nur um im 9. Jahrhundert unserer Zeitrechnung plötzlich zu verschwinden?

Zahlreiche Mysterien und Geheimnisse umgeben das Volk der Maya und harren noch ihrer Enträtselung. Was war der Grund ihres Hierseins? Einige Autoren betrachten die Maya als galaktische Boten mit der Aufgabe, unseren Planeten Erde auf einen Evolutionssprung vorzubereiten.

Im Zuge dieser großen Aufgabe hinterließen sie uns ihren berühmten Heiligen Kalender, den *Tzolkin*. Der Tzolkin ist die Grundlage des sogenannten „Großen Zyklus" von 5125 Jahren Dauer, der 3113 v. Chr. begann und zur Zeit der Wintersonnenwende am 21./22. Dezember 2012 n. Chr. endet.

Der Tzolkin, *der berühmte* Heilige Kalender *der Maya, ist die Grundlage des sogenannten* Großen Zyklus, *der zur Zeit der Wintersonnenwende am 21./22. Dezember 2012 n. Chr. endet.*

Warum sollte dieses sogenannte „Enddatum" des Maya-Kalenders aber von besonderer Bedeutung sein? Gibt es dafür irgendwelche vernünftigen Erklärungen? Handelt es sich dabei möglicherweise nicht bloß um eine Erwartungshaltung, genau so, wie es beim Jahr 2000 der Fall war? Wie wir im vorherigen Kapitel bereits besprochen haben, sind prophetische Datumsangaben im Allgemeinen alles andere als zuverlässig.

Im Falle des Enddatums des Maya-Kalenders jedoch ist nicht das Kalenderdatum 21./22. Dezember 2012 von Bedeutung, sondern das astronomische Ereignis, das zu diesem Zeitpunkt stattfindet – nämlich die besondere Position unseres Sonnensystems in Relation zur Milchstraße.

Dieses astronomische Ereignis, das von unserem Zeitrechnungssystem unabhängig ist, berührt Zusammenhänge, die astrologische, geophysikalische und humanneurologische Aspekte miteinander verbinden und das 2012-Datum als besonders signifikant hervorheben. Es handelt sich dabei um die Synthese und Zusammenwirkung von folgenden belangreichen Faktoren:

- das elektromagnetische Feld der Erde,
- das morphogenetische Feld der Menschheit und
- die Präzession des Äquinoktiums in Zusammenhang mit geschichtlicher Astrologie.

Ein Verständnis des Zusammenwirkens dieser Faktoren veranschaulicht nicht nur die Bedeutung des Maya-Kalenders, sondern insgesamt auch der Entwicklung der Menschheit aus prophetischer Sicht.

Es liegt auf der Hand, dass die physikalische Position unseres Sonnensystems in Relation zu unserer Galaxis (der „Milchstraße") – die selbst ein gigantisches elektromagnetisches Feld erzeugt – einen deutlichen Einfluss auf die Qualität des magnetischen Feldes unseres Planeten haben muss. Dies wiederum hat eine subtile, aber deutlich spürbare Wirkung auf die Persönlichkeitsschwerpunkte und Verhaltensweisen der gesamten Menschheit. Die Studien, die über die Zusammenhänge zwischen den sogenannten Schumann-Wellen (vom Erdmagnetfeld erzeugte Radiowellen) und dem menschlichen Verhalten erstellt wurden, beweisen dies eindeutig.

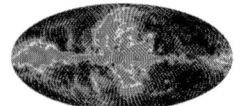

Diese grafische Darstellung der Mikrowellen-Strahlungen in der Milchstrasse zeigt, dass unsere Galaxis ein gigantisches elektromagnetisches Feld erzeugt.

Die Qualität des magnetischen Feldes der Erde wird außerdem von der *Präzession des Äquinoktiums* beeinflusst. Die dabei entstehenden Veränderungen liefern somit eine plausible Erklärung für die besonderen Qualitäten, die den astrologischen Zeitaltern zugesprochen werden. Dass unser Sonnensystem im Jahre 2012 den galaktischen Äquator (und somit den Zentralpunkt des galaktischen Magnetfeldes) überquert, wird ebenfalls sicherlich nicht ohne Auswirkungen bleiben. Wie selten diese Konjunktion ist, wird durch die Tatsache veranschaulicht, dass die Sonne für ihren Umlauf um das Zentrum der Galaxie 220 bis 240 Millionen Jahre benötigt!

Um die Bedeutung der angesprochenen Zusammenhänge konkreter zu verstehen, untersuchen wir nun diese Aspekte im Einzelnen, beginnend mit dem Maya-Kalender selbst.

Der Heilige Kalender der Maya

Die Maya hatten neben einer eigenen Zeitmessung auch ein spezielles Kalendersystem, welches die Fraktalität der Zeit darstellt. Der längste Zyklus im Maya-Kalender beträgt 26.000 Jahre, etwa so lange dauert ein sogenanntes „Platonisches Jahr" – ein ganzer Präzessionszyklus. Die Tibeter, alten Ägypter, Cherokee- und Hopi-Indianer beziehen sich in ihren mystischen Glaubenssystemen und Zeitrechnungen genau wie die Maya auf einen solchen Zyklus von 26.000 Jahren.

Die Maya benutzten außerdem ein Rechensystem, das auf Einheiten von 1 (wie ein Finger), 5 (fünf Finger oder Zehen), 10 und 20 (die Summe aller Finger und Zehen) basierte. Diese Einheiten wurden in ihr Kalendersystem übernommen und mit weiteren natürlichen Einheiten kombiniert, wie z. B. 28 (entspricht den Tagen in einem Mondzyklus) und 13 (Mondzyklen in einem Sonnenjahr). Der Maya-Kalender benutzt außerdem zwei Zeitrechnungen: eine kurze, um tägliche und jährliche Zeitabläufe zu messen, und eine lange, die für die Maya von zusätzlicher kosmologischer und kultisch-religiöser Bedeutung war.

Die kurze Zeitrechnung legte 13 Monate zu jeweils 28 Tagen zugrunde, betrug also 364 Tage. Der fehlende Tag wurde durch einen außerordentlichen „Tag außer der Zeit", der nach unserem Kalender

Der Tzolkin *besteht aus 13 Tönen und 20 Siegeln, die in einem doppelt synchron laufenden Muster zu allen 260 möglichen Kombinationen vereinigt werden.*

dem 25. Juli entspricht, kompensiert. Eine weitere Einheit von 260 (13 mal 20) Tagen, die sowohl für die kurze als auch für die lange Zeitrechnung von Bedeutung ist, ist der Tzolkin. Der *Tzolkin* (sprich: Tscholkin) ist der Heilige Kalender der Maya. Er besteht aus 13 Tönen und 20 Siegeln, die in einem doppelt synchron laufenden Muster zu allen 260 möglichen Kombinationen vereinigt werden. Jedem der 13 Töne und 20 Siegel werden bestimmte Eigenschaften zugeordnet, wodurch jeder Tag des Tzolkin eine eigene Qualität erhält – Qualitäten nicht unähnlich denen, die wir aus der Astrologie kennen.

Die Maya waren von der Übereinstimmung von Zyklen fasziniert und maßen jeder Kongruenz eine Bedeutung bei. Somit enthält der Maya-Kalender eine weitere Einheit von 52 Jahren durch die Konjunktion des 260-tägigen Tzolkin-Zyklus in Relation zum Solar-Zyklus von 365 Tagen: 52 mal 365 ergibt 18.980 Tage. 18.980 ist die kleinste Zahl, die sowohl durch 260 als auch durch 365 teilbar ist.

Die lange Zeitrechnung besteht aus Multiplen der gleichen Einheiten, die wir vom Rechensystem und in der kleinen Zeitrechnung kennen.

- Die Grundeinheit ist ein Tag *(Kin)*.
- 20 Kin sind ein Vinal.
- 18 (13+5) *Vinals* sind ein *Tun* (= 360 *Kin*).
- 20 *Tuns* sind ein *Katun* (= 7200 *Kin*).
- 20 *Katuns* sind ein *Baktun* (= 144.000 *Kin*).
- 13 *Baktuns* sind ein Großer Zyklus (= 1.872.000 *Kin*).
  Dies entspricht, wenn wir die Schaltjahre miteinbeziehen, etwa 5125,4 Jahren.

Die Maya notierten bedeutende astronomische, historische und kultische Ereignisse mit Einheiten aus der langen Zeitrechnung und verwendeten eine Schreibweise dafür, die mittlerweile entziffert wurde. Ein Zeitpunkt wurde notiert als x *Baktuns*, x *Katuns*, x *Tuns*, x *Vinals* und x *Kins* nach dem Anfang ihrer Zeitrechnung. Das Null-Datum wurde als 0.0.0.0.0 notiert und der letzte Tag des langen Zyklus als 13.0.0.0.0. Zum Beispiel 6.19.19.0.0 = 6 *Baktuns*, 19 *Katuns*, 19 *Tuns*, 0 *Vinals* und 0 *Kins*.

Anhand von astronomischen Ereignissen wie Sonnen- oder Mondfinsternissen konnte in der Maya-Forschung eine Korrelation zum heutigen Kalender hergestellt werden. Wir benutzen heute den gregorianischen Kalender, der 1582 von Papst Gregor XIII. eingeführt wurde. Bei der Synchronisation zum Maya-

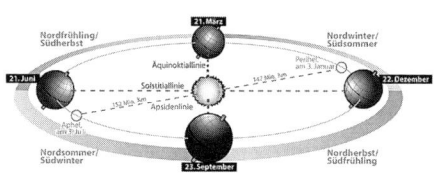

Kalender wird die julianische Tageszählung benutzt, die nach Joseph Justus Scaliger Montag, den 1. Januar 4713 v. Ch., aus astronomischen Gesichtspunkten, als Tag Null festlegt.

Bei der Korrelation zum Maya-Kalender gehen die Meinungen geringfügig auseinander und so gibt es zwei gängige Synchronisationen, die sich um zwei Tage unterscheiden. Es scheint aber jedenfalls Einigkeit darüber zu herrschen, dass der lange Zyklus des Maya-Kalenders zur Zeit der Wintersonnenwende, also am 21./22. Dezember 2012 endet. Es scheint, dass die Maya Kenntnisse über die sogenannte *Präzession des Äquinoktiums* besaßen, dass sie diesen Zeitpunkt als besonderen erkannten und wohlbewusst als Ende ihrer Zeitrechung auswählten.

Hipparch von Nikaia (ca.150 v.Chr.) gilt allgemein als der Entdecker der Präzession. Es ist allerdings offenbar, dass die Maya (sowie einige andere alte Zivilisationen) über diese „Wanderung des Äquinoktiums" mehrere tausend Jahre früher Bescheid wussten.

Die Präzession und das Wassermann-Zeitalter

Unter *Äquinoktium* oder *Tagundnachtgleiche* versteht man den Zeitpunkt, zu dem die Sonne während ihrer scheinbaren jährlichen Bewegung im Schnittpunkt von Ekliptik und Himmelsäquator steht. Zu diesem Zeitpunkt sind für alle Orte der Erde Tag und Nacht gleich lang. Dies gilt von jedem Punkt der Erde aus gesehen, daher der Name Tagundnachtgleiche. Durch die *Präzession* (das Vorangehen) der Erdachse verschieben sich die Äquinoktialpunkte kontinuierlich.

Die rotierende Erde ist mit einem Kreisel vergleichbar. Wenn wir einen Spielzeugkreisel drehen, sehen wir, dass sich der Kreisel nicht nur um die eigene Achse dreht, sondern dass zusätzlich die Achse

Unter Äquinoktium *oder* Tagundnachtgleiche *versteht man den Zeitpunkt, zu dem die Sonne während ihrer scheinbaren jährlichen Bewegung im Schnittpunkt von Ekliptik und Himmelsäquator steht. Durch die Präzession (das Vorangehen) der Erdachse verschieben sich die Äquinoktialpunkte kontinuierlich.*

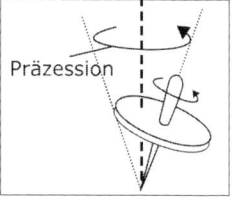

Präzession

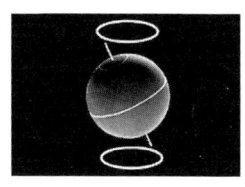

Die rotierende Erde ist mit einem Kreisel vergleichbar. Wenn wir einen Spielzeugkreisel drehen, sehen wir, dass sich der Kreisel nicht nur um die eigene Achse dreht, sondern dass zusätzlich die Achse selbst in einer relativ langsamen Bewegung einen Kreis beschreibt.

selbst in einer relativ langsamen Bewegung einen Kreis beschreibt. Ebenso rotiert die Erdachse um sich selbst und bewegt sich zusätzlich in einem Kreis. Die Erdachse vollendet in ca. 26.000 Jahren oder einem *Platonischen Weltenjahr* diese kreiselförmige Bewegung.

Da sich die Erde auf diese Weise bewegt und mit ihr die Tierkreiszeichen, während die Sternbilder aber Fixsterne sind, verschiebt sich der gesamte Tierkreis alle 2160 Jahre um ein Sternbild. Mit andern Worten: Der Frühlingspunkt (Sonnenstand bei Frühjahrs-Tagundnachtgleiche) wandert vor dem Hintergrund des Sternenhimmels in durchschnittlich 2160 Jahren um 30° oder um ein Sternbild rückwärts auf der Ekliptik.

Vor etwas mehr als 2000 Jahren stand der Frühlingspunkt am Beginn des Sternbildes Widder. In den zwei Jahrtausenden wanderte er rückwärts durch das Sternbild Fische. Heute steht er zwischen den Sternbildern Fische und Wassermann. Die Astrologen sprechen deshalb von einem Übergang ins Wassermann-Zeitalter. Zum Wechsel der astrologischen Zeitalter kommt es eben durch die oben beschriebene Präzession.

Das Zeitalter des Wassermanns folgt also auf das Zeitalter der Fische, das ungefähr zur Zeit Christi begann und in enger Beziehung zum Aufstieg des Christentums steht. Der genaue Zeitpunkt des Wechsels ins Wassermann-Zeitalter ist umstritten. Astrologen sprechen von einem Übergangszeitraum, der in den sechzigerjahren des 20. Jahrhunderts begonnen hat und noch einige Jahrzehnte des neuen Jahrtausends andauert.

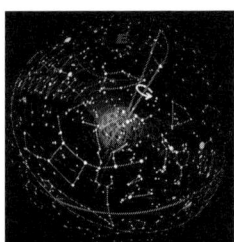

Als Zyklus der Präzession *oder* Platonisches Jahr bezeichnet man die Präzessionsperiode von etwa 25.700 bis 25.800 Jahren. Sie wird auch Das Große Jahr *oder* Weltjahr *genannt.*

Das Ende der Zeitrechnung im Maya-Kalender

Um die Bedeutung des Maya-Kalender-Enddatums etwas näher zu erläutern, zitieren wir in den folgenden Absätzen aus Schriften eines der führenden Maya-Forscher, des amerikanischen Gelehrten John Major Jenkins:

> „Zur Wintersonnenwende im Jahr 2012 wird die Sonne in Konjunktion mit dem Äquator der Milchstraße stehen. Zu diesem Zeitpunkt findet eine äußerst seltene astronomische Konstellation statt, die sich seit Tausenden von Jahren langsam abzeichnet. Die gesamte Schöpfungs-

geschichte der Maya kann man nur durch die Bedeutung dieser Konjunktion verstehen.

Der Ort, an dem die Sonne der Milchstraße begegnet, befindet sich in der ‚Dunklen Spalte' der Milchstraße, die durch interstellare Staubwolken gebildet wird. Dieses Phänomen kann jeder in einer klaren Sommernacht sehen, außerhalb der beleuchteten Großstädte. Zur Dämmerung der Wintersonnenwende im Jahre 2012 wird die Sonne sich direkt in dieser dunklen Spalte befinden, und zwar so platziert, dass die Milchstraße den Horizont an allen Punkten ringsum umfasst. Dadurch ,sitzt' die Milchstraße auf der Erde, berührt sie an allen Punkten ringsum und öffnet ein kosmisches ‚Himmelstor'. Die galaktische und die solare Ebene befinden sich in Konjunktion.

Nach der Maya-Mythologie bezieht sich die Wintersonnenwende auf eine Gottheit: *One Hunahpu*, auch als Erster Vater bekannt. Das heilige Buch der Maya, das *Popol Vuh*, bereitet darauf vor, dass der Erste Vater wiedergeboren werde und so ein neues Weltzeitalter beginnen kann. Die dunkle Spalte hat viele mythologische Bedeutungen: Straße der Unterwelt, Mund eines Kosmischen Monsters, Geburtskanal der kosmischen Mutter. Am besten zu verstehen ist die Bedeutung der Dunklen Spalte als Geburtskanal der Kosmischen Mutter, die bei der Konjunktion auf den Ersten Vater trifft. Genau zu diesem Zeitpunkt endet der Zyklus des Maya-Kalenders.

Alle diese Übereinstimmungen lassen es offenkundig erscheinen, dass die alten Maya von der Konjunktion wussten und sie für einen wichtigen Übergangspunkt hielten. In ihrer mythologischen Sprache bedeutet das Ereignis die Verbindung des Ersten Vaters mit der Kosmischen Mutter – oder genauer gesagt: die Geburt des Ersten Vaters (die Sonne der Wintersonnenwende) durch die Kosmische Mutter (die dunkle Spalte in der Milchstraße).

Die alten Maya erkannten, dass sich die Sonne bei der Wintersonnenwende langsam Richtung Milchstraße bewegt. Zwei große Punkte am Himmel bewegten sich zueinander, um eine seltene himmlische Vereinigung zu begehen. Der Kalender der Maya hat akkurat aufgezeigt, wann dieses Ereignis stattfinden wird – und es bedeutet mehr als die Geburt eines neuen solaren Jahres. Es bedeutet den Anfang eines neuen großen Zyklus der Zeitrechnung, das Neu-Stellen der gro-

Position der Sonne in Relation zum galaktischen Zentrum um 1000 v. Chr., 2012 n. Chr. und 5000 n. Chr.

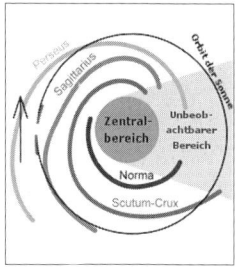

Zur Wintersonnenwende im Jahr 2012 wird die Sonne in Konjunktion mit dem Äquator der Milchstraße stehen. Der Ort, an dem die Sonne der Milchstraße begegnet, befindet sich in der Dunklen Spalte *der Milchstraße, die durch interstellare Staubwolken gebildet wird.*

ßen himmlischen Sternenuhr, und – vielleicht – eine neue Ebene in der Natur des menschlichen Bewusstseins und der Zivilisation.

Nach dem Maya-Kalender leben wir heute in einer Endzeit. Der große Zyklus des Maya-Kalenders endet mit der Wintersonnenwende 2012. Nach dem Konzept der Maya von Zyklen und Zeitübergängen bedeutet dieses Ende gleichzeitig einen Neuanfang. Tatsächlich wurde dieser Übergang von den alten Maya als das Entstehen eines neuen Weltzeitalters angesehen. Am Ende jedes Zeitalters steht eine Neugeburt.“[2]

Galaktische Synchronisation

Weiteres zu diesem Thema erfahren wir von *José Argüelles*, der den Maya-Kalender überhaupt wieder entdeckte und der eigentliche Urheber des heutigen Interesses an diesem Thema ist.

Argüelles wurde am 24. Januar 1939 in einer mexikanisch-amerikanischen Familie geboren, studierte an der Universität von Chicago (Bachelor of Arts 1961, Master of Arts 1963, Doctor of Philosophy 1969). Nach Beendigung seiner formalen Studien der Kunstgeschichte erhielt er den Titel „Samuel H. Kress Senior Fellow“ und verbrachte die Jahre 1965 und 1966 mit freien Studien in Paris und Europa. In seiner Eigenschaft als Erzieher und Professor unterrichtete er an der Princeton Universität, der Universität von Kalifornien in Davis, am Evergreen State College, am Naropa Institut, an der California State Universität in San Francisco, am San Francisco Art Institute, an der Universität von Colorado in Denver und an der *Union Graduate School*, wo er *Core Faculty and Program Coordinator* für Kreative Kunst war.

Dr. José Argüelles, *der den Maya-Kalender wiederentdeckte, ist der Urheber des heutigen Interesses an diesem Thema.*

Am 16./17. August 1987 initiierte er die *Harmonische Konvergenz*. Zu seinen Bucherfolgen zählen u. a. *Erde im Aufstieg, Surfer der Zuvuya* sowie *Arkturusprobe*. Seit vielen Jahren reist er mit seiner Frau Lloydine um die Welt, um den 13-Monde-Kalender einzuführen, der auf der Mathematik der Maya gründet. Die folgenden Zitate entstammen seinem Buch *Der Maya-Faktor*:

„Der Große Zyklus bzw. Große Synchronisations-Strahl mit dem Durchmesser von 5200 Tun bzw. dreizehn Baktun, den unser Planet Erde zur Zeit durchquert, nähert sich unmittelbar seinem Ende. ... Bei dieser

Reise werden die höher entwickelten DNS-Lebensformen der Erde einer ständigen Beschleunigung ausgesetzt. Dieser Prozess der Beschleunigung und letztlichen Synchronisation ist es, der uns hier als spezifische harmonikalische Wellenlänge der Geschichte interessiert. Dieser spezifisch historische Oberton ist ein winziges, aber exquisit proportioniertes Fraktal des galaktischen Evolutionsprozesses. Insofern bedeutet das Ende des Zyklus im Jahre 2012 n. Chr. (Kin 1.872.000, 13.0.0.0.0) nichts Geringeres als den entscheidenden qualitativen Sprung in der Evolution des Lichts und des Lebens der Erde oder auch des radiogenetischen Prozesses, den unser Planet verkörpert.

Damit diese abstrakte Information mehr Sinn und praktische Bedeutung gewinnt, wollen wir die dreizehn Baktun-Zyklen der harmonikalischen Oberton-Wellenlänge ‚Geschichte', … als eine Landschaft morphischer Resonanz, unterteilt in sieben Berge und sechs Täler, betrachten. Jeder dieser Berge und jedes dieser Täler ist ein in sich geschlossenes Feld morphischer Resonanz und dennoch steigern sie sich gemeinsam zu einem einzigen, an Wucht immer mehr zunehmenden Wellenkamm, einem Höhepunkt, der sich gegen Ende des dreizehnten Zyklus einstellt.

Der Zweck dieses ‚Crescendos der Materie' gegen Ende des dreizehnten Zyklus, des Zyklus der *Transformation der Materie*, ist der, eine zunehmende Infusion harmonikalischer Frequenzen zu ermöglichen. Bedenken wir, dass die Erde ein harmonikalisches Gyroskop ist, dann wird plausibel, wieso diese gesteigerte harmonikalische Resonanz, bewirkt durch eine nie da gewesene Verschmelzung menschlichen Bewusstseins, früher oder später eine helfende Rolle bei der Katapultierung des Heliokosmos in die Gemeinschaft der galaktischen Intelligenz spielen wird.

Zyklische Veränderungen sind wichtig, weil sie das Mittel sind, um der gesamten Spezies bzw. dem ganzen Planeten kreative Impulse zu geben. Jedes Mal, wenn eine Veränderung des morphischen Feldes bevorsteht, geht dem Übergang eine morphogenetische Subduktion voraus. Eine Subduktion ist ein plötzlicher Abwärtssog der Energie, auf den etwas später das Aufwallen oder die Entladung neuer Energie im neuen morphischen Unterfeld folgt. Diese Subduktion wird gewöhnlich durch ein Ereignis ausgelöst, das die Dinge, die da kommen sollen, bereits ahnen lässt.

Jedenfalls ist das, was für uns heute wirklich wesentlich ist, die Subduktion vor Abschluss des gesamten Zyklus. Mögen die Veränderungen zwischen den Baktuns noch so einschneidend sein – die Subduktion und Veränderung, die durch den Abschluss des gesamten Großen Zyklus ausgelöst wird, muss im Vergleich dazu unerhörte Ausmaße haben. Diese Veränderung – sie hat bereits eingesetzt – wird signalisiert durch eine Verschiebung der resonatorischen Frequenz; diese Verschiebung kündigt das Ende des Großen Zyklus an bzw. des Galaktischen Synchronisations-Strahls von 5200 Tun Durchmesser und gibt eine Vorahnung von dem Glanz unserer galaktischen, solaren und planetarischen Wirklichkeit der nachfolgenden Ära, die 2012 n. Ch. beginnt.[3]

Morphogenese und Transformation

Den Schlüssel zu dem, was sich in Geschichte und allen möglichen Schöpfungs- und Fortschrittsprozessen abspielt, sehe ich darin, den Vollendungszustand am Schluss als ein höherdimensionales Etwas zu begreifen, das über die niedrigeren Organisationsdimensionen, von denen dieses Universum eine ist, einen riesenhaften tanzenden Schatten wirft.[4]

Terence McKenna

Wie entwickeln sich Pflanzen aus einfachen Embryonen zur charakteristischen Form ihrer Art? Wie nehmen die Blätter von Weiden, Rosen und Palmen ihre Form an? Wie entwickeln ihre Blüten sich auf so unterschiedliche Weise?

All diese Fragen haben etwas mit dem zu tun, was die Biologen *Morphogenese* nennen, die Entstehung von Form (abgeleitet von den griechischen Wörtern *morphé* [= Form] und *génesis* [= Erzeugung], Entstehen), die eines der großen ungelösten Probleme der Biologie ist.

Wenn man sich naiv mit diesen Problemen befasst, erklärt man schlicht, jede Morphogenese sei genetisch programmiert. Die einzelnen Arten befolgen einfach die Anweisungen ihrer Gene. Aber nach kurzem Nachdenken erkennt man, dass diese Antwort nicht ausreicht. Alle Zellen des Körpers enthalten die gleichen Gene. In unserem Körper zum Beispiel ist das gleiche genetische Programm in unseren Augenzellen, in unseren Leberzellen ebenso wie in den Zellen unserer Arme und Beine vorhanden. Aber wenn sie alle identisch programmiert sind, warum entwickeln sie sich dann so unterschiedlich?

Die Biologen, die die Formentwicklung bei Pflanzen und Tieren studieren, sind sich seit Langem dieses Problems bewusst. Seit den zwanzigerjahren vertreten viele Forscher die Ansicht, dass sich entwickelnde Organismen von Feldern geformt werden, den sogenannten morphogenetischen Feldern. Sie sind so etwas wie unsichtbare Entwürfe, die der Form des wachsenden Organismus zugrunde liegen. Es sind Felder: sich selbst organisierende Einflussgebiete, vergleichbar magnetischen Feldern und anderen bislang anerkannten Feldern in der Natur.

Morphische Resonanz

Einer der führenden Denker und Theoretiker auf dem Gebiet der Morphogenetik ist Rupert Sheldrake. Sheldrake wurde 1942 geboren und studierte Naturwissenschaften an der *Universität von Cambridge* und Philosophie an der *Havard University*. Er promovierte in Biochemie in Cambridge, wo er danach als Direktor für Biochemie und Zellbiologie am *Clare College* tätig war.

Das schöpferische Universum (1983) war sein erstes Buch. 1990 erschien mit großem Erfolg Das Gedächtnis der Natur, 1994 Sieben Experimente, die die Welt verändern könnten. *Der Siebte Sinn der Tiere* erschien 1999 und *Der Siebte Sinn des Menschen* 2003. Alle seine Bücher waren Bestseller. Seine Theorien haben die Welt der Biophysik und Kosmobiologie maßgeblich beeinflusst.

Es folgen nun einige Auszüge aus seinen Schriften:

„Nachdem ich mich jahrelang mit den Problemen der Morphogenese herumgeschlagen und über morphogenetische Felder nachgedacht hatte, war ich zu der Schlussfolgerung gelangt, dass es sich bei diesen Feldern nicht bloß um irgendwelche mechanistischen Standardprozesse, sondern um etwas wirklich Neues handelt. Dies war der Ausgangspunkt dafür, dass ich die Idee der morphogenetischen Felder weiterentwickelte. Morphogenetische Felder nehmen Gestalt an, entwickeln sich wie Or-

Rupert Sheldrake *ist einer der führenden Denker und Theoretiker auf dem Gebiet der Morphogenetik.*

ganismen. Sie haben eine Geschichte und enthalten ein immanentes Gedächtnis aufgrund des Prozesses, den ich morphische Resonanz nenne. In dieser Hypothese behaupte ich, dass es in selbstorganisierenden Systemen auf allen Komplexitätsebenen eine Ganzheit gibt, die auf einem charakteristischen organisierenden Feld dieses Systems beruht, seinem morphischen Feld. Jedes selbstorganisierende System ist ein Ganzes, das aus Teilen besteht, die wiederum Ganze auf einer tieferen Ebene sind. Auf jeder Ebene verleiht das morphische Feld jedem Ganzen seine charakteristischen Eigenschaften und bewirkt, dass es mehr ist als die Summe seiner Teile.

Das umstrittenste Merkmal meiner Hypothese ist die Behauptung, dass morphische Felder sich entwickeln. Ihre Struktur beruht auf dem, was zuvor geschehen ist. Sie enthalten eine Art Gedächtnis. Durch Wiederholung werden die Muster, die sie organisieren, zunehmend wahrscheinlich, zunehmend gewohnheitsmäßig. Beim Menschen kann diese Art des kollektiven Gedächtnisses durchaus eng mit dem verwandt sein, was der Psychologe C. G. Jung das ‚kollektive Unbewusste' genannt hat. Informationen oder Handlungsmuster werden von einem System auf ein folgendes System der gleichen Art durch die morphische Resonanz übertragen. Es handelt sich dabei um den Einfluss von Gleichem auf Gleiches, von Handlungsmustern auf nachfolgende ähnliche Handlungsmuster, einen Einfluss, der sich durch Raum und Zeit fortpflanzt. Diese Einflüsse lassen vermutlich mit der räumlichen und zeitlichen Entfernung nicht nach. Je größer die Ähnlichkeit, desto stärker der Einfluss der morphischen Resonanz.

Die morphische Resonanz ist die Basis des inhärenten Gedächtnisses in Feldern auf allen Komplexitätsebenen. Jedes morphische System ‚schaltet sich ein' auf vorhergehende ähnliche Systeme. Durch diesen Prozess greift jede einzelne auf ein kollektives oder vereintes Gedächtnis ihrer Spezies zurück und trägt ihrerseits dazu bei. Bei der morphischen Resonanz geht es um nichtlokale Wirkungen im Raum wie in der Zeit."[5]

Zusammenhänge mit der Quantenphysik und sozialen Systemen

„Experimente zum Testen der räumlichen Aspekte morphischer Felder lassen auf eine Art von Nichtlokalität schließen. Die Nichtlokalität ist einer der überraschendsten und paradoxesten Aspekte der Quantentheorie: Teile eines Quantensystems, die in der Vergangenheit miteinander verbunden gewesen sind, behalten eine unmittelbare Verbundenheit, selbst wenn sie sehr weit voneinander entfernt sind. Genauso wie Atome und Moleküle sind auch die Angehörigen sozialer Gruppen Teile desselben Systems. Sie teilen sich ihre Nahrung, atmen die gleiche Luft, sind durch ihren Geist und ihre Sinne wechselseitig miteinander verknüpft und interagieren ständig. Wenn sie getrennt werden, können die Teile des sozialen Systems eine nichtlokale oder untrennbare Verbundenheit behalten, vergleichbar der in der Quantenphysik zu beobachtenden Verbundenheit.

So weiß beispielsweise niemand, warum Gesellschaften von Termiten so koordiniert sind, dass diese kleinen, blinden Insekten komplexe Nester mit einer komplizierten Innenarchitektur bauen können. Niemand versteht, wieso Vogelscharen oder Fischschwärme die Richtung so rasch ändern können, ohne dass die einzelnen Tiere miteinander zusammenstoßen. Und niemand weiß wirklich, wie die sozialen Bande beim Menschen beschaffen sind."[6]

Morphische Resonanz und Elektromagnetik

„Die Hypothese der Formenbildungsursachen hat in allen Wissenschaftszweigen weitreichende Implikationen. In der Biologie kann man erkennen, dass die Entwicklung von Tieren und Pflanzen von unsichtbaren Organisationsfeldern gestaltet wird, den Trägern der Vorfahrengewohnheiten. Zur Entwicklung biologischer Formen gehört nicht nur die Entwicklung von Gen-Pools, sondern auch die Entwicklung der morphischen Felder der Spezies. Durch diese Felder lassen sich, wie schon Charles Darwin angenommen hat, erworbene Anpassungen vererben. Und wenn sich neue Gewohnheiten bilden, kann die Evolution infolge von morphischer Resonanz viel rascher vonstatten gehen und sich ausbreiten, als wenn sie nur vom Transfer der Mutationsgene von den Eltern zum Nachwuchs abhängt.

Der gesamte Kosmos erscheint mittlerweile als evolutionär. Die Felder von Atomen, Molekülen, Kristallen, Planeten, Sternen und Galaxien entwickeln sich, und wie die morphischen Felder biologischer Organismen ist auch ihre Evolution der natürlichen Auslese unterworfen.

Die Hypothese der Formenbildungsursachen stellt somit eine Möglichkeit dar, den Entwicklungsprozess in der ganzen Natur und nicht bloß im Reich der Biologie zu erforschen.

Wir haben in unserem individuellen Bewusstsein eine besondere Affinität zum elektromagnetischen Feld, zur elektromagnetischen Wahrnehmung, Aufnahme und so weiter, wie sie im Sehen exemplarisch zum Ausdruck kommt. Die Vorstellung liegt nahe, dass das elektromagnetische Feld als ideale Vermittlungsinstanz in einer Hierarchie von Feldern angesiedelt ist, ganz ähnlich dem Ort unseres individuellen Bewusstseins in der Bewusstseinshierarchie der Weltseele.

Die Gewohnheiten elektromagnetischer Art und das Verhalten des elektromagnetischen Feldes entwickeln sich scheinbar nach den Gewohnheiten des morphogenetischen Feldes, was die Resonanz zwischen ihnen erklären würde – wie oben, so auch unten.

Es dürfte in jedem holistischen Modell der Wirklichkeit ebenfalls vollkommen nahe liegend sein anzunehmen, dass Gaia so etwas wie einen Geist hat und dass dieser in den Geist des Sonnensystems eingebettet ist und dieser wiederum in den galaktischen Geist. Diese höheren Ebenen von Geist und Bewusstsein mögen für uns schwer vorstellbar sein, aber einfache logische Überlegung macht ihre Existenz wahrscheinlich."[7]

Die Transformation der Materie

Nochmals José Argüelles:

„Bei der allgemeinen Beschreibung der dreizehn Unterzyklen des Großen Zyklus werden die Rhythmen der menschlichen Geschichte nicht nur zu morphischen Resonanzen eines umfassenderen planetarisch-evolutionären Prozesses, sondern spielt auch der Planet Erde selber eine wichtige Rolle im Drama der größeren morphogenetischen Harmonie-Ordnung des Sonnensystems.

Der Katun 1992–2012 ist der 260. Katun des Großen Zyklus, ist der 52. und letzte galaktische Aktivations-Zyklus. Er bringt die endgültige Transformation und Umkehrung des gesamten Feldes. Eine nicht-materialistische, an den ökologischen Harmoniegesetzen orientierte Technologie entsteht. Hierin und in der Erkenntnis, dass es eine resonatorische Beziehung zwischen solaren und psychischen Kräftefeldern gibt, liegt der wesentliche aufklärerische Beitrag dieser Ära.

Die weltweite Mobilisierung sozialer Kräfte zur Entmilitarisierung und Entindustrialisierung erreicht schließlich trotz Verzögerungen durch den Widerstand reaktionärer Elemente gegen Ende des Zyklus im Jahre 2012 ihr Ziel. Zu diesem Zeitpunkt steigt der Synchronisationsprozess des gesamten Großen Zyklus zu neuen Gipfeln auf und die vereinigte menschliche Gesellschaft vollzieht eine nie da gewesene Wende zur galaktischen Ausrichtung.

Das Ende des Zyklus ist geprägt durch eine festliche Stimmung, eine Synchronisation mythischen Ausmaßes und einen Ton spiritueller Erneuerung, wie er in der historischen Phase bisher unbekannt war. Damit tritt unser Planet in seine nächste evolutionäre Phase ein und sichert sich seinen Platz als neues Mitglied der Galaktischen Gemeinschaft."[8]

Die Maya-Prophezeiungen und die Zeitenwende

Die Maya-Prophezeiungen gehen mit Einzelheiten sehr sparsam um. Die allgemeine Aussage ist, dass die Menschheit nach jedem Großen Zyklus (ca. 5100 Jahre) kataklysmische Veränderungen erlebt oder gar zerstört wird (etwa durch Feuer, Wind, Wasser ...). Dass eine kataklysmische Umwälzung bevorsteht, ist bereits abzusehen, muss aber keineswegs zum Untergang der Menschheit führen. Wir haben schließlich mehrere Große Zyklen überlebt.

Aus astrologischer Sicht befinden wir uns jedenfalls mitten im Umbruch zu einer neuen Ära. Das Zeitalter des Wassermanns verspricht eine Ära des Nonkonformismus und des Individualismus zu werden. Es wird geprägt von Eigenschaften wie Toleranz, Offenheit und Weltbürgertum. Der Teamgeist des Wassermann-Zeitalters wird sich nicht nur in Forschung und Wissenschaft innovativ auswirken, der neue Zeitgeist wird auch die Menschheit erfassen. Das Wassermann-Zeitalter fördert eine weltweite Vernetzung und Globalisierung. Es schafft das Fundament, die Probleme der Menschheit weltweit gemeinsam anzugehen.

Aufgrund des Nonkonformismus und Individualismus kann es jedoch bei manchen Gesellschaftsgruppen auch zu einem gefährlichen überheblichen Denken kommen. Auch die Faszination mit utopischen Gesellschaftsmodellen sowie die Tendenz zum übermäßigen Vertrauen in technologische Lösungen könnten gefährlich sein.

Der Tatsache, dass unser Sonnensystem, gerade wenn wir uns im Prozess des Übergangs zum Wassermann-Zeitalter befinden, zudem den physischen (und somit den elektromagnetischen) Mittelpunkt der Galaxis überqueren wird, scheint bedeutend zu sein. Dass dies eine konzentrierte Manifestation der Qualitäten des Wassermann-Zeitalters hervorrufen könnte – was wiederum zum Höhepunkt extremer soziopolitischer Ereignisse, die mit der Zeitenwende in Zusammenhang stehen und vor denen mehrere prophetische Texte gewarnt haben, führen könnte –, scheint jedenfalls nicht zu weit hergeholt.

Das Jahr 2012 und die Zeichen der Zeit

Die Sterne machen geneigt, doch sie zwingen nicht.
Thomas von Aquin

Gleich, wie aufschlussreich und überzeugend die zusammenhängenden Aspekte bezüglich des Enddatums des Maya-Kalenders sein mögen, so stellen sie trotzdem nur eine einzige „Augenzeugenstimme" dar und sollten allein als solche betrachtet werden. Wie begünstigend die Einflüsse zur Zeit der Wintersonnenwende im Jahre 2012 auch immer sein mögen, so wird eine massive globale Veränderung sicherlich nicht spontan ohne eine Serie von erkennbaren Schlüsselereignissen eintreten, die eine solche Transformation fördern und herbeiführen. Ist der genannte Zeitraum tatsächlich von Bedeutung, dann höchstens als der wahrscheinliche Höhepunkt der Ereignisse, die die vorhergesagte Transformation ermöglichen.

Das Datum allein gibt uns aber keine Hinweise darauf und keinen Aufschluss darüber, was genau diese Ereignisse sein könnten – die „.... *Verzögerungen durch den Widerstand reaktionärer Elemente ...*" zum Beispiel, vor denen uns Argüelles warnt – oder wie wir uns auf sie vorbereiten können.

Um dies zu erfahren geben uns die anderen wichtigen prophetischen „Zeugen" – die allerdings ebenfalls auf den Anfang des 21. Jahrhunderts als Wendezeit deuten – eine Vielzahl von Einzelheiten und klar erkennbaren Zeichen der Zeit, an denen wir uns mit größerer Sicherheit orientieren können. Das Enddatum des Maya-Kalenders dient dabei jedoch wie ein Warnsignal, das uns konstant an die Dringlichkeit der Zeit erinnert, während wir in den folgenden Kapiteln die Aussagen der anderen prophetischen „Zeugen der Wendezeit" untersuchen.

Kapitel 3

Die Prophezeiungen des Michel de Notre Dame

Wir haben für unsere Forschungen Quellen ausgewählt, die sich in der Vergangenheit bereits mehrfach als zutreffend erwiesen haben, einer lauteren Motivation folgen und klar formuliert sind. Wir waren bemüht, die ursprünglichen Äußerungen dieser Propheten zu studieren und in ihnen die wahrscheinliche Absicht oder Bedeutung zu erkennen – wir haben so wenig wie möglich spekuliert und interpretiert. Dennoch bedürfen manche wichtige Stellen der Interpretation. In diesen Fällen haben wir versucht, Sie als Leser unmittelbar zur Quelle zu führen und Ihnen jenen logischen Pfad zu erläutern, der zu unserer Deutung geführt hat. Auf diese Weise erhalten Sie die Möglichkeit und die nötigen Informationen, um zu beurteilen, ob unsere Schlüsse und Auslegungen gerechtfertigt sind oder nicht.

Vor allem auf dem Gebiet der biblischen Prophezeiungen waren wir bemüht, den esoterischen Mystizismus zu verlassen und Ihnen den Originaltext zu präsentieren, den wir mit Ihnen gemeinsam untersuchen, um Ihnen zu vermitteln, dass Sie tatsächlich selbst in der Lage sind, diese Vorhersagen zu verstehen, ohne sich blindlings auf die Auslegungen der Gelehrten verlassen zu müssen – die oft genug untereinander uneins sind.

Wir werden die Äußerungen verschiedener Propheten vergleichen, um zu erkennen, in welcher Hinsicht sie sich einig und wo sie unterschiedlicher Auffassung sind. Dann werden wir versuchen, ein Bild zu entwerfen, das eine logische Voraussicht auf die Zukunft sein dürfte.

Nostradamus – sein Leben und seine Zeit(en)

Beginnen wir die Untersuchung mit einem der berühmtesten Propheten aller Zeiten: *Michel de Notre Dame*, besser bekannt als *Nostradamus*.

1503 in Frankreich geboren, war Nostradamus ein Zeitgenosse von Michelangelo, Leonardo und Paracelsus. Diese Ära scheint ein fruchtbarer Boden für zahlreiche große Männer gewesen zu sein. Michels Familie konvertierte vom jüdischen zum christlichen Glauben, als er noch ein Kind war. Bereits seine beiden Großväter waren angesehene Gelehrte und als Ärzte und Astrologen am Hof des Königs René d'Anjou tätig. Sie waren es auch, die die Erziehung des jungen Nostradamus persönlich leiteten.

Er wurde in Griechisch, Latein und Hebräisch ebenso unterrichtet wie in Medizin und Astrologie. Später erwies er sich als Arzt außerordentlich fähig und verbrachte viele Jahre im Kampf gegen die Pest, die damals die Bevölkerung Europas dezimierte und der auch seine erste Frau und zwei seiner Kinder zum Opfer fielen. Nach deren Tod verbrachte er acht Jahre auf Wanderschaft. In dieser Zeit dürften sich seine prophetischen Begabungen entwickelt haben.

Obwohl Nostradamus gelernter Astrologe war, schien er auch echte mediale Fähigkeiten zu besitzen, auf deren Grundlage wohl seine prophetischen *Centurien* entstanden sind. Seine Prophezeiungen werden so genannt, weil jeder Band der Erstausgabe hundert Vierzeiler oder vierzeilige Strophen enthält. Die Veröffentlichung der *Centurien* brachte Nostradamus bereits zu Lebzeiten Ruhm. Dieser dürfte allerdings nicht das Motiv für die Publikation gewesen sein, denn seine medizinischen und astrologischen Talente sicherten ihm zu diesem Zeitpunkt bereits einen hohen Bekanntheitsgrad sowie ein angenehmes Einkommen. Zudem scheint Nostradamus ein Mensch mit meditativer und philosophischer Neigung gewesen zu sein, der eine einsame und stille Umgebung zum Arbeiten bevorzugte.

Dieses authentische Porträt, gemalt von seinem Sohn César, zeigt Michel Nostradamus in seinem letzten Lebensjahr (1566).

Verschleierte Prophezeiungen als Schutz vor der Inquisition?

Die Veröffentlichung der *Centurien* war zudem mit einem gewissen Risiko behaftet. Nostradamus war schon Jahre zuvor wegen eines unvorsichtigen Kommentars, der als kirchenkritisch ausgelegt wurde, der Ketzerei bezichtigt worden. Viele seiner Prophezeiungen handelten von vorhandenen politischen und religiösen Institutionen und die Gefahr war sehr groß, von diesen wegen Ketzerei oder Wahrsagerei angeklagt zu werden. Möglicherweise sind die *Centurien* aus diesem Grund verschleiert abgefasst.

> *Die Ereignisse werden im Wesentlichen eintreten. Ich habe
> daher beschlossen, die zukünftigen Dinge, die in jedes
> Menschen Herz tiefe Unrast auslösen würden, in Orakel zu
> kleiden, verborgen und schwer zu verstehen, und zu bedecken
> mit Bildern, die wie Rätsel sind. Dies tat ich in größerem Maße
> als alle anderen Propheten ...*
>
> (aus Nostradamus' Brief an seinen Sohn César)

Nostradamus vermischt oft in einer einzigen Strophe Französisch, Griechisch, Latein und verschiedene Dialekte. Er vertauscht häufig die Buchstaben von Eigennamen, wahrscheinlich um sie unkenntlich zu machen. Auch die Zeitabläufe der Strophen sind in den meisten Fällen scheinbar ohne logische Ordnung.

Das Auslegungsproblem

Nostradamuskundige Gelehrte sind sich darüber einig, dass die Verse mit Sicherheit verschlüsselt sind. Fraglich ist nur, ob der richtige Schlüssel zur Auflösung überhaupt jemals gefunden werden kann. Die *Centurien* sind uns außerdem nur unvollständig erhalten. Von der siebten Centurie existieren von hundert ursprünglichen Vierzeilern nur noch zweiundvierzig.

Es ist eine bemerkenswerte Tatsache, dass sich kaum zwei Nostradamus-Experten finden lassen, die ein und denselben Vierzeiler gleich

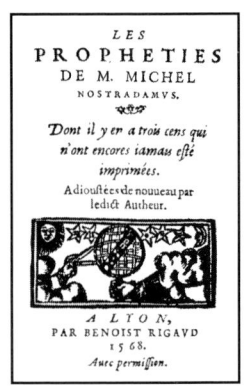

Die Centurien sind uns nur unvollständig erhalten (Deckblatt einer der ersten Ausgaben).

auslegen. Man findet immer wieder Bücher, in denen die Autoren Nostradamus unterstellen, konkrete Ereignisse vorhergesagt zu haben – meistens jedoch ohne die ursprünglichen Strophen im Original vorzuweisen, die diese Vorhersagen angeblich enthalten. Natürlich sollte der Leser eines Werkes, das nach Angabe des Autors auf jahrelanger Forschung basiert, den Vorteil genießen können, sich eine Menge Arbeit zu ersparen. Ebenso können natürlich nicht alle Schlussfolgerungen exakt dokumentiert werden, da dies den Rahmen herkömmlicher Bücher bei Weitem sprengen würde. Aber besonders bei den Prophezeiungen des Nostradamus empfiehlt es sich, einen Einblick in den Originaltext zu verlangen, bevor man sich auf die Interpretationen des Kommentators einlässt.

Einige gute Arbeiten stellen den Originaltexten aus den *Centurien* wörtliche Übersetzungen bei. In solchen Werken schlagen die Autoren eine oder mehrere mögliche Auslegungen vor und verweisen auf die Mehrdeutigkeiten im Text.

Eine solche Bearbeitung – aber auch die üblichen Schwächen – finden wir in dem Werk *Das Okkulte* des englischen Autors Colin Wilson.

Die Hitler-Prophezeiungen

Zuert zitieren wir die Stellen aus Wilsons Werk, die von Nostradamus' Prophezeiungen handeln, die sich angeblich mit Adolf Hitler befassen.[1]

Während des Zweiten Weltkrieges wurden diese Nostradamus-Passagen sowohl von Deutschland als auch von den Alliierten in jeweils passender Weise interpretiert und propagandistisch ausgewertet.

Wilson beginnt, indem er den Originalvers zitiert und ihm eine wörtliche Übersetzung sowie seine eigenen Analysen und Bemerkungen folgen lässt. Der interessierte Leser kann die zitierten Verse im Original mit einigen Übersetzungsvorschlägen im Anhang finden. Es dürfte dabei auffallen, dass die Übersetzungen im Anhang von Wilsons Übersetzungen um einiges abweichen. Dies demonstriert ein grundlegendes Problem, das bei den Nostradamus-Texten zwangsläufig auftaucht: Es ist beinahe unmöglich, die Vierzeiler zu übersetzen, ohne zugleich subjektive Interpretationen hinzuzufügen.

Bestien, rasend vor Hunger, werden den Strom erzittern lassen;
Ein Großteil des Landes wird unter Hister sein;
In einen Käfig von Eisen wird der Große gezerrt werden,
während das Kind von Deutschland nichts beobachtet

II,24 (Centurie II, Strophe 24)

Wilson analysiert das folgendermaßen:

„Wusste Nostradamus, was er mit ‚Hister‘ meinte, oder war es ein Name, der ihm einfach einfiel? Seit dem Zweiten Weltkrieg neigt man zu der Auffassung, ‚Hister‘ bedeute ‚Hitler‘.“

Im französischen Originaltext, der eine alte, zu Lebzeiten von Nostradamus übliche Schreibweise benutzt, wurde der Buchstabe s als ∫ geschrieben, das einem *l* ähnelt. *Hister* erschien also als „Hi∫ter“. Mit Bedacht auf Nostradamus' Gewohnheit, Buchstaben bei Personen- und Ortsnamen gelegentlich in verkehrter Reihenfolge zu schreiben, ist es nicht weit hergeholt, *Hi∫ter* als „Hitler“ zu lesen.

Wilson kommentiert weiter:

„James Laver glaubt, dass sich der Satz ‚während das Kind von Deutschland nichts beobachtet‘ darauf bezieht, dass es im Krieg keine Gesetze des Anstands mehr gibt, was nun gewiss auf Hitlers Zeit zutrifft. Andererseits ist Robert Graves der Ansicht, dass mit Hister die Donau (Ister) gemeint sei. [James Laver und Robert Graves sind renommierte britische Historiker und bekannte Nostradamus-Forscher. Anm. d. Hrsg.] Nostradamus hatte nach Meinung Graves' Venedig im Sinn, das in Nostradamus' Jugend zwar noch kaum von sich reden machte, aber in Lepanto zu Ruhm kam.

Graves' Interpretation scheint mir [Wilson] die wahrscheinlichere zu sein, insbesondere da Nostradamus in einem anderen Vers den Rhein und Hister erwähnt, womit offensichtlich zwei Flüsse gemeint sind.“

An einem Ort unweit von Venus
wird man die Ankunft der zwei Großen Asiens und Afrikas,
vom Rhein und Hister melden;
Trauer und Tränen in Malta und an der Küste Liguriens.

IV,68

XXIIII.
Beftes farouches de faim fleuues trannet,
Plus part du champ encontre Hifter fera:
En caige de fer le grand fera treifner,
Quand rien enfant de Germain obferuera.

Im französischen Originaltext, der eine alte, zu Lebzeiten von Nostradamus übliche Schreibweise benutzt, wurde der Buchstabe s als ∫ geschrieben, das einem l ähnelt. Hister erschien also als „Hi∫ter“.

Wilson kommentiert weiter:

> „Laver interpretiert diese Verse folgendermaßen: Er räumt ein, dass er nicht wisse, was mit dem Ort unweit von Venus gemeint sei, vermute aber, dass mit den zwei Großen Asiens und Afrikas Japan und Mussolini (der in Abessinien einmarschierte) gemeint seien. Vom *Rhein und Hister* bedeute ‚vom Rhein und Hitler' – alles in Bezug auf den Pakt der Achsenmächte. Die letzte Zeile beziehe sich auf die Bombardierung von Malta und Genua."

Wilson zitiert einen weiteren „Hister"-Vierzeiler:

> *Die Freiheit wird nicht wiedergewonnen;*
> *besetzt von einem, der schwarz, stolz von Geburt und böswillig*
> *wenn die Sache der Brücke von Hister offen ist,*
> *wird Venedig sehr verärgert auf die Republik sein;*
>
> V,29

Er gibt folgende Analyse und Interpretation:

> „… die Freiheit werde nicht wiedererlangt. Der stolze, dunkle, niederträchtige Mann (Hitler) wird es besetzen. Mit der ‚Brücke' sei der Papst gemeint, der Pontifex Maximus (Pontifex ist eine Brücke [eigentlich ‚Brückenbauer']), und diese Zeilen bezogen sich auf das Konkordat zwischen Mussolini und dem Vatikan im Jahre 1928. Die Französische Republik ist ungehalten. Graves schlägt eine einfachere Interpretation vor. Er nimmt an, der *Ort unweit von Venus* sei ein Ort nahe Venedig. Die angesprochene Brücke ist eine Brücke über die Donau (Hister), d. h. das Einfallen in Italien und den Süden (Malta) durch Karl V. von Österreich, als dieser Karl I. von Spanien wurde. Die Republik, die höchst verärgert ist, ist Venedig."

Nostradamus und die Französische Revolution

Wilson kommentiert:[2]

> „Wenn dieselben Verse sich sowohl in Bezug auf das 16. Jahrhundert wie auf das 20. Jahrhundert interpretieren lassen, dann kann das eigentlich nur heißen, dass Nostradamus' Prophezeiungen nicht ein-

deutig genug sind. Das trifft sicherlich auch für einzelne der Prophezeiungen zu; wenn man aber die Gesamtzahl der ‚Treffer' betrachtet, muss man zugeben, dass sie alles in allem doch beeindruckender ist, als es auf den ersten Blick scheint. Laver sagt anerkennend, er sei überzeugter gewesen, als er gelesen habe:

> *Des Nachts werden durch den Wald von Reines*
> *zwei Ehegatten kommen, durch ein gewundenes Tal (auf Umwegen);*
> *Herne der weiße (Edel-)stein, der schwarze Mönch in Grau*
> *mitten in Varennes;*
> *die Wahl des Kapetingers bringt Sturm, Feuer, Blut und Schneiden.*
>
> IX,20"

Wilson erklärt weiter:

„Varennes spielt in der Geschichte Frankreichs nur ein einziges Mal eine Rolle und dieser Vers kann deshalb als Testfall angesehen werden. Es steht im Zusammenhang mit dem Fluchtversuch von Ludwig XVI. und seiner Frau Marie Antoinette nach der Französischen Revolution. Am 20. Juni 1791 verkleideten sich der König und die Königin und flüchteten. Sie entkamen durch die Gemächer der Königin – der König in Grau, die Königin in Weiß gekleidet. Sie wurden vom Postmeister von Chalons erkannt und daraufhin in Varennes festgenommen. Sie verbrachten die Nacht im Laden eines Krämers namens Sauce und wurden anschließend nach Paris zurückgebracht, wo sie zu gegebener Zeit enthauptet wurden. Ludwig war eine Mönchsnatur und er war ein gewählter König, der erste König Frankreichs, der nicht durch göttliches Recht, sondern durch die Nationalversammlung gekrönt wurde. In diesen Zeilen sind zu viele ‚Treffer', um sie als Zufall abzutun. Zwei Personen, eine in Weiß und eine in Grau, kommen auf Umwegen nach Varennes; dann Sturm, Feuer, Blut und *Tranche*, das französische Wort für ‚Schneiden' oder ‚Schnitt', das in diesem Vierzeiler vorkommt, was, wie Laver bemerkt, wie der dumpfe Aufschlag der Guillotine klingt. Es gibt aber auch einige ‚Nieten' oder zumindest unerklärliche Satzteile und Wörter. Es gibt keinen Wald in *Reines*, auch wenn uns Charles A. Ward in seinem Buch über Nostradamus versichert, dass die Straße, die nach Varennes führt, so bezeichnet wurde. Merkwürdig jedoch ist, dass er von Reines (Königinnen) spricht, wenn an dem Geschehen tat-

Nostradamus beschreibt die Verhaftung von Louis XVI. und Marie Antoinette in Vierzeiler IX,20.

sächlich eine Königin beteiligt ist; in einer Ausgabe von Nostradamus' Werk (Le Pelletier) steht für *forest fores*, das lateinische Wort für ‚Pforte'. Sie entkamen durch die Pforte der Königin."

In der Tat bedient sich Nostradamus, wie bereits erwähnt, des Lateinischen und Französischen nach Belieben.

„‚*Herne der weiße (Edel-)Stein*' gilt gemeinhin als zeitgenössische Bezeichnung für Marie Antoinette – Laver zufolge ist *Herne* ein Anagramm von ‚Königin' *(reine)*. ‚Sturm, Feuer und Blut' ist eine treffende Beschreibung der Schreckensherrschaft."

Wilson setzt fort:

„Im Ganzen betrachtet sind Nostradamus' Prophezeiungen bezüglich der Revolution, der Hinrichtung des Königspaares und Napoleons Aufstieg die beeindruckendsten und überzeugendsten Beispiele für seine Kraft der Vorhersehung. Das ist nicht überraschend. Nostradamus war Franzose, die Mehrzahl seiner Prophezeiungen betrifft die französische Geschichte. Die Revolution war das überragende Ereignis in der Geschichte Frankreichs; es ist logisch, dass er dem mehr Platz einräumt als weniger bedeutenden Ereignissen.

Liest man die Prophezeiungen in einem Zug durch, dann fällt es schwer, nicht eine Art Ehrfurcht zu empfinden; es gibt einfach zu viele Übereinstimmungen. Stößt man auf einen Vers, in dem die ‚Roten' und ‚Weißen' und die Republik erwähnt werden und in dem von einem Sturm die Rede ist, der die Sänfte umkippt, ist die Annahme, dass damit die von der Revolution ausgerufene Republik, die Republikaner und Royalisten (die man die Roten und die Weißen nannte) und der Sturm der Revolution gemeint seien, durchaus begründet."

Nostradamus' Prophezeiungen bezüglich der Revolution, der Hinrichtung des Königspaares ...

... und Napoleons Aufstieg sind beeindruckenden und überzeugenden Beispiele für seine Kraft der Vorhersehung.

Wenn die Sänfte aus dem Strudel ausgegossen ist
und ihre Gesichter mit ihrem Umhang verhüllt werden ...

(Wilson fragt: „.... dem Umhang der Legalität, unter dem die Schrecknisse weitergingen?")

... wird die Republik von neuen Menschen geplagt sein, und ihre Roten und Weißen werden gegensätzliche Meinung übereinander haben.

I,3

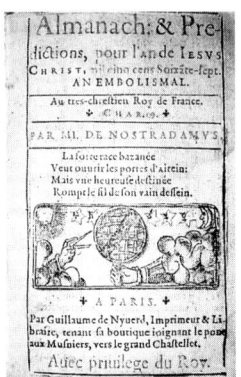

In einem der letzten Verse seines letzten Almanachs, beschrieb Nostradamus seinen eigenen Tod.

Nostradamus beschreibt seinen eigenen Tod

Die bisher zitierten Abschnitte aus Colin Wilsons Arbeit zeigen zugleich die Undeutlichkeit der Vierzeiler wie auch ihre prophetischen Qualitäten. Man kann auch feststellen, dass die Vorhersagen so verschleiert sind, dass sie erst verständlich werden, wenn die Ereignisse eingetreten sind. Das ist leider bei den meisten von Nostradamus' Prophezeiungen der Fall. Der bemerkenswerte Vierzeiler, in dem er seinen eigenen Tod vorhersagt, ist auch keine Ausnahme.

> *Zurückgekehrt von seiner Mission, des Königs Gabe*
> *nun an seinem Platz,*
> *wird er ruhen, zu Gott gegangen sein;*
> *von nahen Anverwandten, Freunden, Blutsbrüdern*
> *wird er neben Bett und Bank gefunden werden.*
>
> aus Nostradamus' Almanach für 1567[3]

Nostradamus war als Vertreter Salons nach Arles entsandt worden; nach seiner Rückkehr fand man ihn tot neben seinem Bett auf. Er lag auf der Bank, die er gewöhnlich benutzte, um ins Bett zu steigen.

Der messianische 1999-Vierzeiler

Eine der meistzitierten Nostradamus-Strophen ist die folgende, die für einige zur Grundlage ihrer – unbegründeten – Behauptung wurde, Nostradamus hätte für 1999 das Weltuntergang vorhergesagt.
Wir zitieren Colin Wilsons Übersetzung:[4]

> *Wie der große König des Angolmois*
> *das Jahr 1999, siebten Monat,*
> *der große Schreckenskönig vom Himmel herabsteigt,*
> *zu dieser Zeit wird Mars für die gute Sache regieren.*
>
> X,72

Wilson analysiert:
„Anglemois ist eines von Nostradamus' Anagrammen. Sehr wahrscheinlich bedeutet es ‚Mongolen'. Die naheliegendste Deutung dieses

Verses ist, dass der große Schreckenskönig vom Himmel herabsteigt, und zwar in ähnlicher Weise, wie die Mongolen ihre Invasion durchgeführt haben. Das mag ein Hinweis darauf sein, die Deutung wörtlich – und nicht bloß bildlich – zu verstehen."

Lange Zeit brachten Nostradamus-Autoren diesen Vers mit Warnungen über einen weltvernichtenden Kometen oder andere „Weltuntergangs"-Prognosen in Zusammenhang.

Einige haben diesen Vierzeiler wiederum mit der Wiederkehr Christi in Verbindung gesetzt. Sie weisen darauf hin, dass die Bibel dort, wo sie die Rückkehr Christi ankündigt, vom *großen und schrecklichen Tag des Herrn* spricht. Sie beschreibt eine riesige himmlische Heerschar und eine gewaltsame Invasion, die mit Sicherheit die Herzen derer mit Furcht erfüllen wird, die sich auf der falschen Seite finden.

Noch eine Tatsache untermauert diese Theorie: Die letzte Zeile des Verses sagt, dass *Mars für die gute Sache* regiert. Das bedeutet, dass dieses Ereignis eher positiv zu werten wäre.

Es ist außerdem mehr als wahrscheinlich, dass es sich bei diesem Vierzeiler jahrelang um eine verhängnisvolle Fehlübersetzung gehandelt hat. Das Wort „Schreckenskönig" aus der zweiten Zeile dieses Vierzeilers sollte eher als „sorgender König" übersetzt werden! Dies ist leicht zu erkennen, wenn wir den originalen, unübersetzten Vierzeiler untersuchen.

> *L'an mil neuf cens nonante neuf sept mois*
> *Du ciel viendra un gran Roi deffraieur*
> *Resusciter le grand Roi d'Angolmois.*
> *Avant que Mars regner par bon heur.*

Bereits mit meinen begrenzten Französischkenntnissen fiel mir beim Lesen dieses Vierzeilers auf, dass die geläufigsten Übersetzungen nicht ganz in Ordnung waren. (Abgesehen davon, dass sie in wesentlichen Punkten ohnehin voneinander abwichen. Dem Leser wird eventuell noch aufgefallen sein, dass Wilson bei seiner Übersetzung sich sogar die Freiheit genommen hat, die ersten zwei Zeilen zu vertauschen!)

Am Institut für Romanistik der Universität Wien bat ich für diesen (und zur Kontrolle auch für andere) Nostradamus-Originaltexte eine

Französisch-Professorin, eine Spezialistin für Altfranzösisch, um Hilfe. Sie hatte sich bis dahin nicht mit Nostradamus befasst und konnte daher keine vorgefasste Meinung haben. Ich präsentierte ihr einige interessante Nostradamus-Passagen, ohne Kommentar und ohne ihr die Quelle zu verraten.

Sie bestätigte sofort die Gründe für die Schwierigkeiten bei der Übersetzung von Nostradamus. Als Erstes, so erklärte sie mir, stünden die meisten Zeilen sogar in ein und demselben Vierzeiler nicht miteinander in grammatikalischem Zusammenhang. Es ist daher nicht eindeutig, welche Begriffe sich auf welche beziehen. Da so vieles nicht im Zusammenhang steht, kann man nur erahnen, was gemeint ist. Mehrere voneinander stark abweichende Übersetzungen können also genauso „richtig" oder „falsch" sein.

Als sie unseren „1999"-Vierzeiler bearbeitete, übersetzte sie das Wort *deffraieur*, das immer mit „Schreckens-" übersetzt wird, als „Sorgender". Sie erklärte mir, dass das Wort wegen des Präfixes *de* eher etwas wie Befreier von Angst oder Sorge (frieur) bedeuten müsse.

Der Vierzeiler nimmt eine ganz andere Bedeutung an, wenn man das Wort *sorgender* oder *vom Schrecken befreiender,* wie es linguistisch korrekter wäre, für *Schreckens-* einsetzt. Wir lesen also:

> *Der große sorgende (vom Schrecken befreiende) König*
> *vom Himmel herabsteigt ... .*

Jetzt zur ersten Zeile des Vierzeilers:

> *Wie der große König des Angolmois ...*

Das Wort *Angolmois* kann auch anders gedeutet werden als ein Anagramm für Mongolen, insbesondere, wie wir gesehen haben, da es sich bei diesem Vierzeiler eher um ein positives Ereignis handelt. Man kann die Ähnlichkeit zum Wort *Engel* (französisch: angle) kaum übersehen. Das Wort *moi* bedeutet im Französischen *mir, ich, mein.* Wir können unter *Angolmois* ohne Weiteres *Engel-mein* verstehen. Dies ergibt in Zusammenhang mit den restlichen Zeilen einen sehr vernünftigen Sinn.

Nostradamus, wie wir später demonstrieren werden, war mit der biblischen Prophetie sehr vertraut und bezieht sich häufig auf Ausdrücke, die dort zu finden sind. Er stammte, wie wir bereits erwähnt haben, aus dem jüdischen Volk. Nach der jüdischen Tradition ist der Erzengel (Engelkönig) Michael der Schutzengel des jüdischen Volkes. Dies erklärt den Ausdruck *Engel-mein*. In der biblischen Prophetie, die sich auf das vor-messianische Zeitalter bezieht, spielt der Erzengel Michael eine sehr wichtige Rolle. Wir lesen zum Beispiel beim Propheten Daniel, zwölftes Kapitel, Vers 1:

> *Zu jener Zeit wird Michael, der große Engelfürst,*
> *der für dein Volk eintritt, sich aufmachen.*
> *Denn es wird eine Zeit so große Trübsal sein,*
> *wie sie nie gewesen ist, seitdem es Menschen gibt ...*

Nostradamus hieß außerdem mit Vornamen *Michel*, zu Deutsch „Michael" – ein weiterer Grund anzunehmen, dass er mit *Angolmois (Engel-mein)* „Michael" meint.

Wenn wir jetzt den Vierzeiler, übersetzt nach diesen Erkenntnissen lesen, ist der äußerst positive, sogar messianische Aspekt nicht zu übersehen.

> *Das Jahr 1999 siebente Monat,*
>
> *Vom Himmel wird ein großer sorgender (vom Schrecken befreiender) König kommen.*
>
> *Er wird den großen König der Angolmois (den Erzengel Michael) wieder erwecken.*
>
> *Bevor Mars für die gute Stunde (zum Glück) regiert.*

Die Sonnenfinsternis im August 1999

Wir werden dem Messias-Thema und dem Jahr 1999 nochmals begegnen, wenn wir die Vorhersagen anderer wichtiger Quellen untersuchen. Es wäre also wichtig zu klären, wie wir *1999 siebente Monat* verstehen sollen.

Beim Ersterscheinen dieses Buches auf Englisch[5] im Jahre 1982 hatten wir bereits darauf hingewiesen, dass es mit den Jahren bei Nostradamus und bei den verschiedenen Kalendern, die in Gebrauch sind, einige Schwierigkeiten gab. Diese Problematik war zu der Zeit noch nicht so dringend und wurde von uns damals erst im letzten Kapitel behandelt.

Da die jetzige Ausgabe unseres Buches etliche Jahre nach Juli 1999 erscheint, ist es notwendig, dieses 1999-Problem hier zu klären. Im Juli 1999 ist nämlich nichts Erderschütterndes geschehen. Anlässlich der totalen Sonnenfinsternis, die im August in Mitteleuropa zu sehen war, sind zahlreiche Meldungen in den Massenmedien erschienen mit der Behauptung, dass Nostradamus für die Zeit etwas Gravierendes oder sogar das „Weltuntergang" vorhergesagt hätte.

Teile Südost-Europas sind zwar im Spätsommer 1999 von verheerenden Erdbeben heimgesucht worden, aber jeder Geologe weiß, dass dies fast zu erwarten war. Eine totale Sonnenfinsternis bringt ungewöhnlich starke Gravitationsspannungen mit sich, die tektonische Aktivitäten auslösen können. Zu dieser Zeit war auch eine besondere astronomische Stellung einiger Planeten unseres Sonnensystems zu beobachten, die unter einigen Geologen als besonders förderlich für Erdbeben gilt.

Es ist denkbar, dass Nostradamus als versierter Astronom die Sonnenfinsternis im Sommer 1999 berechnen konnte. Dies ist eine beachtliche Leistung, auch wenn er sich um einen Monat geirrt hat. Es ist auch möglich, dass die Elemente, denen wir im obigen, oft missbrauchten 1999-Vierzeiler begegnen, lediglich astrologische Symbole sind.

Um diese Frage zu erläutern, lassen wir Nostradamus am besten selbst zu Wort kommen, indem wir Zitate aus seinen klärenden Briefen wiedergeben. Es folgen im nächsten Kapitel Ausschnitte aus dem letzten Kapitel unseres im Jahr 1982 erschienenen Buches, die wir in dieser Ausgabe vorgezogen haben.

Kapitel 4

Die Nostradamus-Briefe

Zwei Briefe des Nostradamus, die vermutlich als „offene Briefe" konzipiert waren, sind uns überliefert worden. Teile dieser Briefe sind fast so schwierig zu verstehen wie seine Vierzeiler, in anderen Abschnitten spricht er mehr oder weniger deutlich. Die folgenden Zitate sind aus diesen Briefen entnommen.[1] Ein Brief ist an seinen Sohn César adressiert, der andere an König Heinrich II. von Frankreich.

Diese ersten Auszüge entstammen dem kürzeren Brief, jenem an César Nostradamus.[2] Er ist mit 1. März 1555 datiert.

„Ich hinterlasse Dir diese Zeilen nach meinem körperlichen Hinscheiden. Sie mögen der Menschheit insgesamt von Nutzen sein neben dem, was mir das göttliche Wesen enthüllt hat über die Wissenschaft der Sternenbahnen. Die Inspiration, die für Vorhersagen erforderlich ist, hängt allein ab vom Willen Gottes; ihr Ergebnis ist der Geist der Prophezeiung.

Die Ereignisse werden im Wesentlichen eintreten. Ich habe daher beschlossen, die zukünftigen Dinge, die in jedes Menschen Herz tiefe Unrast auslösen würden, in Orakel zu kleiden, verborgen und schwer zu verstehen, und zu bedecken mit Bildern, die wie Rätsel sind. Dies tat ich in größerem Maße als alle anderen Propheten ...

Den Propheten, die ebenso den prophetischen Geist durch Gottes ewige Gnade und durch die Hilfe seiner gütigen Engel empfangen haben, war es durch diese Gabe ermöglicht, weit entfernte Ursachen zu empfangen und die Zukunft zu sehen. Denn da wir Menschen sind, können wir die verborgenen Geheimnisse Gottes allein durch Wissenschaft und Einsicht nicht erkennen, denn es steht geschrieben, ‚*Du wirst nicht kennen Tag und Stunde.*' Doch es gibt wohl Menschen, denen Gott, der Schöpfer, Visionen offenbaren mag von den Geheimnissen der Zukunft, die im Einklang sind mit der kritischen Astronomie, ähnlich wie er ihnen eröffnet, die Vergangenheit zu verstehen ...

So magst Du, mein Sohn, trotz deiner Jugend begreifen, dass die Zukunft vorhergesagt werden kann einerseits aus dem Licht des Himmels, das zur Natur gehört, andererseits durch prophetischen Geist ... Aufgrund langer Berechnungen, die Freude brachten in meine nächtlichen Studien, habe ich prophetische Bücher geschrieben. Jedes enthält hundert errechnete Vorhersagen, die ich zum Zwecke verdunkelt habe. Es sind fortgesetzte Vorhersagen von heute an bis in das Jahr 3797. Mancher mag verwundert sein ob einer so langen Zeitspanne, doch es wird geschehen und eines Tages verstanden werden. All diese Dinge werden die ganze Welt betreffen."

Jean-Jacques Rousseau dürfte für Nostradamus wichtig gewesen sein; in Vierzeiler I,7 erwähnt er ihn namentlich. In der Entwicklung jener Strömung, die das Feuer der Revolution entfachte, spielte Rousseaus Philosophie eine Schlüsselrolle.

Werfen wir an dieser Stelle einen Blick auf die Methoden der Zeitmessung, die Nostradamus benützt. An anderer Stelle schreibt er, dass seine Prophezeiungen mit dem Beginn des siebenten Jahrtausends enden. Jedenfalls macht er klar, dass er seine Zeitrechnung mit dem biblischen Nullpunkt, mit der Schöpfung, beginnt und der biblischen Chronologie folgt, die sich von unserem allgemeinen Zeitrechnungssystem unterscheidet. In einigen anderen Prophezeiungen benützt Nostradamus dennoch auch das gegenwärtige Kalendersystem, wie wir noch sehen werden. Daher ist es schwer festzustellen, was der zeitliche Bezugspunkt für das erwähnte Jahr 3797 ist.

Es scheint jedenfalls klar zu sein, dass Nostradamus nicht das „Weltuntergang" für 1999 vorhergesagt haben kann, wenn er im Klartext schreibt, dass seine Vorhersagen bis zum Jahr 3797 reichen.

Weiter in Nostradamus' Brief:

„Die Schriften werden große und unvergleichliche Fehldeutungen erfahren vor dem kommenden Weltenbrand und der großen Flut, die die Menschheit überkommen und so groß sein wird, dass ihr nahezu kein Land entgehen wird. Das wird sein, wenn die Geschichte der Waffen und der Nationen den Punkt der Selbstzerstörung erreicht hat ...

Nach den Zeichen des Himmels wird das Goldene Zeitalter kommen nach einer Zeit der Revolutionen, die alles umdrehen werden. Das wird kommen von dem Tag an, da ich das schreibe, nach 177 Jahren, 3 Monaten und 11 Tagen. Soweit wir es ermessen können nach dem Lauf der sichtbaren Sterne, wird es sein, bevor das siebente Jahrtausend beginnt."

Nostradamus verweist hier sehr genau auf ein Datum, das den Beginn der *„Zeit der Revolutionen"* markiert, welche ihm zufolge dem *Goldenen Zeitalter* vorausgehen wird. An diesem Tag nun kam Jean-Jacques Rousseau in Paris an. Das scheint auf den ersten Blick kein sonderlich wichtiges Ereignis zu sein. Doch Rousseau dürfte für Nostradamus recht wesentlich gewesen sein; in Vierzeiler I,7 erwähnt er einen Rousseau gar namentlich: *„Par le Rousseau semez les entreprinses."* (Durch Rousseau werden die Unternehmungen verbreitet.)

Rousseaus Philosophie spielte in der Entwicklung jener Strömung, die schließlich das Feuer der Revolution entfachte und die französische Aristokratie stürzte, eine Schlüsselrolle. Diese Strömung wiederum beeinflusste viele Denker jener und der späteren Zeit, einschließlich Karl Marx. In den Jahren nach der Französischen Revolution wurde überall in Europa der Adel gestürzt und die Republiken entstanden. Es gibt noch ein Bindeglied zwischen den Revolutionen in Frankreich und Russland, das durch folgendes unbedeutend scheinende Detail erkennbar ist: In der Sprache beider galten die Adeligen als „die Weißen" und die Revolutionäre als „die Roten". („... *Die Republik wird von neuen Leuten gequält, ihre Weißen und Roten richten verkehrt."* Vierzeiler I,3)

Die Französische Revolution scheint also der Beginn einer Entwicklung gewesen zu sein, die Frankreichs Grenzen weit überschritten hat. Das mag der Grund dafür sein, dass ihr Nostradamus in seinen Prophezeiungen so viel Bedeutung beigemessen hat. Zu bemerken ist auch, dass er nicht von einer einzigen Revolution spricht, sondern von einer *„Zeit der Revolutionen"*.

Nostradamus beendet seinen Brief mit folgender Feststellung:

„Es ist offenbar, dass alle Prophezeiungen ins Herz des Menschen gepflanzt sind durch den Atem Gottes und durch engelgleichen Geist. Dieser Geist erleuchtet ihn und spiegelt Bilder vor ihn in verschiedenen nächtlichen Erscheinungen, durch die er weissagt. So erlangt er prophetische Gewissheit, die bestätigt ist durch Astronomie und eng verbunden mit den Weissagungen der Bibel. Die Zukunft selbst jedoch beruht allein und ausschließlich auf dem freien Willen."

Aus dem Brief an Heinrich II.

Der zweite Brief des Nostradamus, der an Heinrich II. gerichtet ist, ist ausführlicher als der erste, aber auch weniger klar. Dieser Brief beginnt wie der erste mit einer Einleitung zu den prophetischen Vierzeilern und Erklärungen bezüglich ihres Ursprungs. Nostradamus schreibt: [3]

„... Sie sind eine Mischung aus natürlichem Instinkt und prophetischem Feuer, ohne Rücksicht auf die Regeln der Dichtkunst. Die meisten sind aufgrund astronomischer Berechnungen zusammengefügt und stehen auf diese Weise in Beziehung zueinander. Sie enthalten die Jahre, Monate und Wochen, die Gebiete, Länder, Orte und Städte ganz Europas, auch Afrika und einen Teil Asiens ...

Ich beginne mit dem heutigen Tag, dem 14. März 1547, und schreite weit über ihn hinaus zu einem Ereignis, das mit großer Genauigkeit errechnet wurde für den Anfang des siebenten Jahrtausends nach der Erschaffung der Welt. Auf dem Grunde meiner astronomischen Rechnungen und meines Wissens kann ich klar ersehen, dass sich die Gegner von Jesus Christus und seiner Kirche dann sehr vermehren werden."

Dann weist Nostradamus darauf hin, dass seine Prophezeiungen nach seinem Tod besser verstanden werden würden, selbst wenn er, wie er schreibt, *„im Irrtum gewesen sein mag hinsichtlich der Berechnungen der Zeit".* Dann gibt er die biblische Chronologie als Basis seiner Berechnungen an:

„Adam, der erste Mensch, lebte etwa 1242 Jahre vor Noah. Das beruht nicht auf den Rechnungen der Heiden, wie sie uns Varro berichtet, sondern allein auf dem biblischen Zeugnis und meinem eigenen schwachen Geist, auf dem Grunde meiner astronomischen Berechnungen. Etwa 1080 Jahre nach Noah und der Flut lebte Abraham. Er war ein hervorragender Astrologe und der Entdecker der chaldäischen Wissenschaft. Auf ihn folgte Moses nach etwa 515 oder 516 Jahren.

Zwischen Moses und David liegen etwa 750 Jahre. Wenn wir sodann den Zahlen gewisser Geschichtsschreiber folgen, liegen zwischen Davids Ära und der Zeit unseres Heilands Jesus Christus, der geboren ist von der Unbefleckten Jungfrau, 1350 Jahre."

Wenn wir diese Zahlen addieren, erhalten wir 4187 Jahre von Adam bis Jesus. Rechnen wir die ca. 2000 Jahre von Jesus bis heute dazu, erhalten wir ca. 6180 Jahre. Dies würde bedeuten, dass wir bereits seit 180 Jahren im siebenten Jahrtausend wären. Nostradamus wiederholt die biblische Chronologie ein zweites Mal in diesem Brief. Die zweite Chronologie unterscheidet sich allerdings von der ersten.

„... Wenn ich die Jahre zähle von der Erschaffung der Welt bis zur Geburt Noahs, so sind es 1506 Jahre. Von Noahs Geburt bis zur Fertigstellung der Arche, als die Flut kam, die über die ganze Welt hereinbrach, vergingen weitere 600 Jahre ... Nach diesen 600 Jahren bestieg Noah selbst die Arche, um sich vor der Flut zu retten. Sie umfasste den ganzen Erdkreis und währte ein Jahr und zwei Monate. Von ihrem Ende bis zur Geburt Abrahams vergingen 295 Jahre und von da an bis zur Geburt Isaaks 100 Jahre. Von Isaak bis Jakob 60 Jahre. Von der Stunde seiner Ankunft in Ägypten bis zu seinem Auszug vergingen 130 Jahre. Von der Ankunft der Kinder Israels in Ägypten bis zu ihrem Auszug vergingen 430 Jahre. Von da an bis zur Errichtung von Salomons Tempel im vierten Jahr seiner Herrschaft verstrichen 480 Jahre. Vom Tempelbau bis zur Geburt Jesu Christi waren es nach den Berechnungen der Heiligen Schrift 490 Jahre. Meine Zeittafel, vervollständigt durch die Heilige Schrift, zeigt also 4173 Jahre an, acht Monate auf oder ab."

Die frühere Chronologie, die Nostradamus angegeben hat, ergab 4187 Jahre. Das ist gewiss ein geringfügiger Unterschied, aber es sind immerhin 14 Jahre. Beide Zeitrechnungen platzieren uns jedoch bereits deutlich ins siebente Jahrtausend. Dies wäre nach Nostradamus das Goldene Zeitalter. Davon ist leider nicht viel zu spüren.

Eine mögliche Erklärung für diese offensichtliche Ungenauigkeit wäre, dass die Daten nur annähernd richtig sind. Eine andere Möglichkeit ist natürlich, dass die Prophezeiungen einfach nicht stimmen.

Nostradamus schreibt weiter in seinem Brief an Heinrich II.:

> „... Ich berechne diese gegenwärtigen Prophezeiungen nach den Ge-
> setzen der Astronomie und auf dem Grunde meiner natürlichen Inspi-
> ration, nach der Ordnung jener Kette, die ihre Offenbarung enthält,
> und ich überspringe die Zeit zwischen Jesus Christus und der Spal-
> tung der Sekten."

Hier bezieht er sich wahrscheinlich auf die Reformation. Dann beschreibt er Zeiten der Verfolgung, die bis 1792 dauern, da, wie Nostradamus sagt, *„man glauben wird, dass die Zeit der Erneuerung der
Ära gekommen ist"*.

1792 war das Jahr, in dem – nach der Französischen Revolution –
die Erste Republik gegründet wurde. Tatsächlich meinten die Menschen jener Zeit, ein neues Goldenes Zeitalter sei gekommen und
Frankreich sei sein Urheber. Es war zum Teil dieser Glaube, der Napoleon an die Macht brachte und die Franzosen dazu verleitete, seine
Versuche, die Welt zu erobern, zu unterstützen, um die Segnungen der
Revolution weltweit zu verbreiten.

Nostradamus setzt mit einer weiteren schwer entschlüsselbaren Er-
eignisfolge fort und bringt uns wiederum in die Zeit des Antichrist:

> „Die Kirche und der gerechte Vertreter Petri werden verfolgt werden
> durch den Antichrist, den Vorletzten, mit Unterstützung der Könige
> jener Zeit."

Der Begriff des „Vorletzten" bezieht sich vermutlich darauf, dass der
Antichrist der vorletzte Weltenherrscher wäre. Der wahre Messias wäre
der letzte. Später spricht Nostradamus erneut von antireligiösen Verfolgungen und erklärt:

> „Dasselbe wird geschehen durch die Lehre, die das Volk des Nordens
> verbreitet; es wird vernichtet werden nach dem Willen Gottes ..."

Interessanterweise sprechen auch die biblischen Prophezeiungen, wie
wir später sehen werden, in ähnlicher Weise von den Völkern, die
heute Russland bilden und aus dem Norden kommen.

> „... Und dann wird allgemeiner Friede sein unter den Menschen, und
> die Kirche Jesu Christi wird gerettet sein vor aller Trübsal. Das wird

geschehen, wenn die Welt in das siebente Jahrtausend eintritt. Die Kirche Jesu Christi wird nicht mehr misshandelt werden durch die Ungläubigen aus dem Norden. Zu dieser Zeit wird eine große Feuerkatastrophe über die Welt kommen. Hier enden meine Prophezeiungen, doch der Lauf der Zeit geht noch lange weiter ..."

Dies ist das zweite Mal, dass Nostradamus von *„Feuerkatastrophe über die Welt"* bzw. *„Brand der Welt"* spricht. Solche Ausdrücke beschwören Bilder einer globalen atomaren Zerstörung herauf, die, wie wir alle hoffen, nicht kommen wird. Wir möchten den Leser hier nochmals auf Nostradamus' astrologischen Hintergrund verweisen. Eine astrologische Konstellation kann auf ein weltweites Feuer hindeuten, das sich aber auch auf andere Weise manifestieren kann. Die durch das Ozonloch verursachte Überdosis an UV-Strahlung beispielsweise, die unser Planet zu spüren bekommt, kann auch als „Brand der Welt" bezeichnet werden. Im ersten Brief ist auch von weltweiten Überflutungen die Rede. Dies erfüllt sich ebenfalls in unserer Zeit durch die Erwärmung der Weltmeere und den Anstieg des Meeresspiegels, der die Küstenregionen weltweit gefährdet.

Nostradamus und die biblische Prophetie

Nostradamus setzt noch fort:

„... Auf dem Grunde meiner astronomischen Berechnungen, verglichen mit den Erklärungen der Heiligen Schrift, wird die Verfolgung der Kirche durch die Könige des Nordens kommen, die sich verbündet haben mit denen des Ostens. Es wird elf Jahre dauern, vielleicht weniger, denn dann wird der mächtige Herrscher des Nordens stürzen. Sobald diese elf Jahre vorüber sind, wird sich ein Verbündeter im Süden in kurzer Zeit erheben und die Gläubigen der Kirche weitere drei Jahre verfolgen. Dazu nützt er die trügerische Macht eines Ketzers, der im Namen der Kirche über unbeschränkte Kriegsmacht verfügt. Das gesamte Volk Gottes, das das Gesetz beachtet und ehrt, wird bekämpft und verfolgt werden wie auch alle religiösen Orden ...
Wenn all dies lange genug gedauert haben wird, werden die zweite

Herrschaft des Saturn und die Goldene Zeit schon bald beginnen. Gott der Schöpfer wird den Zustand Seines Volkes sehen. Dann beginnt eine Zeit allgemeinen Friedens zwischen Gott und den Menschen. Dies wird tausend Jahre dauern, und dann wird Satan wiederum freigesetzt ...

Dass all diese Dinge im Einklang mit der Heiligen Schrift wie auch mit den Dingen des Himmels stehen, kann aus dem Stand von Jupiter, Saturn und Mars erkannt werden ...

Um die Bedeutung gewisser schrecklicher Ereignisse zu verstehen, ist es vonnöten, dass das Schicksal schon begonnen hat, sich zu erfüllen ...

Salon, am 27. Juni 1558."

Selbst diese wenigen Zitate aus den Schriften Nostradamus' stellen einige der vorherrschenden Eigenschaften seiner Prophezeiungen klar heraus. Die augenscheinlichste ist vielleicht das Maß, in dem sich der Autor auf biblische Themen und Symbole verlässt und sie betont. Es ist wirklich nützlich, um nicht zu sagen unerlässlich, die biblischen Prophezeiungen gut zu kennen, wenn man Nostradamus verstehen will. Beinahe scheint er sein Vertrauen auf biblische Themen und Lehren überzubetonen. Man könnte den Verdacht schöpfen, dass die mehrfache Wiederholung katholischer Glaubensgrundsätze nichts weiter als ein Mittel war, um sich gegen mögliche Anschuldigungen wegen Ketzerei und Wahrsagerei zu schützen. Es ist sicher wahr, dass man zur Zeit des 16. Jahrhunderts in dieser Hinsicht sehr vorsichtig sein musste. Daher können wir natürlich nicht mit Sicherheit feststellen, ob diese Bekenntnisse Nostradamus' auf wahrem Glauben beruhen oder auf einem Glauben, den er vortäuschte, um seine Schriften und sich selbst vor Verfolgung zu schützen.

Sein Vertrauen in die biblischen Prophezeiungen scheint aber echt zu sein. Hauptthemen und Elemente davon finden wir überall in diesen Briefen und auch in seinen Vierzeilern: Der Antichrist, die Verfolgung der Religionen, das Messianische oder Goldene Zeitalter.

Weitere Einzelheiten kommen in den Auszügen vor, die wir für spätere Kapitel aufgehoben haben: Der Aufstieg des Antichrist aus dem nahen Osten, mehr über den atheistischen Verfolger aus dem Norden, die Erwähnung von „Gog und Magog", selbst das „Greuelbild" des Antichrist. Diese letzteren Details sind Elemente, die erst verständlich werden, nachdem wir uns mit der biblischen Prophetie befasst haben. Nostradamus verwendet Symbole und Ausdrücke aus den biblischen Texten offenbar in der Annahme, dass seine Leser mit diesen bereits vertraut sind.

Die Propheten des Alten Testaments bauten ähnlicherweise auf die Offenbarungen ihrer Vorgänger. Auch Jesus, wenn seine Schüler danach fragten, wie die „Zeichen der Zeit" vor seiner Wiederkunft und das „Ende der Welt" zu erkennen wären, wies darauf hin, dass sie beim Propheten Daniel Aufschluss finden würden. Ebenfalls verwendet die berühmte *Apokalypse (Offenbarung) des Johannes*, das letzte Buch des Neuen Testaments, zahlreiche Begriffe und Symbole, die bereits in den prophetischen Büchern des Alten Testaments vorkommen und dort erklärt werden.

Ebenso wie es kaum möglich wäre, ein Lehrbuch für Trigonometrie zu verstehen, ohne vorher die Grundbegriffe der Mathematik zu beherrschen, ist es kaum möglich, die Schriften der späteren Propheten zu verstehen, ohne mit den Texten, auf denen sie aufgebaut sind, vertraut zu sein. Dieses Buch beinhaltet deshalb eine ausführliche Analyse und Interpretation einiger der wichtigsten prophetischen Texte des Alten und Neuen Testaments.

Versiegelt bis auf die „letzte Zeit"

Aber zurück zu unserer vorherigen Frage: Welchen Wert sollen wir also Nostradamus' „1999-Vierzeiler" beimessen? Er könnte einfach ein Symbol sein, das auf den Übergang in das letzte Millennium hindeutet, in Hinblick auf die „Sieben-Jahrtausende-Theorie" – in gleicher Weise wie der Ausdruck „fünf vor Zwölf" sich nicht auf die genaue Uhrzeit bezieht.

Dass die Zahl 7, die in der Bibel oft nicht wortwörtlich, sondern als Symbol für die göttliche Vollkommenheit zu verstehen ist, in diesem Vierzeiler vorkommt *(siebte Monat),* würde diese Theorie untermauern: *„die Worte des Herrn sind ... geläutert sieben Mal"* (Psalm 12,7), *„ich lobe dich des Tages siebenmal ... "* (Psalm 119,164), *„ein Gerechter fällt siebenmal und steht wieder auf"* ... (Sprüche Salomos 24,16), *„und* *wenn er siebenmal des Tages an dir sündigen würde ... so sollst du ihm vergeben"* (Lukas 17,4). Es wäre nicht untypisch für Nostradamus, wenn er diesen Brauch aus der Bibel übernommen hätte.

Wir können auch mit ziemlicher Sicherheit annehmen, dass Nostradamus in seiner Zeitrechnung nur Näherungswerte gesehen hat. Seine mangelhaften Bemühungen um Präzision belegen dies: *„Adam ... lebte etwa 1242 Jahre vor Noah ... Etwa 1080 Jahre nach Noah und der Flut kam Abraham ..."* etc. Dann wären etwa 4000 Jahre vergangen von der biblischen Schöpfung bis zur Zeit Christi und annähernd 2000 Jahre würden danach vergehen bis zum Beginn des Goldenen Zeitalters.

Andererseits könnte man auf Nostradamus' Präzision bezüglich anderer prophetischer Daten hinweisen, die sich bestätigt haben. Allerdings könnte man dagegen einwenden, dass die Zeiten, auf die sich diese Vorhersagen beziehen (z. B. die Zeit der Französischen Revolution und die napoleonischen Kriege), geradezu von wichtigen Ereignissen wimmelten. Beinahe jedes Jahr hätte geschichtliche Bedeutung.

Auf jeden Fall illustrieren Nostradamus' zeitlich fixierte Prophezeiungen die Schwierigkeiten, denen wir allenthalben begegnen, wenn wir uns mit Vorhersagen befassen, die genau definierte Jahreszahlen enthalten. Die Liste nicht eingetroffener Jahres-Vorhersagen selbsternannter Propheten ist zu lang. Natürlich können wir daraus, dass viele sich geirrt haben, nicht folgern, dass einige nicht doch recht haben könnten. Dennoch suchen wir verständlicherweise nach einer zuverlässigeren Basis, auf die wir uns eher verlassen können.

Aus diesem Grunde vertreten wir die Überzeugung, dass wir besser daran tun, uns nach den sogenannten „Zeichen der Zeit" zu richten als nur nach prophezeiten Datierungen. Solche Zeichen werden in hinreichenden Einzelheiten in allen Prophezeiungen erwähnt. Die Vermutung liegt nahe, dass sich Nostradamus auf diese „Zeichen der Zeit" bezogen hat, als er schrieb: *„Um die Bedeutung gewisser schrecklicher Ereignisse zu verstehen, ist es vonnöten, dass das Schicksal schon begonnen hat, sich zu erfüllen."*

Diese Aussage ähnelt im Wesentlichen jener Botschaft, die im 12. Kapitel des *Buches Daniel* wiedergegeben wird. Dem Propheten wird aufgetragen:

...verbirg diese Worte, und versiegle dieses Buch bis auf die letzte Zeit.

... Geh hin, Daniel, denn es ist verborgen und versiegelt bis auf die letzte Zeit. ... die Verständigen werden's verstehen.

(Daniel 12,4, 9–10)

Bevor wir uns in die Geheimnisse der biblischen Prophetie vertiefen, möchten wir noch drei prophetische Quellen präsentieren, die auf unsere Zeit als Beginn des Goldenen Zeitalters hinweisen und auch wichtige „Zeichen" beschreiben, die es uns erleichtern, die Wendezeit zu erkennen: Jeane Dixon, Edgar Cayce und die Pyramiden-Prophezeiungen.

Kapitel 5

Jeane Dixon – die Seherin
von Washington D. C.

In diesem Buch werden wir gelegentlich die Ansichten verlässlicher wissenschaftlicher Quellen präsentieren. Wir tun dies, um die starken religiösen Untertöne auszugleichen, die in manchen Prophezeiungen enthalten sind. Wenn man beginnt, sich mit historischer Prophetie, gleich welchen Ursprungs, auseinanderzusetzen, bemerkt man unvermeidlicherweise bald einen starken messianischen Aspekt. Im Allgemeinen ist die gesamte prophetische Tradition, die sich mit geschichtlichen Ereignissen befasst – ob sie nun bei den Hopi-Indianern ihren Ursprung hat oder bei den alten Chinesen, den Persern oder in der Neuzeit –, stark messianischer Natur. Ihre Hauptbotschaft besteht darin, dass der Mensch in einer Zeit der Bedrängnis, von der er sich selbst nicht mehr befreien kann, schließlich durch eine Macht gerettet werden wird, die größer ist als er selbst.

Von der antiwissenschaftlichen zur antireligiösen Epoche

In der Geschichte gab es Zeiten, in denen das religiöse Establishment sehr starken Einfluss auf den menschlichen Geist ausübte oder es zumindest versuchte, wodurch jeglicher wissenschaftliche Fortschritt unterdrückt, ja beinahe unmöglich gemacht wurde. Jede Theorie, die mit dem anerkannten Dogma nicht in Einklang stand, wurde als Ketzerei gebrandmarkt. Zuweilen bezahlten manche Vertreter solcher Theorien mit ihrem Leben, wenn sie nicht abschworen. Aber das Licht muss stets das Dunkel besiegen – auch wenn es manchmal das Leben zahlreicher Märtyrer verlangt – und so unterlag auch das dogmatische Mittelalter schließlich der Aufklärung. Es folgte eine wissenschaftliche Ära, die auf ihrem Höhepunkt jede Form von religiösem Dogma oder Glauben einschränkte. Im Zuge der Entwicklung der modernen Zivilisation wurde das andere Extrem erreicht: Alles Wissenschaftliche galt als vernünftig, also wahr, und alles Religiöse als Aberglaube, also falsch.

In jüngerer Zeit hat sich die Wissenschaft manchen Erscheinungen geöffnet, die sie bisher im Namen der Vernunft verleugnet hatte. Mediale und anscheinend übernatürliche Phänomene wurden zunehmend systematisch dokumentiert. Damit verfolgte die Wissenschaft die realistischere Linie, Erscheinungen auf diese Weise aus dem religiösen Zusammenhang herauszulösen und objektiv auf Spuren von Wahrheit zu untersuchen. In dieser Abhandlung über historische Prophetie haben wir uns bemüht, desgleichen zu tun. Wir untersuchen die Vorhersagen im Lichte der rationalen Analyse, um solche Wahrheiten zu finden, die uns nützlich sein können – ganz gleich, was wir persönlich glauben mögen. Ein namhafter Wissenschaftler wurde einmal von einem Reporter gefragt, was er denn mit einer bestimmten Versuchsreihe zu beweisen suche. Er antwortete, dass ein wahrer Wissenschafter niemals versuche, irgendetwas zu beweisen. Er bemühe sich bloß, die Tatsachen zu untersuchen.

Zur Person Jeane Dixons

Dies zur Einleitung der Prophezeiungen einer modernen amerikanischen Prophetin, Jeane Dixon, deren Stellungnahmen oft sehr stark religiös gefärbt waren. Parapsychologen hatten ihr bestätigt, bemerkenswerte mediale Begabungen zu besitzen. Sie lebte in Washington, D. C., hatte regelmäßigen gesellschaftlichen Kontakt zu Senatoren, Abgeordneten und Botschaftern und hatte lange Zeit Zugang zum Weißen Haus. Somit war sie in der Lage, ihre Offenbarungen (die oftmals weltpolitische Bedeutung haben) jenen nahezubringen, die die Mög-

Forscher zufolge lag Jeane Dixons ASW-Faktor zwischen 90 und 97 Prozent.

lichkeit hatten, darauf zu reagieren, wenn sie es wollten. Als ihr die bevorstehenden Morde an John F. und auch an Robert Kennedy offenbart worden waren, suchte sie diese Kanäle zu nutzen, um zu verhindern, was geschehen würde. Aber ihre Warnungen wurden, wie so oft in solchen Fällen, nicht genügend ernst genommen.

Obwohl sie überzeugte Katholikin und tief religiös war, war sie eine versierte Astrologin und verfasste sogar Zeitungsartikel zu diesem Thema. Ihre prophetischen Offenbarungen scheinen jedoch eher ihrer medialen Begabung zu entstammen, wie es auch bei Michel Nostradamus der Fall war. Wir zitieren aus ihrem Buch *Mein Leben, meine Prophezeiungen,* das erstmals im September 1968 erschien. Die ersten Zitate entstammen dem Vorwort von René Noorbergen.[1]

„Sie ist Ende vierzig, eine erfolgreiche Immobilienmaklerin und glücklich verheiratet. Sie hat keinen Grund, sich ins Licht der Öffentlichkeit zu drängen, denn seit ihre medialen Begabungen bekannt wurden, bekommt sie mehr als genügend Anerkennung. Botschafter, Staatsmänner, Präsidenten und Geschäftsleute, alle suchen ihren Rat ... Sie lehnt immer wieder Angebote der großen TV-Stationen für kommerzielle Auftritte ab. Alle mit Banknoten gespickten Briefe von Spekulanten, die nichts wollen außer ihren Rat in Geldangelegenheiten, schickt sie zurück. Ihre Freunde bürgen für sie und selbst ihre Gegner loben ihre Aufrichtigkeit ... Zahlreiche Experten bestätigen ihre mediale Begabung. Einer der bedeutendsten Forscher auf diesem Gebiet, Dr. F. Regis Riesenman, untersuchte Tausende von Testpersonen, bevor und nachdem er sich 1959 für Jeane Dixon zu interessieren begonnen hatte ... Dr. Riesenman meint, dass die meisten Menschen einen ASW (außersinnliche Wahrnehmung)-Faktor zwischen 3 und 7 Prozent hätten, jedoch nur 3 Prozent von diesen wären echte Medien ... Jeane Dixon besitzt diese Begabung wirklich. Riesenman bezifferte ihren ASW-Faktor zwischen 90 und 97 Prozent.
Die meisten Forscher sind der Ansicht, dass mediale Erscheinungen – von Menschen auf Menschen oder von höheren Wesenheiten auf Menschen – auf einer Frequenz übertragen werden, die so weit außerhalb des bekannten elektromagnetischen Spektrums liegt, dass sie unmöglich zu erforschen ist. Im Gegensatz dazu glaubt Cleave Baxter, Leiter der Baxter Research Foundation in New York, ein messbares Si-

gnal gefunden zu haben. ‚Ich zweifle nicht daran, dass es diesen Ver-
ständigungsweg schon immer gegeben hat. Wir haben unsere außersinnlichen Wahrnehmungen aber durch Vorurteile blockiert. Wir sagen
uns, und die Wissenschaft und unsere Umwelt bestätigen uns dabei,
dass alles Außersinnliche Unsinn ist. Dennoch: Versetzen Sie jemand
in Hypnose, geben Sie ihm die posthypnotische Suggestion, seine Vorurteile zu ignorieren und sich für außersinnliche Wahrnehmung zu öffnen, und ich bin sicher, er wird mehr empfangen, als er jemals für
möglich gehalten hätte.'

Jeane Dixons Geist ist offen. Sie hat anscheinend vollen Zugang zu
einer Fähigkeit, die früher recht häufig genutzt worden ist, aber weitgehend in den Hintergrund gedrängt wurde. Jeane Dixon selbst be-
grüßt es zwar, von wissenschaftlicher Seite unterstützt zu werden,
dennoch ist sie davon überzeugt, dass es der Geist Gottes ist, der
durch sie wirkt und für ihre Visionen und Prophezeiungen verantwortlich ist."

Jeane Dixons Vorhersagen

„Die Präzision, mit der ihre Vorhersagen eintreffen, ist unvergleichlich …
Im Herbst 1944 prophezeite sie: China wird kommunistisch und unser
größtes Problem werden. Afrika wird unsere zweitgrößte Sorge im
Ausland sein. Dies sagte sie Präsident Roosevelt während eines privaten Treffens im Weißen Haus. Roosevelt war damals anderer Ansicht …

Eine weitere überraschende Vorhersage lieferte sie 1945 einem hoch-
rangigen Beamten der indischen diplomatischen Mission in Washington: *‚Am 2. Juni 1947 wird Ihr Land, Indien, entzweit werden, als Ergebnis
innerer Spannungen. …'* Am 2. Juni 1947 meldeten die Schlagzeilen der
Weltpresse die Spaltung dieses ehemaligen Teils des britischen Em-
pires.

… Im Sommer 1947 rief sie während eines Gesprächs zwischen ihrem
Mann und einem Freund plötzlich aus: *‚Mahatma Gandhi wird noch innerhalb der nächsten sechs Monate ermordet. Einer wird ihn töten, von
dem sie es am wenigsten erwartet hätten.'* … Knapp sechs Monate spä-

ter wurde Indiens spiritueller Führer von einem fanatischen Hindu ermordet.

Als ich Mitte September 1961 den Tod eines Freundes betrauerte, der für Dag Hammarskjöld, den UN-Generalsekretär, als Leibwächter gearbeitet hatte, wusste ich noch nichts von Jeanes Prophezeiung, mit der sie Monate zuvor ihre Freundin Eleanor Baumgartner gewarnt hatte: ‚*Was du auch tust in diesem Sommer: Nimm Mitte September nicht die gleiche Maschine wie Dag Hammarskjöld. Sie wird abstürzen, und er wird sterben.*‘

Sie sagte die Fusion von AFL und CIO [zwei der größten amerikanischen Gewerkschaften] ebenso voraus wie Deweys Niederlage gegen Harry Truman, den Erdrutschsieg Dwight D. Eisenhowers, den Sturz Nikita Chruschtschows, die ‚Geburt‘ des ersten Sputnik, den Tod des Staatssekretärs John Foster Dulles und viele andere umwälzende Ereignisse, die das Bild unserer Zeit geformt haben.“

Das Attentat auf John F. Kennedy

„In den Augen der Öffentlichkeit erreichte jedoch nichts davon die Bedeutung ihrer dramatischen Vorhersage des Todes von John F. Kennedy. Die Geschichte, die mit jener schicksalhaften Kugel endete, die JFK niederstreckte und tötete, begann elf Jahre zuvor.

An einem dieser nasskalten regnerischen Morgen, erzählte Jeane, betrat ich die Matthäuskirche in Washington, D. C., um meine Morgenandacht zu verrichten. Ich empfand etwas wie eine glühende Erwartung. Dieses Gefühl begleitete mich schon seit einigen Tagen. Irgendetwas Folgenschweres würde geschehen und ich würde daran teilhaben.

Ich erinnere mich, ich stand vor der Marienstatue, als mir plötzlich das Weiße Haus in blendender Helligkeit erschien. Aus dem Dunst formten sich über dem Dach die Zahlen 1 9 6 0. Eine schicksalhafte schwarze Wolke erschien, verhüllte die Zahl und tropfte langsam auf das Weiße Haus herab. Dann senkte ich den Blick. Vor dem Haupteingang stand ganz ruhig ein großgewachsener junger Mann mit blauen Augen und einem dichten braunen Haarschopf. Ich starrte ihn noch immer an, als eine sanfte Stimme von nirgendwoher zu mir sagte, dieser junge Mann, ein Demokrat, würde 1960 zum Präsidenten gewählt und während seiner Amtszeit ermordet werden."

Mediale Vorhersagen und direkte Offenbarungen

"... Meine Prophezeiungen treffen nicht immer ein", sagt sie; „die Zukunft wird mir auf sehr unterschiedliche Weise gezeigt. Eine davon, Offenbarungen, sind Zeichen des göttlichen, nicht des menschlichen Willens. Wenn Gott ein zukünftiges Ereignis durch Offenbarung enthüllt, kann der Mensch nichts daran ändern, was er auch unternehmen mag. Der Herr wählt selbst, wem, wann und wie er Seine Offenbarungen gibt. Offenbarungen haben mit außersinnlichen Wahrnehmungen nichts zu tun. Gott enthüllt Seinen Willen, und wenn er mich als Kanal für seine Offenbarungen zu benützen wünscht, dann kann ich nur hören, sehen, fühlen ...

Eine andere Weise, wie ich Kenntnis zukünftiger Ereignisse erlange, ist weniger zuverlässig; ich nenne sie den ‚medialen Weg'. Ich nehme oft Schwingungen wahr, wenn ich Menschen treffe und ihnen die Hand gebe. Ich kann vieles über die Menschen sagen, indem ich diesen Schwingungen nachspüre und sie deute ... Ein weiterer Weg ist Telepathie. Natürlich reden viele Menschen, ohne nachzudenken, aber die Gedanken der denkenden Menschen sind leicht zu lesen. Ihnen nur nahe zu sein, verrät mir ihre innersten Geheimnisse.

Eine Offenbarung ist etwas Besonderes. Manchmal vergehen zwei, drei oder gar vier Jahre, ohne dass mir Gott eine Offenbarung zukommen lässt. Aber dann eines Morgens wache ich auf und fühle mich einfach wunderbar. Ich fühle mich inspiriert und weiß, dass etwas Großes geschehen wird. ... Am nächsten Tag vervielfacht sich dieses großartige, friedvolle Gefühl. Am dritten Tag erreicht es Bergeshöhe und am Abend des dritten Tages weiß ich, dass mich Gott während dieser drei Tage auf seine Botschaft vorbereitet hat, denn eine Offenbarung erfolgt dann immer am vierten Tag.

... Alle meine Offenbarungen haben mit der internationalen Lage zu tun. Sie betreffen niemals einzelne Personen als Individuen ... Alles, was mir Gott in diesen Offenbarungen entschleiert, muss geschehen. Das sind keine Pläne, die der Mensch gemacht hat. Sie sind entweder der Wille Gottes oder Gott erlaubt, dass sie geschehen. Von der bevorstehenden Ermordung John Kennedys erfuhr ich in einer Offenbarung und es gab nichts, was ich tun konnte, um den Mord zu verhindern … Von den Morden an Martin Luther King und Senator Robert Kennedy erfuhr ich durch Telepathie, nicht durch Offenbarung. Sie hätten nicht stattfinden müssen, wenn die Umgebung dieser Personen geändert worden wäre."[2]

Die Lincoln-Kennedy-Parallelen

Es gibt einige merkwürdige Gemeinsamkeiten zwischen dem Kennedy-Attentat und dem Attentat auf Abraham Lincoln.

Kurz nach dem Attentat auf John F. Kennedy erschien ein interessanter kurzer Artikel, dessen Quelle mittlerweile in Vergessenheit geraten ist, in diversen Printmedien. Er brachte einige merkwürdige Gemeinsamkeiten zwischen dem Kennedy-Attentat und dem Attentat auf Abraham Lincoln ans Tageslicht. Bevor wir Jeane Dixons Behauptung, John F. Kennedys Tod sei unvermeidlich und „Gottes Wille" gewesen, beurteilen, sollten wir einen Blick auf diesen kurzen Artikel werfen.

- Lincoln wurde 1846 in den Kongress und 1860 zum Präsidenten gewählt. Kennedy wurde 1946 in den Kongress und 1960 zum Präsidenten gewählt.
- Beide waren Verfechter der Bürgerrechte und wurden zu allseits beliebten Präsidenten. Beide Männer wurden von einem Vizepräsidenten namens Johnson gefolgt.
- Beide Johnsons waren Südstaatler, Senatoren, Demokraten und beide erwiesen sich als äußerst unpopuläre Präsidenten. Andrew Johnson wurde 1808, Lyndon Johnson 1908 geboren.
- John Wilkes Booth und Lee Harvey Oswald waren beide Südstaatler und politisch Unzufriedene, die sich für unpopuläre Maßnahmen einsetzten. Booth wurde 1839, Oswald 1939 geboren.
- Die Namen Lincoln und Kennedy haben je sieben Buchstaben. Die Namen Andrew Johnson und Lyndon Johnson bestehen aus je dreizehn Buchstaben. Die Namen John Wilkes Booth und Lee Harvey Oswald setzen sich aus je fünfzehn Buchstaben zusammen.

- Booth erschoss Lincoln in einem Theater und floh in ein Warenhaus. Oswald erschoss Kennedy von einem Warenhaus aus und floh in ein Theater. Beide Attentäter wurden erschossen, bevor sie vor Gericht gestellt werden konnten.

- Mary Todd Lincoln und Jacqueline Kennedy sprachen beide Französisch, beide waren vier Mal schwanger, verloren jedoch zwei Kinder. Jede der beiden Frauen hatte eine Fehlgeburt, während sie im Weißen Haus residierte. Nach dem Tod ihrer Ehegatten lehnten beide Frauen alle Einladungen nachfolgender Präsidenten ab, in das Weiße Haus zurückzukehren.

- John Kennedy, Leiter der New York Police, hatte seine Sorge um Lincolns Sicherheit geäußert und Lincolns Sekretärin namens Kennedy hatte Lincoln geraten, in jener Nacht nicht in das Theater zu gehen.

- Kennedys Sekretärin Evelyn Lincoln war sehr besorgt um Kennedys Sicherheit gewesen und hatte ihm geraten, nicht nach Dallas zu fahren.

- Nach Lincolns Begräbnis übersiedelte sein Sohn Robert nach 3014 N Street in Georgetown. Nach Kennedys Begräbnis zog sein Sohn mit Familie nach 3014 N Street in Georgetown.

- Beide Männer starben durch Schüsse in den Hinterkopf an einem Freitag, während sie neben ihren Gattinnen saßen.

- Und ... das Auto, das Kennedy fuhr, war ein Lincoln.

Booth erschoss Lincoln in einem Theater und floh in ein Warenhaus ...

> Mittlerweile existieren handfeste Fakten, die darauf hinweisen, dass Lee Harvey Oswald nicht der wirkliche Attentäter von John F. Kennedy war. Aber möglicherweise war John Wilkes Booth auch nicht der wirkliche Mörder von Abraham Lincoln.

Das Kommen des Antichrist und die Wiederkehr des wahren Christus

Fahren wir fort mit einigen weiteren Vorhersagen von Jeane Dixon. Wir beschränken uns auf solche, die ihr nach eigenen Angaben mittels „direkter Offenbarung" enthüllt worden sind. Die erste ist eine Vision, die sie am 12. September 1967 während eines Empfanges in der belgischen Botschaft in Washington D. C. hatte.[3]

„Ich fühlte den Boden unter meinen Füßen beben und erzittern, dann schien mir, als würde die Erde aufhören, um ihre eigene Achse zu rotieren. Ich sah, dass es in diesem Jahrhundert noch viele geologische und geographische Veränderungen geben würde, viele Erdbeben … Flüsse würden aufhören zu strömen und andere würden ihren Lauf ändern. Wo heute Wasser ist, würde Land sein, und wo Land ist, würde sich wildes reißendes Wasser ergießen und alles auf seinem Weg zerstören. Dann sah ich ein leuchtendes Kreuz am östlichen Himmel erscheinen, hoch über einem dunklen einsamen Hügel. Es war gewaltig und prächtig … unheilverkündend und ahnungsvoll, und doch so majestätisch und liebevoll, dass ich wusste, es war das Kreuz Christi.

… Irgendwie sah jeder auf der Welt dieses Kreuz mit mir und ich wusste, dass jeder, der Zeuge dieser Erscheinung geworden war, klar verstehen würde, dass es sich um das erleuchtende Licht Gottes selbst handelt. Alle wussten wie ich selbst, dass wir bei Tag nicht mehr die Sonne und bei Nacht nicht mehr Mond und Sterne brauchen würden. Wir alle erfuhren den geistigen Glanz des göttlichen Lichtes in uns selbst … Ich hörte die Stimme unseres Herrn Jesus sprechen: ‚Jetzt seid ihr alle meine Jünger!‘ Ich hörte es und ich wusste – denn Er ließ Seine Absicht jenseits jeder Frage klar erscheinen –, dass der Tag kommen würde, da die Religionen, wie wir sie heute kennen, Christentum, Judentum, Hinduismus, Buddhismus, nicht mehr sein werden und wir alle die wahren Jünger Jesu sein werden.“

Das kommentiert sie so:

„Vieles wurde für die Jahre nach 1999 vorhergesagt, wenn diese Vision sich erfüllen wird, und vieles wird schon vorher geschehen.“

Wir haben keinen Anlass, an der Wahrhaftigkeit der Botschaft, die Frau Dixon in dieser Vision erhalten hat, zu zweifeln. Jedoch ist ihre Aussage über das Jahr 1999 als Zeitpunkt für den Anfang der Erfüllung nicht Bestandteil der eigentlichen Offenbarung. Sicherlich bekräftigt diese Vision die Passage von Nostradamus, die wir zuvor untersucht haben, aber Frau Dixon sagt nicht, wie sie auf dieses Datum kommt, ob es ihr ebenfalls offenbart worden ist oder ob sie es aus einer anderen Quelle hat, womöglich gar von Nostradamus. Wir sagen dies nicht, um Jeane Dixons Verlässlichkeit als prophetische Quelle in Zweifel zu ziehen, sondern nur, um auf gewisse Grenzen hinzuweisen. Wie sich zeigt, fügt sie einiges an nützlicher Informationen hinzu, das uns helfen kann, das prophetische Bild der Zeitenwende zu vervollständigen. Wir zitieren weiter aus ihrem Buch:[4]

Die erste Antichrist-Vision

„In der Nacht auf den 14. Juli 1952 ... Ich war schon seit Stunden im Bett und fortwährend an der Schwelle zwischen Wachen und Schlaf – in diesem Zwischenzustand, wo das Unterbewusste arbeitet und das Bewusstsein untätig auf die ersten Strahlen der Morgensonne wartet. Plötzlich bemerkte ich eine Bewegung rechts neben meinem Bett. Ich fühlte eine mächtige Gegenwart, die sich mir näherte. Ich lag vollkommen still da und richtete mein ganzes Wesen auf die Wahrnehmung dessen aus, was geschah. Dann umfing mich ein anderes Gefühl: Es war das Bewusstsein von Gottes Liebe, die mich umschloss, um mich vor allem, was geschehen würde, zu schützen.

Ich sah hinunter zum Fußende meines Bettes und sah diese ‚andere‘ Anwesenheit, die wie eine Schlange aussah und sanft gegen meine Matratze stieß. Der Druck ihres Körpers vergrößerte sich und eine geistige Kraft ließ mich plötzlich erkennen, dass das nicht bloß ein Reptil war. Mächtige Wellen von Verstehen und Erhabenheit gingen von ihm aus. Dies war eine Wesenheit, die in irgendeiner Weise ‚nahm‘, indem sie ‚gab‘ ...

Ich konnte die Kraft seines Körpers wahrnehmen, als es versuchte, sich um meine Beine und Hüften zu winden, aber ich war gegen körperliche Berührung mit ihm geschützt – geschützt vor jeder Gefahr für Körper oder Seele durch die Gegenwart von Gottes schützender Liebe. Langsam zeigte sich das Reptil jetzt in seiner vollen Größe. Es war auf Armeslänge angewachsen und trug ein auffallendes, ungewöhnliches schwarz-gelbes Muster.

Ich betrachtete seinen Kopf genauer. Die Augen starrten unbeweglich nach Osten; was es ganz ungewöhnlich machte, waren die Wangen, die wie kleine Pyramiden aussahen ...

Die Schlange bewegte den Kopf, und unsere Blicke trafen sich. Ihre Augen reflektierten all die Weisheit und all das Leid der Zeitalter, aber auch eine unausgesprochene Bitte um Vertrauen und Verständnis. Wiederum bewegte sie den Kopf blickte wieder nach Osten, als wolle sie mir sagen, dass ich im Osten nach Weisheit und Verstehen suchen müsse. Irgendwie fühlte ich, dass sie mir mitteilen wollte, wenn mein Vertrauen und mein Glaube an sie genügend groß wären, könnte ich teilhaben an ihrer grenzenlosen unirdischen Weisheit.

Die Schlange blickte zurück zu mir, und während ich noch tief in ihre Augen starrte, zog sie sich zurück und verschwand ...

Ein ungewöhnlicher Strahl violetten Lichtes, der die Schlange durch das Ostfenster beschienen hatte, verblasste bei ihrem Verschwinden. Ich drehte mich um und sah auf die Uhr neben meinem Bett. Es war 3.14 Uhr morgens. Die Vision war vorüber."

Frau Dixon schlägt folgende Interpretation vor:

„Die Schlange, der biblische Drache, steht direkt mit der Figur des Antichrist in Verbindung. Dieser, ein Mensch, ein ‚Friedensfürst‘, wird auf der Erde erscheinen und behaupten, Christus zu sein; eines der verschiedenen Anzeichen für die Wiederkunft Christi."

Der Antichrist wird von Jeane Dixon als ein *Friedensfürst* bezeichnet – wahrscheinlich, weil er nach den Prophezeiungen anfänglich als Friedensstifter an die Macht kommen wird.

Die zweite Antichrist-Vision

An einer anderen Stelle berichtet sie über eine weitere Vision, die sie zehn Jahre später hatte und die sich genauer mit dem gleichen Thema befasst.[5]

„Eine Offenbarung, die mir am Morgen des 5. Februar 1962 gegeben wurde, ... sagt eines der dramatischsten Ereignisse der Weltgeschichte voraus.

Es begann am Abend des 2. Februar 1962. Ich saß meditierend in meinem Zimmer und wurde einer seltsamen Erscheinung gewahr. Das

Licht verblasste, und als ich zur Deckenlampe hinaufsah, bemerkte ich, dass sich alle fünf Glühbirnen verdunkelt hatten. Nur noch eine merkwürdige, runde, glänzende Kugel glühte in ihren Mittelpunkten. Es dauerte nicht lange. Wie ich mich entsinne, dachte ich tatsächlich an irgendeinen elektrischen Defekt. Mein Mann glaubte das auch, und so vergaßen wir den ‚Lichtdefekt', bis sich dasselbe Phänomen am nächsten Abend wiederholte.

Wiederum war ich in der Meditation auf der Suche nach dem Herrn. Wiederum verblasste das elektrische Licht und hinterließ nur diese glänzenden Lichtkugeln. Ich weiß nicht genau, wie viel Zeit verging, vielleicht zehn Sekunden, aber plötzlich bemerkte ich ein leise knisterndes Geräusch, das aus den Glühbirnen kam. Als das Geräusch aufhörte, brannte das Licht wieder wie immer.

Dann begann ich zu spüren, dass etwas geschah, über das ich keine Kontrolle hatte. Als sich am dritten Abend das Geschehen in genau der gleichen Weise wiederholte, wusste ich, dass mir ein Ereignis von immenser Wichtigkeit offenbart werden würde. Ich erkannte, dass die Lichterscheinung ein Vorspiel auf Dinge war, die sich ereignen würden. Ich ging zu Bett im Vertrauen, dass mich Gott wissen lässt, ob und wann er mir eine Offenbarung machen würde. Er tat es.

Es geschah, als ich frühmorgens am vierten Tag aufwachte und zum Ostfenster meines Zimmers ging ... Ich blickte aus dem Fenster, und obwohl die Sonne noch nicht aufgegangen sein konnte, spottete das, was ich sah, jeglicher Beschreibung. Die kahlen Bäume der Stadt waren einer endlosen Wüstenszenerie gewichen, über der eine unbarmherzige Sonne brütete ...

Die Strahlen der Sonne teilten sich, um der Erscheinung eines ägyptischen Pharaos und seiner Königin Raum zu geben. In ihr erkannte ich sofort die Königin Nofretete. Der Mann an ihrer Seite musste ihr Gatte sein, den die Geschichte als Echnaton, den sogenannten ‚Ketzerpharao', kennt. Sie hielten einander wie Liebende an den Händen, als sie majestätisch den Strahlen entstiegen ...

Mein Blick wurde von Nofretete angezogen und von dem Kind, das sie sanft in ihrem freien Arm wiegte. Es war ein Neugeborenes, in schmutzige Lumpen und zerrissene Windeln gehüllt. Der Gegensatz zu dem herrlich strahlenden Königspaar konnte nicht größer sein.

Die Strahlen der Sonne teilten sich, um der Erscheinung eines ägyptischen Pharaos und seiner Königin Raum zu geben. In ihr erkannte ich sofort die Königin Nofretete ...

Der Mann an ihrer Seite musste ihr Gatte sein, den die Geschichte als Echnaton, den sogenannten Ketzerpharao, kennt ...

Sie hielten einander wie Liebende an den Händen, als sie majestätisch den Strahlen entstiegen.

Kein Laut unterbrach die unirdische Stille, als sie mit dem Kind voranschritten. Nun erst bemerkte ich die gewaltige Menschenmasse zwischen mir und dem Kind. Anscheinend war die ganze Welt erschienen, um das Königspaar das Kind herzeigen zu sehen. Während ich das Kind über ihren Köpfen sah, bemerkte ich, wie Nofretete das Kind der Menge übergab. Plötzlich brachen Strahlen von Sonnenlicht aus dem Knaben hervor, die mit der Brillanz der Sonne verschmolzen und die alles außer ihm selbst verblassen ließen …

Wiederum sah ich zu dem Kind hin. Es war jetzt zu einem Mann erwachsen; über seinem Haupt hatte sich ein kleines Kreuz geformt, das größer wurde und sich ausdehnte, bis es die Erde in alle Richtungen umspannte. Zugleich knieten Leidende aller Rassen in Anbetung nieder, erhoben die Arme und boten dem Mann ihre Herzen dar. Für einen flüchtigen Augenblick schien mir, ich wäre eine von ihnen. Aber der Kanal, der aus ihm strahlte, war nicht der der Heiligen Dreieinigkeit.

Ich wusste in meinem Herzen, dass diese Offenbarung den Beginn der Weisheit bezeichnete, aber wessen Weisheit und für wen? Ich fühlte mich von überwältigender Liebe umgeben, aber der Ausdruck, den ich im Gesicht dieses Mannes gesehen hatte, als er noch ein Neugeborenes war, ein Ausdruck klarer Weisheit und Erkenntnis, ließ mich spüren, dass Gott mir hier erlaubt, etwas zu sehen, ohne ein Teil davon zu werden. Ich spürte auch, dass ich wiederum sicher in den Armen meines Schöpfers geborgen war. Ich sah auf die Uhr: Es war noch immer früh am Morgen, 7.17 Uhr."

Frau Dixon fährt fort, sie sei überzeugt, diese Offenbarung bedeute, dass ein Kind die Welt revolutionieren würde. Es sei am 5. Februar 1962 kurz nach 7 Uhr früh irgendwo im Nahen Osten geboren worden und möglicherweise ein direkter Abkömmling der königlichen Linie des Pharao Echnaton und der Königin Nofretete. Sie schreibt: *„Es besteht kein Zweifel, dass er die Massen unter einer allumfassenden Lehre vereinigen wird."*

Frau Dixon deutet diese Vision mit der folgenden Erklärung und folgendem Kommentar weiter:

„Echnaton war der Sohn des bedeutsamsten Monarchen der 18. Dynastie in Ägypten. Sein Vater, Amenophis III., hatte weitreichende his-

torische Allianzen mit den Königen von Babylonien und Assyrien gebildet. Er selbst aber war nicht mehr im Frieden mit der Religion seiner Vorväter. ... Die Habiru, ein hitziger Wüstenstamm, hatten eine
neue Welle des Monotheismus mitgebracht und er fühlte sich unwohl
mit den zahlreichen Göttern, die dem Aberglauben seines Volkes so
lange Vorschub geleistet hatten. Er wünschte sich einen einzigen Gott
und er fand ihn: in der Sonnenscheibe.

Aton, die Sonne, sollte sein Gott werden. Atonismus unterschied sich
von der alten Religion. Es ist zwar richtig, dass er den Glauben an viele
der gleichen Lehren verlangte, doch er konzentrierte sich auf einen
Gott und missachtete die meisten
Götter, die die Ägypter so lange
geistig gefangen hielten. Als er seinen Namen von Amenhotep III. auf
Echnaton änderte, tat er es zu
Ehren des Gottes Aton ... Der
Name bedeutete ‚Der, mit dem
Aton (der Sonnengott) zufrieden
ist'. Seine Religion hatte sich gewandelt, aber er blieb ein Heide,
der einen heidnischen Gott verehrte.

... Nach Echnatons Tod konnte die
neugegründete Religion nicht mehr
lange gegen die Macht der Amon-
Priester bestehen ... [Amon ist der
Name des alten Hauptgottes der
Ägypter] wiederum verbreitete sich der Polytheismus über die Welt. Die
große Gefahr einer betrügerischen Weltreligion ... war fürs erste abge-
wandt ... bis am 5. Februar 1962, 3328 Jahre später, Nofretete und Echnaton erneut benutzt wurden, um diesen gewaltigen Betrug
fortzusetzen. Wiederum erschienen sie auf der Bühne, um der Menschheit ihren Abkömmling zu präsentieren ...

Die Umstände der Geburt des ‚Kindes des Ostens' und die Ereignisse,
die ich seitdem in seinem Leben stattfinden gesehen habe, lassen ihn
sehr christusähnlich erscheinen. Dennoch ist der Unterschied so groß,

Als er seinen Namen von Amenhotep III. zu Echnaton änderte, tat er es zu Ehren des Gottes Aton (des Sonnengottes) ...

dass ich nicht den leisesten Zweifel hege, dass das ‚Kind‘ der Antichrist in Person ist, der die Welt in Satans Namen betrügen wird ...

Als ich sah, wie das kleine Kind der Menschheit gezeigt wurde, nahm ich sehr stark wahr, dass eine gewaltige und zwingende Kraft von ihm ausging. In seinen Augen fand ich gelassene Weisheit und Erkenntnis, aber als ich seinen Kanal berührte, spürte ich, dass er nicht von Gott war.

Aber die Geburt und die Vorstellung dieser Imitation war für irdische Begriffe glanzvoller, eindrucksvoller, leuchtender. Den Hintergrund für die Ankunft des Kindes bildete die aufgehende Sonne. Sie symbolisiert ebenso die gewaltige Kraft, die diesem Kind zu Gebote steht, das die Erde führen wird, wie auch die falsche Religion, die es mit sich bringt ...

Ich sehe, dass es sich nicht mehr in dem Land aufhält, in dem es geboren wurde. Es wurde in ein anderes Land des Nahen Ostens gebracht. Ich habe den zwingenden Eindruck, dass es sich um ein dicht besiedeltes Gebiet der Vereinigten Arabischen Republik handelt ...“

> Die Vereinigte Arabische Republik war der Versuch einer Union zwischen Ägypten und Syrien, die von 1958 bis 1961 bestand. Trotz des Zerfalls der Union nannte sich Ägypten weiterhin Vereinigte Arabische Republik bis 1971. Als Frau Dixon die obigen Texte schrieb, war Ägypten noch als die Vereinigte Arabische Republik bekannt.

„Wenn das Kind elf Jahre alt ist, beinahe zwölf, wird ihm etwas ungeheuer Wichtiges widerfahren. Zu dieser Zeit (1973–1974) werden wir noch nicht unbedingt von ihm hören, er wird jedoch dann seiner satanischen Mission gewärtig werden und erfahren, zu welchem Zweck er hier ist. Dann wird er seinen Einflussbereich ausdehnen und seine unmittelbare Umgebung wird den kleinen Kern seines Gefolges bilden, wenn er neunzehn Jahre geworden ist (1981). Er wird in aller Stille mit ihnen arbeiten, bis er neunundzwanzig oder dreißig Jahre alt ist. Dann wird die Macht und Gewalt seiner Anwesenheit auf Erden die ersten verbotenen Früchte zu tragen beginnen (1991-92) ...

Der Antichrist wird wie Christus Jerusalem zum Mittelpunkt seiner Arbeit machen. Ich habe das deutliche Gefühl, dass sich die westlichen Religionen irgendwie vermischen werden mit den Philosophien des

Ostens. Ich sehe, wie ihm die Jugend zuströmen wird, um an seiner Weisheit teilzuhaben, in ähnlicher Weise, wie die jungen Leute heute zu ihren Gurus pilgern.

Ich sah die Menschheit das ‚Tal der Entscheidung' erreichen, eine Weggabelung, an der das ‚Kind des Ostens' seinen Schritt verlangsamte, als wäre es in tiefe Gedanken versunken. Dann tat es, mit einer sanften Bewegung seiner Gewänder, einen scharfen Schritt nach links. Dieser Augenblick bezeichnete den Punkt der Entscheidung. Jedem Einzelnen ist die Wahl gegeben, sich nach links zu wenden und dem Kind zu folgen oder weiterzugehen, dorthin, wo der Pfad schmal und gerade wird."

Kapitel 6

Die Pyramiden-Prophezeiungen

Alte prophetische Traditionen sind aus den verschiedensten Zeiten und Quellen erhalten; wir kennen persische, indische, chinesische, japanische Quellen, indianische aus Nord- und Südamerika und viele andere. Den Großteil dieser alten Quellen haben wir in unsere Untersuchung nicht einbezogen, weil sie sich einerseits als zu allgemein, andererseits als nicht wirklich prophetisch wertvoll erwiesen haben, was die Präzision ihrer Vorhersagen angeht. (Diese alle zu vergleichen wäre auch ein viel zu umfangreiches Unterfangen und hätte den Rahmen dieses Buches bei Weitem gesprengt.)

Dass prophetische Traditionen religiösen Quellen entstammen, ist nicht überraschend. Es gibt aber eine andere unvermutete, jedoch sehr wichtige und interessante uralte Quelle, deren prophetische Bedeutung erst vor relativ kurzer Zeit entdeckt wurde.

Es handelt sich dabei nicht um etwas Geschriebenes oder um eine Sage, sondern um einen Bau, der bereits in alten Zeiten (wie auch heute noch) als eines der größten Weltwunder betrachtet wurde. Von einigen Forschern als eine *Offenbarung in Stein* bezeichnet, ist es eine Ehrfurcht gebietende Struktur, voll von Geheimnissen und Wundern, die Historiker und Archäologen zu allen Zeiten verblüffte: die große *Cheopspyramide* in Ägypten.

Als größte der Pyramiden scheint sie, laut Archäologen, die älteste und möglicherweise das Modell für spätere Pyramiden zu sein. Einigen Theorien zufolge wurde sie gar nicht von den Ägyptern gebaut, sondern war bereits zum Höhepunkt des ägyptischen Reiches ein altes Relikt. Tatsache ist, dass niemand so richtig weiß, wie alt sie wirklich ist, aber Versuche, die Große Pyramide zu datieren, deckten bemerkenswerte Zahlen auf, die zwar die ursprüngliche Frage nicht beantworten konnten, jedoch einige bedeutende prophetische Hinweise ans Licht brachten.

Anfang des 19. Jahrhunderts bemerkte Sir John Herschel, der Sohn des Entdeckers des Planeten Uranus, Sir William Herschel, dass der herabführende Durchgang der Großen Pyramide in einem Winkel konstruiert war, der zu gewissen Zeiten zu *Alpha Draconis*,

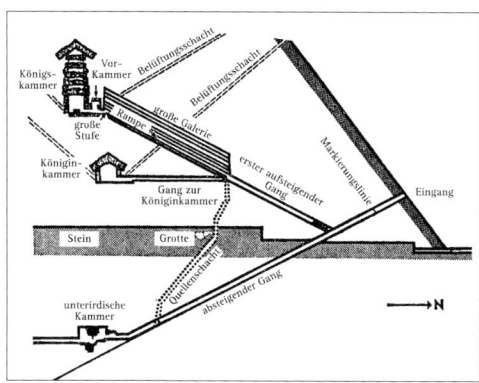

Im Jahre 2170 v. Chr., als der herabführende Durchgang zu Alpha Draconis zeigte, stand die Spitze der Pyramide genau unter dem Hauptstern der Plejadengruppe.

dem „Drachen-Stern", zeigte, und zwar einmal ca. alle 1500 Jahre. Es wurde berechnet, dass eine solche Übereinstimmung im Jahre 2170 v. Chr. stattgefunden hatte.

Dieses Datum gewann durch eine andere Entdeckung, die ebenfalls im 19. Jahrhundert gemacht wurde, noch größere Bedeutung. Professor Piazzi Smyth, dem königlichen Astronom von Schottland, der auch ein berühmter Ägyptologe war, fiel auf, dass im Jahre 2170 v. Chr., als der herabführende Durchgang zu Alpha Draconis zeigte, die Spitze der Pyramide genau unter *Alcyone* oder *Eta Tauri*, dem Hauptstern der Plejadengruppe stand, die dem Tierkreisabschnitt des Stieres zugeordnet ist. Diese doppelte Konstellation kommt nur einmal alle 25.827 Jahre vor.

Prof. Smyth erwog deshalb, dass 2170 v. Chr. das Jahr gewesen sein musste, in welchem der Durchgang und daher die Pyramide gebaut worden war. Andere Archäologen jedoch wiesen auf die Tatsache hin, dass dieses Zusammentreffen der Sterne nicht nur 2170 v. Chr. passierte, sondern sich alle 25.827 Jahre wiederholt. Warum sollte gerade 2170 v. Chr. als das Baujahr der Pyramide betrachtet werden?

Abgesehen davon bezeichnet man den Zeitabschnitt von 25.827 Jahren in der Astronomie als einen Präzessionszyklus oder ein „Platonisches Jahr". Die Erde kehrt nach einem ca. 25.827 Jahre dauernden vollendeten Präzessionszyklus an die gleiche relative Position zurück. Könnte es nicht sein, dass diese Übereinstimmung der Sterne Alcyone und Alpha Draconis gar nichts mit dem Alter der Pyramide zu tun hat, sondern eventuell auf einen zeitlichen Anhaltspunkt hinweist oder einen Schlüssel zu einem anderen Geheimnis liefert?

Wie sich herausstellt, erweist sich gerade dies als wahr, da diese spezielle Übereinstimmung der Sterne tatsächlich der Schlüssel zur prophetischen Botschaft der Großen Pyramide ist.

Die Pyramide als kosmischer Kalender

Die Zahl 25.827 wiederholt sich in der Geometrie der Großen Pyramide noch mindestens zweimal. Die Summe der Basisdiagonalen ergibt 25.827 Pyramidenzoll. Der Durchmesser, auf der Höhe der Königskammer gemessen, enthüllt dieselbe Zahl.

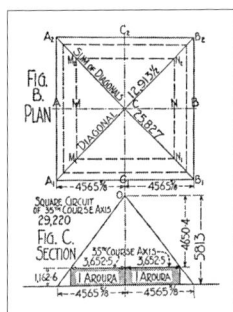

Die Zahl 25.827 findet man mehrmals in der Geometrie der Großen Pyramide.

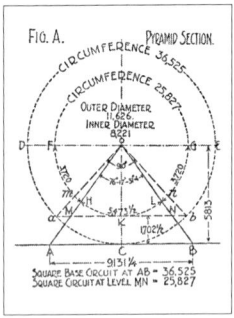

Der Pyramidenzoll ist eine Maßeinheit, die sich in der Geometrie der Pyramide ständig wiederholt; sie war ein Grundmaß, das die Erbauer verwendet haben. 25 Pyramidenzoll ergeben eine Pyramidenelle. Ein Pyramidenzoll ist etwas kleiner als ein britisches Zoll *(inch)*, aber der Unterschied ist so geringfügig, dass wir die beiden Maße als nahezu identisch betrachten können.

Als die Ägyptologen erkannten, dass es einen Zusammenhang zwischen 25.827 Jahren und 25.827 Zoll gibt, begannen sie darüber zu spekulieren, dass diese Gleichung – 1 Jahr = 1 Zoll – irgendeine besondere Bedeutung haben könnte. Diese Theorie wurde glaubhafter, als Piazzi Smyth eine weitere Entdeckung machte. Er stellte fest, dass der Abstand zwischen dem Kreuzungspunkt der drei Hauptgänge der Pyramide bis zum Eingang 2.170 Zoll beträgt. Das würde darauf hindeuten, dass das Datum 2170 v. Chr. tatsächlich bedeutsam sein könnte – wenn schon nicht als Entstehungsdatum der Pyramide, so doch als zeitlicher Bezugspunkt.

Diese Theorie wurde auch von anderen Zeichnungen unterstützt, die Prof. Smyth in den Durchgängen fand. Die Abstände zwischen diesen Zeichnungen schienen merkwürdigerweise auf Zeitperioden hinzuweisen, die mit wichtigen Daten der Weltgeschichte übereinstimmten. Trotz der Meinungsverschiedenheiten unter den Archäologen und Pyramidologen, welche exakten Daten diese Zeichnungen andeuten, scheint in einem Punkt doch Übereinstimmung zu herrschen: Die Durchgänge enden auf eine solche Weise, dass sie auf einen Punkt hinzuweisen scheinen, der sich auf den Anfang unseres Jahrhunderts bezieht.

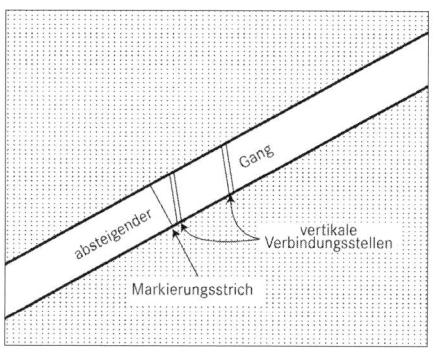

Die Abstände zwischen den Zeichnungen in den Durchgängen scheinen auf Zeitperioden hinzuweisen.

Eine mögliche Interpretation dieser Tatsache ist die pessimistische Annahme, dass dies auf das „Weltuntergang" hindeutet. Dies ist aber weder die einzig mögliche noch die wahrscheinlichste Auslegung. Würden die Zeiten, die in der Pyramidenstruktur angedeutet werden, mit dem Beginn der Welt zusammenfallen, dann wäre es logisch, daraus zu folgern, dass mit dem Ende der Linien das Ende der Welt gemeint ist. Dies ist jedoch nicht der Fall.

Die Übereinstimmung von Alpha Draconis und Alcyone im Jahr 2170 v. Chr. zeigt eher den Anfangspunkt für die Zeitmessungen an, wodurch die anderen Zeichen ihre jeweilige Bedeutung gewinnen und eine Art Botschaft vermitteln. Aber was ist der Inhalt dieser Botschaft?

Das Göttliche Auge und der fehlende Spitzstein

Zu den wichtigsten Daten, auf die in der Pyramidengeometrie hingewiesen wird, zählen jene, die sich auf die Geburt, die Mission und die Kreuzigung Jesu von Nazareth beziehen. Aber worauf deutet das Ende der Messungen? Kann es sein, dass dies auf ein Ereignis hinweist, welches in irgendeiner Art der Höhepunkt der Botschaft ist, den die Erbauer der Pyramide zu vermitteln versuchten?

Einige der bekanntesten Pyramidologen haben die Meinung vertreten, dass die Große Pyramide eine geometrische Repräsentation prophetischer Wahrheiten sei und dass ihre Bedeutung messianischer Natur sei. Eine auffallende Tatsache, die diese Ansicht zu untermauern scheint, ist die Auswahl der Sterne, nach denen die Pyramide hinsichtlich der sternjährlichen Übereinstimmung ausgerichtet ist. Der herabführende Durchgang ist zum „Drachen-Stern" Alpha Draconis hin ausgerichtet, die Spitze der Pyramide zu Alcyone. Der Drache stellte in der Symbolik der alten nahöstlichen Region die negative, zerstörerische Kraft dar – verkörpert in der Figur des Satans. Alcyone, zu dem die Spitze der Pyramide weist, wird als der Zentralpunkt unserer Sonnenumlaufbahn erwogen – ein offenbar göttliches Symbol.

Die Plejaden, deren Hauptstern Alcyone ist, stellten in alter astronomischer Tradition den weiblichen, liebenden Aspekt der Natur dar. Die Plejaden stimmen symbolisch mit dem Planeten Venus, dem Regenten des Stieres überein. Stier ist derjenige Abschnitt des Tierkreises, in welchem sich die Plejaden befinden. Im prophetischen Symbolismus der jüdisch-christlichen Tradition wird der Messias als der „Helle und Morgenstern" dargestellt, der in Wirklichkeit gar kein Stern ist, sondern der Planet Venus.

Die messianische Theorie wird durch eine weitere bemerkenswerte Tatsache untermauert, nämlich die, dass der Gipfelstein der Pyramide fehlt. Darüber hinaus gibt es keinen fundierten Hinweis darauf, dass es ihn je gegeben hätte. Die Spitze der Pyramide ist flach, der Abschlussstein fehlt einfach.

Studenten des Pyramidensymbolismus argumentieren, dass diese Unvollständigkeit beabsichtigt sei und dass der fehlende Spitzstein das kommende Goldene Zeitalter oder die Ankunft eines Meisters oder Weltlehrers, der des Menschen verlorene Harmonie mit dem Göttlichen wiederherstellen wird, darstellen könnte.

Man begegnet diesem Symbolismus des fehlenden Gipfelsteins in vielen alten esoterischen Traditionen. Eine Darstellung dieses Symbols findet man heute noch im „Großen Siegel" der Vereinigten Staaten von Amerika. Es ist auf jedem Dollarschein zu sehen: eine unvollständige Pyramide mit einem göttlichen Spitzstein, ein Zeichen, das mit der Freimaurerei in Verbindung steht. Die Freimaurer wiederum, wie auch andere Logen und esoterische Bruderschaften, führen Teile ihrer Traditionen bis auf das alte Ägypten, einige sogar bis auf Echnaton zurück.

Die Spitze der Pyramide ist flach, der Abschlussstein fehlt.

Man begegnet dem Symbol des fehlenden Gipfelsteins in vielen alten esoterischen Traditionen.

Edgar Cayce über die Große Pyramide

Eines der bemerkenswertesten Channel-Medien des 20. Jahrhunderts, dessen Beitrag zum metaphysischen Wissen weltweit mehr und mehr Beachtung gewinnt, ist Edgar Cayce (1877–1945). Seinen *Readings* zufolge, die die Große Pyramide betreffen, hat der Spitzstein ursprünglich existiert. Dennoch bestätigt er die messianischen Aspekte der prophetischen Botschaft der Pyramide. Ich zitiere einige Auszüge aus den Cayce-Readings:[1]

„Die Große Pyramide ist eine steinerne Chronik der Geschichte und Entwicklung des Menschen, von der Zeit ihrer Erbauer bis zum Ende des gegenwärtigen Erdenzyklus im Jahre 1998. Ihre Aufzeichnungen sind sowohl in der Sprache der Mathematik, Geometrie und Astronomie geschrieben als auch in der Art der verwendeten Steine mit ihrer Symbolik. Am Ende des Zyklus wird es eine weitere Veränderung in der Position der Erde geben, wenn der Große Eingeweihte zurückkehrt, um die Prophezeiungen zu vollenden.

Alle Veränderungen, die stattfanden und stattfinden werden, sind in den Gängen zwischen Basis und Spitze dargestellt. Sie sind bezeichnet durch die Lage der Steine, ihre Farbe und die Richtung, die die Krümmungen nehmen …

In der Großen Pyramide wird die gegenwärtige Geschichte durch die niedrige Decke am Eingang jenes Ganges symbolisiert, der zur Königskammer führt. Dieser niedrige Gang oder diese Vertiefung zeigt eine absteigende Tendenz, was durch die Variationen der verwendeten Steine gezeigt wird …

Der leere Sarkophag in der Königskammer ist selbst ein Symbol für die Erleuchtung des Menschen hinsichtlich der Bedeutung des Todes – als ein Hinübergehen von einer Daseinsebene zu einer anderen. Die Länge, Breite, Höhe und die unterschiedlichen Richtungen der zahlreichen Schichten von Steinen in den Gängen und Kammern der Pyramide stellen präzise die herausragenden Ereignisse in der spirituellen Entwicklung des Menschen auf der irdischen Ebene dar. Geburt und Tod Jesu von Nazareth sind auf Jahr, Tag und Stunde genau in der Biegung der Passage dargestellt, die in die Königinnenkammer führt …

An einem Punkt der niedrigen Passage wird 1936 als ein Jahr der Wirren und des Tumults, der Kriege, Stürme und Revolten dargestellt, mündend in Massenunruhen. Nach 1956 folgt eine Zeit der Festigung, tritt die Welt in eine neue Periode ein – wie es in der Königskammer gezeigt ist, irgendwann zwischen 1938 und 1958. Diese Ära ist der Beginn von in vielerlei Hinsicht ungewöhnlichen Entwicklungen; sie endet im Jahr 1998.

Es wird eine Zeit der Vorbereitung auf das Kommen des Meisters sein … Es wird eine Zeit des spirituellen Wiedererwachens und der Erleuchtung sein, eine Zeit neuen Verstehens, neuen Lebens und neuen Glaubens. Es wird deutliche Fortschritte auf wissenschaftlichem Gebiet geben und neues Wissen über den Ausgleich der Schwerkraft, mit deren Hilfe die Pyramide selbst errichtet worden ist …

Das gegenwärtige Zeitalter der Menschheit nähert sich rasch dem Höhepunkt seiner Entwicklung. Am Höhepunkt der Welle wird es zwischen den materiell Denkenden und den spirituell Denkenden einen Bruch geben. Viele werden abfallen, aber die Standfesten werden geführt werden, die Aufzeichnungen zu finden und sie überall zum Wohle der Menschen zu deuten …

Heute steht der Mensch wiederum an der Schwelle zu einer neuen Zeit, dem Wassermann-Zeitalter, in dem die Menschheit ein neues Bewusstsein oder einen neuen Erkenntnisgrad erreicht – einer neuen Einheit der Welt."

Kapitel 7

Der Prophet Edgar Cayce

Die *Readings* von Edgar Cayce, mehr als dreißigtausend an der Zahl, repräsentieren einen der bemerkenswertesten bekannten Fälle von Hellsichtigkeit und medialer Fähigkeit. Sie reichen von Ernährungsratschlägen bis zur politischen Moral, von medizinischen Diagnosen bis zu geologischen Vorhersagen.

Cayce wurde 1877 auf einer Farm im Bundesstaat Kentucky im Osten der Vereinigten Staaten geboren. In seiner Jugend zeigte er keinerlei Neigung zur Gelehrsamkeit; seine Schulbildung erreichte gerade eben Volksschulniveau. Später erlernte er den Beruf des Fotografen. Sein religiöser Hintergrund war ein fundamentalistisch-protestantisches Christentum. Seine Kenntnis der biblischen Schriften war sehr ausgeprägt, er unterrichtete sogar in der Sonntagsschule. Cayce zeigte bereits in seiner Jugend hellseherische und mediale Begabung, aber vor seinem 24. Lebensjahr kristallisierte sich diese noch nicht heraus. Zu jener Zeit zog er sich eine Erkältung zu, die sich zu einer chronischen Kehlkopfentzündung entwickelte, bei der er gänzlich die Stimme verlor. Ärzte konnten seine Gesundheit nicht wiederherstellen und so suchte Cayce die Hilfe eines Hypnotiseurs.

Unter Hypnose verschwanden die Symptome, kehrten aber mit dem normalen Bewusstseinszustand zurück. Cayce verfiel auf den Gedanken, sich selbst in hypnotische Trance zu versetzen, und in dieser konnte er nicht nur seinen eigenen Zustand diagnostizieren, sondern ihn auch schrittweise heilen, indem er die Blutzufuhr in die betroffene Zone verstärkte. Die Nachricht machte die Runde und bald woll-

Edgar Cayce zeigte bereits in seiner Jugend hellseherische und mediale Begabungen.

Dieses Foto erschien im Oktober 1910 auf der ersten Seite der New York Times, *nachdem ein Reporter es aus Cayces Haus entwendet hatte.*

ten alle Einwohner der Stadt und viele mehr, die ihn aufsuchten, Krankheiten von ihm diagnostizieren lassen. Zunächst zögerte er, war jedoch schließlich einverstanden und begann damit, in selbsteingeleiteter hypnotischer Trance seine inzwischen berühmt gewordenen medialen „Lesungen" zu halten.

Diese wiesen einen besonders verblüffenden Aspekt auf. Er zeigte sich erstaunlich vertraut mit der menschlichen Anatomie und der medizinischen Terminologie und legte ein Wissen über wesentliche Fakten an den Tag, zu dem er keinen Zugang gehabt haben konnte. Ein typisches Beispiel dafür ist eine Therapie, die er einem Epileptiker empfahl: [1]

> „Wir werden Anwendungen machen, um die Ursache an der Wurzel zu beheben. Zwei Tage lang machen wir jeden Abend die schweren Rizinusölpackungen; mindestens drei Lagen schweres Flanell, in Rizinusöl ausgedrückt, so heiß, wie es der Körper gerade noch aushält, legen wir über den unteren Teil der Leber, den Gallengang und die Blinddarmregion, natürlich bis hin zum Nabel. Lassen Sie die Umschläge eine Stunde wirken und halten Sie die Packungen heiß, indem Sie sie zwei- bis dreimal erneut in Rizinusöl ausdrücken. Nachdem wir zwei Tage lang die Umschläge gemacht haben, können wir mit den osteopathischen Korrekturen beginnen, mit besonderer Rücksicht auf eine Sublaxation, die sich im unteren Teil des neunten Brustwirbels oder im Bereich des neunten, zehnten und elften zeigen wird. Koordinieren Sie diese Korrekturen mit der Lumbalachse und den oberen Brust- und Halswirbeln."

In einer anderen Lesung empfahl Cayce eine Medizin, die er *Rauchöl* nannte. Der anwesende Arzt hatte noch nie von einer solchen Arznei gehört, auch in den pharmazeutischen Katalogen war sie nicht zu finden. Nochmals wurde Cayce in Trance danach gefragt, wo man es finden könnte. Er nannte den Namen einer Drogerie in Louisville, Kentucky. Man sandte dem Inhaber ein Telegramm; der kabelte zurück, so etwas wäre ihm unbekannt. Daraufhin beschrieb Cayce genau, in welchem Regal es sich befand. Der Drogist telegrafierte zurück: *Gefunden!*

Die meisten medizinischen Lesungen befassten sich mit Menschen, die Cayce niemals getroffen hatte und die an Orten lebten, wo er niemals gewesen war. Alles, was er für eine Diagnose brauchte, waren Name und Aufenthaltsort des Patienten. Nachdem sich Cayce in Trance versetzt hatte, gab ihm seine Frau im Normalfall diese benötigten Informationen. Nach einigen Momenten des Schweigens begann er dann zu sprechen, meist mit den merkwürdigen Worten: *Ja, wir haben den Körper.* Dann pflegte er die Diagnose zu stellen und die Therapie vorzuschlagen.

Die Life-Readings

Schließlich dachte irgendjemand einmal daran, Cayce nach anderen Themen zu fragen, während er im Hypnoseschlaf war. Das Ergebnis war das, was im Gegensatz zu den medizinischen Lesungen die „Life-Readings" (Lebenslesungen) genannt wird; hier geht es um frühere Leben und den spirituellen Zustand des Fragestellers. Manche Lesungen befassen sich mit alten Legenden wie der von Atlantis und der von Lemuria, mit Geschichte und Zukunft der Erde und anderen faszinierenden Geheimnissen. Sie sind nicht so leicht zu überprüfen wie seine medizinischen Lesungen, aber auch hier pflegte er oft bemerkenswerte Einzelheiten zu erwähnen, die ihm auf normalem Wege nicht hätten bekannt sein können. Dieses Wissen betraf geschichtliche Ereignisse und Personen, die manchmal Hunderte oder Tausende Kilometer entfernt waren und von denen er nicht mehr wusste als Name und Ort.

Zahlreiche „unheimliche" Beispiele aus Cayces Lesungen machen deutlich, dass er Zugang zu einem Wissen hatte, das jenseits der normalen alltäglichen Sinnenwelt lag. Noch erstaunlicher ist allerdings die Tatsache, dass er trotz seiner enormen „Trefferquote", von Zeit zu Zeit ganz einfach danebenlag. Seine medizinischen Lesungen sind nahezu fehlerfrei; die Lesungen, die andere Themen betreffen, sind dagegen manchmal unklar und weniger beeindruckend.

In seinem Buch *Prophetie heute* verweist Martin Ebon auf einige dieser Schwächen. Ebon schreibt:[2]

> „In den Jahren, als ich auf dem Gebiet der Parapsychologie als Sachverwalter und Herausgeber tätig war, schlug ich mich mit Unmengen von ausweichenden Formulierungen, pseudomystischen Umschreibungen und ganz einfach plattem, gewundenem Gewäsch herum. Ich gehöre jener Schule an, die den klaren Ausdruck in Ehren hält, und so fand ich Edgar Cayces Schriften zunächst haarsträubend."

Er gibt ein Beispiel:

> „Ja, hier haben wir das Werk und jene Phase, die das Dasein des Menschen auf der Erde betrifft, jener, die die ersten Gesetze über die Anwesenheit höherer Kräfte im Menschen gemacht haben. Um dies dem heutigen Menschen in verständlicher Form weiterzugeben, ist es notwendig, dass die Verhältnisse der Oberfläche der Erde und die Position des Menschen auf der irdischen Ebene verstanden werden, denn die Gelegenheit gab es oft während der Periode, des Zeitalters, der Ära des irdischen Daseins des Menschen; denn dann erschienen zu dieser Zeit nur die Länder an der jetzigen afrikanischen Küste, die wir heute als die Sahara und die Nilregion kennen; jenes in Tibet, der Mongolei, Kaukasien und Norwegen in Asien und Europa; jenes in den südlichen Kordilleren und Peru in der südwestlichen Hemisphäre und die Ebene von New Utah, Arizona, Mexico auf der nordwestlichen Hemisphäre etc." [3]

Das ist ein Auszug aus einer der ersten Lesungen, die sich mit der Entwicklung der Erde befassen. Cayce sprach dies in tranceähnlichem Schlaf am 28. Mai 1925. Die Autoren, die sich mit Cayces Lesungen und im Besonderen mit seinen Prophezeiungen beschäftigten, mussten seine besondere Sprache im Wesentlichen entschlüsseln oder übersetzen.

Irrtümer und Fehldeutungen

Obwohl Cayces Lesungen sicherlich leichter zu entschlüsseln sind als Nostradamus' Vierzeiler, ist es richtig, dass sie diese Schwäche aufweisen. An anderen Stellen ist er ausgesprochen unklar oder zumindest nicht hilfreich. Wir zitieren wiederum Ebons Kritik: [4]

> „Am 25. Oktober 1937 wurde er gefragt: ‚Kann man eine detaillierte Vorhersage über die wahrscheinlichen Tendenzen der Wirtschaftsentwicklung und der Anlagenpreise für die Jahre 1938, 39 und 40 geben?'
> Seine Antwort erinnert stark an die Schätzungen, die vorsichtige Wertpapierexperten an der Wallstreet manchmal abzugeben pflegen. Hier ist sie in vollem Wortlaut:
> ‚Wiederum, wie schon angedeutet, müssen solche Tendenzen von jenen Einflüssen abhängig gesehen werden, die die Aktivitäten der

Mächtigen bestimmen. Ihr Standpunkt, die Absicht zu dominieren, geht über das ganze Volk. Wenn die Mächtigen an einem Ideal festhalten, dann wird, wie schon angedeutet, eine allgemeine Tendenz zu mehr Sicherheit aufrechterhalten werden wie auch zu eingehenderer wirtschaftlicher Betrachtung des Ganzen und zu mehr Frieden und Harmonie. Nicht, dass es diese Einflüsse nicht gäbe, die seit jeher versuchen, schöne Bedingungen zu Unrat zu verwandeln. Wann immer Selbstsucht das treibende Motiv ist, kann man Verwirrung und Streit als Ergebnis erwarten. Wenn die Absicht die des Fürsten des Friedens ist, ich bin der Hüter meines Bruders, ich werde recht tun, wird diese Absicht gesellschaftliche Sicherheit, finanzielle Sicherheit, geistigen und körperlichen Frieden bringen und erhalten – für die, die Seine Absicht verkünden.'"

Wir sind sicher einverstanden mit dem moralischen Aspekt, der diese Lesung auszeichnet. Man muss allerdings kein Medium sein, um zu dieser Wahrnehmung zu kommen.

Cayce sagte auch massive Erdbeben und Landverschiebungen für das Ende des 20. Jahrhunderts voraus. Jeane Dixon erwähnte ebenfalls solche Ereignisse und einige Passagen bei Nostradamus scheinen das Gleiche zu beschreiben. Geologen, die Cayces Lesungen studiert haben, geben zu, dass seine Vorhersagen nicht völlig unwahrscheinlich sind. Auf diesem Gebiet hat er einige bemerkenswert treffende Aussagen zu verzeichnen, aber auch einige ausgesprochene Fehlschläge. Beispielsweise sagte er voraus, in Alabama würden in den Jahren 1936 bis 1938 geologische Verschiebungen stattfinden, zu denen es aber nie kam.

Die Akasha-Chronik und das kollektive Unbewusste

Woher bezieht Cayce sein Wissen? Wie erklären sich nach einer so verblüffenden Anzahl von „Treffern" die verschiedenen Fehlschläge? Wir zitieren aus dem Buch *Edgar Cayces Geschichte von Ursprung und Schicksal des Menschen*:[5]

„Jemand fragte den schlafenden Cayce einmal, woher er seine Informationen bezöge. Er gab zwei Quellen an, die sein Geist immer wieder erfolgreich anzapft. Eine war das Unbewusste oder Unterbewusste des Fragestellers selbst. Die andere war das, was man das universale Gedächtnis der Natur nennt, Jungs kollektives Unbewusstes oder die Akasha-Chronik ...“

Dieser Ausdruck kommt aus der indischen Tradition. Die *Akasha-Chronik* ist eine Art Speicherplatz auf der feinstofflichen Ebene für alle menschlichen Gedanken, Empfindungen und Erfahrungen. Sie kann mit C. G. Jungs kollektivem Unbewussten verglichen werden.

Robinson schreibt weiter:

„Der Geist Edgar Cayces ist für Suggestionen ebenso empfänglich wie der Geist jedes anderen Menschen auch; zusätzlich verfügt er jedoch über die Kraft, das, was er aus dem Unterbewusstsein anderer Individuen der gleichen Art bezieht, dem objektiven Bewusstsein anderer zu vermitteln. Das Unterbewusstsein vergisst nichts – das Bewusstsein hingegen empfängt die äußeren Eindrücke und überträgt alle Gedanken ins Unterbewusste, wo sie verbleiben, selbst wenn der bewusste Geist zerstört wird, wie etwa durch den Tod.

Es ist nicht überraschend, dass das Unterbewusstsein seine früheren Erfahrungen speichert oder die Fehlfunktionen seines eigenen physischen Körpers im Zustand von Krankheit wahrnimmt. Das deckt sich zum Teil mit der Sichtweise der modernen Psychiatrie.

Aber in den Lesungen heißt es auch: Die Informationen, die dieser Körper [d. h. Edgar Cayce] erhält und weitergibt, stammen aus jenen Quellen, aus denen die Suggestion ihre Information ableiten mag. In diesem Zustand ist das Bewusstsein dem Unterbewusstsein, dem Überbewusstsein oder dem Seelengeist untergeordnet; es kann und wird mit Bewusstsein der gleichen Art kommunizieren. Auf diese Weise wird das Unterbewusste oder die seelische Kraft universell. Die Information kann von jedem Unterbewusstsein bezogen werden, sei es auf dieser Ebene oder aus den Eindrücken, die jene hinterlassen haben, die schon fortgegangen sind.“

Anscheinend gibt Cayce hier das kollektive Unbewusste und die gesamte Erinnerung aller, die gelebt haben und jetzt leben, als seine Informationsquelle an. Das würde natürlich erklären, wie er Zugang zu Wissen haben konnte, das jenseits seines eigenen Erfahrungsbereichs lag. Dies kann aber zugleich auch für seine gelegentlichen Fehlschläge verantwortlich sein. Ist es nicht so, dass auch Irrtümer und Fehleinschätzungen in der Erinnerung und im Unbewussten eines Menschen gespeichert werden können? Natürlich kann man annehmen, dass in einem kollektiven Unbewussten unpassende Elemente durch vergleichende Erfahrung weitgehend ausgesondert werden; könnte es nicht dennoch sein, dass ein Channelmedium wie Cayce gelegentlich eine unbereinigte Region anzapft oder einen Bereich, in dem sich nichts befindet außer den Legenden und Fehlschlüssen der Massen?

Andererseits gehen gelegentliche Irrtümer sicherlich auf Fehldeutungen von Cayces Lesungen zurück, die durch ihren manchmal unklaren Charakter verursacht werden. Ein Beispiel dafür ist die folgende Lesung und der Kommentar dazu. Sie hat mit einer ernsten Krise zu tun, in die die Vereinigten Staaten laut Cayce geraten werden. Die Frage, wann dies geschehen wird, beantwortet der Kommentator so:[6]

> „Cayce setzte niemals ein Datum fest, aber 1940 gab er einige Hinweise: Wenn viele der Inseln im Meer und zahlreiche Länder von denen unterworfen worden sind, die weder Mensch noch Teufel fürchten, sondern sich eher den Kräften verbünden, in denen sie Herrschaft und Macht als rechtens verkünden können, dann wird dein Land das Blut fließen sehen wie zu jenen Zeiten, als Bruder gegen Bruder focht."

Der Autor kommentiert:

> „Bezieht sich das auf die zweitausend südpazifischen Inseln und gewisse lateinamerikanische und asiatische Länder, über die die USA nach dem Zweiten Weltkrieg die Kontrolle übernommen haben? Wenn dem so ist, haben wir wirklich nur noch wenig Zeit."

Bei allem Respekt vor diesem Autor, der ansonsten sehr brauchbares Material beigetragen hat, fällt er hier scheinbar der Versuchung zum Opfer, Cayces teilweise unklare Formulierungen auszunützen, um viel mehr in die Lesung hineinzuinterpretieren, als diese rechtfertigen würde.

Wir wollen durch diese Kommentare keineswegs das Phänomen Edgar Cayce insgesamt zurückweisen und somit den Fall abschließen. Sein Beitrag zur metaphysischen Theorie ist bedeutsam. Seine Prophezeiungen und Lesungen verdienen tiefergehende Aufmerksamkeit, ebenso wie es auch bei Michel Nostradamus und unseren anderen prophetischen Quellen der Fall ist. Im Anhang sind weitere Quellen aufgelistet, die sich zur Vertiefung in die Materie eignen.

Der Zweck dieses Buches besteht jedoch eher darin, ein allgemeines, vernünftig erscheinendes Bild einer wahrscheinlichen Zukunft zu entwerfen, als sich auf einzelne Propheten zu konzentrieren. Wir haben daher aus den verschiedenen Quellen nur jene Teile herausgegriffen, die dazu beitragen, dieses Bild zu vervollständigen.

Der Leser wird sicher auch bemerkt haben, dass wir den Quellen, die wir untersuchen, nicht unkritisch gegenüberstehen. Es gibt zahlreiche Werke auf dem Markt, die grandiose Vorhersagen ankündigen; das betrifft vor allem Edgar Cayce und Michel Nostradamus. Wir sind von den seherischen Fähigkeiten dieser beiden Männer ebenfalls überzeugt, möchten aber nicht, dass sich der Leser Illusionen über sie hingibt. Unser kritischer Ansatz soll auch dazu dienen, die Glaubwürdigkeit unserer Schlussfolgerungen zu untermauern. Die Informationen, die wir in unsere Sammlung prophetischer „Fakten" aufnehmen, sollen einer kritischen Untersuchung standhalten können.

Kapitel 8

Geologische und klimatische Veränderungen und deren politische Folgen

Einer der wichtigsten Beiträge von Edgar Cayce zur Vervollständigung des Zukunftsbildes betrifft die geologischen Umwälzungen, die er für den letzten Abschnitt des 20. Jahrhunderts vorhersagte. Er steht mit solchen Vorhersagen nicht allein da; die anderen prophetischen Quellen, auf die wir uns beziehen, sagen Ähnliches voraus. Cayces Prophezeiungen enthalten jedoch die meisten Einzelheiten. Wir zitieren aus Lesungen, die er 1934 hielt:[1]

> „Was die physikalischen Veränderungen betrifft: Im westlichen Teil Amerikas wird die Erde aufbrechen. Der größte Teil Japans wird im Meer versinken. Der obere Teil Europas wird sich im Handumdrehen verändern. Vor der Ostküste Amerikas wird Land entstehen. Beben in der Arktis und Antarktis führen zu Vulkanausbrüchen in den heißen Zonen. Dann wird der Polsprung stattfinden, sodass die kalten und subtropischen Zonen tropisch werden, und Moos und Farn wird wachsen. Und das beginnt in der Zeit von 1958 bis 1998, und es wird bekannt werden als die Zeit, da Sein Licht wieder in den Wolken gesehen werden kann."

Wir geben zu, es ist schwer zu glauben, dass derart massive geologische Veränderungen stattfinden könnten. Wir würden derartige Vorhersagen nicht behandeln, wären sie nicht zumindest teilweise von anderen Propheten bestätigt worden, wie z.B. durch die Vision Jeane Dixons in der belgischen Botschaft:

„Ich sah, dass es in diesem Jahrhundert noch viele geologische und geografische Veränderungen geben wird und viele Erdbeben ... Flüsse werden aufhören zu strömen und andere werden ihren Lauf ändern. Wo heute Wasser ist, wird Land sein, und wo Land ist, wird sich wildes reißendes Wasser ergießen und alles auf seinem Weg zerstören.“

Eine weitere Vorhersage machte Cayce im Jahre 1936: [2]

„Wenn der Vesuv oder der Pelé größere Aktivität zeigt, ist für die folgenden drei Monate zu erwarten, dass die Südküste von Kalifornien sowie die Gebiete zwischen Salt Lake und dem südlichen Teil Nevadas durch die Erdbeben überschwemmt werden.“

Andere Lesungen Cayces sagen äußerst zerstörerische Beben auch für New York voraus. Michel Nostradamus fügt zum Thema „geologische Aktivität“ das Folgende hinzu:

Der Große runde Berg, von sieben Stadien,
Nach Frieden, Krieg, Hungersnot und Überschwemmung;
Lang wird er rollen, große Gebiete verschlucken,
Selbst alte und große Gründung.

(I,69)

Vulkanisches Feuer aus dem Inneren der Erde
Verursacht Erdbeben in der Neuen Stadt.
Zwei große Felsen werden einander lang bekämpft haben,
Dann wird Arethusa einen neuen Fluss röten.

(I,87)

Garten der Welt nahe der Neuen Stadt
Auf dem Pfad des hohlen Berges;
Er wird ergriffen werden, in ein Fass getaucht
Und gezwungen, giftiges Schwefelwasser zu trinken.

(X,49)

Einige Kommentatoren meinen, dass der erste Vierzeiler einen Ausbruch des Vesuv beschreibt – eines runden Berges von etwa 1270 Metern Höhe. Ein „Stadion“ beträgt zwischen 185 Meter und 200 Meter, sieben Stadien betragen also 1295 Meter bis 1400 Meter. Mit „*verschlucken*" von „*alte und große Gründung*" können einerseits die beim Ausbruch im Jahr 79 n. Chr. zerstörten Städte (u. a. Pompeji) gemeint sein und andererseits die Möglichkeit, dass beim nächsten Ausbruch Neapel („*große Gründung*"), etwa acht Kilometer entfernt, getroffen werden könnte.

Mit der „*neuen Stadt*" des zweiten und dritten Vierzeilers kann Los Angeles gemeint sein – eine neue Stadt der Neuen Welt. Die „*zwei großen Felsen, die einander lange bekämpft haben*", insbesondere da diese in Zusammenhang mit Erdbeben erwähnt werden, erinnern an die San-Andreas-Verwerfung entlang der kalifornischen Küste, wo zwei tektonische Platten aufeinandertreffen. Verschiebungen entlang der Verwerfung verursachen die verheerenden Erdbeben, die Kalifornien immer wieder heimsuchen.

Arethusa ist eine Figur der griechischen Mythologie, eine Nymphe, die von der Göttin Artemis in einen Fluss verwandelt wurde. Der Fluss strömt tief unter dem Meer, um als Quelle an einem weit entfernten Platz der Erde wieder aufzutauchen. Dies könnte eine Anspielung auf die Tatsache sein, dass die unterirdischen Lavaflüsse miteinander weltweit in Verbindung sind. Giftige Schwefelwasser, wie sie in der letzten Zeile erwähnt sind, entstehen durch vulkanische Tätigkeit am Meeresgrund. Einige Kommentatoren bringen die Zeile „*Garten der Welt nahe der Neuen Stadt*" mit dem San Joaquin Valley in Südkalifornien in Verbindung, dem größten zusammenhängenden Obst- und Gemüseanbaugebiet der Erde.

Die Erdbebengeneration

Der Geologe Jeffrey Goodman hat in seinem Buch *Wir sind die Erdbebengeneration* die Kommentare zahlreicher bedeutender Wissenschaftler bezüglich der gegenwärtigen geologischen Situation der Erde zusammengetragen. Hier sind einige Zitate:[3]

> „Es gibt Beweise dafür, dass die Erde in periodischen Abständen umwälzende geologische Veränderungen erfährt. Diese gewaltigen Ereignisse haben im Wesentlichen ihre Oberfläche geformt … Einige

Geologen sind der Ansicht, dass die Erde bald erneut in eine solche Periode der Umwälzung eintreten wird. Sie deuten die in letzter Zeit verstärkte Vulkan- und Erdbebentätigkeit als Anzeichen dafür. Die inneren Heizer der Erde scheinen nachzulegen ...

Nach dem geologischen Prüfungsbericht der Vereinigten Staaten sah das Jahr 1976 mehr Erdbeben als das gesamte halbe Jahrhundert davor ... 1976 zeigte sich ein dermaßen dramatischer Anstieg der Bebentätigkeit, dass einige Bebenforscher öffentlich bekundet haben, die Erde trete nunmehr in eine Periode zunehmender seismischer Störungen ein ... An Orten, wo bisher kaum Bebentätigkeit zu verzeichnen war, kommt es jetzt zu größeren Beben, wie etwa 1976 in Italien ...

Am 28. April 1978 erschien im *Science Magazine* ein Bericht, der schlussfolgerte, dass die Wahrscheinlichkeit, dass die Stadt New York in den nächsten 40 Jahren ein großes Beben erleben könnte, zwischen 5 und 11 Prozent läge."

Die Autoren dieses Berichts waren Wissenschaftler des *Lamont Doherty Geological Observatory* an der Columbia Universität.

Goodman setzt fort:[4]

„Nach Dr. Charles Richter, dem bedeutendsten Seismologen der Nation, wird Los Angeles ohne Zweifel in Kürze ein Erdbeben der Stärke 8,5 erleben. Und im September 1977 begannen sich Wissenschaftler des Technologischen Instituts von Kalifornien über die deutliche Zunahme von kleinen Erdbeben entlang eines 25 Kilometer langen Streifens der San-Andreas-Verwerfung bei Palmdale [ca. 250 Kilometer von Los Angeles entfernt] Sorgen zu machen. Während eines Messzeitraumes von 10 Monaten registrierten die Forscher mindestens 400 Kleinbeben in Stärken zwischen 0 und 3 auf der Richterskala ... In einem solchen Zeitraum wären nur etwa 50 Beben zu erwarten gewesen. Das Muster ähnelt jener Gruppe von Kleinbeben, die dem katastrophalen Erdbeben in Südkalifornien am 9. Februar 1971 vorangegangen ist.

... Die Analyse anderer Erdbeben, die von zahlreichen kleinen Beben eingeleitet worden sind, hat ergeben, dass die kleineren Erschütterungen zwischen 2 und 10 Jahren vor dem großen Beben gekommen waren. Vor dem Katastrophenbeben von Tangshan in China im Jahre

1976, das mehr als 750.000 Opfer forderte, zeigte sich ein ähnliches Muster.

Die Vorhersage eines verheerenden Bebens in New York wird durch die Tatsache gestützt, dass bekanntlich einige Verwerfungen die Insel Manhattan kreuzen ... Dr. A. K. Lobeck von der Universität von Columbia berichtete, dass eine mächtige Verwerfung auf der Höhe der 14. Straße die Insel durchzieht ... Interessanterweise wird in letzter Zeit von erhöhter seismischer Aktivität im Staat New York berichtet, eine Region, die man sonst nicht mit Bebentätigkeit in Verbindung bringt."

Nach Edgar Cayce wird Kalifornien unter den ersten betroffenen Gebieten sein und New York wird bald darauf folgen. Das Interessante an diesen Vorhersagen ist, dass sie eine ausgezeichnete Gelegenheit bieten, ihre Präzision zu überprüfen; denn jene Erdbeben sollten sich recht bald ereignen. Wiederum zitieren wir Jeffrey Goodman:[5]

„In letzter Zeit haben Wissenschaftler von hervorragendem Ruf der Beziehung zwischen Bebentätigkeit und Gestirnskonstellationen ihre Aufmerksamkeit gewidmet ... Kürzlich haben Dr. John Gribbin und Dr. Stephen Plagemann dieses Thema aufgegriffen. Gribbin ist ein Redakteur bei *Nature* und Doktor der Astrophysik der Universität von Cambridge. Plagemann, Doktor der Physik ebenfalls aus Cambridge, arbeitet als Forscher für die NASA. In Cambridge arbeitete Plagemann am Institut für Theoretische Astronomie unter dem hervorragenden Astronomen Sir Fred Hoyle.

Gribbin und Plagemann schreiben in ihrem Buch *Der Jupiter-Effekt*, das 1974 erschien, ... dass gewisse seltene Planetenkonstellationen weltweit erhöhte Erdbebentätigkeit auslösen können. Sie vermuten, dass die zusätzliche Zugkraft der Planeten in Gebieten, in denen sich seit langer Zeit Druck aufgebaut hat, zum Auslöser für Erdbeben werden kann. Die relativ geringe zusätzliche Zugkraft der Planeten wirkt wie der Tropfen, der das Fass zum Überlaufen bringt.

Sie sagen voraus, dass die seltene Planetenkonstellation im Jahr 1982 eine noch nie dagewesene Bebentätigkeit auslösen wird. ... Die Planeten werden innerhalb eines Winkels von 60° auf derselben Seite der Sonne stehen ... gegen Ende 1982, ... und ein Muster beschreiben, das starke Sonnenflecken und gewaltige Erdbebentätigkeit verursachen könnte.

Dr. Harvey J. Augensen von der Northwestern University schreibt, dass im Jahre 2000 eine noch viel bedeutsamere Konstellation stattfinden wird ... da eine größere Anzahl von Planeten einbezogen ist, könnten größere Störungen vorkommen als 1982."

Die von Dr. R. Tomaschek an der Universität München geleiteten Forschungsarbeiten haben eine deutliche Beziehung zwischen der Bebentätigkeit auf der Erde und gewissen Positionen des Planeten Uranus ergeben. Diese besondere Position würde 1982 nicht vorkommen. Im Jahr 2000 hingegen wird sie auftreten.

Die obigen Abschnitte sind hier unverändert aus dem Manuskript unserer Vortragsserie von 1981 abgedruckt. Die Prognosen der Geologen erwiesen sich als ungewöhnlich präzise. 1982 war ein Jahr mit außergewöhnlich viel geologischer Aktivität; Erdbeben, Vulkanausbrüche über und unter dem Meerespiegel. Leztere verursachten eine Erwärmung der Meere, die im gleichen Jahr weltweit zu Wetterextremen führte. Australien erlitt die Dürre des Jahrhunderts. Japan und die Länder des Westpazifiks waren durch verheerende Überschwemmungen und Tsunamis heimgesucht. Die Auswirkungen waren bis nach Afrika und Europa deutlich zu spüren.

„Dem Hunger durch Dürre folgt der Untergang im steigenden Meer"

Die folgenden Abschnitte schildern das 1982-Phänomen weiter und fügen aktuellere Informationen hinzu.

> *Das Küstenmeer fiebert, sechs Grad über normal: Die Algen stellen ihre Produktion ein, die Fische verhungern.*

Ein Vierzeiler aus den *Centurien* von Nostradamus? Keineswegs. Das obige Zitat stammt aus einem Artikel der Ausgabe von *bild der wissenschaft* aus dem Oktober 1995 mit dem Titel „Am kritischen Punkt".

Dass man Beschreibungen von katastrophalen Hungersnöten, Überschwemmungen, Tier- und Pflanzensterben in den prophetischen Quellen begegnet, ist nicht überraschend. Dass man solches in renommierten wissenschaftlichen Publikationen findet, ist aber etwas Neues. Es folgen nun weitere Zitate aus dem oben erwähnten Artikel:

„Der Treibhauseffekt verändert bereits die Meeresströme. Satellitenbilder zeigen die ersten Folgen der Klimaänderung. Die langfristige Wirkung auf die Atmosphäre ist noch nicht abzusehen, doch die Küstenländer leiden schon unter stärkeren Wirbelstürmen und schrumpfenden Fischschwärmen.

Das Küstenmeer fiebert. Die Temperatur an der Oberfläche steigt um bis zu sechs Grad auf 26 Grad Celsius. Die Algen stellen ihre Produktion ein, die Fische, die sich von ihnen ernähren, verhungern ebenso wie die Meeresvögel. Auch die Fischer, die das Phänomen *El Niño* getauft haben, kehren mit leeren Netzen heim.

Der Warmwassereinbruch macht sich weltweit bemerkbar, denn das Meer ist auch das Schwungrad für Vorgänge in der Atmosphäre. Windrichtungen ändern, Temperaturzonen verschieben sich. Nach dem ‚Jahrhundert-El-Niño' 1982/83 litten Australien, Indien, die Sahelzone und Südafrika unter extremer Dürre. Über Argentinien und Paraguay ergossen sich dagegen sintflutartige Wolkenbrüche.

Früher traten El-Niño-Ereignisse etwa alle drei bis sieben Jahre auf und zogen sich über zwölf Monate hin. Diese Regel ist derzeit außer Kraft: Seit nunmehr bereits fünf Jahren sorgt ein Dauer-Niño für ratlose Gesichter in der Wissenschaftlergemeinde.

Kürzlich warteten amerikanische Wetterkundler mit einer überraschenden These auf. Sie behaupteten, die verheerenden Regenfälle und die darauffolgenden katastrophalen Überflutungen am Mississippi im Sommer 1993 seien ebenfalls eine Langzeitfolge des El Niño von 1982 ... Über die Atmosphäre seien diese Störungen in das Zentrum Nordamerikas übertragen worden."

> Wenn die verheerenden Wirkungen eines seltenen „El Niño"-Phänomens nach zehn Jahren noch spürbar sein können, was haben wir dann zu erwarten, wenn das Phänomen jetzt jährlich auftritt?

„Über die Fernwirkung des El Niño sind sich die Wissenschaftler einig. Ozeanforscher und Agrarökonomen aus den USA und Südafrika ermittelten übereinstimmend, dass zum Beispiel die Maisernte im afrikanischen Simbabwe stärker vom pazifischen El Niño als von der

Menge des Regens abhängt, der über das Land selbst niedergeht. ...
Nahrungsmittelengpässe [sind] Folge der El-Niño-Dürren. ... Mais ist in
zehn südafrikanischen Ländern die wichtigste Getreideart.
Bangladesh: Dem Hunger durch Dürre folgt der Untergang im steigenden Meer. ... Meeresforscher haben lange gerätselt, was den of-
fenen, äquatorialen Ozean zur biologischen Wüste macht. ... Vor
Kalifornien jedenfalls ist die Biomasse bestimmter Planktonarten seit
1961 um achtzig Prozent geschrumpft. Das Oberflächenwasser hat
sich um 1,5 Grad erwärmt. Im Lauf der letzten vier Jahrzehnte wurde
immer wärmeres, nährstoffärmeres Wasser aufgetrieben – mit verheerenden Folgen für den Fischbestand im Meer und die Menschen
der fischfangenden Nationen.
Gleichzeitig haben die Stürme vor Kalifornien, Nordwestafrika und Peru
im Lauf der letzten vierzig Jahre an Zahl und Stärke zugenommen. In
anderen Regionen der Welt drohen zunehmend Wetterextreme. Indien
und Bangladesh könnten zukünftig stärker unter Dürren zu leiden
haben – wenn der steigende Meeresspiegel die Länder nicht zuvor
überflutet hat."

1999 war auch ein Jahr mit ungewöhnlich starker geologischer Aktivität. Anlässlich der Sonnenfinsternis im August sagten viele Geologen Erdbeben voraus. Während eine totale Sonnenfinsternis alle zwei
oder drei Jahre irgendwo auf der Erde beobachtet werden kann, war
die Sonnenfinsternis von 1999 von einer besonderen Planetenkonstellation begleitet, die – in Zusammenwirkung mit der Gravitations-
spannung der sich in einer Linie befindlichen Sonne und Mond – die
tektonischen Platten in Bewegung brachte. Tatsächlich wurden im
Monat nach der Sonnenfinsternis die Türkei, Taiwan und Mexiko von
Jahrhundertbeben heimgesucht, danach auch Los Angeles.

Die politischen und wirtschaftlichen Folgen

Die Bedeutung der geologischen Aktivitäten, auch wenn sie nicht
genau so eintreffen, wie es zum Beispiel Edgar Cayce vorhersagte, besteht darin, dass diese, ob es sich um Erdbeben oder Wetterkatastro-

phen handelt, wesentlich zur globalen Krisensituation beitragen. Naturkatastrophen, abgesehen von dem Leid, das sie verursachen, stellen eine enorme wirtschaftliche Belastung für die ökonomische Infrastruktur der Welt dar. Dies, zusammen mit den anderen politischen und sozialen Schwierigkeiten, verbreitet eine zunehmende Unsicherheit unter der Weltbevölkerung und schafft eine Atmosphäre, wodurch die anderen vorhergesagten Ereignisse stattfinden können.

Eine politische Entwicklung ist bereits im Gange, die ökonomische Stabilität verspricht und die Vereinheitlichung der Weltwirtschaftssysteme zum Ziel hat. Die europäische Währungsunion sowie der zunehmende Gebrauch von elektronischen Zahlungsmodalitäten stellen wichtige Schritte in diese Richtung dar. Es ist natürlich nicht zu leugnen, dass eine weltweite Koordination und die enge Kooperation zwischen Nationen besonders in den Krisenzeiten, die auf uns zukommen, unentbehrlich sind. Die Frage ist nur: Welche Instanz soll für diese Koordination zuständig sein und wer wird sie leiten? Die prophetischen Quellen scheinen skeptisch zu sein, was die Fähigkeiten des heutigen Menschen im Umgang mit der Macht anbelangt, die solch eine weltweite Instanz erfordern würde.

Christ und Antichrist

> *... dass niemand kaufen oder verkaufen kann, er*
> *habe denn das Malzeichen, nämlich den Namen*
> *des Tieres oder die Zahl seines Namens ...*
> *und seine Zahl ist sechshundertsechsundsechzig.*

Das „Tier", das in dieser inzwischen sehr bekannten Passage aus dem dreizehnten Kapitel der *Offenbarung des Johannes* vorkommt, soll der sogenannte „Antichrist" sein. Das System, das er einführt, wie man in der *Offenbarung* weiter lesen kann, soll sich über die ganze Erde erstrecken. Die Vorstellung, dass ein auf Zahlen basierendes Wirtschaftssystem schon vor zweitausend Jahren beschrieben wurde, ist an sich ungeheuer. Noch merkwürdiger ist die Zahl 666. Tatsache ist, dass die Computer-„Strichcodes", die mittlerweile so gut wie alles

Kaufbare kennzeichnen, stets dreimal die Zahl sechs aufweisen – einmal ganz links, einmal genau in der Mitte und einmal ganz rechts. Diese drei Sechser scheinen der Leitcode zu sein, auf welchem das ganze System basiert. (Genaueres dazu finden Sie in Kapitel 15.)

Das Reich des Antichrist, über welches die Prophezeiung selbstverständlich nichts Gutes zu berichten weiß, soll nur dreieinhalb Jahre währen, unmittelbar vor der Wiederkehr Christi. Die Meinungen gehen auseinander, ob mit Christus und Antichrist tatsächliche Personen gemeint sind oder ob sie möglicherweise nur seelische Zustände bzw. Zeitalter darstellen. Der Antichrist, in der Prophezeiung „Tier" (bzw. „Bestie") genannt, symbolisiert demnach die niedere Natur der Menschheit und die Versuche, eine Herrschaft auf rein physischer Ebene und auf der Grundlage niederer menschlicher Neigungen zu errichten. Christus stelle die höhere Natur des Menschen dar, der durch die Erkenntnis spiritueller Gesetzmäßigkeiten sein Reich auf der universellen Harmonie aufbauen will. Es ist natürlich ebenso vorstellbar, dass diese extremen Aspekte sich als lebendige Menschen manifestieren könnten.

Die spirituelle Entwicklung der Menschheit

Eines ist jedenfalls klar – es wird in der nächsten Zeit für uns alle mehr und mehr ersichtlich werden, dass etwas nicht stimmt. Die von Menschen verursachten Wehen, seien es Umweltzerstörung, Verbrechen gegen die Menschlichkeit oder Krieg, werden lauter und lauter nach Lösungen schreien. Ein Teil der Menschheit wird glauben, dass die Lösungen allein in verbesserten technischen Vorrichtungen, mehr Kontrolle, strengeren Gesetzen liegen, ein anderer Teil wird die Wurzel des Übels eher im mangelnden Verständnis und fehlenden Respekt für die universellen, natürlichen und spirituellen Gesetzmäßigkeiten finden. Es wird nicht so leicht sein, zu einer gesunden Synthese der beiden Ansichten zu gelangen.

Die Lage wird sich zuspitzen und niemand wird sich länger den Luxus leisten können, sich der Problematik zu entziehen. Die kritischen Zustände und die zum Teil gewalttätigen Auseinandersetzun-

gen werden zu einer Art Katharsis oder Läuterung führen und zum Evolutionssprung, der das vorhergesagte Goldene Zeitalter ermöglichen wird.

Die genaueste Beschreibung der Krisenzeiten, die diesem Evolutionssprung vorausgehen sollen, finden wir in der Bibel-Prophezeiung. Auch diese berichtet von geologischen Veränderungen in Zusammenhang mit den messianischen Weissagungen. Drei der vier Evangelien zum Beispiel enthalten Kapitel, in denen Jesus die Ereignisse beschreibt, die seiner Wiederkehr vorausgehen werden. Alle drei erwähnen ungewöhnliche Erdbeben als eines der Erkennungszeichen.

Die Prophezeiungen der Bibel sind in der Anzahl und Genauigkeit ihrer Vorhersagen unübertroffen. Keine uns bekannte Quelle liefert so viele klare und, wie wir sehen werden, sogar lebenswichtige Anhaltspunkte, was den Übergang zum neuen Zeitalter und die damit verbundenen Schwierigkeiten und Gefahren anbelangt, wie die Bibel-Prophezeiung. Wir werden uns deshalb im zweiten Teil unseres Buches fast ausschließlich dieser Quelle widmen.

Kapitel 9

Alter und Echtheit der Bibel

Die Bibel ist mit Sicherheit eine der reichhaltigsten Quellen prophetischer Literatur, die es gibt. Mehr als einhundert Kapitel und Hunderte von Einzelpassagen sind fast ausschließlich prophetischer Natur. Zwar sind die meisten Prophezeiungen in Symbole gekleidet, doch sind sie meist nicht allzu schwer zu entschlüsseln, da die Auslegungen in der Bibel selbst enthalten sind. Symbole, die in einer bestimmten Bibelstelle vorkommen, werden von anderen Bibelstellen erklärt und gedeutet.

Auch die Tatsache, dass der Sinn der Symbole im Allgemeinen konstant bleibt, ist wichtig; sie ändern ihre Bedeutung nicht von Abschnitt zu Abschnitt oder von Epoche zu Epoche. Symbole, denen wir im Alten Testament begegnen, haben im Neuen Testament dieselbe Bedeutung. Um die biblische Prophetie zu deuten, muss man oft nur mit genügend Geduld die Definitionen der Symbole finden und die fraglichen Stellen entsprechend interpretieren.

In den Büchern der Bibel findet sich eine derartig große Anzahl von detaillierten und gut verständlichen Fällen bereits erfüllter Prophezeiungen, dass die Gelehrten der letzten Jahrhunderte die traditionellen Datierungen der einzelnen Bücher in Zweifel gezogen haben. Der Verdacht lag nahe, dass die prophetischen Beschreibungen sich nur deshalb so ausführlich und präzise zeigen konnten, weil sie niedergeschrieben worden waren, nachdem die Ereignisse stattgefunden hatten und nicht vorher.

Vor dem Hintergrund dieser Frage wird deutlich, dass ein wesentlicher Aspekt beim Studium biblischer Prophezeiungen darin besteht, die Zeitpunkte, wann die Prophezeiungen tatsächlich niedergeschrieben wurden, so genau wie möglich festzustellen.

Der Fund von Qumran

In den vergangenen Jahrzehnten wurden in Hinsicht auf die genaue Datierung der Bücher der Bibel große Fortschritte gemacht. Den herausragendsten Beitrag zu diesem Fortschritt lieferte eine geradezu monumentale archäologische Entdeckung: der Fund von über 2000 Jahre alten biblischen Manuskripten in den Höhlen von Qumran, nahe dem Toten Meer in Israel. Die ersten Funde gab es 1947; die bisher letzten Mitte der sechzigerjahre.

Diese *Schriftrollen vom Toten Meer,* wie sie allgemein bezeichnet werden, bestehen aus mehr als 400 Manuskripten, die im Wesentlichen das gesamte Alte Testament enthalten. Die Texte wurden mit den hebräischen Bibeltexten verglichen, die heute noch in Gebrauch sind und auf denen unsere modernen Bibelübersetzungen zum größten Teil beruhen. Abgesehen von geringfügigen Abweichungen, die bei handschriftlichen Übertragungen erwartet werden können, sind sie inhaltlich mit den heutigen Bibeln identisch.

Die große Bedeutung der Rollen von Qumran wurde sofort erkannt und die hervorragendsten Historiker und Archäologen aus aller Welt begannen, sich unter Einsatz modernster Technik mit der Datierung der Manuskripte zu befassen. Eine überwältigende Mehrheit der Untersuchungen deutet auf eine vorchristliche Entstehungszeit hin; die ältesten Rollen dürften zwischen 375 und 300 v. Chr. niedergeschrieben worden sein. Es ist logisch anzunehmen, dass das Material, dessen Abschrift die Rollen darstellen, noch älter ist als die Rollen selbst. Das würde die traditionelle Datierung der biblischen Bücher untermauern. Der renommierte Bibelarchäologe Charles F. Pfeiffer schreibt dazu: [1]

Eine monumentale archäologische Entdeckung: Der Fund von über 2000 Jahre alten biblischen Manuskripten in den Höhlen von Qumran, nahe dem Toten Meer in Israel.

Die Schriftrollen vom Toten Meer bestehen aus mehr als 400 Manuskripten, die im Wesentlichen das gesamte Alte Testament enthalten.

„Die Rollen von Qumran sind Jahrhunderte jünger als ihre Originale. Sie sprechen für eine wesentlich ältere Datierung der Bibel, als manche zugeben wollen. Wir verfügen nicht nur über Manuskripte aus dem 2. vorchristlichen Jahrhundert; sondern diese Manuskripte lassen es auch offensichtlich erscheinen, dass ihnen eine lange Textüberlieferung vorausgegangen ist. Voneinander unterschiedliche Texte und Textfamilien sind beredte Zeugen für das Alter der ihnen zugrunde liegenden Originale. Während ein genaues Entstehungsdatum durch solche Indizien nicht festgelegt werden kann, kann der altertümliche Ursprung der Dokumente aber nicht ernsthaft in Frage gestellt werden."

Mit anderen Worten: Auch wenn uns die zum Teil fast 3000 Jahre alten Originale der ersten Bücher der Bibel nicht mehr gegenständlich zur Verfügung stehen, untermauern die vorliegenden Fakten die traditionelle Datierung der biblischen Bücher eindeutig (das Buch Jesaja beispielsweise ca. 800 v. Chr., das Buch Daniel ca. 600 v. Chr.). Es bestehen somit keine berechtigten Zweifel daran, dass die Prophezeiungen des Alten Testaments lange vor ihrer Erfüllung niedergeschrieben worden sind.

Die messianischen Prophezeiungen

Es ist nicht überraschend, dass das vorherrschende Thema der biblischen Prophezeiung messianischer Natur ist. Das Wort „Messias" selbst ist biblischen Ursprungs. Es stammt vom hebräischen Wort *Moschiach*, das „der Gesalbte" bedeutet. Es ist dasselbe Wort, das im Griechischen *Christos* lautet. Im Deutschen benutzen wir das Wort „Christus". Das Wort „Christus" hat also nichts mit dem Kreuz zu tun, wie man leicht annehmen könnte, sondern entstammt dem griechischen Wort *Christos*, das eine Übersetzung des hebräischen *Moschiach*, „der Gesalbte" ist. Die Worte „Messias" und „Christus" sind also, genau genommen, in ihrer Bedeutung identisch.

Eine ungewöhnlich hohe Anzahl an Prophezeiungen des Alten Testaments berichtet über den kommenden Messias. Sie bezeichnen den Ort seiner Geburt, seine Herkunft, Einzelheiten seines Wirkens, den

Verrat an ihm (durch wen und auf welche Weise), dass er gekreuzigt werden würde und selbst das Jahr seiner Kreuzigung. Einige dieser Prophezeiungen beschreiben den „Gesalbten" als einen Retter, der das Königreich Gottes nicht nur in spirituellem, sondern auch in physischem Sinne errichten würde. Da Letzteres sich in Jesus von Nazareth nicht erfüllte, waren die meisten Schriftgelehrten und religiösen Führer der frühchristlichen Zeit nicht bereit, die Interpretation, er sei dieser „gesalbte Fürst" gewesen, zu akzeptieren. Jesus errichtete „nur" ein spirituelles Königreich, obwohl er nach Zeugnissen des Neuen Testaments angekündigt hatte, er würde zurückkehren, um auch ein physisches Königreich zu errichten.

Die Zeugnisse des Neuen Testaments über Jesus von Nazareth erfüllen die alttestamentlichen Prophezeiungen sonst bis ins kleinste Detail. Das führte manchen Skeptiker zu dem Schluss, dass die frühchristlichen Autoren ihre Berichte so geschrieben hatten, dass sie ins Bild der Prophezeiungen passten. Die neutestamentlichen Berichte können schließlich nur zum Teil durch historische, archäologische und andere „neutrale" Quellen belegt werden.

Unter den Historikern herrscht jedoch wenig Zweifel darüber, dass Jesus von Nazareth tatsächlich als historische Figur existiert hat. Josephus Flavius, ein jüdischer Geschichtsschreiber des ersten nachchristlichen Jahrhunderts, erwähnt ihn. Thallus, ein Nichtjude, verleiht ebenfalls im 1. Jahrhundert n. Chr. in einem Brief an Julius Africanus seinem religiösen Skeptizismus Ausdruck; er sei der Ansicht, dass die ungewöhnliche Sonnenfinsternis, die sich zur Zeit der Kreuzigung Jesu von Nazareth ereignete, bloßer Zufall und kein Anzeichen für einen göttlichen Eingriff war. Auf diese Weise bestätigt er jedoch die historische Existenz Jesu ebenso wie die neutestamentlichen Zeugnisse, welche die Sonnenfinsternis erwähnen.

Im Allgemeinen aber finden sich bei Zeitgenossen nur wenige Erwähnungen der Person des Jesus von Nazareth. Der Grund dafür ist vermutlich, dass er zu seiner Zeit kaum ernst genommen und sein Einfluss bei Weitem unterschätzt wurde. Als die Zahl seiner Anhänger aber zunahm, wurde er auch entsprechend öfter erwähnt. Bekannte frühe Zeugnisse stammen von Plinius dem Jüngeren aus dem Jahre 59 n. Chr., dem namhaften Historiker Tacitus 64 n. Chr. sowie von Sueton 125 n. Chr.

Das Turiner Grabtuch

Das verblüffendste Beweisstück jedoch, das die messianischen Prophezeiungen des Alten Testaments und die Berichte des Neuen Testaments
untermauert, ist ein uraltes Artefakt, das in den letzten vierzig Jahren
einer ungewöhnlich langen Reihe von äußerst sorgfältigen wissenschaftlichen Untersuchungen unter Einsatz der modernsten technologischen Mittel unterzogen wurde – das sogenannte „Turiner Grabtuch".

Die folgenden Ausschnitte entstammen einem Artikel von Kenneth
F. Weaver, wissenschaftlicher Redakteur des *National Geographic Magazine*, einer in akademischen Kreisen hochgeschätzten Zeitschrift, die
sich hauptsächlich mit naturwissenschaftlichen und soziologischen
Themen befasst. Dieser Artikel berichtet über das *Turiner-Grabtuch-
Forschungsprojekt* aus dem Jahr 1978, in dessen Rahmen die möglicherweise eingehendsten Untersuchungen, denen irgendein Artefakt
jemals unterzogen wurde, stattgefunden haben.

Zu der internationalen Gruppe von Wissenschaftlern, die daran
teilnahmen, zählten Vertreter der modernsten technischen Institute der
Welt: *Lockheed Corporation, US Air Force Weapons Laboratory, Brooks
Institute, Oceanographic Services Incorporated, Los Alamos National
Scientific Laboratory, Nuclear Technology Corporation, Oriel Corpora-
tion, New England Institute, US Air Force Academy, Jet Propulsion
Laboratory, Sandia Laboratories, Santa Barbara Research Center* und
andere mehr.

Jener Artikel, der in der Ausgabe des *National Geographic* vom
Juni 1980 erschien, trug den Titel „Die Wissenschaft sucht das Rätsel
des Grabtuches zu lösen". Hier einige Auszüge:[2]

„Dieses wohlgehütete Stück Leinen, ein Objekt der Verehrung für Mil-
lionen von Menschen, ist eines der wunderbarsten Rätsel der Neuzeit.
Tatsächlich ist es zum Mittelpunkt einer intensiven wissenschaftlichen
Untersuchung geworden, die sich wie ein Kriminalroman liest.

Der alles überragende Anhaltspunkt ist die bemerkenswerte Abbildung auf dem Tuch selbst, ein lebensgroßes, geisterhaftes Abbild eines
nackten bärtigen Mannes mit langem Haar.

Das Gesicht, mit einem spukhaft gelassenen Ausdruck noch im Tode,
würde als Kunstwerk seinen Meister loben. Der Körper ist anatomisch

korrekt und trägt die entsetzlichen Wunden der Geißelung, Kreuzigung und Durchbohrung – möglicherweise durch Dornen und eine Lanze. Es scheint, als wäre es ein Portrait des Jesus von Nazareth, unheimlich präzise, wenn man es mit den Zeugnissen der Evangelien vergleicht. Tatsächlich glauben einige, dieses Stück elfenbeinfarbenes Leinen sei eben jenes Tuch, das Joseph von Arimathäa vor nahezu 2000 Jahren unter und über den Leichnam Jesu gelegt habe.

Das Grabtuch erscheint zum ersten Mal auf der geschichtlichen Bühne in der Mitte des 14. Jahrhunderts, in der französischen Stadt Lirey. Sein Eigentümer war der berühmte Ritter Geoffrey de Charny, Seigneur de Lirey. Niemand weiß, wo und wie er zu der Antiquität kam, obwohl man von einer ‚Kriegsbeute' sprach. Robert de Clari, ein Historiker des vierten Kreuzzuges, hatte davon berichtet, 1203 in Konstantinopel ein Tuch gesehen zu haben, das ‚die Gestalt unseres Herrn' trug. Im folgenden Jahr, als die Kreuzritter die byzantinische Hauptstadt plünderten, war es verschwunden. ...

Aus etwas vage erscheinenden Gründen übergab 1453 Marguerite, die Enkelin de Charnys, ihren wertvollen Besitz Louis, dem Herzog von Savoyen. ... Von jenem Tag bis heute war das Tuch im Besitz des Hauses Savoyen. Herzog Louis ließ eine eigene Kirche in Chambéry errichten, die Sainte Chapelle, in der das Tuch aufbewahrt wurde. ...

Ein Vorfall in Chambéry im Jahre 1532 erlangt heute besondere Bedeutung. In der Sakristei der Sainte Chapelle brach ein Feuer aus. Bevor das Tuch sichergestellt werden konnte, tropfte geschmolzenes Silber von dessen Aufbewahrungsschatulle auf das Tuch nieder und versengte die Ecken. Das Wasser, mit dem man das Feuer löschte, hinterließ große, unschöne Flecken. Glücklicherweise wurde der größte Teil des Bildes verschont. ...

1578 ließ der Herzog von Savoyen das Tuch über die Alpen in seine neue Hauptstadt Turin bringen. ... Bis auf eine kurze Periode während des Zweiten Weltkrieges blieb es dort bis heute. ... 1978 wurde das Grabtuch anlässlich des Jubiläums seiner Ankunft in Turin öffentlich ausgestellt. ..."

Der Autor schreibt weiter:

„Ich hatte mich schon seit Langem mit Fälschungen befasst und mit den überraschend cleveren Methoden, mit denen die Wissenschaftler diese entlarven. Dieses Interesse führte mich nach Turin, um die vielleicht bedeutendste Reliquie der Christenheit unmittelbar in Augenschein nehmen zu können."

Er beschreibt sodann seinen ersten Eindruck des Tuches:

„Die Narbenlinien, Abdrücke der Brand- und Wasserflecken, die an das Feuer von 1532 erinnern, dominierten. Das Bildnis selbst, eine nebelhafte sepiafarbene Impression, schien ins Gewebe hinein zu verblassen, als ich es aus der Nähe betrachtete. Um Einzelheiten zu erkennen, musste man einen gewissen Abstand einhalten. Das Blut erschien dunkler als der Körper und war schärfer abgegrenzt: Spuren am Kopf und an den Armen, Flecken an der Seite, an den Handgelenken und den Füßen und eine Vielzahl von Striemen wie von einer Peitsche. Am Ende der Striemen erschienen solche Rissquetschwunden, wie sie das ‚flagrum', eine römische Geißel, hervorgerufen haben kann: Seine Schnüre trugen an den Enden kleine Stücke aus Blei oder Knochen. Es war klar, dass die Figur auf dem Tuch eine gewalttätige und erniedrigende Behandlung erlitten hatte. Von meinem Standpunkt aus konnte ich nicht erkennen, ob das Tuch echt war oder eine Fälschung. Mit dieser Frage würden sich die Wissenschaftler auseinandersetzen.

Es war nicht die erste Begegnung des Tuches mit der Wissenschaft. 80 Jahre zuvor, im Jahr 1898, wurden die ersten Fotographien der Reliquie angefertigt. Sie enthüllten das überraschendste der vielen Geheimnisse des Grabtuches.

Als der Fotograph Secondo Pia seine ersten Plattennegative aus dem Entwicklungsbad nahm, um sie zu begutachten, hätte er sie beinahe vor Schreck wieder fallen lassen. Was er vor sich hatte, war nicht eine der üblichen wirklichkeitsfernen verwirrenden Negativabbildungen, sondern ein klares positives Abbild. ... Das Grabtuch erwies sich als Negativbild ... Hunderte von Jahren vor der Erfindung der Fotographie. Die Vorstellung, dass das Grabtuch eine Fälschung sein könnte, verlor auf einmal an Glaubwürdigkeit. Wie hätte ein mittelalterlicher Künstler ein Negativabbild fertigen können, und vor allem wozu?

... Dr. Pierre Barbet, ein bekannter französischer Chirurg, sah das Tuch und interessierte sich für die neuen Fotographien, die 1931 von Giuseppe Enrie angefertigt worden waren. Barbet beabsichtigte, die anatomische Genauigkeit der Wundmale auf dem Tuch zu überprüfen, indem er mit Leichen experimentierte. Er fand bald heraus, dass Nägel in den Handflächen das Gewicht eines menschlichen Körpers nicht zu tragen vermögen. Andererseits würde ein Nagel im Handgelenk oder im Unterarm nicht ausreißen. Diese Erkenntnis schien die Authentizität des Grabtuches zu bestätigen, denn die Wundmale der Nägel auf dem Tuch sind nicht in den Handflächen zu finden (wie wir es üblicherweise auf Kreuzigungsdarstellungen sehen können), sondern im Bereich der Handgelenke. Es ist nahe liegend, dass ein mittelalterlicher Fälscher seinem Bildnis das zugrunde gelegt hätte, was er auf Gemälden gesehen hatte und wovon die Evangelien sprechen: Wunden von Nägeln in den Händen. Es ist unwahrscheinlich, dass er gewusst hätte, dass das griechische Wort für Hand – *cheir* – auch das Handgelenk und den Unterarm einschließen kann. ... Archäologen, die ... im Jahre 1968 in Jerusalem einen Friedhof freilegten, ... fanden die Gebeine [eines anderen römischen Kreuzigungsopfers.] ... Der Nagel, der in den rechten Arm getrieben worden war, hatte nahe dem Handgelenk einen klar definierten Kratzer und eine abgeschabte Stelle an der Innenseite des Speichenknochens hinterlassen. Die Archäologie hatte den medizinischen Beweis, dass das Bild auf dem Tuch korrekt war, bestätigt."

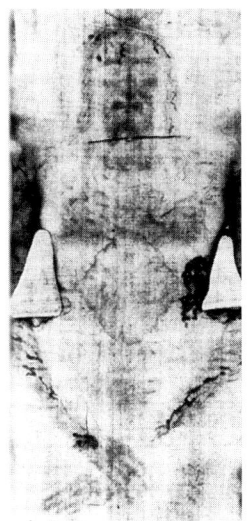

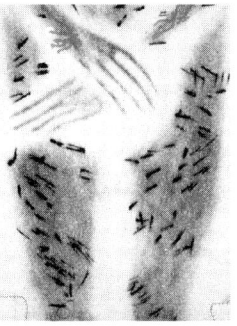

Das Grabtuch verbirgt weitere anatomische Aufschlüsse, die erst durch moderne Untersuchungen zutage kamen und einem mittelalterlichen Fälscher kaum zur Verfügung gestanden hätten. Es konnte zum Beispiel festgestellt werden, dass das Eindringen des Nagels in das Handgelenk den Nerv, der die Bewegung des Daumens be-

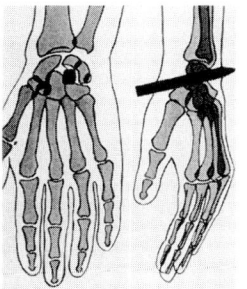

Das Grabtuch gibt anatomische Aufschlüsse, die erst durch moderne Untersuchungen ans Tageslicht kamen. Es konnte zum Beispiel festgestellt werden, dass das Eindringen des Nagels in das Handgelenk den Nerv, der die Bewegung des Daumens bestimmt, auf solche Weise verletzte, dass der Daumen sich unweigerlich zur Handmitte des Opfers zog.

Die qualvolle Wechsel der Körperpositionen, wenn das Opfer sich eine Zeitlang aufstützen musste, um zu atmen, und sich nachher wieder herablassen musste, um sich zu erholen, führt dazu, dass das Blut aus den Handwunden in zwei verschiedene Richtungen abtropft.

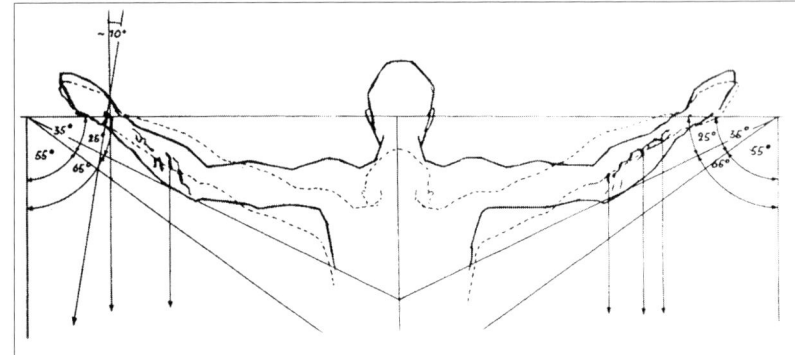

stimmt, auf solche Weise verletzt, dass der Daumen sich unweigerlich zur Handmitte des Opfers zieht. Dieses Phänomen des eingezogenen Daumens ist auf keiner einzigen künstlerischen Darstellung zu beobachten. Auf dem Grabtuch-Bildnis jedoch ist es klar zu erkennen.

Zudem sind bei den Blutspuren auf dem Tuch, die den Handwunden entstammen, zwei verschiedene Abtropfwinkel zu erkennen. Das Kreuzigungsopfer musste sich, um frei atmen zu können, mit den Beinen aufstützen. Dies war aber auf die Dauer zu anstrengend und der Gekreuzigte sank immer wieder hinunter, wobei er wiederum keine Luft bekam.

Dieser Kreislauf konnte, je nach allgemeiner Stärke und Körperkondition des Opfers, einige Stunden oder mehrere Tage andauern. Zum Schluss war das Opfer zu schwach, um sich aufzustützen und starb in den meisten Fällen an Sauerstoffmangel. Stellte sich der Tod zu langsam ein, brachen die römischen Soldaten die Beine des Opfers. Somit war es ihm nicht mehr möglich, sich aufzustützen und es starb an Erstickung.

Dieser qualvolle Wechsel der Körperpositionen, wenn das Opfer sich eine Zeitlang aufstützen musste, um zu atmen und sich nachher wieder herablassen musste, um sich zu erholen, verursacht, dass das Blut aus den Handwunden in zwei verschiedene Richtungen abtropft. Die anatomisch exakten Abtropfwinkel der Blutspuren auf dem Leintuch wurden erst während der neueren gerichtsmedizinischen Untersuchungen entdeckt.

Das Bildnis zeigt aber auch, dass die Beine des Opfers nicht gebrochen waren.

... damit nicht die Leichname am Kreuze blieben den Sabbat über ...
baten [Mitglieder der Synagoge] den Pilatus,
daß ihnen die Beine gebrochen und sie abgenommen wurden.
Da kamen die Kriegsknechte und brachen dem ersten die Beine
und dem andern, der mit ihm gekreuzigt war.

Als sie aber zu Jesus kamen und sahen,
daß er schon gestorben war, brachen sie ihm die Beine nicht;
sondern der Kriegsknechte einer öffnete seine Seite mit einem Speer,
und alsbald floß Blut und Wasser heraus.

(Johannes 19,31–37)

 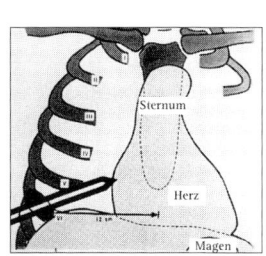 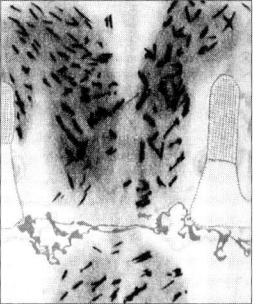

*Blut- und Wasserspuren von der Lanzenwunde auf der Seite auf dem Leintuch. (*links: *Vorderansicht;* Mitte: *gerichtsmedizinische Darstellung der Wunde auf der Seite;* rechts: *Hinteransicht)*

Wir setzen nun fort mit weiteren Ausschnitten aus dem *National Geographic*-Artikel:

„Bis zu diesem Zeitpunkt war das Tuch fast ausschließlich auf Fotographien studiert worden. 1969 jedoch, später nochmals 1973, wurde den Experten ... gestattet, das Tuch selbst zu untersuchen ... Die Gruppe von 1973 machte aufsehenerregende Entdeckungen. Unter anderem wurde festgestellt, dass das Bild vollkommen oberflächlich ist. Es liegt auf den äußersten Fasern des Gewebes und ist überhaupt nicht in die tieferen Schichten eingedrungen. Darüber hinaus konnten sie ermitteln, dass selbst unter dem Mikroskop keine Spur eines Pigments gefunden werden konnte.

... Max Frei, ein Schweizer Kriminologe, erhielt die Erlaubnis, ein Klebeband auf das Tuch aufzupressen, um Staub und andere Partikel für Laboruntersuchungen des Tuches zu entfernen. Frei fand unter seinem Mikroskop 48 verschiedene Pollensorten ... Unter denen, die er identifizieren konnte, fand er erwartungsgemäß einige Pflanzen, die in Frankreich und Italien vorkommen. Darüberhinaus fanden sich sieben Arten von Pollen salzliebender Pflanzen, wie sie in salzreichen Regionen wie dem Toten Meer und einigen anderen Gebieten Palästinas und Anatoliens vorkommen.

... Eine weitere Reihe von Entdeckungen basierte auf zwei kleinen Gewebefragmenten und einigen Fasern, die 1973 dem Tuch entnommen und einem international bekannten Textilexperten, Prof. Gilbert Raes von der Universität Gent in Belgien, übergeben worden waren.

Einige Eigenschaften der Textilproben schienen auf das Heilige Land und auf ein hohes Alter hinzuweisen. Das Material ist Leinen, das allgemein im alten Palästina für Grabtücher Verwendung fand. Raes fand Spuren von Baumwolle einer nahöstlichen Sorte.

Die Webart ist Fischgrätmuster, in der Antike nicht unbekannt, obwohl die einfache Webart damals wesentlich mehr verbreitet war. Der Faden scheint handgesponnen zu sein, eine antike Technik ... Schließlich ist anzunehmen, dass die Fäden vor dem Weben gebleicht worden sind; auch das ist eine Vorgangsweise, die in der Antike üblich war.

Das gegenwärtige wissenschaftliche Interesse für das Tuch in den Vereinigten Staaten begann mit zwei jungen Wissenschaftlern der Air Force ... Bereits 1974 hatten sie damit begonnen, Enries Fotografien intensiv zu studieren ... Sie untersuchten die Bilder mit dem VP-8-Bildanalysator, einem hochentwickelten Gerät, das Bildintensität in vertikales Relief umwandeln kann. Zu ihrer Überraschung fanden sie, dass das Bild auf dem Tuch genaue dreidimensionale Daten enthält, was bei herkömmlichen Fotografien und Gemälden nicht der Fall ist. Mittels der Computerdaten konnten sie ein dreidimensionales Modell des Abbildes konstruieren."

Die CyberMesh-3D-Analyse

1994 berichtete ein Artikel in einer deutschen Computerzeitschrift von einer weiteren Untersuchung, die die Dreidimensionalität des Grabtuch-Bildes ebenfalls bestätigte. Hier einige Auszüge:[3]

„*Grabtuch-Analyse mit CyberMesh*: Das Photoshop-Plug-in zur Umwandlung von Graustufenbildern in 3D-Höhenlinien lässt sich auch für ungewöhnliche Aufgaben verwenden, zum Beispiel zur Analyse des Turiner Grabtuchs – bei dem es sich, so die Vermutung, um das von Jesus handeln könnte.

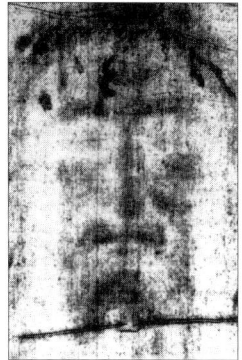

... CyberMesh setzt Graustufenbilder in sogenannte Höhenlinien eines dreidimensionalen Gitters um. Die Vorgehensweise ist schnell erklärt: Vorausgesetzt wird, dass helle Pixel dem Betrachter näher sind als dunkle. In dem dreidimensionalen Gitter liegen Entsprechungen weißer Punkte ganz vorn und schwarzer ganz hinten, alle anderen befinden sich entsprechend dazwischen ... CyberMesh lässt sich [somit] auch als Analyseinstrument einsetzen.

Geschichts- und Kunstwissenschaft befassen sich seit langer Zeit mit dem Grabtuch von Turin, einem spätestens seit Mitte des 14. Jahrhunderts bekannten Leinenstück, das schwach die Negativabdrücke eines Gekreuzigten zeigt. Eine Reihe von Indizien spricht dafür, dass es sich bei dem Leinen um das Grabtuch Jesu handeln könnte.

Seit 1988 nach – fragwürdigen – Radiocarbonanalysen bekanntgegeben wurde, das Tuch sei eine Fälschung, sind die Ergebnisse wissenschaftlicher Untersuchungen dieses Objekts immer wieder öffentlich diskutiert worden. Immer wieder wurde behauptet, bei dem Grabtuchbild handle es sich möglicherweise schlicht um ein Gemälde, doch zeigt dieses weder stilistische Parallelen noch Pigmentnachweise.

... Unterschiedliche mikroskopische Textiluntersuchungen sprechen dafür, dass der Grad der Abdunklung des Grabtuchs proportional ist zum Abstand zwischen Körper und Tuch – je dichter das Leinen anlag, desto stärker die Schwärzung, die sich im Negativ als Aufhellung zeigt. Hier kann nun CyberMesh weiterhelfen, da es dreidimensionale Oberflächen genau auf dieser Basis (re-)konstruiert.

Um ein brauchbares Bild zu erhalten, wurde zunächst der Kontrast angehoben, die Falten und die – im Negativ hellen – Blutspuren retuschiert und das Bild stark weichgezeichnet, um eine überlagernde Struktur durch Darstellung der Gewebefäden zu vermeiden. Das mit CyberMesh umgewandelte ... Dokument zeigt aus allen Richtungen eindeutig ein bärtiges männliches Gesicht.

... Zum Vergleich behandelten wir zwei weitere Bilder entsprechend:

Im Gegensatz zu Fotos oder Gemälden weist das Grabtuchbild eindeutige 3D-Eigenschaften auf.

das Foto eines frontal beleuchteten Gesichts und ein – wahrscheinlich auf der Grundlage des Grabtuchbildes – gemaltes Christusportrait des 6. Jahrhunderts.

Beide unterscheiden sich in der 3D-Darstellung ganz erheblich von dem hier gezeigten und ergeben nicht die Höhen- und Tiefenverteilungen eines Gesichts, da die Helligkeitswerte von Gemälden und Fotos von Licht und Schatten, also nicht von Entfernungen, abhängig sind. Ein Bild wie das des Grabtuches ließe sich kaum ohne Computerhilfe herstellen; schon gar nicht im Negativ, das als Bildkonzept im Mittelalter unbekannt war."

Wir setzen nochmals mit dem *National Geographic*-Artikel fort. Über die Turiner Untersuchung von 1978 schreibt der Autor:

„Vielleicht wurde niemals zuvor ein Gegenstand der Kunst oder Archäologie einer dermaßen sorgfältigen Untersuchung unterzogen. Die Wissenschaftler bombardierten die Reliquie mit ultravioletten und Röntgenstrahlen und suchten nach Fluoreszenzerscheinungen. Sie vermaßen Veränderungen dahingehend, inwiefern Abbild, Blut und Hintergrund Energie quer durch einen breiten Bereich des elektromagnetischen Spektrums abstrahlten oder reflektierten.

Unter infraroter, sichtbarer, ultravioletter und Röntgenbestrahlung suchten sie nach den ‚Fingerabdrücken' der chemischen Struktur des Tuches. Die Fluoreszenz unter Röntgenstrahlen kann beispielsweise Eisen und Kalium anzeigen, wie es in Blutspuren vorkommt, oder auch die Schwermetalle, die in Malfarben enthalten sind.

Andere Spezialisten fotografierten jeden Quadratzentimeter des Leinens im Detail, rund 500 Aufnahmen, mit verschiedenen Wellenlängen. Sie untersuchten es unter dem Mikroskop und machten Fotomikrographen. Mit Klebeband und Vakuumgeräten entnahmen sie Spuren von Fasern, Staub, Pollen und anderen Partikeln für die Analyse. Sie lösten das Tuch vom hinterlegten Textil, um zu sehen, was auf der Rückseite war. Giovanni Riggi, ein Turiner Biologe, fotographierte die Rückseite unter Verwendung von Faseroptiken und sammelte Mikropartikel.

... Die Wissenschaftler berichten, dass die Fäden aus dem Bereich, der das Bild trägt, unter Vergrößerung eine gelbliche Färbung zeigen, die nur auf der äußersten Oberfläche der Fasern aufliegt. Die Färbung hat das Gewebe in keiner Weise diffundiert oder durchdrungen, ist nicht an den Seiten der Fäden herabgeronnen und hat keine Rückstände zwischen den Fasern hinterlassen, wie zu erwarten gewesen wäre, wenn Pigmente aufgemalt oder aufgerieben worden wären.

Hier liefert das Feuer des Jahres 1532 wichtige Hinweise. Einige der Wissenschaftler meinen, dass eine Temperatur, die ausreichend war, das Gewebe zu verkohlen, auch eine Veränderung der Farbe von organischen Pigmenten oder Substanzen bewirkt haben müsste. Die Farbveränderungen müssten nahe den verbrannten Bereichen am stärksten sein. Im Gegensatz dazu ist die Gelbfärbung der Abbildung auf dem Tuch von einer bemerkenswerten Gleichförmigkeit, bis hin zu den Brandrändern; sie ist unverändert geblieben. Darüber hinaus hätte das Wasser, das auf das Tuch gegossen worden war, um den Brand zu löschen, Tinte zum Verfließen gebracht. Das ist offensichtlich nicht geschehen.

Im Lichte dieser Tatsachen haben sich die Wissenschaftler als Gruppe auf eine weitreichende Schlussfolgerung geeinigt. Der Chemiker Ray Rogers vom *Los Alamos National Scientific Laboratory* fasst sie zusammen:

> *Fast alle von uns sind jetzt davon überzeugt, dass es sich bei diesem Tuch nicht um ein Gemälde handelt. Abgesehen von einer kleinen Menge Eisenoxid konnten wir keine Pigmente finden. Und wir glauben nicht, dass Flüssigkeit oder Bedampfung dieses Bildnis, das wir hier sehen, hervorgerufen haben könnte.*

> *... Verschiedene instrumentelle Untersuchungsergebnisse legen die Vermutung nahe, dass das Bildnis so etwas wie eine schwache Verbrennung sein könnte. Tatsächlich reagierte das Bild in unseren Tests in nahezu gleicher Weise wie die leicht verbrannten Stellen jener Teile, die durch den Brand im 16. Jahrhundert beschädigt worden sind.*

> *Anders als Pigmente verändern Verbrennungen im Feuer nicht ihre Farbe. Verbrennungen kann man auch dem Wasser aussetzen, ohne dass sie verblassen oder zerrinnen. Es ist noch immer nicht geklärt, welche Art von Verbrennung zu einer solch feinen Abbildung geführt haben kann, wie wir sie auf dem Grabtuch sehen.*

Ein merkwürdiger Seitenaspekt der Verbrennungshypothese ergibt sich aus den Forschungen [von Wissenschaftlern, die] bei dem römischen Historiker Plinius einen Hinweis zur Verwendung einer Substanz namens ‚Struthion' für das Waschen und Weichmachen von Textilien gefunden haben. Struthion war der klassische Name für das Seifenkraut *Saponaria officinalis*. Einige Quellen erwähnen, dass die Weber des Altertums ihre Kettfäden mit Stärke versteift und das fertige Textil dann mit Saponaria ausgewaschen haben.

… Leinenmuster von ähnlicher Beschaffenheit wie das Material des Grabtuches wurden gewaschen; manche mit, manche ohne Saponaria. Dann wurden sie für kurze Zeit erhitzt. Die mit Saponaria behandelten Muster verbrannten wesentlich rascher und tiefgehender als die unbehandelten Exemplare. Daraus folgt, dass das Tuch, wenn es je mit Saponaria behandelt worden ist, für Verbrennungen jeder Art relativ anfällig war.

Aus noch einem anderen Grund ist Saponaria für uns interessant. Es ist für niedere Lebensformen giftig und daher ein Fungizid [Mittel gegen Schmarotzer oder Pilze]. Das könnte erklären, warum das Tuch keine ersichtlichen Spuren von Moder oder Schimmel zeigt, obwohl es lange Zeit in feuchten und modrigen Kirchen aufbewahrt war."

Die Ergebnisse der zahlreichen wissenschaftlichen Untersuchungen, die das Turiner Grabtuch über viele Jahre „erdulden" musste, sprechen, trotz zugegebener anfänglicher Skepsis der meisten Forscher zu 99 Prozent für die Echtheit der Reliquie. Selbst der Carbon-14-Datierungsversuch, der 1988 unternommen wurde und zuerst einen mittelalterlichen Ursprung des Tuches zu belegen schien, erwies sich später als Fehlanzeige. Es scheint, dass ein Teil des nach dem Feuer von 1532 angenähten Befestigungsstoffes getestet wurde und nicht ein Stück vom Leintuch selbst. Beim Radiokarbon-Datierungsverfahren muss ein Teil des zu testenden Objektes verbrannt, also zerstört werden. Der Vatikan hätte niemals die Erlaubnis gegeben, einen Teil des Tuches selbst, wie klein auch immer, zu zerstören.

Besonders interessant ist die Antwort des Turiner-Grabtuch-Forschungsteams auf die Kernfrage: Wie ist das Bild auf dem Tuch schließlich entstanden? Die wissenschaftliche Schlussfolgerung, die im vorigen Artikel dargestellt wird, scheint auf eine Energiequelle hinzudeuten, die von dem Kreuzigungsopfer selbst ausging und intensiv genug war, sein Abbild in das Tuch zu brennen.

Die Vertreter der Theorie eines außerirdischen Messias betrachten die Strahleneinwirkung auf das Grabtuch als Beweis für die Existenz einer höheren Technologie, womit sie auch das biblische Phänomen der Auferstehung erklären wollen. Kenneth Demarest, der im letzten Kapitel nochmals zu Wort kommen wird, glaubt:[4]

> „Menschen erfreuten sich des Umgangs mit und der Unterweisung durch jene, die sich in einem fortgeschritteneren und moralisch höheren Entwicklungsstadium befanden. Die Unterweisung ist ein erstaunliches Geheimnis, das über Jahrhunderte durch einige okkulte Traditionen und Geheimlehren überliefert worden ist. Es lautet: Der Mensch muss nicht sterben; es gibt eine Alternative zum Prozess des Todes. Er kann den Solar-Lichtkörper erlangen, der unsterblich ist und keine physische Nahrung braucht."

Diese Theorie steht genaugenommen nicht im Gegensatz zu den religiösen Lehren, zumal wenn man bereit ist, eine mögliche „außerdimensionale" und nicht nur außerirdische Quelle einer solchen „Technologie" in Betracht zu ziehen.

Betrachten wir die folgenden Verse aus dem Neuen Testament.

> *Denn da durch einen Menschen der Tod gekommen ist, so kommt auch durch einen Menschen die Auferstehung der Toten.*
>
> *Denn gleichwie sie in Adam alle sterben, so werden sie in Christus alle lebendig gemacht werden.*
>
> *Ein jeglicher aber in seiner Ordnung; der Erstling Christus; danach die Christus angehören, wenn er kommen wird ...*
>
> *Es gibt himmlische Körper und irdische Körper ... . So auch die Auferstehung der Toten. Es wird gesät verweslich und wird auferstehen unverweslich ...*
>
> *Siehe, ich sage euch ein Geheimnis: Wir werden nicht alle entschlafen, wir werden aber alle verwandelt werden; und dasselbe plötzlich, in einem Augenblick ...*
>
> (1.Korinther 15,21–23,40,42,43,51-52)

Kapitel 10

Die messianischen Prophezeiungen des Alten Testaments und die „siebzig Wochen" des Propheten Daniel

Die Untersuchung des Turiner Grabtuches und die Auswertung der Daten wird weiter fortgesetzt. Je mehr Information sichergestellt wird, desto plausibler erscheint der Schluss, dass das Tuch in der Tat echt ist. Abgesehen davon, dass es zahlreiche Zeugnisse des Neuen Testaments untermauert, verleiht es auch den vielen messianischen Prophezeiungen des Alten Testaments Glaubwürdigkeit. Einige dieser Prophezeiungen werden nur aus den Berichten der Evangelien bestätigt, andere wiederum auch durch geschichtliche und archäologische Quellen. Die messianischen Prophezeiungen sind für uns von besonderer Bedeutung, nicht nur weil sie außerordentliche Beispiele für die Klarheit der Bibel-Prophezeiungen liefern, sondern weil sie zum Teil auch Botschaften beinhalten, die Licht auf die wichtigsten Ereignisse der kommenden Zeitenwende werfen.

Die messianischen Prophezeiungen umfassen Hunderte von Versen. Wir zitieren nur eine kleine Auswahl der für uns interessantesten Passagen. Letztere aus dem Buch Daniel beinhaltet eine der wichtigsten und genauesten Prophezeiungen der Bibel.

Die Bibelausgaben, aus denen unsere Zitate zum größten Teil entnommen sind, beruhen auf den im deutschen Sprachraum am weitesten verbreiteten Übersetzungen – die Martin Luthers und die neuere

Einheitsübersetzung – eine Gemeinschaftsausgabe der katholischen und evangelischen Kirchen. Diese Übersetzungen sind sicherlich nicht fehlerfrei. Es gibt auch wesentliche Textabweichungen zwischen älteren und neueren Ausgaben. Wir haben die verschiedenen Bibelausgaben daher mit den hebräischen Texten verglichen und jeweils aus der Ausgabe zitiert, die uns dem Original sinngemäß am nächsten erschien. An einigen Stellen gibt es durchaus nennenswerte Diskrepanzen, die den Sinn der Texte berühren; Hinweise dazu in den Anmerkungen. Diese Vorgangsweise wurde bei allen Bibelzitaten in diesem Buch angewendet. [1]

Die Reihenfolge der Zitate in diesem Kapitel entspricht der Reihenfolge der Bücher der Bibel, so wie wir ihnen in unseren jetzigen Bibelausgaben begegnen. Auch einige messianische Prophezeiungen sind vollständigkeitshalber berücksichtigt, deren Entsprechungen nur in den Berichten des Neuen Testaments zu finden sind, auch wenn sie durch unabhängige Quellen nicht immer bestätigt werden können.

Die folgenden Verse stammen aus den Psalmen Davids, die traditionell auf das zehnte vorchristliche Jahrhundert datiert werden können.

Mein Gott, mein Gott warum hast du mich verlassen? ...

Ich aber bin ein Wurm und kein Mensch, ein Spott der Leute und Verachtung des Volks. Alle, die mich sehen, spotten mein, sperren das Maul auf und schütteln den Kopf: „Er klage es dem Herrn, der helfe ihm heraus und rette ihn, hat er Gefallen an ihm." ...

Ich bin ausgeschüttet wie Wasser, alle meine Gebeine haben sich getrennt; mein Herz ist in meinem Leibe wie zerschmolzenes Wachs.

Meine Kräfte sind vertrocknet wie eine Scherbe, und meine Zunge klebt an meinem Gaumen, und du legst mich in des Todes Staub.

Denn Hunde haben mich umgeben, und der Bösen Rotte hat mich umringt; sie haben meine Hände und Füße durchbohrt. ...

Sie teilen meine Kleider unter sich und werfen das Los um mein Gewand. ...

(Psalm 22,1, 7–9,15-17)

*Und sie geben mir Galle zu essen und Essig zu trinken in meinem
großen Durst. ...*

*Der Gerechte muß viel leiden; aber aus alledem hilft ihm der
Herr. Er bewahrt ihm alle seine Gebeine, daß deren nicht eins
zerbrochen wird.*

*... du wirst meine Seele nicht dem Tode lassen und nicht zu-
geben, daß dein Heiliger verwese.*

(Psalm 69,21; 34,21–22; 16,10)

Das Gefühl, dass die Knochen sich voneinander lösen, dürfte für die
Kreuzigung charakteristisch sein. Die „durchbohrten" Hände und Füße
bedürfen keiner Deutung, bis auf die Anmerkung, dass das hebräische
Wort für „Hand", *jad,* ebenso wie das griechische *cheir* das Handgelenk und den Unterarm einschließt. Es sollte auch erwähnt werden,
dass in Israel zu den Zeiten König Davids die Kreuzigung als Hinrich-
tungsart unbekannt war.

Dass keine Gebeine gebrochen wurden, haben wir bereits im vorigen Kapitel in Zusammenhang mit den gerichtsmedizinischen Be-
funden des Turiner-Grabtuch-Forschungsteams besprochen. Ein weiterer interessanter Zusammenhang ist der Symbolismus, dem wir im
dritten Buch Mose an den Stellen begegnen, die die Vorschriften für
die Vorbereitung des Passah-Lammes schildern. Das Lamm soll ohne
Makel sein und keine seiner Gebeine dürfen gebrochen werden. Andere
Details, die in den folgenden Versen vorkommen, kennen wir aus den
Evangelien: Verachtung und Spott, Galle und Essig, das Los, das um
sein Gewand geworfen wurde:

*Da spieen sie aus in sein Angesicht und schlugen ihn mit
Fäusten. Etliche aber schlugen ihn ins Gesicht und sprachen:
Weissage uns Christe, wer ist's, der dich schlug? ...*

*Die aber vorübergingen, lästerten ihn und schüttelten ihre Köpfe
und sprachen: Der du den Tempel zerbrichst und baust ihn in
drei Tagen, hilf dir selber! Bist du Gottes Sohn, so steig herab
vom Kreuz!*

(Matthäus 26,67–68; 27,30–40)

Und da sie an die Stätte kamen mit Namen Golgatha ... gaben sie ihm Essig zu trinken, mit Galle vermischt; und da er's schmeckte, wollte er nicht trinken.

(Matthäus 27,33–34)

Die Kriegsknechte aber, da sie Jesus gekreuzigt hatten, nahmen sie seine Kleider und machten vier Teile ... . Der Rock aber war ungenäht, von obenan gewebt durch und durch.

Da sprachen sie untereinander: Lasset uns den nicht zerteilen, sondern darum losen, wes er sein soll ...

(Johannes 19,23–24; Matthäus 27,35; Lukas 23,34)

Einige der berühmtesten messianischen Prophezeiungen sind im Buch Jesaja, das traditionell auf das 8. vorchristliche Jahrhundert datiert wird, zu finden.

Darum so wird euch der Herr selbst ein Zeichen geben: Siehe, eine Jungfrau ist schwanger und wird einen Sohn gebären, den wird sie heißen Immanuel ...

Denn uns ist ein Kind geboren, ein Sohn ist uns gegeben, und die Herrschaft ist auf seiner Schulter; und er heißt Wunderbar, Rat, Kraft, Held, Ewig-Vater, Friedefürst ...

... ich habe dich auch zum Licht der Heiden gemacht, daß du seiest mein Heil bis an der Welt Ende.

(Jesaja 7,14; 9, [5]6; 49,6)

Fürwahr, er trug unsere Krankheit und lud auf sich unsere Schmerzen. Wir aber hielten ihn für den, der geplagt und von Gott geschlagen und gemartert wäre.

Aber er ist um unserer Missetat willen verwundet und um unserer Sünde willen zerschlagen. Die Strafe liegt auf ihm, auf daß wir Frieden hätten, und durch seine Wunden sind wir geheilt ... der Herr warf unser aller Sünde auf ihn.

Da er gestraft und gemartert ward, tat er sein Mund nicht auf wie ein Lamm das zur Schlachtbank geführt wird ... er ist aus dem

Lande der Lebendigon weggerissen, da er für die Missetat meines Volkes geplagt war.

Und man gab ihm bei Gottlosen sein Grab und bei Reichen seine Ruhestätte, wiewohl er niemand unrecht getan hat, noch Betrug in seinem Munde gewesen ist. ...

... Wenn er sein Leben zum Schuldopfer gegeben hat, so wird er Samen haben ... durch seine Erkenntnis wird er, mein Knecht, der Gerechte, viele gerecht machen; denn er trägt ihre Sünden.

... daß er sein Leben in den Tod gegeben hat und den Übeltätern gleich gerechnet ist und er vieler Sünde getragen hat und für die Übeltäter gebeten.

(Jesaja 53,4–12)

Das Hauptthema der obigen Verse – ein Gerechter, der durch sein Leiden und seinen Tod die Sünden des Volkes sühnt und für seine Peiniger betet („*Vater vergib ihnen, denn sie wissen nicht was sie tun.*" Lukas 23,34) – ist uns als grundlegender Bestandteil des christlichen Glaubens bekannt. Besonders interessant sind aber einige der Details, die in diesen Versen vorkommen.

„*Man gab ihm bei Gottlosen sein Grab und bei Reichen seine Ruhestätte*" wird in einigen neueren Bibelausgaben als „*man gab ihm bei Gottlosen sein Grab und Übeltätern, als er gestorben war ...*" übersetzt. Ein Vergleich mit dem Urtext zeigt aber, dass die erste Variante die richtige ist. Die Verwirrung beruht wohl auf der Ähnlichkeit der zwei hebräischen Wörter, die in dem Vers verwendet werden: *ra´sche* (= „Böse", zeitweise als „Gottlose" oder „Übeltäter" übersetzt) und *a´schir* (= „Reicher"). Da der Satz in seiner ursprünglichen Form unlogisch und widersprüchlich erscheinen mag („*... bei Gottlosen sein Grab und bei Reichen seine Ruhestätte*"), haben einige moderne Übersetzer wohl gedacht, dass es sich um einen Irrtum handeln muss – dass die hebräischen Schreiber die Laute „sch" und „r" in den Wörtern *ra´sche* und *a´schir* eventuell falsch einsetzten.

Es ist aber gerade diese Widersprüchlichkeit, die im Urtext sicher beabsichtigt war, die die Passage als prophetisch auszeichnet. Obwohl Jesus wie ein Verbrecher hingerichtet wurde, ist er in dem Grab eines reichen Mannes bestattet worden.

*Am Abend aber kam ein reicher Mann von Arimathea, der hieß
Joseph, welcher auch ein Jünger Jesu war. Der ging zu Pilatus
und bat ihn um den Leib Jesu. ...*

*Und Joseph nahm den Leib und wickelte ihn in eine reine Lein-
wand und legte ihn in sein eigenes neues Grab ...*

(Matthäus 27,57–60)

Die Information, die wir von den Berichten des Turiner-Grabtuch-
Forschungsteams erhalten haben, bestätigt diese Schilderung ebenfalls:
*„... Die Webart ist Fischgrätmuster, in der Antike nicht unbekannt, ob-
wohl die einfache Webart damals wesentlich weiter verbreitet war."* Es
handelt sich wohl um einen teureren Stoff, der eher für die Bestattung
eines reichen als eines armen Menschen verwendet worden wäre.

Eine weitere Einzelheit, die uns bei den messianischen Prophezeiungen aus den Psalmen begegnet ist und in den Evangelien bestätigt
wird: *„Sie teilen meine Kleider unter sich und werfen das Los um mein
Gewand"*, ist in diesem Zusammenhang ebenfalls interessant. Die Soldaten wollten um seinen Mantel, weil er aus einem einzigen Stück ge-
fertigt war, lieber das Los werfen. Ein größeres, unzertrenntes Stück
Stoff war offenbar wesentlich wertvoller als mehrere kleinere Teile.
Das Turiner Grabtuch besteht ebenfalls aus einem einzigen Stück Stoff,
das lang genug war, um über und unter den Körper gelegt zu werden.
Dies ist nochmals eine Bestätigung dafür, dass es eher aus dem Besitz
eines reichen Menschen stammte.

Weitere interessante messianische Prophezeiungen sind bei den Propheten Micha (ca. 700 v. Chr.) und Sacharja (ca. 520 v. Chr.) zu finden:

*Und du Bethlehem Ephratha, die du klein bist unter den Städten
in Juda, aus dir soll mir der kommen, der in Israel Herr sei,
dessen Ausgang von Anfang und von Ewigkeit her gewesen ist.*

(Micha 5,1)

*... dein König kommt zu dir, ein Gerechter und ein Helfer, arm
und reitet auf einem Esel, auf einem Füllen der Eselin. ... er wird
Frieden gebieten den Völkern, und seine Herrschaft wird sein
von einem Meer bis zum andern und vom Strom bis an die
Enden der Erde.*

(Sacharja 9,9–10)

> *... Gefällt's euch, so gebt her meinen Lohn; ... dreißig Silber-*
> *stücke ... Und ich nahm die dreißig Silberstücke und warf sie ins*
> *Haus des Herrn ...*
>
> (Sacharja 11,12–13)

Die oben beschriebenen Ereignisse – die Geburt Jesu in Bethlehem, sein letzter Einzug in Jerusalem auf einer Eselin reitend, von ihrem Füllen begleitet, dass er verraten würde um dreißig Stück Silber, die der Verräter nachher zu den Toren des Tempels warf – sind uns aus den Evangelien wohl bekannt.

Der nächste Abschnitt aus Sacharja bezieht sich, wie wir später erkennen werden, auf die Wendezeit:

> *Und zu der Zeit werde ich [Gott] darauf bedacht sein, alle Hei-*
> *den zu vertilgen, die gegen Jerusalem gezogen sind.*
>
> *Aber über das Haus David und über die Bürger Jerusalems will*
> *ich ausgießen den Geist der Gnade und des Gebets.*
>
> *Und sie werden mich ansehen, den sie durchbohrt haben, und*
> *sie werden um ihn klagen, wie man klagt um ein einziges Kind ...*
>
> (Sacharja 12,9–10)

Die „siebzig Wochen" des Propheten Daniel

Die folgende Passage haben wir bis zum Schluss aufgehoben, da sie besondere Aufmerksamkeit verdient und relevante Informationen beinhaltet, die für die Wendezeit von wesentlicher Bedeutung sind.

Es handelt sich um eine äußerst präzise Prophezeiung, die auf den ersten Blick unverständlich wirken mag, die aber mit einigem Aufwand ohne Weiteres entschlüsselt werden kann. Diese ist auch die einzige Vorhersage in der Bibel, die auf ein genaues Kalenderjahr hinweist. Ein wenig Kenntnis des geschichtlichen Hintergrundes mag zum Verständnis der Prophezeiung hilfreich sein.

Der Prophet Daniel wurde als junger Mann nach der Eroberung Israels durch die Babylonier um 606 v. Chr. als Kriegsgefangener nach

Babylon verschleppt. Die Eroberer verwüsteten Jerusalem und trieben einen großen Teil der israelitischen Bevölkerung ins Exil.

Nach dem historischen Chronisten Josephus Flavius war Daniel ein Verwandter des israelitischen Königs Zedekias. Die Mitglieder der königlichen Familie wurden von den Babyloniern stets gut behandelt und genossen den Schutz des Kaisers. Daniel ist somit am babylonischen Hof erzogen worden und wurde später dann sogar zu einer wichtigen Figur in der fremden Regierung und ein vertrauter Ratgeber des Kaisers.

Die Tatsache, dass Daniel den größten Teil seines Lebens in Babylon verbrachte, dürfte der Grund dafür sein, warum längere Abschnitte seiner Schriften auf Aramäisch verfasst sind. Aramäisch, eine dem Hebräischen ähnliche chaldäische Sprache, war die Amtssprache Babylons.

Daniel blieb aber sein Leben lang dem Gott seiner Vorväter und den Gesetzen Mose treu ergeben, obwohl er deswegen oft verfolgt, ja sogar mehrmals mit dem Tod bedroht wurde. Seine Treue wurde durch eine geradezu unvergleichliche Reihe von prophetischen Offenbarungen belohnt.

Das Buch Daniel beinhaltet eine Fülle detaillierter historischer Angaben und ist somit einer der bedeutendsten Teile der biblischen Prophetie. Die Symbole und Botschaften der Daniel-Prophezeiungen liefern auch die wichtigsten Schlüssel, die zum Verständnis der berühmten *Offenbarung (Apokalypse) des Johannes* des Neuen Testaments unentbehrlich sind.

Die unheimliche Präzision der Prophezeiungen, von denen sich viele bereits kurze Zeit nach Daniels Tod erfüllten, ließ manche Bibelgelehrte an der traditionellen Datierung des Buches (6. vorchristliches Jahrhundert) zweifeln. Jüngere archäologische Funde jedoch, insbesondere die bereits erwähnten Qumran-Rollen, belegen die Richtigkeit der traditionellen Datierung.

Die Stelle, mit der wir uns nun auseinandersetzen möchten, stammt aus dem 9. Kapitel des Buches Daniel. Der Prophet zeigt sich hier durch den moralischen Verfall seines Volkes und dessen Gefangenschaft und Exil belastet und will wissen, wohin all das führen wird. Die Antwort, die er auf diese Frage erhält, ist sicher mehr, als er erwartet hatte. Sie beginnt mit dem 24. Vers:

Siebzig Wochen (Siebene) sind bestimmt über dein Volk und über deine heilige Stadt;

dann wird dem Frevel ein Ende gemacht und die Sünde abgetan und die Missetat gesühnt und die ewige Gerechtigkeit gebracht und Gesicht und Weissagung erfüllt und das Allerheiligste gesalbt werden.

So wisse nun und verstehe: Von der Zeit an da das Wort ausgeht Jerusalem soll wieder aufgebaut werden bis zu dem Gesalbten dem Fürsten sind es sieben Wochen und zweiundsechzig Wochen

es wird wieder aufgebaut sein mit Platz und Mauern wiewohl in kummervoller Zeit.

Und nach den zweiundsechzig Wochen wird der Gesalbte aus-gerottet (abgeschnitten) werden und nichts (niemand) haben ...

(Daniel 9,24–26)

Die verschiedenen Bibelausgaben weisen zum Teil wesentliche Unterschiede untereinander auf, was die Übersetzung dieser Daniel-Passage betrifft. Wir haben hier deshalb, um den ursprünglichen Sinn des Textes so gut wie möglich wiederzugeben, eine mehr oder weniger wortwörtliche Übersetzung aus dem Urtext verwendet – zugleich aber den Versuch gemacht, von den geläufigen Übersetzungen nicht zu sehr abzuweichen.

Dem Leser wird auch aufgefallen sein, dass Satzzeichen fehlen, wo die deutsche Rechtschreibung sie verlangen würde. Dies liegt daran, dass die alten Sprachen des Alten Testament keine Interpunktion kennen. Während Sätze durch klar erkennbare Markierungen getrennt werden, finden wir keine Kommata, Strichpunkte, Anführungszeichen u.ä. in den Urtexten selbst. Die Bibelübersetzer fügten den Texten Satzzeichen (zum Teil leider fehlerhaft) hinzu, um ihre Übersetzungen fließender zu machen und um den grammatikalischen Regeln ihrer jeweiligen Sprachen zu entsprechen. Da aber die falsche Verwendung von Interpunktion zu Fehlinterpretationen führen kann, haben wir bei der Wiedergabe dieser wichtigen Passage darauf verzichtet.

Nun zur Auslegung: Da es sich hier um eine Zeit-Prophezeiung handelt, ist es wesentlich, dass wir von vornherein klären, mit welchen Zeiteinheiten wir es zu tun haben. Das hierzu notwendige hebräische

Schlüsselwort, das gleich am Anfang des Zitates vorkommt und meistens als „Woche" übersetzt wird, ist *shewua*. *Shewua* bedeutet wortwörtlich einfach „sieben" und wird in der Bibel verwendet, je nach Zusammenhang, um die Zahl Sieben oder sieben Tage oder sieben Jahre darzustellen. Auch einige moderne Sprachen wie z.B. das Ungarische verwenden das gleiche Wort für „sieben" und „Woche". So gut wie alle Theologen und Bibelgelehrten sind sich darüber (ausnahmsweise einmal) einig, dass das Wort *shewua* in dieser Daniel-Prophezeiung im Sinne von „Jahrwoche" verwendet wird.

Es ist auch logisch, dass es sich nicht um eine Zeitspanne von siebzig mal sieben Tagen (= ca. ein Jahr und vier Monate) handeln kann, wenn wir die vielen bedeutenden Ereignisse betrachten, die während der „siebzig Wochen" stattfinden sollen.

> *... dann wird dem Frevel ein Ende gemacht und die Sünde abgetan und die Missetat gesühnt und die ewige Gerechtigkeit gebracht und Gesicht und Weissagung erfüllt und das Allerheiligste gesalbt werden.*

Auch die historische Überlieferung untermauert, wie wir gleich sehen werden, die Annahme, dass wir es hier offenbar mit siebzig Jahrwochen zu tun haben.

Während Vers 24 die Ereignisse der siebzig Wochen in Kurzform beschreibt, verrät Vers 25 den zeitlichen Bezugspunkt, mit dem der Messzeitraum beginnt: nämlich mit dem Ergehen des Wortes, Jerusalem wiederaufzubauen.

> *... Von der Zeit an da das Wort ausgeht Jerusalem soll wieder aufgebaut werden bis zu dem Gesalbten dem Fürsten sind es sieben Wochen und zweiundsechzig Wochen es wird wieder aufgebaut sein mit Platz und Mauern wiewohl in kummervoller Zeit.*

„Von der Zeit an da das Wort ausgeht Jerusalem soll wieder aufgebaut werden" bezieht sich auf den Erlass des Perserkönigs Artaxerxes I., der 446 oder 447 v. Chr. einem Teil des Volkes Israel erlaubte heimzukehren, um mit dem Wiederaufbau Jerusalems zu beginnen.

Das Babylonische Reich wurde vom Persischen Reich abgelöst, das vom ersteren auch die besetzten Gebiete übernahm. Die vertriebenen

Israeliten mussten insgesamt ca. 150 Jahre, das heißt auch noch während der persischen Herrschaft, im babylonischen Exil bleiben.

> *... bis zu dem Gesalbten dem Fürsten sind es sieben Wochen und zweiundsechzig Wochen ...*

Das Wort, das hier als „Gesalbten" übersetzt wird, ist das hebräische Wort *Moschiach,* von dem, wie bereits erwähnt, die Bezeichnung „Messias" und auch „Christus" (griechisch: „der Gesalbte") abgeleitet wird.

Sieben Wochen und zweiundsechzig Wochen sind neunundsechzig Wochen. (Einige Übersetzungen teilen diese Zahlen gleichsam in zwei voneinander unabhängige Sätze auf: „.... sind es sieben Wochen, *und zweiundsechzig Wochen lang wird es wiederaufgebaut werden."* Diese Trennung ist im Original aber nicht ersichtlich. Das Wort „lang" kommt auch nicht vor; wörtlich heißt es einfach: ... *sind es sieben Siebener und Siebener sechzig und zwei.*)

Im Text heißt es weiter:

> *... es wird wieder aufgebaut sein mit Platz und Mauern wiewohl in kummervoller Zeit. Und nach den zweiundsechzig Wochen wird der Gesalbte ausgerottet [abgeschnitten] werden und nichts [niemand] haben ...*

Zwei unterschiedliche Ereignisse sind hier erwähnt: der Wiederaufbau von Platz und Mauern sowie die „Ausrottung" des Gesalbten. Daher wohl auch die Teilung in sieben Wochen und zweiundsechzig Wochen. Das untermauert nochmals, dass wir es mit „Siebenheiten" von Jahren und nicht von Tagen zu tun haben, denn nach den historischen Quellen dauerte der Wiederaufbau 49 Jahre (sieben „Wochen" oder siebenmal sieben Jahre). *„Wiewohl in kummervoller Zeit ..."* weist darauf hin, dass die Aufbauarbeiten durch zahlreiche feindliche Angriffe gestört wurden.

> *Und nach den zweiundsechzig Wochen wird der Gesalbte ausgerottet [abgeschnitten] werden und nichts [niemand] haben ...*

Das hebräische Wort, das hier als „ausgerottet" übersetzt wird, ist bedeutungsgleich mit dem Wort in der bereits zitierten messianischen Passage aus Jesaja, Kapitel 53, das dort als „weggerissen" übersetzt wird: „*... er ist aus dem Lande der Lebendigen weggerissen.*" Einige Übersetzungen verwenden bei beiden Stellen das Wort *abgeschnitten,* was semantisch eher korrekt ist. Auf jeden Fall weisen beide Ausdrücke auf einen gewaltsamen Tod hin.

„*... und nichts (niemand) haben ...*" kann ohne weiteres als Vorhersage verstanden werden, dass der Messias zur Zeit seines Todes von seinen Nachfolgern verlassen bzw., wie es uns die Evangelien berichten, verleugnet wird. Um dies auszudrücken, verwendet der Urtext einfach die zwei Wörter *äin lo. Äin* bedeutet „nichts" oder „niemand", *lo* bedeutet „zu ihm", – sinngemäß also: ... *und niemand hält zu ihm.*

Das prophetische Jahr

Um kurz zusammenzufassen: Wir erfahren aus der Prophezeiung also, dass 69 mal 7 Jahre vergehen werden vom Erlass des Perserkönigs Artaxerxes I. bis zum gewaltsamen Tod des Gesalbten (Messias).

Bevor wir damit anfangen, die Jahre auszurechnen, ist es wichtig zu erwähnen, dass ein Jahr im Sinne der biblischen Prophetie aus 360 und nicht aus 365 Tagen besteht. Als die Bibel niedergeschrieben wurde, verwendeten die verschiedenen Kulturkreise diverse Kalendersysteme. Der jüdische Kalender unterschied zwischen einem religiösen Jahr und einem bürgerlichen Jahr. Das religiöse Jahr begann im Frühling, das bürgerliche Jahr im Herbst. Der siebte religiöse Monat war der erste bürgerliche Monat. Das Jahr wurde in 12 Mond-Monate aufgeteilt. Wie wir wissen, sind 12 Mond-Monate aber kürzer als ein Sonnen-Jahr. Dieser Unterschied wurde ausgeglichen, indem 7-mal alle 19 Jahre ein 13. Monat zum Jahr hinzugefügt wurde.

Um die Verwirrung, die solche Kalendersysteme verursachen können, zu vermeiden, verwenden die biblischen Prophezeiungen gleich lange, aus 360 Tagen bestehende Jahre, die in 12 Monate zu je 30 Tagen unterteilt sind. Das Wort „Jahr" wird in den Prophezeiungen auch nicht verwendet. In unserer Daniel-Prophezeiung wird lediglich von „Siebener" gesprochen. Die 360-Tage-lange, jahrähnliche Einheit wird anderswo einfach „Zeit" genannt.

Einem klaren Beispiel für diese Bezeichnung begegnen wir in der

Offenbarung des Johannes. Es werden Ereignisse beschrieben, die während der dreieinhalbjährigen Regierungszeit des „Antichrist" stattfinden. In *Offenbarung* 12,6 lesen wir:

> *Und das Weib entfloh in die Wüste, wo sie einen Ort hat, bereitet von Gott, daß sie daselbst ernährt würde zwölfhundertsechzig Tage.*

1260 Tage sind dasselbe wie dreieinhalb Jahre zu je 360 Tagen.

Vers 14 drückt dieselbe Zahl im gleichen Zusammenhang etwas anders aus:

> *Und es wurden dem Weibe gegeben die zwei Flügel eines großen Adlers, daß sie in die Wüste flöge an ihren Ort, wo sie ernährt würde eine Zeit und zwei Zeiten und eine halbe Zeit fern von dem Angesicht der Schlange.*

Und eine weitere Stelle *(Offenbarung* 13,5) vervollständigt die Gleichung, indem sie die dreieinhalb „Zeiten" in Monate umrechnet:

> *Und es ward ihm gegeben ein Maul, zu reden große Dinge und Lästerungen, und ward ihm gegeben, daß es mit ihm währte zweiundvierzig Monate lang.*

Zweiundvierzig Monate sind dreieinhalb mal zwölf Monate.

Der kleine Unterschied zwischen Jahren mit 365 oder 360 Tagen fällt kaum ins Gewicht, solange wir mit relativ kurzen Zeitspannen, wie beispielsweise mit 7 mal 7, also 49 Jahren zu tun haben. Wenn wir jedoch längere Zeiträume, wie etwa (62 + 7) mal 7 Jahre, wie es in der Prophezeiung vorkommt – also 69 mal 7 Jahre berechnen, müssen wir den Unterschied in die Kalkulation einbeziehen.

Wir können mit Hilfe einfacher Rechnungen die prophetischen Jahre in unsere gewohnten Jahre von 365 Tagen, die die Grundlage der gegenwärtigen geschichtlichen Zeitangaben bilden, umwandeln.

Die Prophezeiung sagt uns also, dass 7 mal 69 oder 483 prophetische Jahre zu je 360 Tagen, also insgesamt 173.880 Tage vergehen werden, vom Erlass des Artaxerxes I. bis zum gewaltsamen Tod des Gesalbten. Teilen wir die 173.880 Tage durch 365, um sie in die Sonnenjahre der heutigen Zeitrechnung umzusetzen, erhalten wir 476 Jahre und 120 Tage.

Rechnen wir nun zum historisch überlieferten Datum des Erlasses (446 oder 447 v. Chr.) 476 Jahre und 120 Tage hinzu, um das Datum des „Abschneidens" des Gesalbten zu erhalten, bringt uns das auf das Jahr 29 oder 30 n. Chr. – genau auf jene Zeit, die die Geschichtsschreibung als Datum der Kreuzigung Jesu von Nazareth bestätigt.

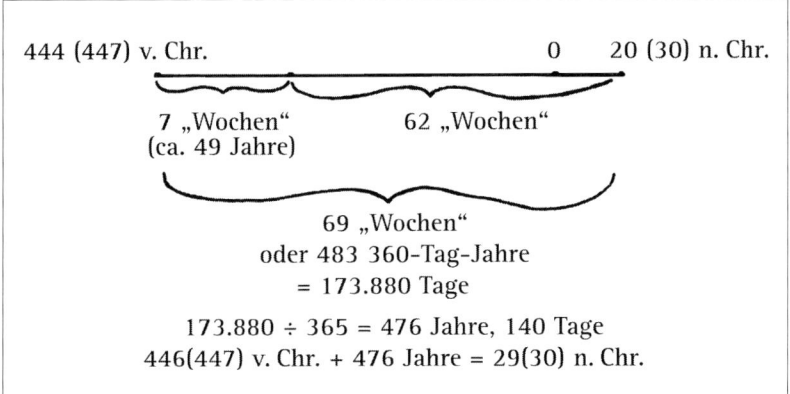

Die Prophezeiung in Daniel 7, 26 sagt das Todesjahr des „Gesalbten" genau voraus.

Während wir die genauesten Ergebnisse dann erhalten, wenn wir mit den 360-tägigen prophetischen Jahren rechnen, ist diese Prophezeiung mehr als interessant auch mit normalen Jahren kalkuliert, besonders in Anbetracht der Tatsache, dass sich nicht alle Historiker und Theologen einig sind, was das genaue Jahr des Erlasses oder der Kreuzigung Christi anbelangt. Dass wir es aber eher mit prophetischen Jahren zu tun haben, werden wir erkennen, wenn wir die Vorhersagen, die die siebzigste „Woche" betreffen, analysieren. Wir werden dies jedoch erst dann tun können, wenn wir die vorhergehenden Prophezeiungen in *Daniel*, Kapitel 7 und 8, verstanden haben.

Kapitel 11

Die Vorbereitung auf die Zeitenwende und die „letzten sieben Jahre"

Bis jetzt haben wir einige Zeit damit verbracht, die Verlässlichkeit einzelner Propheten und prophetischer Quellen kritisch zu überprüfen und die Theorien über Präkognition im Allgemeinen zu untersuchen. Im folgenden Teil dieser Arbeit werden wir uns ausschließlich mit den Vorhersagen selbst befassen, vor allem mit jenen, die für unsere Zeit und die unmittelbare Zukunft unserer Zivilisation von Bedeutung sind.

Der Ausdruck *Wendezeit* oder *Zeitenwende,* der in unserem Buch des Öfteren vorkommt, bezieht sich auf eine Zeit der Vorbereitung unseres Planeten auf das kommende *Goldene* oder *Messianische Zeitalter* und auf unseren turbulenten Übergang in diese Epoche. Die Bibel-Prophezeiungen nennen diese Geschichtsepoche die „Zeit des Endes" oder die „Endzeit", was oberflächlich betrachtet zu dem Schluss führen könnte, dass es sich dabei um das „Ende der Welt" handelt.

Israel und Jerusalem spielen verständlicherweise eine wesentliche Rolle in den Bibel-Prophezeiungen, die auf den Wiederaufbau des Staates Israel als Beginn der Wendezeit hinweisen. Die Prophezeiungen beinhalten noch weitere sehr genaue historische und weltpolitische Beschreibungen. Die Ereignisse der letzten sieben Jahre der Zeitenwende (die siebzigste „Woche" aus *Daniel,* Kapitel 9) werden mit besonderer Sorgfalt behandelt, da sie Themen behandeln, die für das Schicksal der gesamten Weltbevölkerung von außerordentlicher Wichtigkeit sind.

Während wir Interpretationen ungern vorschlagen, ohne die prophetischen Texte, die sie betreffen, zusammen mit deren kritischer Analyse zu zitieren, halten wir es hier für angebracht, eine kurze Vorschau zu bieten, um die Geduld unserer Leser, die auf die Inhalte der Vorhersagen sicherlich schon ziemlich neugierig sind, nicht allzu sehr zu strapazieren. Wir werden in den nächsten Abschnitten eine Vorschau auf die Ereignisse, Personen und Instanzen präsentieren, die in den folgenden Kapiteln vorkommen werden.

Der prophezeite, von Kriegen und weltpolitischen Konflikten begleitete Wiederaufbau des Staates Israel ist bereits eingetroffen. Aufgrund der Prophezeiungen können wir, kurz zusammengefasst, noch Folgendes für die Wendezeit vorhersagen: (Es handelt sich hier nicht unbedingt um eine chronologische Darstellung, da manche der beschriebenen Ereignisse und Entwicklungen sich gleichzeitig manifestieren.)

- Die Sowjetunion bzw. der Kommunismus wird wieder auferstehen. Eine Form des Kommunismus (eine Art spiritueller Sozialismus) wird die Basisphilosophie für die kommende Weltregierung bilden.
- Russland wird mit einer gigantischen Invasionstruppe im Nahen Osten einfallen.
- Das Erscheinen eines charismatischen Führers auf der weltpolitischen Bühne, der eine Einigung im Nahost-Konflikt ermöglichen wird, ist zu erwarten.
- Jerusalem wird zur internationalen, neutralen Stadt erklärt werden.
- Der jüdische Haupttempel von Jerusalem wird wieder errichtet werden. Die Tempelrituale im Sinne der mosaischen Gesetze werden wieder aufgenommen.
- Der neue Weltführer (im prophetischen Zusammenhang „Antichrist" genannt) wird eine Weltregierung (die nur dreieinhalb Jahre halten wird) aufbauen und Jerusalem als seine Hauptstadt wählen.
- Europa wird sich gegen Amerika wenden und die aufsteigende sozialistische Weltregierung unterstützen.

- Der Antichrist wird einen Supercomputer in Jerusalem aufstellen, als zentrales Werkzeug und Symbol der administrativen und wirtschaftlichen Infrastruktur seiner Weltregierung.
- Ein bargeldloses Weltwirtschaftssystem, basierend auf einem einheitlichen Code (dem 666) wird zwangsweise eingeführt. Alle, die sich gegen das System wehren, werden als „Feinde der Menschheit" verfolgt.
- Die dreieinhalbjährige Regierungszeit des Antichrist wird von schwersten Umweltkatastrophen und heftigem Widerstand heimgesucht, die die Weltregierung schließlich zu Fall bringen werden.
- Die Zunahme von unvergleichbar schweren Katastrophen, Verfolgungen und Turbulenzen während der Antichrist-Regierungszeit wird zu einem Sinneswandel und spirituellen Erwachen unter der überlebenden Weltbevölkerung führen.
- Nach dem Sturz des „Antichrist" und seines Weltreichs wird ein wahrlich spiritueller Weltlehrer/-führer in Erscheinung treten, dem die Menschheit nun bereitwillig folgen wird.
- Der spirituelle Weltführer – von den Religionen als der verheißene Messias bzw. wiederkehrende Christus, Krishna, Mahdi oder Maitreya-Buddha ... anerkannt – wird die Welt in eine tausend Jahre dauernde Epoche des Friedens und der Harmonie führen.

Zu den obigen Vorhersagen finden wir genaue Erläuterungen und weitere wichtige Einzelheiten bei den prophetischen Quellen, denen sie entstammen.

Der Wiederaufbau Israels und die russische Intervention

Die Rolle, die Israel in der biblischen Symbolik sowohl in spiritueller als auch in physischer Hinsicht spielt, ist ein eigenes faszinierendes Thema, das wir in einer späteren Veröffentlichung über biblische Metaphysik gerne behandeln würden. Im Augenblick möchten wir uns jedoch auf jene Aspekte der Prophezeiungen beschränken, die von unmittelbarer geschichtlicher Bedeutung sind.

Der Wiederaufbau Israels wird in den Bibel-Prophezeiungen als das Zeichen angesehen, das den Anfang der Wendezeit signalisiert.

In einem der Psalmen Davids (ca. 1000 v. Chr.) finden wir das Zitat:

> *Ja, der Herr baut Zion wieder und erscheint in seiner Herrlichkeit.*
>
> (Psalm 102,17)

Im Buch des Propheten Jesaja (ca. 720 v. Chr.) lesen wir:

> *Und der Herr wird zu der Zeit zum zweiten Mal seine Hand ausstrecken, daß er den Rest seines Volks loskaufe ...*
>
> *Und er wird ein Zeichen aufrichten unter den Völkern und zusammenbringen die Verjagten Israels und die Zerstreuten aus Juda sammeln von den vier Enden der Erde.*
>
> *Es wird einst dazu kommen, daß Jakob wurzeln und Israel blühen und grünen wird, daß sie den Erdkreis mit Früchten erfüllen.*
>
> (Jesaja 11,11–12; 27,6)

Eine ähnliche Stelle des Alten Testaments findet sich beim Propheten Amos (ca. 760 v. Chr.).

> *Denn ich will die Gefangenschaft meines Volkes Israel wenden, daß sie die verwüsteten Städte wiederaufbauen und bewohnen sollen, daß sie Weinberge pflanzen und Wein davon trinken, Gärten anlegen und Früchte daraus essen.*
>
> *Denn ich will sie in ihr Land pflanzen, daß sie nicht mehr aus ihrem Land ausgerottet werden, das ich ihnen gegeben habe, spricht der Herr, dein Gott.*
>
> (Amos 9,14–15)

Besondere Aufmerksamkeit verdient der erste Satz der Passage (Jesaja 11,11), in dem es heißt: „*Und der Herr wird zu der Zeit zum zweiten Mal seine Hand ausstrecken, daß er den Rest seines Volks loskaufe ...*"

Die erste Zerstreuung der Israeliten fand um ca. 600 v. Chr. in der Zeit des bereits beschriebenen babylonischen Exils statt. Eine Teilrückkehr begann 538 v. Chr. zur Zeit des Persischen Reiches und wurde durch den zuvor erwähnten Erlass des Königs Artaxerxes I. zum Wiederaufbau Jerusalems (446 oder 447 v. Chr.) vollendet.

Die zweite Zerstreuung der Israeliten lösten die Römer im Jahre 70 n. Chr. aus. Als Antwort auf eine Rebellion gegen die römische Herrschaft zerstörte ein römisches Heer den jüdischen Tempel in Jerusalem vollständig und das Volk Israel wurde in alle Teile der Welt vertrieben. Der Staat Israel hörte für fast 2000 Jahre auf zu existieren, bis seine Souveränität im Jahre 1948 zum zweiten Mal wiederhergestellt wurde.

Wie wir wissen, bestand die Geschichte des jungen Staates Israel aus einer nahezu ununterbrochenen Reihe von Kriegen und Konflikten, deren Ende noch nicht abzusehen ist. Die Kulmination dieser Konflikte wird vom Propheten Hesekiel (ca. 580 v. Chr.) beschrieben.

Im 38. Kapitel des *Buches Hesekiel* lesen wir:

> *... Du Menschenkind, richte dein Angesicht auf Gog, der im Lande Magog ist und der Fürst von Rosch, Meschech und Tubal, und weissage gegen ihn und sprich: So spricht Gott der Herr: Siehe, ich will an dich, Gog, der du der Fürst bist von Rosch, Meschech und Tubal!*
>
> *Siehe, ich will dich herumlenken und dir einen Haken ins Maul legen und will dich ausziehen lassen mit deinem ganzen Heer ...*
>
> *Du führst mit dir Perser, Kuschiter und Libyer, ... dazu Gomer und sein ganzes Heer, die vom Hause Togarma, die im Norden wohnen, mit ihrem ganzen Heer; ja, du führst viele Völker mit dir ...*
>
> *... am Ende der Zeiten sollst du in ein Land kommen, das dem Schwert entrissen ist, und zu dem Volk, das aus vielen Völkern gesammelt ist, nämlich auf die Berge Israels...*
>
> *... und wirst kommen aus deinem Ort, vom äußersten Norden, du und viele Völker mit dir...*
>
> *... du wirst heraufziehen gegen mein Volk Israel wie eine Wolke, die das Land bedeckt. Am Ende der Zeit wird das geschehen.*
>
> (Hesekiel 38,1 ff.)

Dem Ausdruck „*am Ende der Zeit(en)*", der in diesem Abschnitt zweimal vorkommt, begegnen wir oft beim Studium der biblischen Prophezeiungen. An einigen Stellen heißt es auch „*in den letzten Tagen*" oder „*am Ende der Tage*". Aus dem Zusammenhang ergibt sich jedes Mal, wenn ein solcher Ausdruck in den prophetischen Texten erscheint, dass wir es mit Beschreibungen der vormessianischen Zeit zu tun haben. Dies zeigt sich auch in der folgenden Hesekiel-Passage.

Wir setzen mit dem 39. Kapitel fort:

> *Und du, Menschenkind, weissage gegen Gog und sprich: So spricht Gott der Herr: Siehe, ich will an dich, Gog, der du der Fürst bist von Rosch, Meschech und Tubal.*
>
> *Siehe, ich will dich herumlenken und herbeilocken aus dem äußersten Norden und auf die Berge Israels bringen ...*
>
> *Auf den Bergen Israels sollst du fallen, du mit deinem ganzen Heer und mit den Völkern, die bei dir sind ...*
>
> *Und ich will meine Herrlichkeit unter die Heiden bringen, daß alle Heiden mein Gericht sehen sollen, das ich gehalten habe, und meine Hand, die ich an sie gelegt habe.*
>
> *Und das Haus Israel soll erfahren, daß ich, der Herr, ihr Gott bin, von dem Tage an und fernerhin.*
>
> (Hesekiel 39,1 ff.)

Insbesondere aus dem letzten Vers ist klar ersichtlich („*...von dem Tage an und fernerhin*"), dass es sich nicht um das „Ende der Welt" handelt.

Die Wiedererrichtung Israels, die Angriffe gegen den neu errichteten Staat und seine Rettung als Vorzeichen für die Ankunft des Messias erscheinen auch in anderen Passagen – wie etwa in den Versen von Sacharja, die wir im Zusammenhang mit den messianischen Prophezeiungen bereits zitiert haben. Interessant bei Sacharja ist die Andeutung einer radikal veränderten Einstellung Israels dem einst gekreuzigten Messias gegenüber, den es lange Zeit abgelehnt hatte:

> *Und zu der Zeit werde ich darauf bedacht sein, alle Heiden zu vertilgen, die gegen Jerusalem gezogen sind. Aber über das Haus David und über die Bürger Jerusalems will ich ausgießen den Geist der Gnade und des Gebets.*
>
> *Und sie werden mich ansehen, den sie durchbohrt haben, und sie werden um ihn klagen, wie man klagt um ein einziges Kind, und werden sich um ihn betrüben, wie man sich betrübt um den Erstgeborenen.*
>
> (Sacharja 12,9–10)

Der atheistische Verfolger aus dem Norden

Wir möchten nun zu den eben gelesenen Versen Hesekiels zurückkehren, da es noch einige wesentliche Punkte gibt, die der Klärung
bedürfen. Eine der bedeutendsten Informationen, die die Passage liefert, sind die Namen der Völker und Nationen, die der Prophezeiung
zufolge die letzte Streitkraft gegen Israel bilden werden.

> *Du Menschenkind, richte dein Angesicht auf Gog, der im Lande
> Magog ist und der Fürst von Rosch, Meschech und Tubal, und
> weissage gegen ihn und sprich:*
>
> *... Siehe, ich will dich herumlenken und herbeilocken aus dem
> äußersten Norden, ... ich will ... dich ausziehen lassen mit dei-
> nem ganzen Heer ...*
>
> *... du führst mit dir Perser, Kuschiter und Libyer ... dazu Gomer und
> sein ganzes Heer, die vom Hause Togarma, die im Norden wohnen,
> mit ihrem ganzen Heer; ja, du führst viele Völker mit dir ...*

Die meisten hier genannten Völker und Stämme kennen wir in unseren Tagen nicht mehr. Aber sie sind tatsächlich die Urahnen moder-
ner Nationen. Ein wenig Forschungsaufwand kann uns durch die
Zeiten zurückführen, um uns zu zeigen, welche Völker unserer Zeit
ihnen entsprechen.

Wir werden einiges aus dem Buch *The Late Great Planet Earth* des
amerikanischen Theologen Hal Lindsay zitieren. Lindsays Buch, das
die Prophezeiungen der Bibel zum Thema hat, findet seine Grenzen
darin, dass der Autor manchmal recht freizügige Schlussfolgerungen
in Bezug auf die Prophezeiungen anstellt, um manche seiner Theorien
zu untermauern. Dennoch hat er die Geschichte der Völker und Völkerschaften, die in dieser Hesekiel-Passage vorkommen, sehr sorgfäl-
tig untersucht und liefert damit eine ausgezeichnete Analyse zum
vorliegenden Thema:[1]

„Gog ist der symbolische Name für den Anführer der Nation und Magog
ist der Name seines Landes. Er ist auch der Fürst jener Stämme des Altertums, die Rosch, Meschech und Tubal genannt wurden. ... Der griechische Historiker Herodot (5. Jh. v. Chr.) erwähnte Meschech und

Tubal. Er setzte sie mit den Cimmeriern und Muscovitern gleich, die zu jener Zeit in der alten Provinz Pontus im Norden Kleinasiens lebten. ... Der jüdische Historiker Josephus Flavius (1. Jh. n. Chr.) sagte, dass die Völker, die in seinen Tagen als Moschevi und Tobeliten bekannt waren, auf Meschech bzw. Tubal zurückgingen. Er sagte auch, dass die Griechen Magog als Skythia bezeichnet hätten [und dass] diese Völker in den nördlichen Regionen jenseits des Kaukasus lebten ... .

Plinius, der bekannte römische Geschichtsschreiber frühchristlicher Zeit, erwähnte, dass Hieropolis nach seiner Eroberung durch die Skythen Magog genannt wurde. Auf diese Weise zeigte er, dass das gefürchtete barbarische Volk der Skythen mit seinem alten Stammesnamen identifiziert wurde. Jedes gute Geschichtswerk des Altertums belegt, dass die Skythen einen Hauptbestandteil des Volkes bilden, das heute Russland bewohnt.

Wilhelm Gesenius, der große Hebräischgelehrte des frühen 19. Jahrhunderts, widmet diesen Namen einen Teil seines unerreicht gebliebenen Hebräischlexikons. *Meschech*, schreibt er, *war der Stammvater der Moski, eines barbarischen Stammes, der das Gebirge von Moskii bewohnte. Der Name Moski,* so der Gelehrte weiter, *der von dem hebräischen Meschech abstamme, wäre die Wurzel des Namens Moskau.* Über Tubal [der vermutlich der russischen Hafenstadt Tobolsk seinen Namen gegeben hat (Anm. d. Hrsg.)] schrieb er: *Tubal ist der Sohn Rapheths, des Stammvaters der Tibereni – ein Volk, das das Gebiet am Schwarzen Meer westlich der Moski bewohnte.* Gesenius zieht daraus den Schluss, dass diese Stämme zweifellos die Wurzel der heutigen russischen Völker bilden.

Noch einen Namen haben wir in unserer Beweisführung zu beachten: den hebräischen Namen Rosch. ... Der deutsche Gelehrte Dr. Keil ... schrieb, *dass byzantinische und arabische Autoren gelegentlich ein Volk erwähnen, dass sie ‚Ros‘ oder ‚Rus‘ nennen. Es bewohnte das Land Taurus und wird den skythischen Völkern zugerechnet.*

Dr. Gesenius schreibt in seinem Hebräischlexikon: *Rosch war eine Bezeichnung für die Stämme, die einen Bereich in der Nähe der Wolga, nördlich des Taurusgebirges bewohnt haben.* Er schloss daraus, dass wir in diesem Namen und diesem Stamm die erste historische Spur der ‚Rus‘ oder des russischen Volkes zu sehen hätten.“

Einige Bibelausgaben übersetzten *„der Fürst von Rosch, Meschech und Tubal"* als *„der oberste Fürst von Meschech und Tubal"*. Diese Uneinigkeit unter den Theologen entsteht aus der Tatsache, dass das Wort *rosch* auf Hebräisch auch „Kopf" oder „Haupt" bedeuten kann. Der hebräische Text schreibt einfach: *„... n'ssi rosch meschech wetubal"*, wobei *n'ssi rosch* sowohl als „Hauptfürst" als auch als „Fürst von Rosch" verstanden werden kann. Diese Zweideutigkeit stellt für uns jedoch kein Problem dar, weil allein die Namen *Magog, Meschech* und *Tubal* genügen, um das Volk aus dem äußersten Norden als sich auf Russland beziehend zu identifizieren.

Über die Perser, Kuschiter und Libyer, Gomer und Togarma schreibt Lindsay:

> „Wer die Perser sind, darüber herrscht allgemeine Einigkeit. Es ist der heutige Iran ..."

> Obwohl Persien kurz nach Hesekiels Zeit nicht nur den Iran, sondern auch die meisten Gebiete nördlich und östlich von Israel umfasste.

> „Kusch war der älteste Sohn des Ham, einer der Söhne Noahs. Die Kuschiten waren ein schwarzes Volk. Sie zogen zunächst nach der arabischen Halbinsel und überquerten dann das Rote Meer ... nach Afrika. ‚Libyer' ist die Übersetzung des hebräischen Wortes *‚Put'*. Die Nachfahren *Puts* siedelten in den Ländern westlich von Ägypten und sind die Vorfahren der nordafrikanischen arabischen Völker Libyens, Algeriens, Tunesiens und Marokkos. Die erste Niederlassung des Volkes Put wurde von den antiken Geschichtsschreibern Josephus und Plinius ‚Libyen' genannt. ... Die *Septuaginta*, die griechische Übersetzung des Alten Testaments (ca. 165 v. Chr.), übersetzt *‚Put'* mit ‚Libyen' ... .
> Gomer war der älteste Sohn des Japheth und der Vater von Aschkenas, Riphath und Togarma. Josephus nannte die Söhne von Aschkenas ‚Reginier' und eine Karte des Römischen Reiches verzeichnet ihre Länder dort, wo heute Polen, die Tschechoslowakei und der östliche Teil Deutschlands liegen, bis hin zu den Ufern der Donau. Auch der jüdische Talmud untermauert dieses geographische Bild. Wir schließen daraus, dass *Gomer und seine ganzen Horden* das riesige Gebiet des heutigen Osteuropa bewohnt haben, Ostdeutschland und die slawischen Länder ... .

Hesekiel 38,6 verweist insbesondere darauf, dass *die vom Hause To-garma und alle ihre Horden* aus dem höchsten Norden wären. Gesenius schreibt von einem Land und einem Volk im Norden, das auf Gomer zurückgeht und über einen Reichtum an Pferden und Maultieren verfügt. Armenien nimmt für sich in Anspruch, von einigen der Söhne Togarmas gegründet worden zu sein. Der Völkerkundler Dr. Baumann fand Anzeichen für einen Zusammenhang zwischen einigen Söhnen Togarmas und den turkmenischen Stämmen Zentralasiens ...

Daraus ergibt sich, dass Togarma Teil des südlichen Russland und möglicherweise der Ursprung ... anderer Völkerschaften im östlichen Teil Russlands ist."

Der Prophet Hesekiel hat somit den gesamten gegenwärtigen anti-israelischen Block genauestens beschrieben. Eine solch gewaltige Opposition gegen Israel, wie sie hier in Einzelheiten dargestellt wird, hat es nie zuvor in der Geschichte gegeben.

> Wir möchten den Leser daran erinnern, dass ein großer Teil des Materials in diesem Buch, wie im Vorwort bereits erwähnt, aus einer Vortragsserie aus dem Jahr 1981 stammt, die – um die prophetischen Eigenschaften des Materials zu untermauern – hier unverändert wiedergegeben wurde.

Zur Zeit des Kalten Krieges waren die Linien hinsichtlich der Opposition und Unterstützung dem Staate Israel gegenüber klar gezeichnet. Während Israel von Amerika und West-Europa politisch und wirtschaftlich unterstützt und militärisch aufgerüstet wurde, standen die Sowjetunion und die ehemaligen Ostblock-Staaten auf der Seite der arabischen Länder, die die Vernichtung Israels anstrebten.

Seit dem Zerfall der Sowjetunion und der Auflösung des Ostblocks könnte man meinen, dass die Hesekiel-Prophezeiungen, die die Teilnahme Russlands am Nahost-Konflikt betreffen, symbolisch zu verstehen sind und durch Russlands politische Unterstützung (und aktive Ermutigung) der Araber, Israel wiederholt anzugreifen, bereits erfüllt wurden. Die arabischen Armeen waren außerdem fast ausschließlich mit Waffen (Gewehren, Panzern, Flugzeugen und Raketen bis zu Munition und Uniformen) aus dem russischen Arsenal ausgerüstet. Russlands Präsenz im Nahen Osten war nicht zu übersehen.

Die Geschichte ist aber voller Überraschungen. Und wir sollten die Möglichkeit, dass Russland tatsächlich noch im Nahen Osten einfallen könnte, nicht kategorisch ausschließen. Russland scheint immerhin ziemlich verbissen darum zu kämpfen, seine südlichen Territorien – Georgien, Kasachstan, Tschetschenien – in seinem Einflussbereich zu behalten. Diese Länder haben, abgesehen von ihren Naturschätzen, eine strategische geographische Lage, was die Sicherheit Russlands anbelangt. Sie bilden außerdem einen Landkorridor, der Russland bei Bedarf Zugang zum Nahen Osten verschaffen würde.

Nostradamus und die Könige des Nordens

Bevor wir uns zu sehr in Spekulationen vertiefen, wäre es ratsam, die Informationen, die andere prophetische Botschaften des Alten und Neuen Testaments uns vermitteln, zu betrachten. Vorher möchten wir noch einige Sätze, die die Themen dieses Kapitels betreffen, aus den Briefen von Michel Nostradamus zitieren. Die Zitate demonstrieren einerseits, dass Nostradamus mit den obigen Hesekiel-Prophezeiungen vertraut war, beleuchten aber auch einige wichtige Aspekte des Bildes der Wendezeit.[2]

> „Die Kirche und der gerechte Vertreter Petri werden verfolgt werden durch den Antichrist. ... Dasselbe wird geschehen durch die Lehre, die das Volk des Nordens verbreitet; es wird vernichtet werden nach dem Willen Gottes. ...
>
> Die Gefolgsleute der Gesetzgeber werden aus dem Volk, das sich dauerhaft selbst erhöht, vertrieben werden. Es wird scheinen, als ob Gott den Satan freigesetzt hätte aus seinem höllischen Gefängnis, um dem großen Gog und Magog zu gestatten, aufzuerstehen ... und eine Verfolgung wird sein, wie sie die Kirche nie zuvor gesehen hat.
>
> Auf dem Grunde meiner astronomischen Berechnungen, verglichen mit den Erklärungen der Heiligen Schrift, wird die Verfolgung der Kirche durch die Könige des Nordens kommen, die sich verbündet haben mit denen des Ostens.
>
> ... dann wird der mächtige Herrscher des Nordens stürzen. ... Ein Verbündeter im Süden [wird sich] in kurzer Zeit erheben und die Gläubi-

gen der Kirche weitere drei Jahre verfolgen. ... Das gesamte Volk Gottes, das das Gesetz beachtet und ehrt, wird bekämpft und verfolgt
werden wie auch alle religiösen Orden.

... und dann wird allgemeiner Friede sein unter den Menschen und die
Kirche Jesu Christi wird gerettet sein von aller Trübsal. Das wird geschehen, wenn die Welt in das siebente Jahrtausend eintritt. Die Kirche Jesu Christi wird nicht mehr misshandelt werden durch die
Ungläubigen aus dem Norden ...“

Hal Lindseys Analyse, die die Stammesnamen *Magog, Meschech* und
Tubal nach Russland verfolgt, wird durch zahlreiche unabhängige
Quellen bestätigt. Auch ein Blick auf die Landkarte bezeugt, dass das
Land am weitesten nördlich von Israel nur Russland sein kann – die
Prophezeiung betont durch mehrere Wiederholungen, dass es sich um
ein Volk aus dem äußersten Norden handelt.

Nostradamus eröffnet uns eine weitere, sehr wichtige Perspektive,
indem er den Antichrist mit dem Volk aus dem Norden bzw. mit einer
Ideologie, die mit diesem Volk in Zusammenhang steht, in Verbindung
bringt:

„Die Kirche und der gerechte Vertreter Petri werden verfolgt werden
durch den Antichrist ... Dasselbe wird geschehen durch die Lehre, die
das Volk des Nordens verbreitet ...“

Dass Nostradamus auch die Namen *Gog und Magog* in diesen Zitaten
erwähnt und sich dabei auf *die Erklärungen der Heiligen Schrift* bezieht, lässt uns darauf schließen, dass er mit *„das Volk des Nordens“*
das gleiche Volk im Sinn hat wie Hesekiel. Im Weiteren, während er
sehr darauf bedacht ist, seine katholische Loyalität zu unterstreichen,
wird nach weiteren Sätzen klar, dass die Verfolgung nicht nur dem
Christentum, sondern *„allen religiösen Orden“* gilt.

Wenn wir noch den letzten Satz in unsere Betrachtung einbeziehen,
der das Volk aus dem Norden als „ungläubig“ bezeichnet, können wir
nicht umhin, den Schluss zu ziehen, dass es sich bei *„die Lehre, die das
Volk des Nordens verbreitet“* nur um den Kommunismus, der für seinen Atheismus und seine Verfolgung der Religionen bekannt ist, beziehungsweise um irgendeine Abwandlung davon handeln kann.

Mit dem Satz „die Gefolgsleute der Gesetzgeber werden aus dem Volk, das sich dauerhaft selbst erhöht, vertrieben werden ..." könnte die Verfolgung und Vertreibung der Juden aus Nazi-Deutschland gemeint sein. Als „der Gesetzgeber" wäre somit Moses zu verstehen, mit dem wir die Zehn Gebote und die umfangreichen mosaischen Gesetze assoziieren. Seine „Gefolgsleute" wären natürlich die Juden. Eine andere Bezeichnung für die jüdische Religion ist mosaisch.

Es ist nicht unsere Absicht, die Gefühle unserer Leser aus Deutschland zu verletzen und auch die Fehler der Vergangenheit der jetzigen deutschen Generation anzulasten durch die Vermutung, dass Nostradamus mit der Beschreibung *Volk, das sich selbst erhöht* Nazi-Deutschland meinen könnte. Es ist uns aber kein anderes Volk bekannt, das einst in seiner Nationalhymne sein Land mit den Worten „... *über alles, über alles in der Welt*" besungen hat.

Auf jeden Fall trugen die von den Nazis verübten Verbrechen an den Juden ironischerweise wesentlich dazu bei, die zionistischen Bestrebungen um die Anerkennung eines jüdischen Staates zu beschleunigen. Eine große Zahl der überlebenden Juden fanden in Palästina Zuflucht. Die Sympathie der Weltöffentlichkeit dem vertriebenen Volk gegenüber stellte die politischen Weichen für die Gründung des Staates Israel im Jahre 1948. Juden aus aller Welt strömten in das ehemalige Palästina, um sich am Aufbau ihres neuen Staates zu beteiligen.

Die Prophezeiungen den Wiederaufbau Israels betreffend wurden somit erfüllt und die Voraussetzungen für das Eintreffen weiterer prophezeiter Ereignisse wurden geschaffen.

Kapitel 12

Die Rolle Europas in der Zeitenwende

Der Zionismus, die jüdische politische Bewegung, die die Errichtung eines jüdischen Staates zum Ziel hatte, wurde paradoxerweise eher von nichtreligiösen als von religiösen Juden unterstützt. Die orthodoxen Juden, die sich streng an die Gesetze und an die Heilige Schrift hielten, waren mit den Prophezeiungen über den Wiederaufbau Israels vertraut. Der Zusammenhang zwischen der Ankunft des Messias und dem Wiederaufbau Israels war ihnen bewusst. Die orthodoxen Juden meinten, dass es eine Anmaßung sei, einen jüdischen Staat mit politischen Mitteln zu errichten, da diese Aufgabe allein dem Messias vorbehalten sei. Orthodoxe Juden waren daher eher Antizionisten.

Erst ab den Siebzigerjahren konnten die orthodoxen Juden sich mit einem bereits existierenden jüdischen Staat langsam anfreunden und begannen, die Prophezeiungen so auszulegen, dass der Messias doch erst nach dem Wiederaufbau Israels zu erwarten sei. Infolgedessen ließen sich mehr und mehr orthodoxe Juden in Israel nieder, bis ihre Präsenz dort schließlich zu einem politischen Machtfaktor wurde, der zu einer weiteren Radikalisierung des politischen Klimas im Nahen Osten führte.

„Wer Palästina beherrscht, beherrscht die Welt"

Dieser Satz, den Napoleon einst formuliert haben soll, unterstreicht die geopolitisch wichtige Lage des Nahen Ostens als Verbindungsglied der drei Kontinente Europa, Afrika und Asien. Alle Weltreiche von

Ägypten bis Rom trachteten nach einer dominierenden Präsenz in diesem Gebiet. Auch Napoleon und Hitler übersahen die Bedeutung des Nahen Ostens nicht und versuchten, ihn in ihre Gewalt zu bringen.

Der dünne Landstreifen zwischen Israel und Ägypten, als Handelsverbindung zwischen den Kontinenten von strategischer Bedeutung, wurde schon in frühgeschichtlicher Zeit als ein besonders wertvoller Landteil erkannt. Bereits im 19. Jahrhundert vor Christi wurde ein Ost-West-Kanal zwischen dem Nil und dem Roten Meer gebaut, der noch bis 775 n. Chr. benutzt wurde. 1798 befahl Napoleon seinen Ingenieuren, die Möglichkeiten einer Kanalverbindung zwischen dem Roten Meer und dem Mittelmeer zu erkunden. Das Projekt wurde erst 50 Jahre später wieder aufgenommen und 1869 vollendet.

Der Suez-Kanal, der das Mittelmeer mit dem Golf von Suez verbindet, ist seitdem zu einer der wichtigsten Handelsverbindungen der Welt geworden. Er erleichtert nicht nur den Handelsverkehr zwischen Europa, Afrika und Asien, sondern verkürzt den Seeweg von Europa nach dem Fernen Osten um 42 Prozent. Da ein wesentlicher Teil der gehandelten Güter weltweit noch immer per Schiff verfrachtet wird, bleibt der Suez-Kanal in der heutigen Zeit genauso wichtig wie vormals. Der Kanal wurde 1975–1980 ausgebaut, um die Passage von Erdöl transportierenden Supertankern zu ermöglichen. Mehr als 20.000 Schiffe und 300.000 Tonnen Fracht, darunter 100.000 Tonnen Erdöl für Europa, passieren den Kanal jährlich.

Als Ägypten 1956 den Kanal zu besetzen versuchte, löste dies beinahe einen Weltkrieg aus. Da Ägypten zugleich Israels Zugang zur Straße von Tiran und zum Golf von Aqaba blockierte, reagierte Israel als Erstes, indem es die Sinai-Halbinsel besetzte. Großbritannien und Frankreich schickten als Nächstes Truppen nach Suez, um ihre Interessen zu wahren. Die von Ägypten erwartete militärische Unterstützung seitens seiner arabischen Nachbarländer blieb aus, dafür drohte aber die Sowjetunion mit einer atomaren Vergeltung, sollten die Westmächte versuchen, den Suez-Kanal in ihre Gewalt zu bringen. Der Konflikt wurde über die Vereinten Nationen geschlichtet, die ein internationales Militärkontingent entsandten, um den Kanal zu sichern.

Durch diesen Vorfall kristallisierten sich die Fronten im Nahen Osten heraus und der Kalte Krieg zog auch dort ein. Die Sowjetunion konnte ihre Beziehungen zu den arabischen Ländern vertiefen und dem Westen wurde bewusst, wie verwundbar er war. Israel als anti-arabische und somit anti-sowjetische Macht im Nahen Osten wurde zum wichtigsten – nach dem Sturz des Schahs im Iran zum einzigen – zuverlässigen Verbündeten Europas und Amerikas in der Region.

Die klar erkennbaren Hauptkontrahenten im Nahost-Konflikt zur Zeit des Kalten Krieges waren Israel und seine Verbündeten, die USA und Europa (NATO), gegen die arabischen Länder und ihre Verbündeten, die Sowjetunion und die Ostblock-Länder. Die Lage hat sich in neuerer Zeit etwas verändert. Die Sowjetunion und die Ostblock-Länder existieren nicht mehr, obwohl Russland trotzdem eine enge Verbindung zu den meisten arabischen Ländern unterhält. Die Waffenarsenale vieler dieser Länder stammen schließlich immer noch zum größten Teil aus der ehemaligen Sowjetunion, was eine gewisse gegenseitige Abhängigkeit mit sich bringt – die Abnehmer brauchen Ersatzteile, Munition und technisches Know-how und Russland braucht das Einkommen aus den Waffengeschäften.

Europa hat sich seit 1956 als eine selbstständige Instanz behaupten können und ist in der Lage, wirtschaftlich wie auch militärisch eine von Amerika unabhängige Politik zu betreiben. Es wird in der Entwicklung des Weltgeschehens der letzten Jahre der Zeitenwende eine Schlüsselrolle spielen, wie wir aus den Prophezeiungen sehen werden.

In der neueren Zeit ist eine weitere beachtliche Macht auf der globalpolitischen Bühne erschienen, die von allen Beteiligten als eine sehr ernst zu nehmende und unberechenbare potenzielle Gefahr angesehen wird.

Der islamische Fundamentalismus

Der wiederbelebte, Tausende Jahre alte Konflikt zwischen Israel und den Völkern des Nahen Ostens ist mittlerweile zum willkommenen Anlass geworden, um die vorher oft verfeindeten islamischen Staaten unter der Fahne des muslimischen Fundamentalismus zu einigen. Kein Einigungsfaktor ist wirksamer als ein gemeinsamer Feind.

Der Islam begann 1979 im Nahost-Konflikt ein wesentlicher Faktor zu werden, nachdem Ayatollah Khomeini im Iran durch seine „islamische Revolution" den Schah stürzte und einen „Gottesstaat" ausrief. Die islamischen Fundamentalisten in der ganzen moslemischen Welt gewannen zunehmend an Selbstbewusstsein und die Idee des islamischen „Gottesstaates" schlug feste Wurzeln. Ähnliche Bewegungen entstanden in mehreren islamischen Ländern – von Algerien über Afghanistan bis Indonesien –, die den Sturz ihrer jeweiligen weltlichen Regierungen und die Errichtung eines islamischen Staates zum Ziel hatten. Mittlerweile sind solche fundamentalistischen Bewegungen in allen Ländern der Welt anzutreffen, in denen der Islam die Hauptreligion ist. Was als eine scheinbar harmlose Randbewegung begann, ist jetzt zu Beginn des 21. Jahrhunderts zu einem dominanten weltpolitischen Faktor geworden.

Der Islam ist die am schnellsten wachsende Religion der Welt. Die Zahl der Gläubigen weltweit wird auf fast zwei Milliarden geschätzt, mit einem Zuwachs von ca. 36 Millionen pro Jahr. Die fundamentalistische Bewegung in der islamischen Welt wird von Jahr zu Jahr von einer zunehmenden Anzahl von Gläubigen unterstützt. Bedeutsam an dieser Bewegung ist, dass sie von einer radikalen Haltung und kompromisslosen, todesverachtenden Hingabe ihrer Anhänger gekennzeichnet ist. Die Schlagkraft dieser Unbeugsamkeit bekam Russland vor einigen Jahren in Afghanistan und vor Kurzem in Tschetschenien zu spüren – von der Erfahrung der USA vor und nach dem 11. September 2001 ganz zu schweigen.

Im Nahen Osten bestimmen religiöse Extremisten auf der jüdischen sowie auf der islamischen Seite zunehmend das politische Geschehen. Extremismus lässt keinen Spielraum für Kompromisse und die Aussicht auf eine friedliche Beilegung des Nahost-Konflikts scheint nun, zu Beginn des neuen Jahrtausends, geringer zu sein, als sie jemals zuvor war. Jeder mögliche Fortschritt wird durch die Unbeugsamkeit der Extremisten auf beiden Seiten verhindert oder durch Terrorakte und Attentate vereitelt.

Hatte Napoleon mit seinem Kommentar über Palästina eher die geographische Lage der Region im Sinne, so spielt in der Wendezeit die Bedeutung Israels und insbesondere Jerusalems als heilige Stadt dreier Weltreligionen die signifikante Rolle.

Der Antichrist als Friedensstifter

Während die aktuelle Ausgabe dieses Buches für den Druck vorbereitet wird, kommen Nachrichten aus Tschetschenien, die die baldige Einnahme der Hauptstadt Grosny und einen baldigen Sieg Russlands über die moslemischen Rebellen ankündigen. Es ist unsere Meinung, dass eine Beilegung des Konflikts und die Beendigung von Russlands Problemen an seiner südlichen Grenze damit nicht erreicht wird. Die Mudschaheddin werden eine Niederlage nicht so einfach hinnehmen. Es gibt weitere Staaten an Russlands südlichen Grenzen mit mehrheitlich moslemischer Bevölkerung. Der Tschetschenien-Krieg kann durchaus eine Kettenreaktion auslösen.

Der islamische Fundamentalismus wird auch in anderen Teilen der Welt zunehmend an Einfluss und Macht gewinnen und wird zur Bedrohung werden für alle moderaten islamischen Staaten. Der Nahost-Konflikt wird weiter eskalieren und die Welt näher an den Rand einer gefährlichen globalen Konfrontation führen.

Dies, zusammen mit den weltweit zunehmenden Umweltkatastrophen in den kommenden Jahren und den darauf folgenden wirtschaftlichen Belastungen (allein in Venezuela verloren 250.000 Menschen ihre Arbeitsplätze durch die Überschwemmungen von 1999), wird eine extrem prekäre Weltsituation schaffen.

All das dient als Nährboden für das Erscheinen eines charismatischen Weltführers, der sich zu dieser Zeit erheben wird, wie die Prophezeiungen vorhersagen, und den viele für den erwarteten Messias halten werden. Er wird von Juden, Christen und Moslems als eine Autoritätsfigur akzeptiert werden, die Unterzeichnung eines scheinbar endgültigen Friedensvertrages im Nahen Osten erreichen und glaubhaft klingende Lösungen für die Probleme der Welt präsentieren.

Die Bibel spricht von diesem Mann jedoch in sehr stark negativ gefärbten Ausdrücken. Er scheint jene Figur zu sein, die in Jeane Dixons Visionen beschrieben wird und die sie „Antichrist" nennt. Dieser Ausdruck kommt nicht nur bei Frau Dixon vor. Viele Bibelkommentatoren verwenden ihn, und er scheint auf die Zeiten des frühesten Christentums zurückzugehen. Er kommt auch im Neuen Testament vor, wenngleich die Prophezeiungen selbst den Ausdruck nicht gebrauchen. Um Verwirrung zu vermeiden und in Anbetracht der Tatsache, dass dieser Ausdruck bereits allgemein geläufig ist, werden wir ihn im verbleibenden Teil dieses Buches ebenfalls benützen. Wir beziehen uns damit auf jenen „Pseudo-Messias", der in der Weltpolitik der Wendezeit die Hauptrolle spielen wird.

Europa in den Prophezeiungen

Die ausführlichsten Beschreibungen dieser Zeit und der Figur des Antichrist finden sich im Alten Testament beim Propheten Daniel und im Neuen Testament in der *Offenbarung des Johannes*. Da Daniel weitaus leichter zu verstehen ist und darüber hinaus, wie bereits erwähnt, den Schlüssel zum Verständnis der *Johannes-Offenbarung* liefert, werden wir mit ihm beginnen.

Das *Buch Daniel* besteht aus zwölf Kapiteln, von denen sieben fast ausschließlich prophetischen Charakter haben. Die meisten dieser Prophezeiungen befassen sich im Wesentlichen mit der Weltgeschichte, den Ereignissen und politischen Mächten der Zeitenwende und insbesondere mit dem Antichrist, seinem Aufstieg zur Macht und seinem Untergang.

Beginnend mit dem zweiten Kapitel bereitet der Text den Leser jeweils Schritt für Schritt auf das nächstfolgende prophetische Kapitel vor und liefert auf diese Weise nach und nach immer mehr Einzelheiten. Die Prophezeiungen werden daher umso verständlicher, wenn man sie der Reihe nach liest. Wir beginnen also mit dem zweiten Kapitel des *Buches Daniel,* das die ersten Prophezeiungen enthält. Diese stellen die machtpolitische Entwicklung der Welt von Babylon bis zur Neuzeit dar und beschreiben zum Schluss eine Konföderation von „Königen", die während der vormessianischen Zeit existiert.

Auch bei den Daniel-Prophezeiungen weisen die verschiedenen Bibelübersetzungen geringfügige Abweichungen auf. Wir haben jene Fassungen gewählt, die unseres Erachtens den Wortlaut des Originaltextes am getreuesten wiedergeben. Der Prophet beginnt jede seiner prophetischen Mitteilungen mit einer genauen Angabe, in welchem Jahr er sie erhalten hat.

Wir lesen in *Daniel,* Kapitel 2, Vers 1:

Im zweiten Jahr seiner Herrschaft hatte Nebukadnezar einen
Traum, über den er so erschrak, daß er aufwachte.

Nebukadnezar war der Gründer und der erste Herrscher des babylonischen Reiches. Im zweiten Jahr seiner Herrschaft (ca. 604 v. Chr., wie
wir aus historischen Quellen wissen), erzählt Daniel, hatte Nebukadnezar einen Traum. Die Verse, die folgen, erklären, dass der König von
dem realistischen und erschreckenden Inhalt des Traumes anscheinend
sehr erschüttert war und seine Bedeutung unbedingt wissen wollte.

Er ließ alle seine Weisen zu sich rufen, die versprachen, ihm den
Traum auszulegen, wenn der König ihn erzählte. Nebukadnezar wollte
jedoch nicht betrogen werden und behauptete, ihn vergessen zu haben.
Wenn die Weisen wirklich in Verbindung mit höheren Mächten wären,
wie sie sagten, könnten sie ihm nicht nur die Deutung des Traumes,
sondern auch den Traum selbst mitteilen. Darüber hinaus bedrohte er
sie und ihre Familien mit dem Tode, wenn sie die Aufgabe nicht lösen
könnten. Diese stellte sich aber als zu schwierig heraus und die Weisen wurden allesamt zum Tode verurteilt.

Der Prophet Daniel, der bereits ein hohes Amt in der Regierung Ba-
byloniens innehatte, versuchte die Berater des Königs zu retten und bat
seinen Gott um Hilfe. Dieser enthüllte ihm in einer Vision das, was der
König zu wissen wünschte. Wir setzen mit *Daniel* 2,27 fort, wo der Prophet dem König den Inhalt des Traumes und dessen Bedeutung mitteilt.

... Das Geheimnis, nach dem der König fragt, vermögen die Wei-
sen, Gelehrten, Zeichendeuter und Wahrsager dem König nicht
zu sagen.

Aber es ist ein Gott im Himmel, der kann Geheimnisse offenba-
ren. Der hat dem König Nebukadnezar kundgetan, was am Ende
der Tage geschehen soll.

Mit deinem Traum und deinen Gesichten, als du schliefst, ver-
hielt es sich so: ... ein großes und hohes und hell glänzendes
Bild stand vor dir, das war schrecklich anzusehen.

Das Haupt dieses Bildes war von feinem Gold, seine Brust und
seine Arme waren von Silber, sein Bauch und seine Hüften
waren von Bronze ...

Einige Übersetzungen sprechen von Erz oder Kupfer. Kupfer ist der Hauptbestandteil von Bronze. Eine genauere Übersetzung wäre wahrscheinlich „Messing". Um aber von den geläufigen Fassungen nicht zu sehr abzuweichen und da es für den Sinn der Aussage nicht von wesentlicher Bedeutung ist, verwenden wir auch „Bronze".

seine Beine waren von Eisen,

seine Füße waren teils von Eisen und teils von Ton.

Das sahst du, bis ein Stein ausgeschnitten wurde ohne Zutun von Menschenhänden; der traf das Bild an seinen Füßen, die von Eisen und Ton waren, und zermalmte sie.

Da wurden miteinander zermalmt Eisen, Ton, Bronze, Silber und Gold und wurden wie Spreu auf der Sommertenne, und der Wind verwehte sie, daß man sie nirgends mehr finden konnte.

Der Stein aber, der das Bild zerschlug, wurde zu einem großen Berg, so daß er die ganze Welt füllte.

Das ist der Traum. Nun wollen wir die Deutung vor dem König sagen.

Du, König, ... bist das goldene Haupt.

Nach dir wird ein anderes Königreich aufkommen, geringer als deines, danach das dritte Königreich, das aus Bronze ist und über alle Länder herrschen wird.

Und das vierte wird hart sein wie Eisen; denn wie Eisen alles zermalmt und zerschlägt, ja wie Eisen alles zerbricht, so wird es auch alles zermalmen und zerbrechen.

Daß du aber die Füße und Zehen teils von Ton und teils von Eisen gesehen hast, bedeutet: das wird ein geteiltes Königreich sein; doch wird etwas von des Eisens Härte darin bleiben, wie du ja gesehen hast Eisen mit Ton vermengt.

Und daß die Zehen an seinen Füßen teils von Eisen und teils von Ton sind, bedeutet: zum Teil wird's ein starkes und zum Teil ein brüchiges Reich sein.

Und daß du gesehen hast Eisen mit Ton vermengt, bedeutet: ihre Nachkommen werden sich zwar [einige Übersetzungen schrei-

ben „sie werden sich durch Heiraten"] miteinander vermischen, aber sie werden doch nicht aneinander haften, so wie sich Eisen mit Ton nicht mengen läßt.

Aber zur Zeit dieser Könige wird der Gott des Himmels ein Reich aufrichten, das nimmermehr zerstört wird; und sein Reich wird auf kein anderes Volk kommen. Es wird alle diese Königreiche zermalmen und zerstören; aber es selbst wird ewig bleiben.

Diese Vision und ihre Deutung waren zur Zeit ihrer Niederschrift sicherlich geheimnisvoll. Heute ist sie verhältnismäßig leicht zu verstehen; wir müssen nur in unseren Geschichtsbüchern blättern.

Daniel identifiziert Babylon als *„das goldene Haupt"*.

Die *„Brüste und Arme"* stellen das Imperium dar, das dem Babylonischen folgte; die Geschichte kennt es als das Persische Reich. Genauer ist die Bezeichnung „persisch-medisches Reich", denn es war ein Doppelkönigreich der Perser und Meder. Der Teil des Traumbildnisses, der ihm entspricht, deutet diese Dualität an: die Brust mit zwei Armen.

Das Weltreich, das dem Persischen folgte, war das Griechische: *„sein Bauch und seine Hüften waren von Bronze"*.

Es folgte ein eisernes Reich, Rom: *„seine Beine waren von Eisen"*. Eisen ist sicherlich ein passendes Sinnbild, um die strenge römische Herrschaft zu umschreiben, die jede Opposition erfolgreich im Keim erstickte und so die längste Friedenszeit der Weltgeschichte schuf, die sogenannte *pax romana*. Zwei Beine deuten wiederum eine Dualität an: Das Römische Reich zerfiel später in Ost- und Westrom.

Die in dieser Prophezeiung beschriebenen Reiche sind vier der sogenannten „Weltreiche". Sechs davon gab es in der Geschichte bis heute. Zwei sind nicht erwähnt: das Ägyptische und das Assyrische. Sie waren zur babylonischen Zeit bereits Vergangenheit und wurden daher in die Prophezeiung nicht einbezogen. (Eine klare westliche Voreingenommenheit ist hier erkennbar, indem die Geschichtsschreibung diese Imperien als „Weltreiche" bezeichnet. Sie beherrschten natürlich keineswegs die ganze Welt, sondern nur die zu ihrer Zeit bekannten Teile beziehungsweise jene, die als zivilisiert galten, d.h. als wert, beherrscht zu werden.)

Aus Rom wächst ein vereinigtes Europa

Nach den eisernen Beinen kommen die Füße und Zehen, die *„teils von Eisen und teils von Ton"* sind. Wir glauben, dass es sich hier um Europa handelt. Wenn wir dem Verlauf der Geschichte beginnend mit dem Ägyptischen Reich über das Assyrische, Babylonische, Persische, Griechische bis hin zum Römischen Reich folgen, können wir sehen, wie der Mittelpunkt des Weltgeschehens sich langsam von Asien nach Europa verschoben hat.

> *... zum Teil wird's ein starkes und zum Teil ein brüchiges Reich sein.*

Seit der römischen Zeit sind viele europäische Großreiche entstanden, doch kein einziges konnte sich jemals unangefochtener Vorherrschaft erfreuen. Obwohl Europa insgesamt die weltpolitische Arena für die längste Zeit der nachrömischen Epoche beherrscht hat, war es stets geteilt. Starke eisengleiche Imperien sind auf seinem Boden entstanden, wie das karolingische, spanische oder britische, die jedoch stets nebeneinander existierten. Keines von ihnen konnte auf Dauer die Vormacht erringen.

Die Prophezeiung spricht jedoch von einem einzigen – wenngleich geteilten – Königreich:

> *... daß du gesehen hast Eisen mit Ton vermengt, bedeutet: ihre Nachkommen werden sich zwar miteinander vermischen, aber sie werden doch nicht aneinander haften, so wie sich Eisen mit Ton nicht mengen läßt.*

Einige Gelehrte deuteten dies bereits Ende des 19. Jahrhunderts als Hinweis auf einen letztlichen Zusammenschluss Europas zu einer mehr oder weniger vereinigten politischen Kraft; und wir können sagen, dass es heute eine sehr starke Tendenz in diese Richtung gibt. Die Europäische Wirtschaftsgemeinschaft hat außerdem zehn Mitglieder, die den zehn Zehen des Traumbildes entsprechen könnten. In der Dualität der Füße können wir auch die Teilung Europas in Ost und West erkennen. Die Mitgliedsländer des Gemeinsamen Marktes sind jedoch durchwegs westeuropäische.

Die obigen Paragraphen stammen zum größten Teil aus der Vortragsreihe von 1981.

Während uns bereits 1981 bewusst war, dass es sich bei den „zehn Zehen" wahrscheinlich um Europa handelt, hatten wir damals noch einige Schwicrigkeiten bei dieser Interpretation. Osteuropa war noch Teil des Ostblocks und von der Auflösung der Sowjetunion wagte niemand auch nur zu träumen. Auch war das Ausmaß der mittlerweile stattgefundenen Fortschritte in Richtung eines vereinten Europas damals nicht abzusehen. Zur Jahrtausendwende war eine gemeinsame europäische Währung bereits Realität und es wird über eine gemeinsame europäische Außenpolitik und sogar über eine europäische Streitmacht diskutiert.

Der Beitritt einiger wirtschaftlich stabilerer Länder Osteuropas zur Europäischen Union ist auch schon geschehen. Österreich, dessen politische Neutralität einen EU-Beitritt zur Zeit des Kalten Krieges sicherlich verhindert hätte, ist seit mehreren Jahren Vollmitglied.

Dieses zehnköpfige Königreich kommt in den Prophezeiungen mehrmals vor und spielt in den beschriebenen Geschehnissen der Zeitenwende eine bedeutende Rolle. Es ist daher wichtig, dass wir uns bei der Identifizierung dieses „Königreiches" so viel Gewissheit wie möglich verschaffen. Ein Blick auf weitere Passagen, in denen es vorkommt, kann uns dabei helfen. Wir nehmen die Zitate vorerst aus ihrem Zusammenhang. Später werden wir die prophetischen Kapitel genauer betrachten.

> *Danach sah ich in diesem Gesicht in der Nacht, und siehe, ein viertes Tier war furchtbar und schrecklich und hatte große eiserne Zähne, fraß um sich und zermalmte, und was übrigblieb, zertrat es mit seinen Füßen. Es war auch ganz anders als die vorigen Tiere und hatte zehn Hörner.*
>
> *... Das vierte Tier wird das vierte Königreich auf Erden sein. ... .*
>
> *Die zehn Hörner bedeuten zehn Könige, die aus diesem Königreich hervorgehen werden.*
>
> (Daniel 7,7,23–24)

In Daniel, Kapitel 7, werden wie in Daniel 2 die gleichen vier Weltreiche als Tiere dargestellt. Das vierte Tier aus Daniel 7 mit *„großen eisernen Zähnen"* entspricht dem vierten Reich, die *„Beine aus Eisen"*

von Kapitel 2. Beide Darstellungen teilen uns also mit, dass das zehnköpfige Reich aus Rom herauswächst.

Das Römische Reich fand nach seiner Aufteilung in Ost und West
seine Fortsetzung im westlichen europäischen Teil. Seine Reste erhielten
sich bis in die Neuzeit, zum Beispiel in Gestalt des Heiligen Römischen
Reiches. Ost-Rom, das Byzantinische Reich, entwickelte eher einen ori-
entalischen Charakter und ging schließlich im Osmanischen Reich auf.

Die Europäische Gemeinschaft, die als Vorstufe der Europäischen
Union gilt, ist aus dem Boden Westeuropas erwachsen. Bemerkenswert ist auch, dass der ihr zugrunde liegende Vertrag in Rom unterzeichnet worden ist. Er ist tatsächlich als „*Vertrag von Rom*" bekannt.

Weitere Zitate zeigen uns, dass die „zehn Könige" als eine Einheit
handeln und zur gleichen Zeit an der Macht sind:

> *Und die zehn Hörner, die du gesehen hast, das sind zehn Könige,*
> *die ihr Reich noch nicht empfangen haben; aber wie Könige wer-*
> *den sie Macht empfangen eine Stunde mit dem Tier. Diese haben*
> *einerlei Meinung und geben ihre Kraft und Macht dem Tier.*
>
> (Offenbarung 17,12–13)

Daniel 2,44, den wir bereits zitiert haben, zeigt ebenfalls, dass diese
zehn Könige nicht aufeinander folgen, sondern zur gleichen Zeit an
der Macht sein werden, und zwar in der vormessianischen Wendezeit:

> *Aber zur Zeit dieser Könige wird der Gott des Himmels ein Reich*
> *aufrichten, das nimmermehr zerstört wird ...*
>
> (Daniel 2,44)

Dass die Beschreibung „*... zum Teil wird's ein starkes und zum Teil ein
brüchiges Reich sein*" (Daniel 2,42) auf Europa zutrifft, bedarf – glauben wir – keinerlei Erklärung.

Europa und die Zahl 10

Ein Problem, das uns bei der Interpretation, dass es sich in diesen Prophezeiungen um die Europäische Union handelt, im Wege steht, ist
die Zahl zehn. Im Jahre 1981 bestand die EWG zwar aus zehn Mit-

gliedern, die EU ist aber seitdem um einige Mitglieder gewachsen und wird vermutlich weiter wachsen. Einige Historiker versuchen, die Zahl 10 im europäischen Teil des Römischen Reiches zu finden, der aus zehn Hauptprovinzen bestehen dürfte. Andere weisen darauf hin, dass die Sprachen bzw. Sprachfamilien Europas, linguistisch gesehen, auf genau 10 Gruppen reduziert werden können.

Die Zahl 10 kommt bei einer weiteren europäischen Instanz vor, und zwar bei der *West European Union*, einem militärischen Bündnis, von dem wir in der Öffentlichkeit sehr wenig hören, das aber eine bedeutende Rolle in der europäischen Militärpolitik spielt – wie etwa als Entscheidungsträger beim Aufbau des europäischen Militärkontingents im Jugoslawien-Krieg. Die folgenden Auszüge sind Artikeln entnommen, die auf der Internet-Homepage der *Encyclopedia Britannica* zu finden sind. [1]

> „Western Euopean Union (WEU): eine Vereinigung von 10 Nationen (Belgien, Deutschland, Frankreich, Griechenland, Großbritannien, Italien, Luxemburg, Niederlande, Portugal, Spanien), die als Forum für die Koordination von Angelegenheiten, die die europäische Sicherheit und Verteidigung betreffen, fungiert. Sie trug zur Schaffung der *North Atlantic Treaty Organization* (NATO) bei und arbeitet in Kooperation mit dieser Organisation.
>
> Die WEU ist aus dem Brüsseler Vertrag von 1948 entstanden, der auch soziale, kulturelle und wirtschaftliche Vereinbarungen umfasste … und wurde 1955 als eigenständige Instanz anerkannt. Die Kompetenzen für die sozialen, kulturellen und wirtschaftlichen Aktivitäten wurden 1960 an den Europarat übertragen.
>
> Die Vereinigung wurde 1984 (nach einem Treffen der Mitgliedsstaaten in Rom) ‚reaktiviert‘ und eine neue Agenda (*Declaration of Rome* genannt) wurde festgelegt.“

Die WEU hat immer noch zehn Mitglieder und verwendet als ihr offizielles Symbol einen dem EU-Symbol ähnlichen blauen Kreis mit zehn gelben Sternen. Die Abbildung des Symbols sowie der folgende Text entstammen der aktuellen offiziellen Webseite der WEU: [2]

> „Als internationale Verteidigungs- und Sicherheitsorganisation bringt die WEU 10 Nationen, die zugleich Mitglieder der Europäischen Union

Die Zahl 10 kommt bei der West European Union *vor, einem militärischen Bündnis, von dem wir in der Öffentlichkeit sehr wenig hören.*

und/oder NATO sind, und 18 weitere europäische Länder, die mit der Arbeit der Organisation eng verbunden sind, an einen runden Tisch. Ihre primäre Rolle besteht darin, Europäer für das Management von politisch-militärischen Krisen zu befähigen, in welche Nordamerika bevorzugen würde, nicht direkt involviert zu werden ...“

Die Zahl 10 betreffend kann auch auf die Währungsunion hingewiesen werden, die zur Zeit der Einführung des Euro aus 11 Teilnehmern bestand, wobei die Währungen zweier teilnehmender Länder praktisch als eine einzige betrachtet werden könnten. Der luxemburgische und belgische Franc besaßen schon seit Jahren den gleichen Wert und wurden von Geschäftsleuten in den Grenzregionen im alltäglichen Gebrauch als austauschbar behandelt. Sie sind die einzigen zwei Währungen aus der Gruppe, die dem Euro gegenüber mit dem exakt gleichen Wert (BEF/LUF 40,3399 = 1 Euro) fixiert wurden.

Obwohl es gute Argumente gibt, die die Zahl 10 mit der Europäischen Union glaubwürdig in Zusammenhang bringen, erhalten wir unserer Meinung nach aus den Prophezeiungen genug Indizien, die die Annahme belegen, dass die „zehn Könige“ Europa darstellen, ohne auf die Zahl 10 als exakten Wert fixiert zu sein. Sie kann einfach als Symbol für eine zusammengehörige Gruppe, bestehend aus verschiedenen, aber ähnlichen Teilen, stehen, wie 10 Finger oder 10 Zehen.

Dass Zahlen in der Bibel zeitweise als metaphorische und manchmal als exakte Werte benutzt werden, haben wir bereits festgestellt, als wir der Zahl 7 bei den 70 Wochen in *Daniel* 9 begegnet sind. Mit der Zahl 10 verhält es sich ebenso. Wenn wir von den Zehn Geboten oder den zehn ägyptischen Plagen sprechen, können wir davon ausgehen, dass exakte Werte gemeint sind. Die Zahl 10 kommt in der Bibel sehr häufig vor und wird fast genauso oft als symbolischer wie als numerischer Wert verwendet. Tatsächlich wird keine andere Zahl in der Bibel so oft symbolisch verwendet wie die 10. Hier nur einige Beispiele:

> *Die Weisheit macht den Weisen stärker als zehn Gewaltige, die in der Stadt sind.*
>
> (Prediger 7,19)

Und der König fand sie in allen Sachen, die er sie fragte, zehn-
mal klüger und verständiger als alle Zeichendeuter ...

(Daniel 1,20)

Dann wird das Himmelreich gleich sein zehn Jungfrauen, die
ihre Lampen nahmen und gingen aus, dem Bräutigam entgegen.

(Matthäus 25,1)

Oder welches Weib ist, die zehn Groschen hat, so sie deren
einen verliert, die nicht ein Licht anzünde und kehre das Haus
und suche mit Fleiß, bis daß sie ihn finde?

(Lukas 15,8)

Der ließ zehn seiner Knechte rufen und gab ihnen zehn Pfund
und sprach zu ihnen: Handelt damit, bis daß ich wiederkomme!

(Lukas 19,13)

Die obige Auswahl an Bespielen aus den Gleichnissen Jesu und aus
dem Alten Testament zeigt, dass die Zahl 10 im Sprachgebrauch des
Nahen Ostens als symbolischer Begriff offenbar geläufig war, in ähnlicher Weise, wie wir zum Beispiel das Wort „Handvoll" verwenden.

Die Zahl 10 hat in der alttestamentlichen Tradition aber einen weiteren bedeutenden Stellenwert. Mindestens 10 erwachsene Männer
müssen bei einer Rechtsprechung präsent sein. Bei Gebetsversamm-
lungen dürfen gewisse Wörter, die Gott bezeichnen, nur dann verwendet werden, wenn mindestens 10 erwachsene Männer teilnehmen.
Mit anderen Worten ist eine Gruppe erst ab 10 Teilnehmern befugt,
rechtskräftige Entscheidungen zu treffen bzw. gewisse Handlungen
durchzuführen.

Möglicherweise erfahren wir noch in Zukunft, dass die Zahl 10 in
Zusammenhang mit Europa doch einen tatsächlichen Wert darstellt –
als ein entscheidungskräftiges Gremium oder eine Mehrheit in der
europäischen Kommission oder im Ministerrat zum Beispiel. Eine Prophezeiung, der wir in den nächsten Kapiteln noch begegnen werden,
scheint diese Auslegung zu untermauern.

Wenn wir allerdings die Interpretation, dass es sich bei dem zehnköpfigen Reich um Europa handelt, beibehalten, ist die Auskunft, die
wir aus einer der oben bereits zitierten Passagen aus der *Offenbarung
des Johannes* noch erhalten, sehr beunruhigend:

Und die zehn Hörner, die du gesehen hast, das sind zehn Könige ... Diese haben einerlei Meinung und geben ihre Kraft und Macht dem Tier.

(Offenbarung 17,12–13)

Mit dem *Tier,* wie wir aus dem Zusammenhang erkennen werden, nachdem wir die weiteren Prophezeiungen genau untersucht haben, ist der Antichrist bzw. sein Reich gemeint. Die Vorstellung, dass Europa den Antichrist unterstützen könnte, ist uns natürlich ziemlich unangenehm. Bevor wir diese Möglichkeit überhaupt erst als vorstellbar in Betracht ziehen, möchten wir herausfinden, wer oder was der Antichrist genau sein könnte.

Kapitel 13

Der Aufstieg des Antichrist

Wir setzen unser Studium von Daniels Prophezeiungen mit dem nächsten Kapitel, das prophetischen Charakter aufweist, fort, mit Kapitel 7. Wie im zweiten Kapitel gibt der Prophet auch hier, im ersten Vers an, wann die Prophezeiung entstand:

> Im ersten Jahr Belsazers, des Königs von Babel, hatte Daniel einen Traum und Visionen auf seinem Bett; und er schrieb den Traum auf, und dies ist sein Inhalt.
>
> Ich, Daniel, sah ein Gesicht in der Nacht, und siehe, die vier Winde unter dem Himmel wühlten das große Meer auf.
>
> (Daniel 7,1–2)

Wie wir aus historischen Quellen wissen, war das erste Regierungsjahr von Belsazer, König von Babylon, 555 v. Chr. Die Symbole des zweiten Verses sind relativ leicht zu erklären. Die Bedeutung von Symbolen bleibt durch die ganze Bibel annähernd gleich. Wir können teilweise aus dem Zusammenhang, in dem wir Symbolen begegnen, ihre jeweiligen Bedeutungen eruieren. Manche Bibelstellen, wie wir im vorigen Kapitel bereits erfahren haben, legen die Bedeutung der Symbole sogar im Klartext aus.

Wind bedeutet in der Bibel oft, wie im modernen Sprachgebrauch auch, „Himmelsrichtung". An manchen Stellen sind geistige Mächte, die sich zeitweise auch als politische Einflüsse, Ideen und Lehren manifestieren, gemeint. Wir zitieren einige Verse, die das illustrieren. Die ersten zwei stammen aus dem Brief des Paulus an die Epheser.

Auf daß wir nicht mehr unmündig seien und uns bewegen und umhertreiben lassen von jeglichem Wind der Lehre ...

(Epheser 4,14)

... in welchen ihr vormals gewandelt seid nach dem Lauf dieser Welt, nach dem Mächtigen, der in der Luft herrscht, nämlich nach dem Geist, der zu dieser Zeit sein Werk hat in den Kindern des Unglaubens.

(Epheser 2,2)

Im Buch des Propheten Sacharja im Alten Testament finden wir folgende Darstellung:

Und ich hob meine Augen abermals auf und sah, und siehe, da waren vier Wagen, die kamen zwischen den zwei Bergen hervor; ...

Am ersten Wagen waren rote Rosse, am zweiten Wagen waren schwarze Rosse, am dritten Wagen waren weiße Rosse, am vierten Wagen waren scheckige Rosse, allesamt stark.

... Es sind die vier Winde unter dem Himmel, die hervorkommen, nachdem sie gestanden haben vor dem Herrscher aller Lande.

(Sacharja 6,1–8)

Der Begriff „Wind" ist eine Übersetzung des hebräischen Wortes *ruach*. Im Hebräischen, das eine sehr fundamentale und poetische Sprache ist, bedeutet *ruach* sowohl „Wind" wie „Atem" als auch „Geist" (im Sinne des englischen *spirit* oder des französischen *esprit*). Auch das lateinische *spiritus* bedeutet ursprünglich „Geist" wie auch „Atem" und „Wind".

Diese vier „Winde", die bei Sacharja, Kapitel 6, Vers 1 bis 8 als vier Wagen, von roten, weißen, schwarzen und scheckigen Rossen gezogen, dargestellt sind, finden wir in ähnlicher Weise im *Buch der Offenbarung*, ebenfalls Kapitel 6, Vers 1 bis 8 als vier Reiter (deren Pferde ebenfalls rot, weiß, schwarz und fahl [scheckig] sind) beschrieben, die sich, wie wir in der Betrachtung der *Offenbarung* darlegen werden, als wirtschaftliche, politische, militärische und religiöse Mächte – die vier Pfeiler der menschlichen Gesellschaftsordnung – herausstellen.

Diese scheinbar unbedeutende Stelle der Prophezeiung Daniels ist ein typisches Beispiel dafür, wie wir biblische Sinnbilder identifizieren und deuten können. Die Symbolik des Meeres kann mithilfe dieser Methode glcichfalls leicht entziffert werden, wenn wir die entsprechenden Bezugsstellen lesen.

Im *Buch der Offenbarung* heißt es weiter:

> *... die Wasser, die du gesehen hast, ... sind Völker und Scharen und Heiden und Sprachen.*
>
> (Offenbarung 17,15)

Bei Hesekiel lesen wir:

> *Darum spricht Gott der Herr: Siehe, ich will ... viele Völker gegen dich heraufführen, wie das Meer seine Wellen heraufführt.*
>
> (Hesekiel 26,3)

Und Jesaja schreibt:

> *Aber die Gottlosen sind wie das ungestüme Meer, das nicht still sein kann und dessen Wellen Schlamm und Unrat auswerfen.*
>
> (Jesaja 57,20)

Aus diesen Versen können wir ersehen, dass das Wort „Meer" in der Bibel immer wieder als Symbol für Völker und Nationen gebraucht wird. So wird es ziemlich leicht, den wahrscheinlichen Sinn des Satzes „*die vier Winde unter dem Himmel wühlten das große Meer auf*" zu verstehen.

Die vier „Tiere"

Wir lesen weiter bei Daniel, Kapitel 7, Vers 3:

> *Und vier große Tiere stiegen herauf aus dem Meer, ein jedes anders als das andere.*

Das Symbol des *Tieres* wird im gleichen Kapitel definiert. In Vers 17 erfahren wir: „*Diese vier großen Tiere sind vier Könige.*"
    Und im 23. Vers:

> *Das vierte Tier wird das vierte Königreich auf Erden sein.*

Interessanterweise verwenden die biblischen Prophezeiungen die Worte „König" und „Königreich" wechselweise in gleicher Bedeutung. In Vers 17 lesen wir, dass die vier Tiere vier Könige sind. In Vers 23 heißt es hingegen, dass die vier Tiere vier Königreiche sind. Die fehlende Unterscheidung zwischen König und Königreich erscheint ebenfalls im zweiten Kapitel des *Buches Daniel*. Sie erinnern sich an die Stelle: *„Du, **König**, ... bist das goldene Haupt. Nach dir wird ein anderes **Königreich** aufkommen ..."*

Noch einen interessanten Aspekt im zweiten Kapitel sollten wir erwähnen: Das Symbol, das das Reich Gottes dort repräsentiert, ist ein Berg. *„Der Stein, der herunterkam ohne Zutun von Menschenhänden"*, der den Messias repräsentiert, traf das Bildnis und zerstörte es: *„und der Stein wurde zu einem großen Berg, so daß er die ganze Welt füllte."* Der Messias zerstört also die Königreiche des Menschen und errichtet das Reich Gottes. Wir werden dem Wort „Berg" in den Prophezeiungen, als Symbol für „Königreich" verwendet, später wieder begegnen.

Daniel, Kapitel 7 macht im wesentlichen die gleichen Angaben wie Daniel, Kapitel 2, benutzt aber andere Symbole und fügt, wie wir sehen werden, zusätzliche Einzelheiten und einiges Neues hinzu. In Daniel, Kapitel 7 haben wir dieselben vier Königreiche oder Imperien wie im zweiten Kapitel, nur sind sie hier als vier Tiere dargestellt.

> *Das erste war ein Löwe und hatte Flügel wie ein Adler. Ich sah, wie ihm die Flügel genommen wurden. Und es wurde von der Erde aufgehoben und auf zwei Füße gestellt wie ein Mensch, und es wurde ihm ein menschliches Herz gegeben.*
>
> (Daniel 7,4)

Auch hier beginnt die Vision mit Babylon. Die Flügel, die ihm genommen wurden, und das menschliche Herz, das ihm gegeben wurde, beziehen sich auf ein Geschehnis aus dem Leben Nebukadnezars, König von Babylon, das in Daniel, Kapitel 4, erzählt wird. Der König wird im Hochmut über seine Triumphe wahnsinnig und benimmt sich sieben Jahre lang wie ein Tier. Er erlangt seinen normalen Verstand wieder, als er zur Erkenntnis kommt, dass seine Erfolge allein Gott zuzuschreiben sind, und dies feierlich bekennt. Babylon, als Löwe dargestellt, kommt in einer weiteren Bibelstelle, im *Buch Jeremia*, vor.

*Es steigt herauf der Löwe aus seinem Dickicht, und der Verder-
ber der Völker hat sich aufgemacht ..., dein Land zu verwüsten
und deine Städte zu verbrennen, ...*

(Jeremia 4,7)

Aus dem Zusammenhang ergibt sich, dass Jeremia das Volk Israel vor
der drohenden Zerstörung durch Babylon warnt.

Kehren wir zu Daniel, Kapitel 7 zurück, Vers 5:

*Und siehe, ein anderes Tier, das zweite, war gleich einem Bären
und war auf der einen Seite aufgerichtet und hatte in seinem
Maul zwischen seinen Zähnen drei Rippen. Und man sprach zu
ihm: Steh auf und friß viel Fleisch!*

So wie in Daniel, Kapitel 2, wo die Schultern und die beiden Arme
dem dualen persisch-medischen Reich entsprachen, findet sich auch
hier eine Dualität in dem Sinnbild des Bären, der *„auf der einen Seite
aufgerichtet"* ist. Obwohl es die Meder waren, die Babylon erobert hatten, erwiesen sich die Perser als der stärkere der zwei Alliierten und dominierten schließlich das Reich. Klarer wird das noch im 8. Kapitel
dargestellt. Dort lesen wir:

*Und ich hob meine Augen auf und sah, und siehe, ein Widder
stand vor dem Fluß, der hatte zwei hohe Hörner, doch eins höher
als das andere, und das höhere war später hervorgewachsen.*

(Daniel 8,3)

Kommen wir zurück auf Daniel 7,5: Der Bär hatte drei Rippen im
Maul. Das persisch-medische Reich kam als sogenanntes Weltreich
nach Ägypten, Assyrien und Babylonien an die Macht. Es übernahm
das, was die drei älteren Weltreiche hinterlassen hatten, symbolisiert
durch die drei Rippen im Maul. *„Und man sprach zu ihm: Steh auf
und friß viel Fleisch!"* Das heißt so viel wie: Gehe und erobere noch
mehr Länder.

*Danach sah ich, und siehe, ein anderes Tier, gleich einem Pan-
ther, das hatte vier Flügel wie ein Vogel auf seinem Rücken, und
das Tier hatte vier Köpfe, und ihm wurde große Macht gegeben.*

(Daniel 7,6)

warten würde, blieb zur römischen Zeit die Weltsprache. (Aus diesem Grund schrieben auch die Autoren des Neuen Testaments, die die Massen erreichen wollten, ihre Texte zum größten Teil auf Griechisch.)

Die Auslegung der Prophezeiung wird mit dem 23. Vers wie folgt fortgesetzt.

> *... Das vierte Tier wird das vierte Königreich auf Erden sein; das wird ganz anders sein als alle anderen Königreiche; es wird alle Länder fressen, zertreten und zermalmen.*
>
> *Die zehn Hörner bedeuten zehn Könige, die aus diesem Königreich hervorgehen werden. Nach ihnen aber wird ein anderer aufkommen, der wird ganz anders sein als die vorigen und wird drei Könige unterwerfen.*
>
> *Er wird den Höchsten lästern und die Heiligen des Höchsten verfolgen und wird sich unterstehen, Zeiten und Gesetz zu ändern.*
>
> *Sie werden in seine Hand gegeben werden eine Zeit und zwei Zeiten und eine halbe Zeit.*
>
> (Daniel 7, 23–25)

In diesem Kapitel begegnen wir zum ersten Mal der Figur des Antichrist. Wie bereits erwähnt, nennt ihn keine der Prophezeiungen mit diesem Namen. Wir erkennen ihn an seinen Handlungen und seiner Beschreibung, aber auch an der Zeitangabe betreffend die Dauer seiner Herrschaft – dreieinhalb Jahre.

Aus Daniel, Kapitel 2 und den dazugehörigen Passagen aus der *Offenbarung des Johannes* konnten wir feststellen, dass der Antichrist und das zehnköpfige Reich, das aus Rom herauswächst – von dem wir glauben, wie bereits erwähnt, dass es sich um die Europäische Union handelt –, in der gleichen Geschichtsepoche, und zwar während der vormessianischen Zeitenwende an der Macht sind. Daniel 7, Vers 8 scheint dies zu bestätigen: *„Als ich aber auf die [10] Hörner achtgab, siehe, da brach ein anderes kleines Horn zwischen ihnen hervor ..."* Vers 24 sagt uns noch, dass das kleine Horn nach den ersten zehn kommt: *„Nach ihnen aber wird ein anderer aufkommen."* Das zehnköpfige Reich existiert somit bereits, als der Antichrist in Erscheinung tritt. Dass er aber kein Europäer ist, werden wir später noch erfahren.

Drei europäische „Könige"

Daniel 7, Vers 8, 20 und 24 sagen uns, dass zwischen dem Antichrist und dem zehnköpfigen Reich anscheinend ein Konflikt bestehen wird, der die „Entwurzelung" bzw. das „Abfallen" oder die „Unterwerfung" drei dieser Könige zur Folge haben wird.

> *... da wuchs ein anderes kleines Horn zwischen ihnen hervor, vor dem drei der vorigen Hörner entwurzelt wurden.*
>
> *... und von dem anderen Horn, das hervorbrach, vor dem drei abfielen;*
>
> *... Nach ihnen aber wird ein anderer aufkommen, der wird ganz anders sein als die vorigen und wird drei Könige unterwerfen.*

Dieser Hinweis findet sich nur hier, in Daniel, Kapitel 7. Wir können daher nur vage darüber spekulieren, wie er zu verstehen ist. Eine Auslegung, die uns vernünftig erscheint, bezieht sich auf unsere Überlegungen im vorigen Kapitel, dass die Zahl 10, die mit der Europäischen Union in Zusammenhang zu stehen scheint, ein entscheidungskräftiges Gremium oder eine Mehrheit in der europäischen Kommission oder im Ministerrat darstellen könnte. Möglicherweise wird der Antichrist gegen drei EU-Mitgliedsländer, die sich seiner Machtübernahme entgegenstellen, auf irgendeine Weise vorgehen müssen, bevor er die Unterstützung Europas für sich sichern kann.

Eine geschichtliche Kuriosität, deren Bedeutung später ersichtlich werden wird, wenn wir die Prophezeiungen, die die Verbindung des Antichrist zu Jerusalem behandeln, besprechen, soll hier erwähnt werden. Drei europäischen Ländern – Frankreich, Italien und Spanien – wurden durch eine Sonderregelung, die im 19. Jahrhundert mit dem Osmanischen Reich getroffen wurde, besondere Rechte an der Heiligen Stadt eingeräumt. Diese Rechte gelten heute noch.

Daniel 7,8 nennt den Antichrist das *„kleine Horn"* mit *„Augen wie Menschenaugen und einem Maul, das redete große Dinge"*. Aus dem 21. und 25. Vers erfahren wir, dass er ein Gegner der Religion ist und die Gläubigen verfolgt. Seine Herrschaft dauert nur dreieinhalb Jahre. Vielleicht wird er deswegen das *„kleine Horn"* genannt.

Vers 11 berichtet, dass er bei der Ankunft des Messias vernichtet werden wird:

> *Ich merkte auf um der großen Reden willen, die das Horn redete,*
> *und ich sah, wie das Tier getötet wurde und sein Leib umkam*
> *und ins Feuer geworfen wurde.*

Die sieben Weltreiche

Im 13. Kapitel des *Buches der Offenbarung* begegnen wir derselben Symbolik und denselben Beschreibungen wie in Daniel, Kapitel 7.

> *Und ich sah ein Tier aus dem Meer steigen, das hatte zehn*
> *Hörner und sieben Häupter und auf seinen Hörnern zehn*
> *Kronen und auf seinen Häuptern lästerliche Namen.*
>
> *Und das Tier, das ich sah, war gleich einem Panther und seine*
> *Füße wie Bärenfüße und sein Rachen wie eines Löwen Rachen.*
> *Und der Drache gab ihm seine Kraft und seinen Thron und große*
> *Macht.*
>
> *Und es ward ihm gegeben ein Mund zu reden große Dinge und*
> *Lästerungen, und es ward ihm gegeben, daß es mit ihm währte*
> *zweiundvierzig Monate [dreieinhalb Jahre] lang.*
>
> *Und ihm ward gegeben zu streiten mit den Heiligen und sie zu*
> *überwinden; und ihm ward gegeben Macht über alle*
> *Geschlechter und Sprachen und Heiden.*
>
> (Offenbarung 13,1–2, 5, 7)

Wie wir sehen, sind in diesem „Tier" alle Symbole der früheren Reiche, wie sie in Daniel, Kapitel 7 beschrieben werden, verkörpert. Dies ist eine auffallende Illustration dessen, wie die Daniel-Prophezeiungen für das Verständnis der *Offenbarung* geradezu unentbehrlich sind.

In Offenbarung 17 lesen wir noch:

> *... Ich will dir sagen das Geheimnis ... des Tieres, das ... hat sie-*
> *ben Häupter und zehn Hörner. Das Tier, das du gesehen hast, ist*
> *gewesen und ist nicht und wird wieder emporsteigen aus dem*
> *Abgrund und wird fahren in die Verdammnis ...*

... und es werden sich verwundern, die auf Erden wohnen, deren Name nicht geschrieben steht von Anfang der Welt in dem Buch des Lebens, wenn sie sehen das Tier, daß gewesen ist und nicht ist und wieder sein wird.

... Die sieben Häupter sind sieben Berge ... und sind sieben Könige. Fünf sind gefallen, einer ist; der andere ist noch nicht gekommen; und wenn er kommt, muß er eine kleine Zeit bleiben.

(Offenbarung 17,7–10)

An dieser Stelle wäre es nützlich, ein paar Daten zu betrachten, die uns zu einer besseren weltgeschichtlichen Perspektive hinsichtlich der Zeit, in der diese Prophezeiungen niedergeschrieben wurden, verhelfen können. Die Geschichtsschreibung berichtet von sechs sogenannten „Weltreichen", die die westliche Zivilisation ihrer Zeit beherrschten:

1. Ägypten: ca. 1600–1200 v. Chr.
2. Assyrien: ca. 900–607 v. Chr.
3. Babylon: ca. 606–538 v. Chr.
4. Medien/Persien: ca. 538–333 v. Chr.
5. Griechenland: ca. 333–44 v. Chr.
6. Rom: ca. 44 v. Chr.–476 n. Chr.

> Die angeführten Jahre beziehen sich nicht auf das Bestehen der entsprechenden Länder und Reiche, sondern nur auf die Epochen, während derer sie sich als dominierende Weltmächte – als „Weltreiche" – behaupten konnten.

Die Prophezeiungen des 2. und 7. Kapitels des *Buches Daniel* wurden während der Herrschaftszeit des Babylonischen Weltreiches erfasst. Babylon wiederum wurde im Jahre 538 v. Chr. durch den Meder Darius erobert. Das persisch-medische Weltreich entstand. Dieses wurde dann durch Alexander den Großen im Jahre 333 v. Chr. zerstört. Als Ende der griechischen Vorherrschaft gilt die Niederlage Karthagos im Jahre 44 v. Chr., nach der sich Rom als die bestimmende Kraft der westlichen Welt etablierte.

In Daniel, Kapitel 2 und 7 wird Rom als das „*vierte Reich auf Erden*" beschrieben, was es von den Zeiten Babylons aus betrachtet auch war. Das *Buch der Offenbarung* entstand jedoch zur Zeit des Rö-

mischen Reiches und betrachtet die Weltreiche aus einer anderen Zeit-
perspektive heraus. Weltgeschichtlich gesehen war Rom das sechste
„Königreich" oder Weltimperium – so wie Offenbarung 17,10 sagt:

> *Fünf sind gefallen, einer [Rom] ist; der andere [der siebente] ist*
> *noch nicht gekommen; und wenn er kommt, muß er eine kleine*
> *Zeit bleiben.*

Die Regierung des Antichrist wird als das siebte Weltreich, allerdings
als eines von sehr kurzer Dauer, beschrieben.

Ein Geist – viele Reiche

Interessanterweise stellt Offenbarung 17 die sieben Weltreiche als ein
einziges Tier mit sieben Häuptern dar. Eines der Hauptthemen der biblischen Lehre ist, dass der „Teufel" seit dem „Sündenfall" ständig versucht, den Menschen auf seine Seite zu ziehen und die Welt unter
seiner Herrschaft zu vereinigen.

Die verschiedenen Imperien, die sich zur Macht erhoben haben,
werden als Manifestationen dieser Versuche gesehen und werden als
ein und dasselbe Tier mit verschiedenen Köpfen betrachtet. Die letzte
Manifestation wird die Regierung des Antichrist sein, der hier einfach
als *„das Tier"* bezeichnet wird.

> *... Das Tier, das du gesehen hast, ist gewesen und ist nicht und*
> *wird wieder emporsteigen aus dem Abgrund ...*
>
> (Offenbarung 17,8)

Die biblische Gleichsetzung des Reiches mit seinem Herrscher ist
manchmal verwirrend, vor allem in den Prophezeiungen, die sich auf
den Antichrist beziehen. Oft ist es nämlich schwer zu unterscheiden,
ob sich die Prophezeiung auf den Antichrist selbst oder auf das Regime, aus dem er hervorgeht, bezieht. Wir sind der Ansicht, dass diese
Zweideutigkeit ein beabsichtigter Versuch ist, die Aufmerksamkeit des
Lesers von der phyischen Manifestation – von greifbaren Herrschern
und Regierungen – auf die spirituelle Kraft hinter ihnen zu lenken, die
nach Ansicht der Bibel der „Teufel" ist.

... der große Drache, die alte Schlange, die Teufel oder Satan heißt und die ganze Welt verführt ... gab ihm [dem Antichrist] seine Kraft und seinen Thron und große Macht. ...

(Offenbarung 12,9; 13,2)

Die Möglichkeit, dass so etwas wie ein Teufel existieren könnte, ist für den modernen Menschen schwer zu akzeptieren. Der Antichrist wird in vielen Bibelstellen als Verkörperung des Teufels beschrieben. In seinem Brief an die Thessalonicher zum Beispiel bezeichnet ihn Paulus als *„Sohn der Verdammnis"* (2. Thessalonicher 2,3) und stellt ihn somit als den Gegenspieler Christi, der als *„Sohn Gottes"* gilt, dar.

Der Platz reicht in diesem Buch nicht aus, um das Konzept des Teufels, *Diabolos* oder *Satanas* – der Verkörperung der zerstörerischen Mächte – genau zu beleuchten, um herauszufinden, was sein wahrer (psychologischer oder physischer) Kern bzw. seine Grundlage sein mag. Wir werden aber versuchen, das Thema später etwas genauer zu erläutern, wenn wir uns mit der Ideologie des Antichrist näher beschäftigen. Unsere jetzige Aufgabe ist jedoch, vorerst überhaupt herauszufinden, wer der Antichrist sein mag und wie wir ihn erkennen können.

Kapitel 14

Der Antichrist, der Nahe Osten und der islamische Fundamentalismus

Wichtige weiterführende Anhaltspunkte, die uns helfen können den Antichrist zu erkennen, erhalten wir aus dem nächsten prophetischen Kapitel des *Buches Daniel*, Kapitel 8. Auch hier nennt uns der Prophet im ersten Vers das Jahr, in dem er die Vision erhielt.

> *Im dritten Jahr der Herrschaft des Königs Belsazer erschien mir,*
> *Daniel, ein Gesicht, nach jenem, das mir zuerst erschienen war.*

Dies ist 553 v. Chr., zwei Jahre also nach der Vision von Kapitel 7. Belsazer, zu dessen Regierungszeit die Vorhersagen von Daniel, Kapitel 7 und 8 entstanden sind, war der letzte Herrscher Babylons.

> *Und ich hob meine Augen auf und sah, und siehe, ein Widder*
> *stand vor dem Fluß, der hatte zwei hohe Hörner, doch eins höher*
> *als das andere, und das höhere ist zuletzt hervorgewachsen.*
>
> *Ich sah, daß der Widder mit den Hörnern stieß nach Westen,*
> *nach Norden und nach Süden hin. Und kein Tier konnte vor ihm*
> *bestehen und vor seiner Gewalt errettet werden, sondern er tat,*
> *was er wollte, und wurde groß.*
>
> (Daniel 8,3–4)

In Daniel, Kapitel 8 wird das Doppelkönigreich Persien-Medien durch einen Widder mit zwei Hörnern und Griechenland durch einen Ziegenbock dargestellt. Darius, der Herrscher Mediens, führte die Eroberung Babylons an, doch der Perser Cyrus war der mächtigere der beiden Könige und übernahm später die Vorherrschaft im Reich. Die Perser und Meder waren Völker des Ostens, die ihren Herrschaftsbereich nach Westen, Norden und Süden ausdehnten.

Und indem ich darauf acht hatte, siehe, da kam ein Ziegenbock vom Westen her über die ganze Erde, ohne den Boden zu berühren, und der Bock hatte ein ansehnliches Horn zwischen seinen Augen.

Und er kam bis zu dem Widder, der zwei Hörner hatte, den ich vor dem Fluß stehen sah, und er lief in gewaltigem Zorn auf ihn zu.

Und ich sah, daß er nahe an den Widder herankam, und voller Grimm stieß er den Widder und zerbrach ihm seine beiden Hörner.

Und der Widder hatte keine Kraft, daß er vor ihm hätte bestehen können, sondern der Bock warf ihn zu Boden und zertrat ihn, und niemand konnte den Widder vor seiner Gewalt erretten.

(Daniel 8,5–7)

Die Griechen kamen aus dem Westen und eroberten das mächtige persische Reich in ungewöhnlich kurzer Zeit, sozusagen im Fluge, *„ohne den Boden zu berühren".* Das erinnert an den geflügelten Panther aus Daniel, Kapitel 7. Das *„ansehnliche Horn"* wäre natürlich Alexander der Große. Zuvor hatten die Perser unter Xerxes den Versuch unternommen, die Staaten Griechenlands zu erobern, was fehlgeschlagen war. Diesen Angriff hatten die Griechen niemals vergessen und es waren unter anderem die Rachegelüste Griechenlands, die es Alexander ermöglichten, seine Streitmacht gegen Persien zu formieren. Dieser Beweggrund scheint sich in den obigen Versen zu spiegeln: *„er lief in gewaltigem Zorn auf ihn zu, ... voller Grimm stieß er den Widder, ... warf ihn zu Boden und zertrat ihn, ..."*

Die Aufteilung des griechischen Reiches

Und der Ziegenbock wurde sehr groß. Und als er am stärksten geworden war, zerbrach das große Horn, und es wuchsen an seiner Stelle vier andere Hörner nach den vier Winden des Himmels hin.

(Daniel 8,8)

Die *„vier Winde des Himmels"* sind die vier Himmelsrichtungen. Am Höhepunkt seiner Macht starb Alexander, sein Reich zerfiel in vier Teile.

> *Und aus einem von ihnen wuchs ein kleines Horn; das wurde sehr groß nach Süden, nach Osten und nach dem herrlichen Land hin.*
>
> *Und es wuchs bis an das Heer des Himmels und warf einige von dem Heer und von den Sternen zur Erde und zertrat sie.*
>
> *Ja, es wuchs bis zum Fürsten des Heeres und nahm ihm das tägliche Opfer weg und verwüstete die Wohnung seines Heiligtums.*
>
> *Und ein Heer wurde gegen das tägliche Opfer eingesetzt wegen der Aufständischen [zeitweise als Übertreter oder Frevler übersetzt], und das Horn warf die Wahrheit zu Boden. Und was es tat, gelang ihm.*
>
> (Daniel 8,9–12)

Wie es auch in den vorhergehenden Kapiteln der Fall war, liefert der zweite Teil des 8. Kapitels die Deutung der Visionen des ersten Teils.

> *... Merk auf, du Menschenkind! Denn dies Gesicht geht auf die Zeit des Endes.*
>
> *... Siehe, ich will dir kundtun, wie es gehen wird zur letzten Zeit des Zorns; denn auf die Zeit des Endes geht das Gesicht.*
>
> *Der Widder mit den beiden Hörnern, den du gesehen hast, bedeutet die Könige von Medien und Persien.*
>
> *Der Ziegenbock aber ist der König von Griechenland.*
>
> *Das große Horn zwischen seinen Augen ist der erste König.*

Einige Übersetzungen schreiben „König von Jawan". *Jawan* ist das hebräische Wort für „Ionien". Die Völker des Nahen Ostens nannten die Griechen „Ionier".

> *Daß aber vier an seiner Stelle wuchsen, nachdem es zerbrochen war, bedeutet, daß vier Königreiche aus dem Volk entstehen werden, aber nicht so mächtig wie er.*
>
> *In der letzten Zeit ihres Königreichs, wenn die Aufständischen überhandnehmen, wird aufkommen ein harter und tückischer König.*

Der wird mächtig sein, doch nicht durch seine Kraft. Er wird auf wundersame Weise verwüsten, und es wird ihm gelingen, was er tut. Er wird Mächtige verstören und auch das Volk der Heiligen.

Und durch seine Klugheit wird ihm der Betrug gelingen, und er wird sich selbst erhöhen in sein Herz, und in Frieden viele verstören und wird aufstehen gegen den Fürsten aller Fürsten; aber er wird zerbrochen werden ohne Zutun von Menschenhand.

(Daniel 8,17–25)

Auffallend ist, wie oft der Text betont (mit drei Wiederholungen gleich zu Anfang der Auslegung), dass die Vision sich auf die „Zeit des Endes", das heißt auf die vormessianische Wendezeit bezieht. Wir erkennen auch den Antichrist, der, wie in Daniel, Kapitel 7 auch hier das „*kleine Horn*" genannt wird und „*ohne Zutun von Menschenhand*" vernichtet wird. Der letztere Ausdruck kam bereits im zweiten Kapitel vor:

Das sahst du, bis ein Stein herunterkam ohne Zutun von Menschenhänden; der traf das Bild an seinen Füßen, die von Eisen und Ton waren, und zermalmte sie.

(Daniel 2,34)

Diese Verse deuten die Intervention des Messias an – ein Ereignis, das nicht durch menschlichen Willen oder menschliche Handlung ausgelöst wird – und bestätigen nochmals, dass wir es hier mit Geschehnissen zur Wendezeit zu tun haben.

Dass der Aufteilung Griechenlands in der Vision von Daniel, Kapitel 8, so viel Aufmerksamkeit geschenkt wird, liegt daran, dass sie uns auf die genaue Region der Erde verweist, aus der sich der Antichrist erheben wird – nämlich aus einem der vier Teile des früheren griechischen Imperiums:

... und es wuchsen an seiner [Alexanders] Stelle vier andere Hörner nach den vier Winden des Himmels hin.

Und aus einem von ihnen wuchs ein kleines Horn; das wurde sehr groß nach Süden, nach Osten und nach dem herrlichen Land hin. ...

... Daß aber vier an seiner [Alexanders] Stelle wuchsen ... be-

deutet, daß vier Königreiche aus dem Volk entstehen werden,

In der letzten Zeit ihres Königreichs ... wird aufkommen ein harter und tückischer König.

(Daniel 8,8–9, 22–23)

Manche Gelehrte interpretieren diese Prophezeiungen als auf einen tyrannischen Statthalter in Israel zutreffend, der während der späteren griechischen Herrschaft an der Macht war und von dem wir aus historischen Quellen wissen, dass er den Tempel in Jerusalem entweiht und die jüdische Religionsausübung unterdrückt hat.

Doch diese Deutung deckt sich nicht mit den anderen Prophezeiungen, die das kleine Horn eindeutig mit dem Antichrist gleichsetzen. Es ist sicherlich aus diesem Grund – das heißt, um solche Missverständnisse zu vermeiden –, dass die Prophezeiung so klar andeutet, dass die Information sich auf die „Zeit des Endes" bezieht, die durchgehend mit der vormessianischen Zeit gleichzusetzen ist, wie wir bereits erwähnt haben.

Die Geburtsstätte des Antichrist

Die Prophezeiung weist uns also auf die vier Teile des späteren griechischen Reiches hin: *„In der letzten Zeit ihres Königreichs ..."* und darauf, dass der Antichrist sich aus einem dieser Teile erheben wird: *„... aus einem von ihnen wuchs ein kleines Horn ..."*

Diese vier Teile sind:

1. *das Reich des Kassander:* bestehend aus Griechenland und Mazedonien,
2. *das Reich des Lysimachus:* bestehend aus Thrakien (entspricht etwa dem heutigen Bulgarien) und den westlichen und nördlichen Teilen Kleinasiens (etwa die heutige West- und Nord-Türkei),
3. *das Reich des Seleucus:* bestehend aus dem nördlichen Teil Syriens, dem östlichen Teil Kleinasiens, Armenien, Mesopotamien, Afghanistan, Pakistan bis hin zu Indien (ein riesiges Gebiet), und
4. *das Reich des Ptolemäus:* bestehend aus Ägypten, Nord-Lybien

und dem südlichen Teil Syriens, der damals auch das heutige Israel einschloss.

Um uns zu verraten, welcher der vier Teile gemeint ist, sagt die Prophezeiung in Vers 9, dass der Antichrist zu wachsen beginnt bzw. seinen Einfluss nach Süden, nach Osten und in Richtung auf das „*herrliche Land*" hin ausdehnen wird; sie gibt also genau drei Richtungen an.

Der Ausdruck „*herrliches Land*", wie er in der Bibel benützt wird, bezieht sich auf Israel, wie etwa auch in Psalm 106, Vers 24: „*Und sie achteten das herrliche Land gering; sie glaubten seinem Worte nicht.*" Aus dem Zusammenhang ist ersichtlich, dass der Psalmist über Israel spricht.

Sehen wir uns nun eine Landkarte[1] des früheren griechischen Imperiums an, um herauszufinden, welches dieser vier Länder der Prophet meinen könnte.

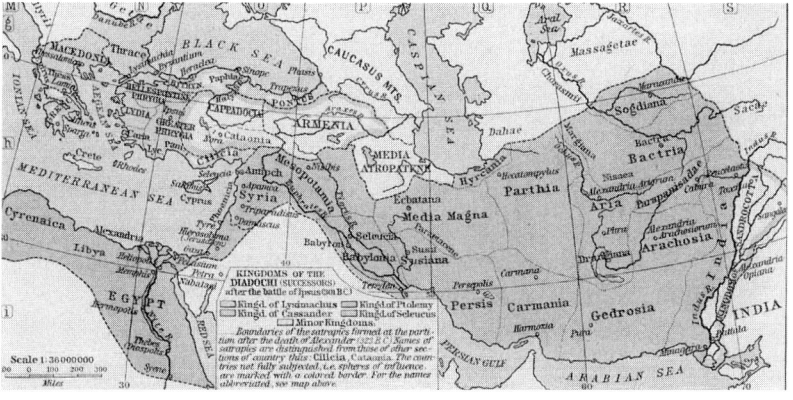

Dass der Aufteilung Griechenlands in der Vision des Propheten Daniel so viel Aufmerksamkeit geschenkt wird, liegt daran, dass sie uns auf die genaue Region der Erde verweist, aus der sich der Antichrist erheben wird – nämlich aus einem der vier Teile des früheren griechischen Imperiums.

Die angegebenen Richtungen sind: südwärts, ostwärts und in Richtung Israel. Wenn wir uns von Griechenland aus nach Süden bewegen wollen, landen wir im Meer. Eine Ausdehnung nach Osten hin wäre auf ähnliche Weise begrenzt.

Vom westlichen Teil der Türkei aus hätten wir das gleiche Problem wie von Griechenland aus, was eine südliche Bewegung oder eine Ausdehnung in Richtung Israel betrifft. Eine Expansion nach Osten wäre möglich.

Vom syrischen/mesopotamischen Teil aus wäre eine Ausdehnung nach Süden und in Richtung Israel kein Problem. Eine Expansion nach Osten hin wäre sicher nicht unmöglich, aber etwas problematischer. Das Reich des Seleucus streckte sich ohnehin schon sehr weit nach Osten (bis nach Indien), obwohl dies eine weitere Ausdehnung nach Osten nicht unbedingt ausschließen würde.

Der aussichtsreichere Kandidat jedoch scheint der ptolemäische Teil zu sein, dessen Zentrum Ägypten war, obwohl es Ptolemäus später gelang, weitere Teile Nord-Afrikas in sein Reich zu integrieren. Südlich von Ägypten liegt Afrika und ostwärts, die Sinai-Halbinsel (die auch zu Ägypten gehört) überquerend, erstreckt sich Arabien. Von dort aus liegt Israel im Norden oder Nordosten.

Das Kind des Ostens

Diese Variante deckt sich auch mit einer Vision Jeane Dixons, derzufolge der Antichrist aus dem arabischen Raum, als Nachkomme des ägyptischen „Ketzerpharaos" Echnaton und seiner Königin Nofretete, kommen soll:

„... Mein Blick wurde von Nofretete angezogen und von dem Kind, das sie sanft in ihrem freien Arm wiegte. ... Die Umstände der Geburt des ‚Kindes des Ostens' und die Ereignisse, die ich seitdem in seinem Leben stattfinden gesehen habe, lassen ihn sehr christusähnlich erscheinen. Dennoch ist der Unterschied so groß, dass ich nicht den leisesten Zweifel hege, dass das ‚Kind' der Antichrist in Person ist ...

... Ich sehe, dass es sich nicht mehr in dem Land aufhält, in dem es geboren wurde. Es wurde in ein anderes Land des Nahen Ostens gebracht. Ich habe den zwingenden Eindruck, dass es sich um ein dichtbesiedeltes Gebiet der Vereinigten Arabischen Republik handelt ...

Wenn das Kind elf Jahre alt ist, beinahe zwölf, wird ihm etwas ungeheuer Wichtiges widerfahren. Zu dieser Zeit [1973–1974] werden wir noch nicht unbedingt von ihm hören, es wird jedoch dann seiner satanischen Mission gewärtig werden und erfahren, zu welchem Zweck es hier ist. Dann wird es seinen Einflussbereich ausdehnen und seine unmittelbare Umgebung wird den kleinen Kern seines Gefolges bilden, wenn es neunzehn Jahre geworden ist [1981]. Es wird in aller Stille mit ihnen arbeiten, bis es neunundzwanzig oder dreißig Jahre alt ist. Dann wird die Macht und Gewalt seiner Anwesenheit auf Erden die ersten verbotenen Früchte zu tragen beginnen [1991–92].“

Auch bei Nostradamus finden wir einen Satz, der den Antichrist mit dem arabischen Raum in Verbindung bringt. In einem seiner erklärenden Briefe schreibt Nostradamus: „... *Sodann beginnt die große Herrschaft des Antichrist in Draa und Ras Fes.*“[2]

Draa und *Ras Fes* sind arabische Worte bzw. Namen. Der *Draa* ist ein Fluss in Süd-Marokko, der einen Teil der Grenze zu Algerien bildet. *Ras* bedeutet „Kopf“ oder „Haupt“. *Fes* ist eine größere Stadt in Nord-Marokko. Sie ist eine der heiligen Städte des Islam, bekannt als ein Zentrum der islamischen Gelehrsamkeit. Sie beheimatet eine der angesehensten und ältesten islamischen Universitäten der Welt und ist traditionell als Ausgangsstätte einflussreicher islamisch-mystischer, in neueren Zeiten aber auch radikaler islamisch-politischer Strömungen bekannt.

Es ist sicher kein Zufall, dass das benachbarte Algerien, dessen Regierung einer weltlichen politischen Richtung folgen wollte, eines der ersten muslimischen Länder war, in der modernen Zeit die Auswirkungen radikaler islamischer Ideologien zu spüren bekamen. Marokko selbst, das als besonders islam-freundlich gilt, war nicht gefährdet.

Universitäten sind schon immer als Brutstätten für revolutionäre Bewegungen bekannt gewesen. Die junge Intelligenz hat die Zeit und Muße, sich mit sozio-politischen Fragen auseinanderzusetzen. Junge Leute sind außerdem von Natur aus dazu geneigt, radikale Lösungen in die Tat umzusetzen. Eine berühmte Universität wie die in Fes würde einer neuen Ideologie auch die Möglichkeit bieten, die junge muslimische Elite aus aller Welt zu erreichen und mit den Grundlagen und Strategien der neuen Bewegung vertraut zu machen. Es ist eine Tatsache, dass einige der prominentesten und radikalsten Führer der muslimisch-fundamentalistischen Gruppen der neuen Zeit gebildete junge Männer aus wohlhabenden Familien sind.

Extremistische Ausschreitungen in Jerusalem

Ein weiterer Aspekt der Prophezeiung von Daniel 8, der in diesem Zusammenhang interessant ist, ist die Erwähnung von gewissen „Aufständischen" oder „Übertretern" bzw. „Frevlern", wie einige Bibelausgaben das hebräische Wort *pescha*, das „Rebell" oder „Übertreter" sowohl im religiösen und moralischen als auch im politischen Sinne bedeuten kann, übersetzen:

> *Und ein Heer wurde gegen das tägliche Opfer eingesetzt wegen der Aufständischen ...*
>
> *In der letzten Zeit ihres Königreichs, wenn die Aufständischen überhandnehmen ...*
>
> (Daniel 8,12, 23)

Das *„tägliche Opfer"*, wie wir aus den weiteren Prophezeiungen erkennen werden, ist in Verbindung mit dem vorhergesagten Wiederaufbau des jüdischen Tempels in Jerusalem zu verstehen. Mit „Übertreter" oder „Aufständischen" könnten durchaus Extremisten gemeint sein, die jeden Friedensversuch im Nahen Osten durch Terrorakte vereiteln.

Eine Verknüpfung der obigen Auskünfte lässt uns vermuten, dass der Antichrist in irgendeiner Weise mit extremistischen islamischen Bewegungen in Verbindung steht – möglicherweise unerkannt, aus dem Hintergrund agierend, evtl. als ein neuer Ideologe. Diese Vermutung deckt sich exakt mit den Jahresangaben Jeane Dixons, was die Biographie des „Kindes des Ostens" betrifft.

Obwohl wir einer Bewegung zur Errichtung islamischer Gottesstaaten erst durch die iranische Revolution in konkreter Form begegnen, ist Iran nicht der Ursprung dieser Philosophie. Der stärkste und immer noch aktivste Flügel der Bewegung, die „Muslimbruderschaft", wurde bereits 1928 in Ägypten gegründet. Dies geschah als Reaktion auf damalige Versuche seitens der Regierungen mancher muslimischer Länder, den Islam zu unterdrücken. Unter dem ersten Führer der „Muslimbruderschaft", Hassan Al-Banna, wurde die Ideologie der neuen Bewegung formuliert: „Glaube und Staat, Buch und Schwert, ein Lebensweg."

Die Anhänger wurden von Anfang an von den Regierungen der muslimischen Staaten aufs Strengste verfolgt. Die Bewegung breitete sich trotzdem schnell in ganz Ägypten, Nord-Afrika, dem Sudan, Syrien, Palästina und dem Libanon aus.

Ab 1938 wurde die Bruderschaft politisch aktiver, ein terroristischer Zweig wurde 1940 formiert. Die Erfolge der Bewegung waren in den 40er und 50er Jahren mäßig. Einige der Führer wurden, nach diversen vereitelten Machtübernahmeversuchen in Ägypten, exekutiert. Die Bruderschaft agierte in den 60er und 70er Jahren eher aus dem Untergrund heraus. Anfang der 80er Jahre aber erlebte die Bewegung eine Erweckung. Seit Anfang der 90er Jahre ist sie weltweit zu einem beachtlichen und gefürchteten politischen Einfluss geworden. Heute hat sie Zweige in mehr als 70 Staaten der Welt.

Die Daten, die Jeane Dixon erwähnt, werden – aus dieser Perspektive betrachtet – besonders interessant:

„… Dann wird er seinen Einflussbereich ausdehnen, und seine unmittelbare Umgebung wird den kleinen Kern seines Gefolges bilden, wenn er neunzehn Jahre geworden ist (1981). Er wird in aller Stille mit ihnen arbeiten, bis er neunundzwanzig oder dreißig Jahre alt ist. Dann wird die Macht und Gewalt seiner Anwesenheit auf Erden die ersten verbotenen Früchte zu tragen beginnen (1991–92)."

Diese Auslegung trifft ebenfalls zu, wenn wir die Richtungen, die Daniel 8 für die Expansion des Einflussbereiches des Antichrist beschreibt, betrachten: nach Süden, Osten und in Richtung Israel.

Dass der islamische Radikalismus in den konfliktreichen Gebieten des früheren Palästina und des Libanon leicht Fuß fassen konnte, ist nicht überraschend. Besonders interessant aber ist dessen wachsender Einfluss nach Süden – in Afrika.

Der Islam – insbesondere seine streng-fundamentalistische Variante – hatte sich auf dem Schwarzen Kontinent seit den 80er Jahren schneller ausbreiten können als jede andere Religion zuvor. Eine nördliche Provinz Nigerias hat neuerlich sogar Schritte unternommen, um die Scharia das streng islamische Recht, einzuführen. In östlicher Richtung auf dem Globus ist der Einfluss der radikal-islamischen Bewegung sogar bis auf die Philippinen deutlich spürbar.

Eine der ältesten und bewährtesten Strategien, die Möchtegern-Herrschern seit Tausenden von Jahren immer wieder zur Machtübernahme verholfen hat, besteht darin, Feindbilder zu schaffen, von denen der aufkommende Herrscher das Volk, das Reich oder die Welt dann zu befreien verspricht. Diese Strategie wurde in der jüngeren Geschichte zuletzt von Napoleon, Hitler und den Kommunisten besonders wirksam eingesetzt.

Dass die diversen islamisch-extremistischen Bewegungen – Hamas, Hisbollah, al-Qaida etc. – seit den letzten zehn Jahren weltweit dermaßen effektiv und scheinbar koordiniert agieren konnten, lässt vermuten, dass sich eine inspirierende zentrale Führung hinter ihnen verbirgt. Würde der Antichrist als Führer dieser Bewegung fungieren, wäre ihm damit gelungen, sowohl eine beachtliche Machtbasis für sich als auch einen für alle stabilen Regierungen gefährlichen, scheinbar unbezwingbaren Feind geschaffen zu haben, den nur er in der Lage wäre zu zähmen, um sich später auf der internationalen politischen Bühne als gefeierter Friedensstifter präsentieren zu können.

Die Prophezeiungen beschreiben den Antichrist auf jeden Fall als einen äußerst gerissenen, sowohl politischen als auch pseudo-spirituellen, charismatischen Führer, dem es gelingen wird, im Nahost-Konflikt, der sich mittlerweile zur gefährlichsten Krisenquelle der Welt entwickelt haben wird, eine Einigung zu Stande zu bringen.

Jeane Dixon, die 1997 starb, erhielt in ihrem späteren Leben übrigens Offenbarungen, die detailliertere Angaben zur Geburt und Herkunft des Antichrist erlauben. Nach diesen soll der Vater des Antichrist ein direkter Nachfahre Echnatons, seine Mutter aber eine Jüdin sein. Die Juden beurteilen die Religion eines Menschen nach der Religion der Mutter – ist die Mutter Jüdin, wird das Kind als Jude betrachtet, auch wenn der Vater kein Jude ist. Dies würde es dem Antichrist erleichtern, von beiden Religionen akzeptiert zu werden. Eine weitere interessante Tatsache ist, dass der größte Teil der noch in Ägypten lebenden Nachfahren der urtümlichen Ägypter (also auch Echnatons) koptische Christen sind.

Extremismus auf beiden Seiten

Einige der Kommentare, die Sie oben gelesen haben, mögen den Eindruck erwecken, dass wir den Islam verteufeln möchten. Dies ist keineswegs der Fall. Der Islam ist in seinen Grundsätzen und als Religion sicher nicht weniger von Gott inspiriert als das Christentum, Judentum, der Hinduismus oder Buddhismus oder jede andere große Religion der Welt.

Als diabolisch betrachten wir, darauf möchte ich an dieser Stelle explizit hinweisen, lediglich fanatische, lebensverachtende, sich als unfehlbare höchste Instanz darstellende religiöse oder politische Ausschweifungen, die in verschiedenen Verkleidungen die Zivilisationen seit Jahrtausenden geplagt haben.

Egal ob christliche, jüdische, islamische oder hinduistische Extremisten sind alle miteinander gleichermaßen in der Lage, mörderische Terrorakte zu begehen. Der gewalttätige islamische Radikalismus verkörpert unserer Meinung nach außerdem keineswegs die wahre Seele des Islam. Jedem von uns, der jemals den *Koran* gelesen hat, wird dabei aufgefallen sein, wie oft diese Heilige Schrift die Barmherzigkeit als die grundlegende Eigenschaft Allahs betont.

Wir möchten auch darauf hinweisen, dass die Auslegungen, die wir in diesem Buch präsentieren, lediglich Theorien sind, die uns jedoch aufgrund der Prophezeiungen nach Beobachtung aktueller weltpolitischer Entwicklungen vernünftig erscheinen. Vor allem aber geht es uns darum, unsere Leser mit den prophetischen Texten vertraut zu machen, damit sie daraus Nutzen ziehen können, auch wenn manche unserer Auslegungen sich als irrtümlich oder unvollständig erweisen mögen.

Die Prophezeiungen machen außerdem darauf aufmerksam, dass manche prophetischen Botschaften erst dann vollständig verstanden werden, wenn die Ereignisse sich weiter zu entfalten beginnen.

Wir möchten somit zu den prophetischen Texten von *Daniel*, Kapitel 8 zurückkehren, um die Verse zu untersuchen, die wir bis jetzt der Einfachheit halber übersprungen haben. In diesen Versen finden wir eine Zeitprophezeiung und erste Hinweise auf Ereignisse, die die politische Zukunft Jerusalems, das vorhergesagte Nahost-Friedens-abkommen und das kommende bargeldlose Weltwirtschaftssystem betreffen – Ereignisse, die in den weiteren Daniel-Prophezeiungen und in der *Offenbarung des Johannes* genau erläutert werden.

Kapitel 15

Das „Bild des Tieres", die 666 und das Jerusalemer Friedensabkommen

In den weiteren prophetischen Kapiteln des *Buches Daniel* begegnen wir einigen Zeit-Prophezeiungen und genaueren Beschreibungen der dreieinhalbjährigen Herrschaft des Antichrist. Die betreffenden Texte können wir leichter verstehen, wenn wir sie zusammen betrachten. In Daniel, Kapitel 8 lesen wir:

> *Und es [das kleine Horn; der Antichrist] wuchs bis an das Heer des Himmels und warf einige von dem Heer und von den Sternen zur Erde und zertrat sie.*
>
> *Ja, es wuchs bis zum Fürsten des Heeres und nahm ihm das tägliche Opfer weg und verwüstete die Wohnung seines Heiligtums.*
>
> *Und ein Heer wurde gegen das tägliche Opfer eingesetzt wegen der Aufständischen, und das Horn warf die Wahrheit zu Boden. Und was es tat, gelang ihm.*
>
> *... Wie lange soll doch währen solch Gesicht vom täglichen Opfer und vom Greuel der Verwüstung, daß beide das Heiligtum und das Heer zertreten werden?*
>
> *... Bis zweitausenddreihundert Abende und Morgen vergangen sind; dann wird das Heiligtum wieder geweiht werden [Recht erhalten].*
>
> (Daniel 8,10–14)

Diese Prophezeiung liefert eine genaue zeitliche Angabe von 2300 Tagen. In „prophetischen Jahren" zu 360 Tagen gerechnet, sind das sieben Jahre weniger sieben Monate und zehn Tage. Die Bedeutung dieser Zeitspanne werden wir aus den weiteren Prophezeiungen erfahren.

Daniel-Kapitel 9, das die „siebzig Jahrwochen"-Prophezeiung beinhaltet, haben wir in Zusammenhang mit den messianischen Prophezeiungen bereits besprochen. Einer der letzten prophetischen Verse des Kapitels gibt uns noch folgende Information:

> *Er wird aber vielen den Bund stärken eine [Jahr]woche lang. Und in der Mitte der Woche wird er Schlachtopfer und Speisopfer abschaffen. Und im Heiligtum wird stehen ein Greuelbild, das Verwüstung anrichtet ...*
>
> (Daniel 9,27)

Er ist der Antichrist, wie sich aus dem Kontext ergibt. Ein *„Bund"* ist das, was wir heute einen Vertrag oder ein Abkommen nennen würden. Der Antichrist verpflichtet sich, ein zu seiner Zeit scheinbar bereits bestehendes (möglicherweise geheimes) Abkommen sieben Jahre lang zu unterstützen. Nach der halben Zeit, nach dreieinhalb Jahren also, bricht er sein Versprechen, indem er die Ausübung der Tempelriten verbietet und ein *„Greuelbild, das Verwüstung anrichtet"*, aufstellt. Die zweite Hälfte der Jahrwoche ist, wie wir noch sehen werden, die dreieinhalbjährige Regentschaftszeit des Antichrist. Über das sogenannte *Greuelbild* werden wir noch mehr erfahren.

Ein Teil der gleichen Erklärung wie in Daniel 9,27 wird im elften Kapitel des *Buches Daniel* wiederholt. Nach Beschreibungen von Widerständen, denen der Antichrist begegnet, heißt es:

> *... Dann wird er gegen den heiligen Bund ergrimmen und danach handeln und sich denen zuwenden, die den heiligen Bund verlassen.*
>
> *Und seine Heere werden kommen und Heiligtum und Burg entweihen und das tägliche Opfer abschaffen und das Greuelbild der Verwüstung aufstellen.*
>
> (Daniel 11,30–31)

In Daniel, Kapitel 12 lesen wir:

> *Zu jener Zeit wird Michael, der große Engelfürst, der für dein Volk eintritt, sich aufmachen. Denn es wird eine Zeit so großer*

Trübsal sein, wie sie nie gewesen ist, seitdem es Menschen gibt,
bis zu jener Zeit ...

Er ... schwor ..., daß es eine Zeit und zwei Zeiten und eine halbe
Zeit währen soll; und wenn die Zerstreuung des heiligen Volkes
ein Ende hat, soll dies alles geschehen.

Und von der Zeit an, da das tägliche Opfer abgeschafft ist und
das Greuelbild der Verwüstung aufgestellt wird, sind tausend-
zweihundertneunzig Tage. Wohl dem, der da wartet und erreicht
tausenddreihundertfünfunddreißig Tage!

(Daniel 12,1, 6–7, 11–12)

Nochmals: Dreieinhalb Jahre und 30 bzw. 75 zusätzliche Tage, für die
wir die Erklärung im *Buch der Offenbarung* erfahren werden. Sie haben
mit der biblischen Lehre des „Jüngsten Gerichts" und der „Auferstehung der Gerechten" nach der Ankunft des Messias zu tun. Darauf bezieht sich wohl auch der letzte Vers des *Buches Daniel.*

Du aber, Daniel, geh hin, bis das Ende kommt, und ruhe, bis du
auferstehst zu deinem Erbteil am Ende der Tage!

(Daniel 12,13)

Jerusalem als Welt-Hauptstadt

In drei der vier Evangelien des Neuen Testaments finden wir Stellen,
in denen Jesus die Fragen seiner Jünger, seine Wiederkehr und den
Beginn des messianischen Zeitalters betreffend, beantwortet. Jedes Mal
bezieht er sich auf die obigen Daniel-Passagen.

Hier einige Verse aus dem 24. Kapitel des *Matthäusevangeliums.*
Nach Hinweisen auf die „Zeichen der Zeit" und auf die Verfolgung der
Gläubigen sagt Jesus:

Wenn ihr nun sehen werdet den Greuel der Verwüstung stehen
an der heiligen Stätte, von dem gesagt ist durch den Propheten
Daniel – wer das liest, der merke auf!

... es wird alsdann eine große Trübsal sein, wie sie nicht gewesen
ist von Anfang der Welt bisher und auch nicht wieder werden wird.

... Bald aber nach der Trübsal jener Zeit werden Sonne und Mond den Schein verlieren, und die Sterne werden vom Himmel fallen, und die Kräfte des Himmels werden ins Wanken kommen,

und alsdann wird erscheinen das Zeichen des Menschensohnes am Himmel. Und alsdann werden heulen alle Geschlechter auf Erden und werden kommen sehen des Menschen Sohn in den Wolken des Himmels mit großer Kraft und Herrlichkeit.

(Matthäus 24,15, 21, 29–30)

Der frühchristliche Apostel Paulus schien mit den Daniel-Prophezeiungen ebenfalls vertraut gewesen zu sein. Im zweiten Kapitel seines *Zweiten Briefes an die Thessalonicher* antwortet er auf irrtümliche Gerüchte in der Gemeinde, die die Lehre beinhalteten, dass die Rückkehr des Messias in Kürze zu erwarten sei. Paulus schreibt dazu:

Was nun das Kommen unseres Herrn Jesus Christus angeht und unsere Vereinigung mit ihm, so bitten wir euch, liebe Brüder,

daß ihr euch nicht so bald wankend machen lasset in eurem Sinn noch erschrecken weder durch eine Offenbarung im Geist noch durch ein Wort noch durch einen Brief, wie von uns gesandt, als ob der Tag des Herrn schon da sei.

Lasset euch von niemand verführen, in keinerlei Weise; denn er kommt nicht, es sei denn, daß zuvor der Abfall komme und offenbart werde der Mensch der Sünde, der Sohn des Verderbens,

der da ist der Widersacher und sich überhebt über alles, was Gott oder Gottesdienst heißt, so daß er sich setzt in den Tempel Gottes und vorgibt, er sei Gott.

(2. Thessalonicher 2,1 ff.)

Wenn wir die obigen Passagen zusammenführen, erfahren wir, dass der Antichrist ein sogenanntes „*Greuel(bild) der Verwüstung*" oder ein „*Greuelbild, das Verwüstung anrichtet*", wie es etwa in Daniel, Kapitel 9 heißt, auf der „*Heiligen Stätte*" – im „*Tempel Gottes*" – errichten lässt. Dieses Heiligtum bzw. der Tempel ist in Jerusalem zu vermuten. Alle alttestamentarischen Stellen, die den Tempel oder das Heiligtum erwähnen, beziehen sich auf den Tempel in Jerusalem. Wir haben somit Grund anzunehmen, dass der Antichrist seinen Regierungssitz in Jerusalem errichten wird.

Aus Daniel 11,45 erhalten wir noch folgende Auskunft. Wie wir später aus dem Zusammenhang erkennen werden, spricht der Prophet über den Antichrist.

> *Und er wird seine prächtigen Zelte aufschlagen zwischen den*
> *Meeren zum herrlichen, heiligen Berg; aber es wird mit ihm ein*
> *Ende nehmen, und niemand wird ihm helfen.*
>
> (Daniel 11,45)

Jerusalem liegt in der Bergregion zwischen Totem Meer und Mittelmeer.

(Einige Übersetzungen schreiben bei Daniel 11,45 nicht *„zwischen den Meeren zum herrlichen, heiligen Berg"*, sondern *„zwischen den Meeren und dem herrlichen, heiligen Berg."* Der hebräische Text benutzt aber das Wort *le´her,* was *„zum* Berg" bedeutet. Um „und" auszudrücken, müsste der Text *we´her* heißen.)

Auch andere Textstellen im Alten Testament nennen Jerusalem den *„heiligen Berg"*.

> *Und sie werden alle eure Brüder aus allen Völkern herbringen*
> *dem Herrn zum Weihgeschenk ... nach Jerusalem zu meinem*
> *heiligen Berge, spricht der Herr.*
>
> (Jesaja 66,20)

Die Verbindung zwischen dem Antichrist und Jerusalem wird auch von Jeane Dixon erwähnt: *„... Der Antichrist wird, wie Christus, Jerusalem zum Mittelpunkt seiner Arbeit machen."*

Das Malzeichen des Tieres

Zum Thema „Greuelbild" erhalten wir aus dem berühmt-berüchtigten 13. Kapitel der *Offenbarung des Johannes* noch den wichtigen Hinweis:

> *Und es ward ihm gegeben ein Maul, zu reden große Dinge und*
> *Lästerungen, und ward ihm gegeben, daß es mit ihm währte*
> *zweiundvierzig Monate lang.*

Und es tat sein Maul auf zur Lästerung gegen Gott, zu lästern seinen Namen und seine Wohnung und die im Himmel wohnen.

Und ihm ward gegeben, zu streiten wider die Heiligen und sie zu überwinden; und ihm ward gegeben Macht über alle Geschlechter und Völker und Sprachen und Nationen.

... Und es tut große Zeichen, daß es auch macht Feuer vom Himmel fallen auf die Erde vor den Menschen; und verführt, die auf Erden wohnen, durch die Zeichen, die ihm gegeben sind, zu tun vor dem Tier; und sagt denen, die auf Erden wohnen, daß sie ein Bild machen sollen dem Tier ...

Und es ward ihm gegeben, daß es dem Bilde des Tieres Geist gab, damit des Tieres Bild redete und machte, daß alle, welche nicht des Tieres Bild anbeteten, getötet würden.

Und es macht, daß sie allesamt, die Kleinen und Großen, die Reichen und Armen, die Freien und Knechte, sich ein Malzeichen geben an ihre rechte Hand oder an ihre Stirn,

daß niemand kaufen oder verkaufen kann, er habe denn das Malzeichen, nämlich den Namen des Tieres oder die Zahl seines Namens.

Hier ist Weisheit! Wer Verstand hat, der überlege die Zahl des Tieres; denn es ist eines [des] Menschen Zahl, und seine Zahl ist sechshundertsechsundsechzig.

(Offenbarung 13,5–7,13–18)

Aus den oben zitierten Bibelstellen kristallisieren sich drei klar erkennbare Themen oder Elemente heraus:

1. Der „Heilige Bund" und das „Tägliche Opfer";
2. das „Greuelbild der Verwüstung" oder das „Bild des Tieres", wie es in der *Offenbarung* genannt wird, und
3. die dreieinhalbjährige „Zeit der Trübsal" oder Herrschaft des Antichrist.

Dem Leser mag aufgefallen sein, dass die Prophezeiungen diese Elemente mehrfach wiederholen, zeitweise unter Verwendung diverser Ausdrücke und Beschreibungen. Diese Wiederholung ist eine Art Sicherheitsmaßnahme, der wir bei den Bibelprophezeiungen öfters begegnen. Sie soll die Vermittlung wichtiger Hinweise gewährleisten, trotz möglicher Übersetzungsfehler oder Fehldeutungen.

Das Jerusalemer Friedensabkommen

Dass das Abkommen der „Heilige Bund" genannt wird, lässt darauf schließen, dass es sich dabei möglicherweise eher um ein Übereinkommen zwischen den Religionen als um ein rein politisches Abkommen handeln dürfte.

Jerusalem gilt für drei Weltreligionen als heilige Stätte. Die orthodoxen Juden hegen bis heute die Absicht, den Jerusalemer Tempel, der im Jahre 70 n. Chr. durch die Römer zerstört wurde, wieder aufzubauen. Tatsächlich hat die orthodoxe jüdische Gemeinde in Israel die konkreten Pläne und Bauzeichnungen für einen solchen Tempel – für eine Weltsynagoge – schon vor Jahren erarbeitet.

Es ist heute schwer vorstellbar, dass in unserer modernen Zeit die Ausübung religiöser Opferrituale wieder in Erwägung gezogen wird, und doch ist genau das der Fall. Die orthodoxen jüdischen Gläubigen betrachten die Regeln und Gebote in den Gesetzen von Moses heute noch als gültig und bindend. Diese Gesetze beschreiben gewisse Opferriten, die nach genauer Auslegung der mosaischen Anweisungen nur im Tempel von Jerusalem ausgeführt werden dürften.

Ein wesentliches Hindernis zur Wiedererrichtung des jüdischen Heiligtums aber ist der Umstand, dass am vermuteten ehemaligen Standort des ursprünglichen Tempels inzwischen zwei der ältesten und heiligsten Moscheen des Islam errichtet wurden (der Felsendom ca. 661 n. Chr. und die al-Aqsa-Moschee ca. 710 n. Chr). Zusammen mit Medina und Mekka, dem Geburtsort des Propheten und Standort der heiligen Kaaba, ist Jerusalem – als jener Ort, von dem aus nach muslimischer Überlieferung Mohammed in den Himmel aufgestiegen ist – eine der drei heiligen Städte des Islam.

Muslims verehren außerdem nicht nur Mohammed, sondern auch Jesus und David als Gesandte Gottes. Sie betrachten somit Jerusalem auch als Wirkungsstätte ihrer wichtigsten Propheten.

Die Bedeutung, die Jerusalem für die christliche Religion hat, bedarf keinerlei Erklärung.

Die Nahostreise des Papstes

Im Frühjahr 2000 erreichten uns Nachrichten, wonach der Papst gegenüber den anderen Religionen bedeutende Gesten der Versöhnung machte in Vorbereitung auf seinen historischen Besuch in Jerusalem. Gespräche mit religiösen Führern des Judentums und des Islam waren im Zuge des Besuches geplant.

Interessanterweise war auch ein Zusammentreffen mit den Generalkonsuln jener Länder auf der Tagesordnung, die wir im Kapitel 13 bereits erwähnt haben – nämlich mit denen von Frankreich, Italien und Spanien –, die nach der osmanischen Regelung des 19. Jahrhunderts besondere Rechte an der Heiligen Stadt haben. Johannes Paul II. hatte bereits einige Monate vorher ein Vorgespräch mit Yassir Arafat geführt. Ein wesentlicher Teil des Gesprächsinhaltes hatte die Zukunft Jerusalems zum Thema.

Möglicherweise werden die religiösen Führer zu Stande bringen, was den Politikern allein verwehrt blieb – ein Übereinkommen zu erreichen, um einen Prozess in die Wege zu leiten, wodurch eine Art „Neutralität" für Jerusalem als Heilige Stadt der drei Religionen garantiert wird. Das daraus resultierende Abkommen würde den großen Religionsgemeinschaften freien Zugang zu ihren heiligen Stätten sichern, um ihre Riten ungehindert auszuüben.

Die Prophezeiungen sprechen auf jeden Fall von einem Abkommen, wonach es unter anderem den orthodoxen Juden möglich gemacht wird, den mosaischen Tempel wieder zu errichten und die Opferriten zu beginnen. Der Zusammenhang zwischen dem Abkommen und den Opferhandlungen ist in den Prophezeiungen klar ersichtlich; der Antichrist bricht das Abkommen, indem er das *„tägliche Opfer"* verbietet.

Der Tempelbau und die Zeit der Trübsal

Wir haben bereits gesehen, dass eine siebenjährige Periode mit dem Abkommen in Verbindung steht:

> *Er [der Antichrist] wird aber vielen den Bund stärken eine [Jahr]woche lang. Und in der Mitte der Woche wird er Schlachtopfer und Speisopfer abschaffen. Und im Heiligtum wird stehen ein Greuelbild, das Verwüstung anrichtet ...*
>
> (Daniel 9,27)

> *... Wie lange soll doch währen solch Gesicht vom täglichen Opfer und vom Greuel der Verwüstung, daß beide das Heiligtum und das Heer zertreten werden?*
>
> *... Bis zweitausenddreihundert Abende und Morgen vergangen sind; dann wird das Heiligtum wieder geweiht werden.*
>
> (Daniel 8,13–14)

Der Antichrist wird anscheinend befugt sein, das Abkommen „abzusegnen" und eine Periode von sieben Jahren – möglicherweise als Probezeit – für dessen Wirksamkeit einzuräumen. Der Beginn der siebenjährigen Probezeit dürfte die Wiedererrichtung des jüdischen Tempels in Jerusalem ermöglichen.

Als Antwort auf seine Frage betreffend das „*tägliche Opfer*", das „*Greuel der Verwüstung*" und die Verfolgung der „*Heiligen*" (die während der dreieinhalbjährigen Herrschaft des Antichrist stattfindet) erfährt Daniel von einem Zeitraum von 2300 Tagen. In „prophetischen Jahren" zu 360 Tagen gerechnet, sind das sieben Jahre weniger sieben Monate und zehn Tage.

Diese sieben Monate und zehn Tage, die auf die sieben Jahre fehlen, könnten durchaus die Zeit sein, die der Tempelbau in Anspruch nehmen wird. Die Opferhandlungen können erst aufgenommen werden, nachdem der Tempel errichtet ist.

Die Prophezeiungen zeigen, dass das Abkommen, das die Opferhandlungen wieder ermöglicht, nach dreieinhalb Jahren durch den Antichrist gebrochen wird. Nachdem er sich in seiner politischen Position gefestigt fühlt, werden seine Verbindungen zu Strömungen offenbar, die diesen religiösen Brauch – und darüber hinaus jegliche religiöse Betätigung – bekämpfen wollen.

Er wird diesen Ritualen ein Ende setzen und im Heiligtum in Jerusalem sein „Bild" errichten, das „*Greuelbild, das Verwüstung anrichtet*", wie es die Prophezeiungen nennen. Dieses Ereignis wird den Beginn einer dreieinhalbjährigen Periode der Verfolgung kennzeichnen, nicht nur der Religionen, sondern vermutlich aller, die nicht bereit sind, sich der utopischen Weltregierung des Antichrist unterzuordnen.

Das „Bild des Tieres" und die 666

Wenn wir die Beschreibungen in den oben zitierten Versen aus *Offenbarung* 13,16-17 lesen:

> Und es macht, daß sie allesamt, die Kleinen und Großen, die Reichen und Armen, die Freien und Knechte, sich ein Malzeichen geben an ihre rechte Hand oder an ihre Stirn,
>
> daß niemand kaufen oder verkaufen kann, er habe denn das Malzeichen, nämlich den Namen des Tieres oder die Zahl seines Namens.

können wir nicht umhin, zu der Ansicht zu gelangen, dass es sich bei diesem „*Greuelbild*" des Antichrist – dem „*Bild des Tieres*" – um nichts anderes als einen hochentwickelten Computer handeln kann, dessen Funktion unter anderem die Überwachung der Weltwirtschaft bis hin zu jeder einzelnen Transaktion zwischen Privatpersonen sein dürfte. Es wäre das Symbol und Herz des neuen Regimes, das versprechen wird, Frieden und Wohlstand für alle zu gewährleisten, zum großen Teil als Ergebnis der technologischen Errungenschaften des Menschen.

Der Aufbau der neuen Weltregierung würde mit der sukzessiven Zuweisung von unverwechselbaren Identifikationsnummern beginnen, die wahrscheinlich als Sozial- und Krankenversicherungsnummer, später auch als Bank-Code, Kreditkartennummer etc. in einem fungieren würden. Die Idee wäre vermutlich, unter anderem die Verwendung von Bargeld abzuschaffen und die damit verbundenen Tendenzen zu Verlust, Diebstahl, Fälschung und andere Formen der Kriminalität und Korruption – von Steuerhinterziehung bis zur Geldwäsche von Drogenhandels-, Bestechungsgeldern etc. – zu beseitigen.

Mikrochips, Strichcodes und die Zahl 666

Sämtliche Geschäftsplätze könnten mit der Großrechenanlage vernetzt werden, sodass es nach und nach jedem, der keine Nummer hat, unmöglich wäre, irgendetwas zu kaufen oder zu verkaufen. Die Nummer oder das *„Malzeichen des Tieres"*, wie die Prophezeiung sie nennt, könnte ein personalisierter Computercode sein, dessen Datenträger (ein Mikrochip) unter die Haut injiziert werden könnte – in die rechte Hand oder sogar in die Stirn – um einem möglichen Verlust, Diebstahl oder dem widerrechtlichen Entfernen vorzubeugen.

Mikrochips dieser Art werden bereits verwendet. Ein solches System, das der Identifizierung von Haustieren und der Feststellung von deren gesundheitlichem Zustand dient, wird zurzeit in der EU eingeführt – eine Art Reisepass und Gesundheitsnachweis in einem. Der Chip wird unter die Haut des Tieres injiziert und erleichtert dem Tier und dessen Besitzer die Überquerung staatlicher Grenzen. Zudem werden injizierte Chips im Bereich des Tierschutzes eingesetzt. Gefährdete Tiere werden eingefangen, mit Mikrochips versehen und wieder frei gelassen. Diese Technologie wird auf Dauer sogar die Ortung per Satellit ermöglichen.

Darüber hinaus wird der Einsatz von injizierten Mikrochips auch bei Menschen bereits in Erwägung gezogen – vorerst im Gesundheitsbereich. Besonders gefährdete Personen, z. B. Epileptiker, Diabetiker, Hämophile oder Herzpatienten, könnten somit ihre medizinischen Daten – Blutgruppe, Krankheitsbild etc. – immer bei sich tragen, ohne sie verlieren zu können. Der sofortige Zugang zu diesen Informationen könnte sich im medizinischen Notfall als lebensrettend erweisen.

Einige Krankenkassen haben damit begonnen, ein Chipkartensystem einzuführen. Die Karten wären den uns vertrauten Bankomatkarten ähnlich und würden essenzielle medizinische Personaldaten enthalten. Die Karten könnten Krankenscheine überflüssig machen und müssten bei Apotheken-, Arzt- bzw. Krankenhausbesuchen vorgewiesen werden. Ähnliche Geräte wie bei Bankomatkassen werden dann dazu verwendet, die Karten zu lesen und Informationen an das Gesundheitspersonal weiterzugeben, zugleich aber auch, um neue Daten über verschriebene bzw. ausgehändigte Arzneimittel, Behandlungen etc. auf der Chipkarte zu speichern. Zur Identifizierung von Patient, Behandlung oder Medikament würde das uns inzwischen aus den Supermärkten sehr vertraute „Computerstrichcode"-System verwendet.

Besonders interessant in diesem Zusammenhang ist die Tatsache, dass alle Strichcodes (engl.: *barcodes*) die Zahl 666 aufweisen, unabhängig davon, welches Produkt sie bezeichnen oder welche Funktion sie erfüllen. Bei den Strichcodes – technisch korrekt „Universal Product Codes" (UPCs) genannt – werden Zahlen durch Leerstellen und dünne oder dicke Striche dargestellt. Die einmalige Kombination dieser und deren Entfernung voneinander lässt erkennen, welche Zahl sie repräsentieren.

Zusätzlich zu den Produktnummern und Preisinformationen lassen sich auf allen UPCs drei identische Streifenpaare erkennen – links, rechts und in der Mitte. Diese Streifenpaare vermitteln lediglich Orientierungsbefehle (Beginn, Mitte, Stopp) an die Lesegeräte bzw. an die Computer, die die Daten verwalten. Jeder dieser drei gleichen Orientierungscodes besteht aus **zwei dünnen Strichen nebeneinander**. Interessanterweise ist die Kombination von zwei dünnen, nebeneinander stehenden Strichen **derselbe Code**, der zur Darstellung der Zahl **Sechs** verwendet wird. Somit weisen alle UPCs, unabhängig davon, zu welchem Zweck sie verwendet werden, die Zahl 666 auf. Hier abgebildet sind einige UPC-Muster, die diese Korrelation sehr deutlich erkennen lassen.

Abb. 1: Die Zahlen 1 bis 9, als Barcode dargestellt. Ersichtlich ist, dass für jeden der drei Orientierungscodes die gleiche Strichkombination benutzt wird wie für die Zahl 6.

Abb. 2: Von einem Standard-UPC-Generator erzeugter Barcode, der die Zahl 1234566666 darstellt und die Orientierungscodes jeweils als Sechser erkennen lässt.

Abb. 3: Die Barcode-Darstellung der willkürlich ausgesuchten Zahl 7797502265 weist, wie jeder UPC, die drei Orientierungsstriche 666 auf.

Abb. 1　　　　　Abb. 2

Abb. 3

Dass Andeutungen auf ein solches System in einem 2000 Jahre alten Text erscheinen sollten, macht das 13. Kapitel der *Offenbarung des Jo-*

hannes zweifellos zu einer der merkwürdigsten prophetischen Passagen, die der Menschheit jemals überliefert wurden.

Perfekte Überwachung: Radio Frequency Identification (RFID)

RFID-Chips lösen nach und nach Strichcodes bei der Kennzeichnung von Waren und Transportbehältern ab. Aber auch Menschen lassen sich per Funktechnologie überwachen und verfolgen. Die neue Technologie erlaubt es, Objekte, Tiere oder Menschen so zu kennzeichnen, dass sie per Funk identifiziert werden können. Sie wird in den nächsten Jahren zum globalen Standard werden.

Ein RFID-System besteht aus einem *Transponder* – ein Kunstwort aus den englischen Begriffen *transmit* (übertragen) und *respond* (antworten) –, einem Lesegerät und einer daran angeschlossenen Datenbank. Der Transponder – auch als Smartchip oder *RFID-Tag* (Funketikett) bezeichnet – fungiert als Datenträger. Er enthält einen Mikroprozessor-Chip samt Speicher, auf dem sich Informationen über das gekennzeichnete Objekt befinden und um den sich eine Antenne windet. Der Chip ist kaum größer als der Kopf einer Stecknadel.

Zum Ablesen sendet ein Lesegerät ein elektromagnetisches Signal aus, das die Antenne des Funkchips empfängt. Anders als bei einem herkömmlichen Barcode ist zum Erfassen der Daten kein Sichtkontakt zwischen Etikett und Lesegerät erforderlich. Zudem lassen sich mehrere Dutzend bis zu einigen Hundert Funketiketten gleichzeitig auslesen.

In Zukunft könnten beispielsweise Supermarktkassen alle Waren im Einkaufswagen schon beim Vorbeifahren per Funk erfassen und den Gesamtpreis berechnen. Über die Bankkarte des Kunden (oder noch einfacher, über seinen implantierten Chip) könnte der Betrag sogar gleich vom Konto abgebucht werden.

Implantierbare Mikrochips

Zur Kennzeichnung von Waren oder Containern (oder Personen) dienen passive Transponder. Sie haben keine eigene Stromversorgung, sondern beziehen die zur Datenübertragung nötige Energie per Induktion aus den vom Lesegerät ausgesandten Funkwellen.

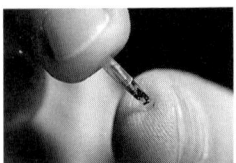

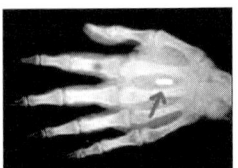

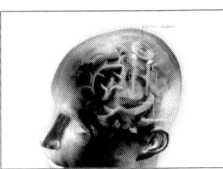

Transponder-Implantate dienen der Überwachung von Tieren und Menschen. Hier werden RFID-Chips unter die Haut verpflanzt.

Funktionelle passive Transponder-Implantate dienen z. B. der Überwachung von Tieren oder Menschen, indem RFID-Chips unter die Haut verpflanzt werden. Der *VeriChip* der US-Firma *Applied Digital* (eine Tochter von IBM) wurde im November 2004 in den USA als erster implantierbarer RFID-Chip für Menschen zugelassen. Zusammen mit einer Antenne steckt er in einem zylindrischen Glasröhrchen, das kaum größer ist als ein Reiskorn, und wird in den Körper injiziert.

> *„... und tut große Zeichen, dass es auch macht Feuer vom Himmel fallen vor den Menschen ..."*

Dieser Satz, der ebenfalls aus dem schon zitierten 13. Kapitel der *Offenbarung des Johannes* stammt, erinnert an eine weitere potenzielle Anwendungsmöglichkeit der RFID-Technologie. Menschen, die persönliche Mikrochips in sich oder mit sich tragen (z. B. in Mobiltelefonen), werden über die neuen, bald zum Einsatz kommenden Satelliten-Ortungssysteme jederzeit und überall lokalisiert werden können.

Besonders bedenklich ist dabei die Tatsache, dass diese neuen Ortungssysteme u. a. mit den ebenfalls neuen, bereits zum Teil im Einsatz befindlichen Weltraum-Laser-Abwehrsystemen gekoppelt werden. Diese wiederum funktionieren so präzise, dass sie gebündelte Laserstrahlen auf beliebige Ziele metergenau abfeuern können. Wahrlich ein sehr effektives Mittel zur „Terrorismusbekämpfung"!

Unter anderem werden auch die zunehmende Angst vor Terrorismus und die daraus „notwendig" erscheinenden Maßnahmen zum Ausfindigmachen von vermeintlichen Terroristen eines der Hauptargumente für den flächendeckenden, globalen Einsatz von implantierbaren RFID-Chips liefern.

Möglichen weiteren Botschaften der Prophezeiung, die sich in der Zahl 666 noch verbergen könnten, werden wir im folgenden Kapitel begegnen, wenn wir uns mit der Ideologie des Antichrist näher befassen.

Kapitel 16

Die (Wieder-)Auferstehung des Kommunismus

Und ich sah seiner Häupter eines, als wäre es tödlich wund, und seine tödliche Wunde ward heil. Und die ganze Erde verwunderte sich des Tieres,

und sie beteten den Drachen an, weil er dem Tier die Macht gab, und beteten das Tier an und sprachen: Wer ist dem Tier gleich, und wer kann wider es streiten?

Und ich sah ein zweites Tier aufsteigen von der Erde, das hatte zwei Hörner gleichwie ein Lamm und redete wie ein Drache.

Und es übt alle Macht des ersten Tieres vor ihm, und es macht, daß die Erde und die darauf wohnen, anbeten das erste Tier, dessen tödliche Wunde heil geworden war.

... und verführt, die auf Erden wohnen, durch die Zeichen, die ihm gegeben sind, zu tun vor dem Tier; und sagt denen, die auf Erden wohnen, daß sie ein Bild machen sollen dem Tier, das die Wunde vom Schwert hatte und lebendig geworden war.

... und es werden sich verwundern, die auf Erden wohnen, deren Name nicht geschrieben steht von Anfang der Welt in dem Buch des Lebens, wenn sie sehen das Tier, daß es gewesen ist und nicht ist und wieder sein wird.

(Offenbarung 13,3, 4, 11-14; 17,8)

„Die Kirche und der gerechte Vertreter Petri werden verfolgt werden durch den Antichrist ... Dasselbe wird geschehen durch die Lehre, die das Volk des Nordens verbreitet ...

... Es wird scheinen, als ob Gott den Satan freigesetzt hätte aus seinem höllischen Gefängnis, um dem großen Gog und Magog zu gestatten, aufzuerstehen ... und eine Verfolgung wird sein, wie sie die Kirche nie zuvor gesehen hat.

Auf dem Grunde meiner astronomischen Berechnungen, verglichen mit den Erklärungen der Heiligen Schrift, wird die Verfolgung der Kirche durch die Könige des Nordens kommen, die sich verbündet haben mit denen des Ostens.

... dann wird der mächtige Herrscher des Nordens stürzen. ... ein Verbündeter im Süden [wird sich] in kurzer Zeit erheben und die Gläubigen der Kirche weitere drei Jahre verfolgen. ... Das gesamte Volk Gottes, das das Gesetz beachtet und ehrt, wird bekämpft und verfolgt werden wie auch alle religiösen Orden ...

... Und dann wird allgemeiner Friede sein unter den Menschen, und die Kirche Jesu Christi wird gerettet sein vor aller Trübsal ... wird nicht mehr misshandelt werden durch die Ungläubigen aus dem Norden."

(aus den Briefen von Michel Nostradamus)

„Mächtige Wellen von Verstehen und Erhabenheit gingen von ihm aus. Dies war eine Wesenheit, die in irgendeiner Weise ‚nahm‘, indem sie ‚gab‘...

... Die Schlange, der biblische Drache, steht direkt mit der Figur des Antichrist in Verbindung. Dieser, ein Mensch, ein ‚Fürst des Friedens‘, wird auf der Erde erscheinen und behaupten, Christus zu sein; eines der verschiedenen Anzeichen für die Wiederkunft Christi.

... Es besteht kein Zweifel, dass er die Massen unter einer allumfassenden Lehre vereinigen wird. ... Ich habe das deutliche Gefühl, dass sich die westlichen Religionen irgendwie vermischen werden mit den Philosophien des Ostens. Ich sehe, wie ihm die Jugend zuströmen wird, um an seiner Weisheit teilzuhaben, in ähnlicher Weise, wie die jungen Leute heute zu ihren Gurus pilgern.

Ich sah die Menschheit das ‚Tal der Entscheidung‘ erreichen, eine Weggabelung, an der das ‚Kind des Ostens‘ seinen Schritt verlangsamte, als wäre es in tiefe Gedanken versunken. Dann tat es, mit einer sanften Bewegung seiner Gewänder, einen scharfen Schritt nach links. Dieser Augenblick bezeichnete den Punkt der Entscheidung. Jedem einzelnen ist die Wahl gegeben, sich nach links zu wenden und dem Kind zu folgen oder weiterzugehen, dorthin, wo der Pfad schmal und gerade wird."

(Jeane Dixon)

„Das gegenwärtige Zeitalter der Menschheit nähert sich rasch dem Höhepunkt seiner Entwicklung. Am Höhepunkt der Welle wird es einen Bruch geben zwischen den materiell Denkenden und den spirituell Denkenden. Viele werden abfallen, aber die Standfesten werden geführt werden, die Aufzeichnungen zu finden und sie überall zum Wohle der Menschen zu deuten ...

Heute steht der Mensch wiederum an der Schwelle zu einer neuen Zeit, dem Wassermann-Zeitalter, in dem die Menschheit ein neues Bewusstsein oder einen neuen Erkenntnisgrad erreicht – einer neuen Einheit der Welt."

(Edgar Cayce)

Die letzten sieben Jahre

Wir möchten uns in diesem Kapitel auf die unmittelbar bevorstehende Geschichtsepoche konzentrieren, insbesondere auf die Ereignisse der letzten „*Jahrwoche*" (aus Daniel, Kapitel 9), die in den Prophezeiungen als die letzten sieben Jahre der gegenwärtigen Wendezeit – als die letzten sieben Jahre vor Beginn des „Messianischen" oder „Goldenen Zeitalters" – betrachtet werden. Es dürfte sich demnach um die schwierigsten und turbulentesten Jahre der Menschheitsgeschichte handeln – aber zugleich um eine Zeit, in welcher wir einen spirituellen „Quantensprung" zu einer höheren Erkenntnisebene erleben werden.

Das zu erwartende unmittelbare Zukunftsszenario dürfte sich, nach unserem Verständnis der Prophezeiungen, kurz zusammengefasst etwa folgenderweise gestalten:

- **Als erstes ist zu erwarten, dass sich die globale Krisensituation in den nächsten Jahren drastisch verschärft.** Die Umweltprobleme werden dringlicher. Stärkere und häufigere Unwetterkatastrophen, meteorologische und geophysische Extreme sind zu erwarten: Überschwemmungen, Dürreperioden, Erdbeben, Vulkanausbrüche. Diese werden sich auch gesellschaftspolitisch in Form von Hungersnöten und Seuchen auswirken, die wiederum extreme wirtschaftliche Belastungen – zuerst für die Länder der Dritten Welt, aber auf längere Sicht für die ganze Welt – mit sich bringen werden.

Diese Umweltprobleme werden gemeinsam mit der zunehmenden Instabilität auf politischer Ebene – drohende Kriege und Krisenherde auf beinahe allen Kontinenten – eine wachsende Atmosphäre globaler Unsicherheit entstehen lassen. Die Weltbevölkerung wird ein akutes Bedürfnis nach Stabilität verspüren und – zuerst unbewusst, aber später ganz offen – eine starke zentrale, ordnungs- und gerechtigkeitsbringende Instanz und Autorität verlangen.

- **Als extremster Krisenherd wird sich der Nahe Osten erweisen.** Der aus der Nahost-Problematik entstandene islamische Extremismus wird in entfernten Teilen der Welt für weitere politische Instabilität sorgen. Mögliche Einigungen im Nahost-Konflikt werden immer wieder vereitelt, hauptsächlich durch wiederholte terroristische Angriffe.

- **Eine vielversprechende Einigung** (der siebenjährige „Heilige Bund") wird durch die Unterstützung eines charismatischen und geachteten politisch/spirituellen Führers doch erzielt. Die Weltbevölkerung wird sich diesem Führer, der sich später als der Antichrist herausstellen wird, ehrfurchtsvoll zuwenden, um Hoffnung und Zuversicht aus seiner Rhetorik und Philosophie zu schöpfen.

- **Jerusalem wird zur neutralen Stadt erklärt** und Juden, Muslims und Christen wird gleichermassen ungehinderter Zugang zu ihren heiligen Stätten und Freiheit in der Ausübung ihrer religiösen Rituale gewährt werden.

- **Der erhoffte Frieden** wird aber durch Konflikte zwischen den religiösen Fraktionen, extremistische Ausschreitungen und terroristische Angriffe erneut gestört. Der Antichrist wird diese (möglicherweise ohnehin heimlich von ihm angestifteten) Unruhen als Beweis für die Unvernunft und Gefährlichkeit der Religionen anführen und als Anlass benutzen, die Macht zu ergreifen. Dreieinhalb Jahre nach der Unterzeichnung des „Bundes" (in der Mitte der letzten „Jahrwoche") wird ein, von russischen Truppen angeführtes „Friedenskontigent" im Nahen Osten einfallen, um den Antichrist in seinem Vorhaben zu unterstützen.

- **Dem Antichrist werden – mit Unterstützung Russlands und Europas – Sondervollmachten erteilt** (vermutlich mittels eines UNO-Mandats), die ihm ermöglichen sollen, seine Pläne, die Welt aus der inzwischen extrem gefährlich gewordenen globalen Krise zu führen, in die Tat umzusetzen. (Die vorhergesagte Rolle Amerikas in dieser Zeit werden wir im siebzehnten Kapitel noch behandeln.)

- **Der Antichrist wird seine „humanistische" Philosophie und seine Vision, die Welt in eine ideale Kooperative zu führen, offenbaren.** Als Mittel zur Durchführung dieser Vision wird er den Aufbau eines neuen, bargeldlosen, computerisierten Weltwirtschaftssystems ankündigen und mit der Aufstellung eines zentralen Weltcomputers in Jerusalem die Grundlagen für die Einführung eines perfekten globalen Überwachungsstaates schaffen.

- **Trotz der sorgfältigen psychologischen und infrastrukturellen Vorbereitungen** (die übrigens schon seit Jahrzehnten laufen), die dieser Machtübernahme vorausgehen müssen, werden die Widerstände gegen die Einführung des neuen Systems heftig sein. Die Gegner des Regimes werden als eine uneinsichtige, reaktionäre Minderheit gebrandmarkt und als gesellschaftsfeindliche Elemente, die der Rettung der Welt im Wege stehen, verfolgt werden.
Während der dreieinhalb Jahre andauernden *Zeit der Trübsal* und der Verfolgung der Regimegegner (die zweite Hälfte der letzten Jahrwoche) wird ein Scheiden der Geister stattfinden zwischen denjenigen, die dem neuen System bedingungslos ergeben sind, und denjenigen, die die Grundlagen und Methoden der „neuen Weltordnung" als illusorisch bzw. als kriminell betrachten. Es wird nicht möglich sein, neutral zu bleiben. Für den Antichrist wird das Motto gelten: *„Wer nicht mit mir ist, ist gegen mich."*

- **Der letztlich aber doch erfolgende Zusammenbruch des Systems** wird die Augen derer öffnen, die die Lehren des Antichrist unkritisch befolgten und die radikalen Maßnahmen zur Durchsetzung seiner utopischen Pläne billigten. Die Jahre der Trübsal werden die gesamte Weltbevölkerung zu Konsequenzen zwingen und somit einen globalen Reifungsprozess bewirken. Die Menschheit wird sich während dieser Jahre mit grundlegenden Fragen über Leben und Tod oder „falsch" und „richtig" intensiv auseinandersetzen müssen und zu diesen konsequent Stellung nehmen.

Die Menschheit wird mehr Respekt für die Gesetze der Natur und Achtung für natürliche, liebevolle, sanfte Prozesse gewinnen und somit bereit sein, eine Führung zu akzeptieren, die globale Kooperation – basierend auf solchen Werten – einführen wird.

Urchristentum und Kommunismus

Wir dürfen hinsichtlich des Antichrist, obwohl er in den Prophezeiungen als die „Verkörperung des Satans" beschrieben wird, nicht annehmen, dass wir es mit einem feuerspeienden, tobenden Ungeheuer zu tun haben werden. Seine Philosophie dürfte subtil, vernünftig, sogar spirituell und liebevoll klingen, aus den höchsten Weisheitslehren und Idealen der großen Religionen schöpfen und diese mit weltpolitischen Realitäten und Maßnahmen scheinbar in Harmonie bringen – aber doch einen Wermutstropfen enthalten, der sich zum Schluss als tödlich und zerstörerisch erweisen wird.

Die Aussagen der prophetischen Quellen, die wir bisher untersucht haben, führen uns zu der Annahme, dass wir es mit einer Philosophie zu tun haben werden, die sich als eine verfeinerte Form des orthodoxen Kommunismus herausstellen wird.

Ironischerweise kommt keine politische Philosophie den Idealen des Christentums näher als der Kommunismus. Es ist sogar wahrscheinlich, dass selbst das Wort „Kommunismus" indirekt aus der Bibel stammt.

Die ersten Christen lebten in Gemeinschaft, schworen dem Anspruch auf Privatbesitz ab und teilten Hab und Gut zum Wohle der Gruppe untereinander auf. Dies erschien den Urchristen offenbar die logische Konsequenz der Lehre Christi zu sein. Wir lesen im Neuen Testament:

*Alle aber, die gläubig waren geworden, waren beieinander und
hatten alle Dinge gemeinsam. Auch verkauften sie Güter und
Habe und teilten sie aus unter alle, je nachdem einer in Not war.*
(Apostelgeschichte 2,44–45)

Der moderne Kommunismus hat sein Wurzeln in der Französischen Revolution. Das Wort *gemeinsam* aus der oben zitierten Bibelstelle wird im Französischen als *en commune* übersetzt. Eine der Auswirkungen der Französischen Revolution war die Gründung von „Kommunen", in welchen die Bürger in Gemeinschaften, ähnlich jenen der Urchristen, lebten. Die „Pariser Kommune" war zu der Zeit weltberühmt.

Karl Marx lebte in Paris nur fünfzig Jahre nach der Ausrufung der Französischen Republik. Paris galt damals als die intellektuelle Hauptstadt Europas und der junge Marx wurde durch die Ideen, die dort in Umlauf waren, nachhaltig beeinflusst. Seine Hauptwerke, *Das Kapital* und *Das kommunistische Manifest,* reflektieren viele der Ideen, die auch in den Schriften der französischen Sozialisten zu finden sind. Frankreich war auch das Land, in dem die Revolutionäre erstmals als die „Roten" bezeichnet wurden.

Die drei sozialistischen Welteroberer

Das Gesetz der Serie ist den meisten von uns wohl bekannt. Zeitweise tendieren ähnliche Ereignisse dazu – aus welchen schleierhaften Gründen auch immer –, sich in Dreierserien zu gruppieren. Ein Aspekt der sozialistischen Bewegung scheint so einer Gesetzmäßigkeit zu unterliegen; bis ihre Laufbahn vollendet ist, wird sie drei pseudo-messianische Führer hervorgebracht haben.

Der Sozialismus als politische Philosophie ist aus der Ideologie der Französischen Revolution herausgewachsen. Frankreich wurde in den Jahren nach der Revolution von einer Reihe schwerster gesellschaftlicher Turbulenzen heimgesucht. Mehrere, sich gegenseitig bekämpfende Fraktionen versuchten, ihre politischen Programme durchzusetzen. Erst Napoleon gelang es, die weitreichenden sozialen Reformen, die die Revolution versprach, in die Tat umzusetzen.

Napoleon wurde als die menschliche Verkörperung der Ideale der Revolution verehrt. Ein Führer, aus einfachen Verhältnissen stammend, rettete er Frankreich auch militärisch gegen die Angriffe der europäischen Monarchien, die die Republik gerne im Keim erstickt gesehen hätten. Das französische Volk fügte sich Napoleons späteren imperialistischen Ambitionen aus der Überzeugung heraus, dass die Eroberungen geschahen, um die unterdrückten Gesellschaftsschichten Europas zu befreien und um jene „Freiheit, Gleichheit, Brüderlichkeit", die die Revolution vertrat, zu verbreiten. Napoleon war in den Augen der politischen Reformer und Liberalen ganz Europas eine Art Messias. Die Enttäuschung unter diesen Idealisten war groß, als er sich später zum Kaiser krönen ließ.

Weltherrschaft und orthodoxer Kommunismus sind voneinander untrennbar. „Kommunismus" beschreibt einen idealen Zustand, in dem die gesamten Ressourcen der Welt zur gemeinsamen Nutzung der ganzen Weltbevölkerung zur Verfügung stehen. Sozialismus ist die politische Entwicklung, die zum Kommunismus führen soll, bzw. der politische Zustand, der als Überbrückung zwischen Kapitalismus und Kommunismus dient. Dies ist der Grund, warum die sogenannten „kommunistischen" Länder sich als sozialistisch und nicht als kommunistisch bezeichneten; so war z. B. „UdSSR" die Abkürzung für „Union der Sozialistischen Sowjetrepubliken".

Auch die Nazis waren eine sozialistische Partei (NSDAP = Nationalsozialistische Deutsche Arbeiterpartei). Trotz der traditionellen Feindschaft zwischen Russland und Deutschland betrachtete Stalin Hitlerdeutschland als einen verbündeten sozialistischen Bruderstaat, mit dessen Kooperation der Weltkommunismus erreicht werden könnte. Der Hitler-Stalin-Pakt war die logische Auswirkung dieser Überzeugung. Zeitzeugen berichten, dass Stalin zutiefst erschüttert war und in eine schwere, wochenlange psychische Krise fiel, als er von Hitlers Vertrauensbruch und Angriff auf die Sowjetunion erfuhr.

Wie Napoleon, so wurde auch Hitler am Höhepunkt seiner Laufbahn als ein Messias gesehen und wie ein Halbgott verehrt. Andere wiederum sahen in ihm die Erfüllung der Antichrist-Prophezeiungen.

Die Zerfall der Sowjetunion

Der dritte Versuch, eine sozialistische Weltherrschaft zu errichten, wurde von der Sowjetunion unternommen. Am Ende des Zweiten Weltkrieges besetzten die Sowjets Ost-Europa und begannen, weltweit ihre Einflussbereiche zu erweitern. Ihre anfänglich erfolgreiche Strategie war, in weiteren Ländern der Welt sozialistische Revolutionen zu provozieren und die neuen Regierungen als Alliierte für das Endziel, den Weltkommunismus, zu gewinnen. Revolutionen fanden in Kuba, Chile und mehreren afrikanischen Ländern statt. Die Sowjetunion baute auch starke Allianzen mit einigen arabischen Ländern auf und versuchte, sich im Nahen Osten ideologisch durchzusetzen. (Yassir Arafats PLO war eine Zeit lang sehr marxistisch angehaucht.) China war schon vor dem Zweiten Weltkrieg sozialistisch geworden und verfolgte in Asien die gleiche Strategie wie die Sowjetunion anderswo.

Eine starke Gegenreaktion seitens der kapitalistischen Länder, hauptsächlich der USA und West-Europas, folgte. Ein von Amerika unterstützter und von Exilkubanern unternommener Militärangriff gegen das Castro-Regime scheiterte. Eine amerikanische Marine-Blockade konnte die Russen jedoch daran hindern, Langstreckenraketen in Kuba zu stationieren. In Chile gelang es der CIA und dem chilenischen Militär, die sozialistische Regierung Allendes zu stürzen. Im Nahen Osten und Afrika rüsteten die USA dem Westen freundlich gesinnte Regierungen militärisch auf. Kriege in Korea und Vietnam dienten dazu, eine weitere Ausdehnung des chinesischen Einflussbereiches zu stoppen.

„… und seine tödliche Wunde ward heil"

Es war aber die wirtschaftliche Überlegenheit Amerikas, die die UdSSR endlich stürzte. Als sozialistischem Land in einer kapitalistischen Weltwirtschaft war es der Sowjetunion nicht länger möglich, ihren weiteren militärischen Aufbau zu finanzieren, um mit dem Westen mithalten zu können. Die Sowjets mussten viele essenzielle Rohstoffe wie Erz und Erdöl, aber auch Technologie etc. noch von außerhalb

Es ist ein sehr merkwürdiger „Zufall" der Geschichte, dass Michael Gorbatschow mehrere auffallende rote Pigmentflecken auf dem Kopf hat, die wie Blutspuren einer „tödlichen Wunde" aussehen.

ihrer Grenzen und Einflussbereiche beschaffen und dafür fehlten ihnen die Devisen.

Anfang der Neunzigerjahre überraschte der damalige sowjetische Premier Michael Gorbatschow die Welt, als er die Auflösung der Sowjetunion bekannt gab. Die Unabhängigkeit der ehemaligen Ostblockländer und die Wiedervereinigung Deutschlands folgten. Der Westen zelebrierte das Ende des Kommunismus – unserer Meinung nach etwas verfrüht. Es ist übrigens gewiss ein sehr merkwürdiger „Zufall" der Geschichte, dass Michael Gorbatschow mehrere auffallende rote Hautpigmentflecken auf dem Kopf hat, die wie Blutspuren einer „tödlichen Wunde" aussehen.

> *Und ich sah seiner Häupter eines, als wäre es tödlich wund, und seine tödliche Wunde ward heil. Und die ganze Erde verwunderte sich des Tieres ...*
>
> (Offenbarung 13,3)

Die kommunistische Idee hat immer noch weitaus mehr Anhänger, sowohl innerhalb der ehemaligen Sowjetunion als auch weltweit, als allgemein angenommen wird. Diese Kommunisten sind der Meinung, dass ihnen nie die Gelegenheit gegeben wurde, die Richtigkeit ihrer Philosophie zu beweisen. Ihrer Ansicht nach scheiterte das sowjetische Experiment nur deshalb, weil ein sozialistisches System keine Chance haben kann, in einer kapitalistischen Welt zu überleben. Es ist nicht möglich, sozialistische Maßnahmen einzuführen und zugleich marktwirtschaftlich erfolgreich zu agieren.

Diese Anhänger des kommunistischen Traums warten nur noch auf eine geeignete Gelegenheit, ihre Ideale in die Tat umzusetzen. Der Antichrist wird ihnen diese Gelegenheit bieten.

Der Kommunismus – eine „humanistische" Religion

Die sozialistische Bewegung wurde seit ihren Anfängen – bereits zur Zeit der Französischen Revolution – von einer religionsfeindlichen Haltung gekennzeichnet. Die Kirchen und Priester wurden als Werkzeuge der Land- und Fabrikbesitzer sowie der Aristokratie gesehen.

Durch die Lehren der Religionen ließen sich die Bauern und Arbeiter leicht unterdrücken. Die Geistlichen lebten in Reichtum, während sie den Armen und Leidenden dazu rieten, sich zu gedulden und auf die Gerechtigkeit Gottes im Himmel zu hoffen. Eine zentrale Lehre der Sozialisten war, dass der Mensch sich selbst retten kann und muss. Die Religion, die das Volk durch falsche Hoffnungen auf Gottes Hilfe in einen passiven Schlaf wiegte, wurde als gefährlicher Feind („Opium für das Volk") betrachtet.

Den kommunistischen Ideologen war aber bewusst, dass das Bedürfnis nach Religion in der menschlichen Psyche sehr tief verankert ist. Historiker und Zeitzeugen aus ehemaligen Ostblockländern bestätigen, dass die Propagandamaschinerie dieser Regierungen sehr darauf bedacht war, traditionell-religiöse Konzepte durch Elemente aus der kommunistischen Ideologie zu ersetzen – den Kommunismus in eine Art Religion zu verwandeln.

Spielfilme dieser Länder aus jener Zeit zeigen meist ein sich immer wiederholendes Muster: Der Held oder die Heldin opfert sich für andere oder für die Sache und wird dafür in verehrender Erinnerung behalten. Die christliche Nächstenliebe wurde in Opferbereitschaft für das Gemeinwohl verwandelt. Ein Leben nach dem Tode wurde durch die ehrenvolle Erinnerung des Volkes ersetzt.

Dies ist der Grund, warum die kommunistischen Regierungen so viele Heldenmonumente errichten ließen. Die Helden waren die Heiligen der neuen „Religion". Das zukünftige kommunistische Paradies wurde zum Himmel, auf den zu hoffen und für den sich zu opfern es sich lohnte – in dem alle Reichtümer der Welt der ganzen Menschheit gehörten und alle vereint wären. Jeder würde geben, was er konnte, und erhalten, was er brauchte.

Humanismus, Christentum und dialektischer Materialismus

Die Parallelen zwischen den kommunistischen und christlichen Idealen sind nicht zu übersehen. Wie wir aus dem früheren Zitat aus der Apostelgeschichte ersehen konnten, wurde die kommunale Nutzung von Reichtum und Gütern – zumindest von den Aposteln und den ersten Christen – offenbar als eine Konsequenz gesehen, die sich aus der christlichen Botschaft ergibt. Beide Ideologien lehren das Konzept der Nächstenliebe – sogar bis zur Selbstaufopferung: *„Niemand hat größere Liebe denn die, daß er sein Leben läßt für seine Freunde"* (Johannes 15,13). Beide befürworten eine klassenlose Gesellschaft und sogar die Gleichstellung der Geschlechter: *„Der Größte unter euch soll euer Diener sein ... Hier ist nicht Jude noch Grieche, hier ist nicht Knecht noch Freier, hier ist nicht Mann noch Weib; denn ihr seid allzumal einer in Christus Jesus."* (Matthäus 20,26–27; Markus 10; Lukas 22; Galater 3,28)

Sogar die negative Haltung religiösen Institutionen gegenüber, wie wir sie bei den Kommunisten finden, ist dem Christentum nicht fremd. Bekanntlich ist Jesus auf die Schriftgelehrten und Pharisäer nicht besonders gut zu sprechen gewesen. Es waren schließlich auch die Führer der etablierten Religion, die seine Kreuzigung veranlassten. Auch die Urchristen wurden in erster Linie von den religiösen Institutionen – innerhalb und außerhalb Israels – angefeindet, als sie damit begannen, die neuen Lehren in der Welt zu verbreiten.

Die kommunistische Ethik ist eine Kombination von humanistischen Ideen und der Philosophie des „dialektischen Materialismus" von Marx und Engels. Der „Humanismus", eine Weltanschauung, die den persönlichen Wert des Individuums und die zentrale Bedeutung von menschlichen Werten im Gegensatz zu religiösen Glaubenssätzen betont, hat seine Wurzeln in der Renaissance. Obwohl einige der prominentesten Vertreter der Philosophie zugleich freidenkende Christen waren, begann der Humanismus ab dem 18. Jahrhundert, eine eher weltliche Einstellung zu vertreten, die Religion als solche überhaupt ablehnte.

Diese säkular-humanistische Denkweise wurde später in die sozialistische Philosophie integriert und ist in den Schriften von Marx und Engels klar erkennbar. Der marxistische Humanismus lehrt, dass der Mensch in seinem innersten Wesen gut ist und dass er selbst die höchste Wesenheit sei. Er kann unter den richtigen Voraussetzungen alle Antworten für gesellschaftspolitische und soziale Probleme in sich selbst finden und diese erfolgreich anwenden. Das Korrupte und Böse im Menschen sei allein die Auswirkung sozialer, politischer und ökonomischer Missstände, die die Gesellschaft während der gesamten Menschheitsgeschichte prägten. Erst unter den richtigen Voraussetzungen – nämlich dem Weltkommunismus – könne sich das wahre gute Wesen des Menschen manifestieren.

Der „dialektische Materialismus" ist eine Kombination der materialistischen Weltanschauung – die alles Transzendente leugnet und allein die Existenz der physischen Welt anerkennt – und der „Dialektik" des deutschen Philosophen Hegel. Die Gesetzmäßigkeiten hinter allen Phänomenen, einschließlich derjenigen, die das menschliche Verhalten beherrschen, haben demnach ihren Ursprung im physischen Universum. Veränderungen in diesem Universum finden durch die „Interaktion von Gegensätzen" (Dialektik) statt. Jedes existierende Objekt oder jede Kraft (Thesis) erzeugt einen eigenen Gegensatz (Antithesis). Mit der Zeit schafft die Interaktion von Thesis und Antithesis (Synthesis) einen neuen Zustand.

Marx und Engels verwendeten diese Prinzipien, um alle historischen Entwicklungen zu erklären. Ihrer Meinung nach bestand die Dialektik des 19. Jahrhunderts in der Gegenüberstellung von Bourgeoisie und Proletariat, die letztlich zur Synthese einer klassenlosen Gesellschaft führen sollte.

Ungleiche Zwillinge

Die Unterschiede zwischen dem säkularen Kommunismus und dem ideellen Christentum sind subtiler als nur die Gegensätze von Materialismus und Theismus. Der Kommunismus beinhaltet alle Elemente des ideellen Christentums – nur verkehrt herum. Die zwei Ideologien sind wie Spiegelbilder voneinander – ebenso wie der Antichrist das Spiegelbild Christi sein wird. Ein Bildnis im Spiegel ist lediglich eine verkehrte Reflektion des Originals.

Der Kommunismus lehrt die Aufopferung des Individuums für das Gemeinwohl – verlangt sie sogar und erzwingt sie, wenn es sein muss – unter dem Motto: „Das Wohlergehen der Gemeinschaft ist wichtiger als das Wohlergehen eines Individuums." Diese Einstellung manifestiert sich in den brutalen Säuberungen, die sozialistische Regierungen bereit sind, in Kauf zu nehmen, um ihr höchstes Ziel zu erreichen. Als Beispiele seien die systematische Exekution der Aristokraten nach der Französischen Revolution und die darauf folgende „Schreckensherrschaft" unter Robespierre zu nennen; die barbarischen Verfolgungen „volksfeindlicher Elemente" unter den Nationalsozialisten; die Jahre der „Säuberungen" unter Stalin, die nach zuverlässigen historischen Quellen mehr als zwanzig Millionen (!) Menschenleben forderten. Genaue Angaben über die Anzahl der Opfer während der politischen Säuberungen in Rot-China liegen nicht vor.

Obgleich das Christentum die Bereitschaft des Individuums, sein Leben für andere zu lassen, als die höchste Manifestation der Liebe betrachtet, soll diese Opferbereitschaft freiwillig erfolgen – als Konsequenz einer inneren Einstellung. Der christliche Führer ist außerdem bereit, sich selbst und nicht andere für die Sache zu opfern:

> *Der gute Hirte läßt sein Leben für die Schafe.*
> (Johannes 10,11)

Im Gegensatz zur kommunistischen Ethik, die die Aufopferung des Individuums für das Gemeinwohl betont, lehrt das Christentum, wie das Gleichnis vom verlorenen Schaf dies beispielsweise illustriert, dass der Einzelne wichtiger ist als das Kollektiv:

> *Wenn irgendein Mensch hundert Schafe hätte und eins unter*
> *ihnen sich verirrte: läßt er nicht die neunundneunzig auf den Ber-*
> *gen, geht hin und sucht das verirrte? Und wenn ... er's findet ...*
> *er freut sich darüber mehr als über die neunundneunzig, die*
> *nicht verirrt sind.*
> (Matthäus 18,12–13)

Während die Theorie, dass das Gute im Menschen sich erst unter der richtigen Regierungsform zeigen kann, ein wesentlicher Bestandteil des kommunistischen Humanismus ist, lehrt das Christentum, dass das Reich Gottes als Ergebnis eines inneren, spirituellen Prozesses zu betrachten sei:

> *Als er [Jesus] ... gefragt wurde: Wann kommt das Reich Gottes?,*
> *antwortete er: Das Reich Gottes kommt nicht so, daß man's beob-*

achten kann; man wird auch nicht sagen: Siehe hier ist es! oder:
Da ist es! Denn siehe, das Reich Gottes ist inwendig in euch.

(Lukas 17,20–21)

Die Dialektik der Zeitenwende

Interessanterweise wird die Spiritualität des neuen Zeitalters wahrscheinlich eine Synthese des säkularen Humanismus und der Lehren der traditionellen Religionen sein. Elemente dieser neuen Spiritualität sind in unserer Zeit in der Denkweise einiger sogenannter „New Age"-Philosophien bereits erkennbar. Diese lehren, dass Gott nicht außerhalb, sondern innerhalb jedes Menschen zu finden sei. Sobald immer mehr Menschen ihr eigenes „göttliches Selbst" klarer erkennen und entfalten lernen, wird sich die göttliche Natur durch ihre Persönlichkeit und ihr Verhalten zunehmend manifestieren können. Erst diese Entwicklung wird einen gesellschaftlichen Zustand ermöglichen, der den Idealen des urchristlichen Kommunismus und den prophetischen Beschreibungen des Goldenen Zeitalters ähnelt.

Die Verbreitung der kommunistisch-humanistischen Philosophie des Antichrist und deren Konfrontationen mit den traditionell-religiösen Glaubenssätzen dürften also eine positive Synthese ergeben und die Menschheit zu einem höheren spirituellen Erkenntnisgrad führen. Es dürfte gerade diese unverhoffte Verschmelzung scheinbarer Gegensätze sein, die die Geburt einer neuen Denkweise ermöglichen und sich als die ideale Grundlage des kommenden Goldenen Zeitalters erweisen wird.

Kapitel 17

Die Propheten des Neuen Zeitalters

Und die Verständigen im Volk werden vielen zur Einsicht verhelfen; darüber werden sie verfolgt werden mit Schwert, Feuer, Gefängnis und Raub eine Zeitlang.

Während sie verfolgt werden, wird ihnen eine kleine Hilfe zuteil werden; aber viele werden sich nicht aufrichtig zu ihnen halten.

Und einige von den Verständigen werden fallen, damit viele [unter ihnen] bewährt, rein und lauter werden bis zur Zeit des Endes; denn es geht um eine bestimmte Zeit.

Und die Verständigen werden leuchten wie des Himmels Glanz, und die[, die] viele zur Gerechtigkeit weisen, [werden leuchten] wie die Sterne immer und ewiglich.

Und du, Daniel, verbirg diese Worte, und versiegle dies Buch bis auf die letzte Zeit. Viele werden es dann durchforschen und große Erkenntnis finden.

Viele werden gereinigt, geläutert und geprüft werden, aber die Gottlosen werden gottlos handeln; die Gottlosen werden's nicht verstehen, aber die Verständigen werden's verstehen.

(Daniel 11,33–35; 12,3–4 und 10)

Alsdann werden sie euch überantworten in Trübsal und werden euch töten. Und ihr werdet gehaßt werden um meines Namens willen von allen Völkern.

Und es wird gepredigt werden dieses Evangelium vom Reich in der ganzen Welt zum Zeugnis für alle Völker, und dann wird das Ende kommen.

(Matthäus 24,9–14; s. a. Markus 13, Lukas 21)

Wir möchten in diesem Kapitel über die Verfolgungen, die für die dreieinhalbjährige Herrschaft des Antichrist vorhergesagt wurden, sprechen. Diese physische Manifestation der Konfrontation von ideologischen Gegensätzen dürfte auf den ersten Blick als etwas Negatives erscheinen, wird letztlich aber zu einem sehr positiven Ergebnis führen. Sie wird eine notwendige globale Läuterung bewirken, wodurch eine spirituell reifere Welt in das „Goldene Zeitalter" eintreten kann.

Die Voraussetzung für das Funktionieren des globalen utopischen Systems des Antichrist wird der Glaube an die Fähigkeit des Menschen sein, eine perfekte Gesellschaft zu schaffen. Diese Idee gerät naturgemäß in Konflikt mit den Inhalten der traditionellen Religionen, welche lehren, dass der Mensch von einer höheren Macht abhängig sei. Aus diesem Grund wird der Antichrist die Religionen als Quellen gefährlicher antisozialer Propaganda und falscher Mythen bekämpfen, die die Menschen davon abhalten, ihm und seinem System ihr Vertrauen zu schenken.

Natürlich werden alle, die an der Fähigkeit der Regierung, eine vollkommene Gesellschaft zu bilden, zweifeln oder die sich weigern, die Bedingungen zur Teilnahme am neuen bargeldlosen Weltwirtschaftssystem zu erfüllen (*„welche nicht des Tieres Bild anbeteten"*), ebenfalls als Gefahr für die Menschheit betrachtet werden. Diese „Feinde der Revolution" wären in Lebensgefahr, wie wir es ja auch unter manch anderem repressiven Regime, das unter der Fahne des „Idealismus" segelt, erleben können. Es ist nichts Neues in der Geschichte, dass die größten Verbrechen im Namen des Idealismus verübt werden.

Dieser letzte Versuch der rein technisch-materialistisch orientierten Mächte, sich gewaltsam durchzusetzen, wird die ganze Weltbevölkerung vor potenziell lebensbedrohliche Entscheidungen stellen und jeden einzelnen Menschen zu einer konsequenten Auseinandersetzung mit seinen wahren ethischen, religiösen und metaphysischen Überzeugungen zwingen. Die Situation wird nicht viel anders sein, als sie in Deutschland unter dem Nationalsozialismus war. Die Bevölkerung hatte die Wahl, entweder mitzumachen oder zu widerstehen, wobei Widerstand meist die Internierung im KZ oder den unmittelbaren Tod bedeutete. Die Verfolgungen werden sich diesmal aber nicht auf einige wenige Länder beschränken, sondern globale Ausmaße erreichen:

Und ihm ward gegeben zu streiten wider die Heiligen und sie zu überwinden; und ihm ward gegeben Macht über alle Geschlechter und Völker und Sprachen und Nationen.

(Offenbarung 13,7)

Die Prophezeiungen betonen auch, dass diese „Zeit der Trübsal" auf *eine bestimmte Zeit* (nur dreieinhalb Jahre, wie wir bereits aus anderen Stellen wissen) begrenzt sein wird. Dieses Wissen wird sicherlich ein Trost sein für diejenigen, die die Verfolgungen durchstehen werden müssen.

Und wenn diese Tage nicht würden verkürzt, so würde kein Mensch selig; aber um der Auserwählten willen werden die Tage verkürzt.

(Matthäus 24,22)

Die Texte weisen auch darauf hin, dass es unter dem Volk Lehrer geben wird, die Aufklärungsarbeit leisten werden:

Und die Verständigen im Volk werden vielen zur Einsicht verhelfen ...

Und es wird gepredigt werden dieses Evangelium vom Reich in der ganzen Welt zum Zeugnis für alle Völker ...

(Daniel 11,33; Matthäus 24,14)

Die spirituellen Lehren des Neuen Zeitalters

Wichtige Ereignisse der Weltgeschichte werfen ihre Schatten immer deutlich voraus und die Entwicklungen, aus denen sich die Spiritualität des neuen Zeitalters herauskristallisieren wird, waren bereits im späten 19. Jahrhundert spürbar. Eine neue Ethik – der säkulare Humanismus, den wir bereits beschrieben haben – begann den Zeitgeist zu prägen. Aus der neuen Denkweise sind neue Gesellschaftsformen entstanden.

Die Monarchien in ganz Europa wurden gestürzt und durch mehr oder weniger demokratische und sozialere Regierungsformen ersetzt. Dies war zweifellos die „Zeit der Revolutionen", von der Nostradamus sprach.

Auch die Kirche verlor in dieser Zeit zunehmend an Macht und Einfluss. Einen wesentlichen Faktor, der dem säkularen Humanismus dazu verhalf, die Glaubenssätze der Kirche als Grundlagen der gesellschaftlichen Moralphilosophie abzulösen, stellte die Verbreitung der Evolutionstheorie von Charles Darwin dar.

Diese konnte endlich eine glaubwürdige Erklärung für die Entwicklung von Leben auf unserem Planeten und für die Entstehung des Menschen bieten, wogegen die Schöpfungsgeschichte der Kirche märchenhaft erschien. Darwins Theorie verursachte allgemeinen Zweifel an den Lehren der Religion und gab den sozialistischen Bewegungen und deren materialistischer, atheistisch-humanistischer Ethik einen mächtigen Aufschwung.

Diese Entwicklung beeinflusste die Denkweise der westlichen Welt nachhaltig – bis hin zur Gegenwart. Es ist dem heutigen Menschen sicher nicht bewusst, wie sehr seine Werte und Überzeugungen sich von denen des frühen 19. Jahrhunderts unterscheiden. Während vormals die Ethik, die die Kirche vertrat, dominant war, ist die Ethik zu Beginn des 21. Jahrhunderts eine fast rein humanistische – ihre Gültigkeit erscheint dem heutigen Menschen als eine Selbstverständlichkeit, die keine Religion braucht, um sie zu untermauern.

Der vorher fast unbekannte Begriff der „Menschenrechte" ist zur Grundlage der Ethik unserer Zeit geworden. Zum ersten Mal in der Geschichte werden „Menschenrechtsverletzungen" und „Verbrechen gegen die Menschlichkeit" als kriminelle Handlungen betrachtet und von internationalen Behörden geahndet – eine Entwicklung, die auf jeden Fall als positiv zu bewerten ist.

Die Verschmelzung der Religionen

In den letzten hundert Jahren sind im metaphysischen und spirituellen Bereich wesentliche Fortentwicklungen zu verzeichnen gewesen. Die wissenschaftlichen Erkenntnisse und Fortschritte der vorigen Jahrhunderte stellten für die Religionen enorme Herausforderungen dar. Die traditionellen Lehren der Kirchen konnten die spirituellen und intellektuellen Bedürfnisse der Menschen nicht länger befriedigen.

Spirituell veranlagte Menschen, die die exoterischen Traditionen und oberflächlichen Erklärungen der Kirchen nicht akzeptieren konnten, aber Spiritualität als solche nicht verwerfen wollten, suchten die scheinbaren Widersprüche zwischen Religion und Wissenschaft zu überbrücken. Die Schriften der Mystiker, die die esoterischen und symbolischen Bedeutungen der Religionen beleuchteten, wurden wiederentdeckt und erhielten größere Beachtung als zuvor.

Im Laufe des 20. Jahrhunderts erschienen besonders viele Bücher zu spirituellen Themen. Die Autoren dieser Bücher machten auf die Ähnlichkeiten der Aussagen von Mystikern verschiedener Religionen aufmerksam. Auch renommierte Wissenschaftler nahmen an dieser Aufklärungsarbeit teil und wiesen auf die Übereinstimmungen zwischen den neuesten Erkenntnissen der Physik und den kosmologischen Beschreibungen der Mystiker hin.

Zur gleichen Zeit ermöglichten Fortschritte in Kommunikations-, Transport- und Fortbewegungstechnologien die Entstehung einer homogeneren Welt. Ideen konnten nun viel einfacher ausgetauscht werden. Diverse Kulturen konnten einander schneller und leichter beeinflussen. Dem spirituellen Wissensdurst der heutigen Menschheit kann durch die schnelle Verbreitung von Ideen mittels Film, Printmedien, Fernsehen, Internet etc. leichter entsprochen werden als je zuvor.

Die New-Age-Bewegung

Da riefen ihm einige Pharisäer aus der Menge zu: Meister, bring deine Jünger zum Schweigen! Er erwiderte: Ich sage euch: Wenn sie schweigen, werden die Steine schreien.

(Lukas 19,39–40)

Wir können zu Beginn des 21. Jahrhunderts weltweit ein außergewöhnlich aktives Interesse an Esoterik und Spiritualität erkennen. Diese Entwicklung findet, zum großen Unmut der etablierten Religionen und Kirchen, außerhalb ihrer Mauern statt. Während die traditionellen Religionen die Inhalte der sogenannten „New Age"-Bewegung anfänglich als gefährliche Irrlehren zu bekämpfen und zu auszutilgen versuchten, werden sie auf Dauer selbst dazu gezwungen, die Gültigkeit ihrer Dogmen in Frage zu stellen und die tiefere (esoterische) Bedeutung ihrer eigenen Lehren zu entdecken und zu erforschen.

Die Spiritualität des neuen Zeitalters, von ihren Gegnern lediglich als eine oberflächliche Modeerscheinung bagatellisiert, kann nicht als eine „Bewegung" im herkömmlichen Sinne betrachtet werden. Sie hat keine erkennbare Anfangszeit oder Ausgangsstätte, keine zentrale Führung oder Organisation und kann als unaufhaltbarer Evolutionssprung, der einem von der menschlichen Natur untrennbaren Grundbedürfnis entspringt, nicht zum Schweigen gebracht werden.

Es handelt sich hier um eine spirituelle Wende, eine *Sanfte Verschwörung* (wie Marylin Ferguson diese in ihrem bereits vor mehr als 20 Jahren erschienenen gleichnamigen Buch[1] beschrieb), an der Millionen von Menschen in der ganzen Welt beteiligt sind, die seit mehreren Jahren, zum größten Teil selbständig und unabhängig voneinander, aktiv an ihrer eigenen spirituellen Erweckung und an der Erweckung der Menschheit konsequent und erfolgreich arbeiten.

Zur Zeit der dreieinhalbjährigen „Terrorherrschaft" des Antichrist werden die Menschen mit Entscheidungen, von denen ihr eigenes Überleben oder ihr Tod bzw. das ihrer Mitmenschen abhängen könnten, konfrontiert und zu tiefer Selbsterforschung gezwungen. Sie werden sich ernsthaft mit Fragen darüber, was richtig oder falsch ist, mit dem Sinn des Lebens, dem Leben nach dem Tod etc. auseinandersetzen müssen. Sie werden sich in dieser Zeit um Rat und Hilfe an diejenigen wenden, die sich schon seit Jahren mit solchen Fragen beschäftigt haben und eine gewisse Wissens- und Erfahrungsgrundlage und Zuversicht erlangt haben.

Die Grundsätze der neuen Spiritualität

Ich lege mein Gesetz in sie hinein und schreibe sie auf ihr Herz ... sie alle, klein und groß, werden mich erkennen ... Und alle werden Schüler Gottes sein ...

Denn die Erde wird voll werden von Erkenntnis der Ehre des Herrn, wie Wasser das Meer bedeckt.

Die Salbung, die ihr von ihm empfangen habt, bleibt in euch, und ihr braucht euch von niemandem belehren zu lassen.

(Jeremia 31,33–34; Jesaja 54,13; Habakuk 2,14; 1. Johannes 2,27; Johannes 6,45)

Die neue Spiritualität kann schon in ihrem frühen Entwicklungsstadium durch einige klar erkennbare Merkmale gekennzeichnet werden:

- **Sie betrachtet keine einzige Religion als die „allein selig machende",** sondern ist für Impulse aus allen spirituellen Lehren offen und schöpft aus den Weisheiten aller Quellen. Sie stellt somit keine neue Religion dar, sondern will lediglich die tieferen Wahrheiten aller Religionen entdecken.
- **Sie ermutigt die Entwicklung der Intuition und des Urteilsvermögens des Individuums** und lässt sich von keinem außenstehenden Gremium die „Wahrheit" diktieren.
- **Sie glaubt, dass das Göttliche im Menschen selbst und nicht außerhalb zu finden ist.** Sie verwirft die alten anthropomorphen (menschenähnlichen) Gottesvorstellungen und betrachtet das ganze Universum und die Naturgesetze, die es beherrschen, als eine göttliche Einheit.
- **Sie lehnt die Vorstellung der „ewigen Verdammnis" als einem liebenden Gott unzumutbar ab** und glaubt eher an die Lehre von Karma und Reinkarnation. (Die Reinkarnationslehre war übrigens Bestandteil des Urchristentums.)
- Sie ist eher von einer skeptischen Haltung der Technologie gegenüber geprägt und **ist bestrebt, die Harmonie mit den Gesetzen der Natur zu erhalten.**

Die obigen Konzepte, wenngleich nicht ganz ausgereift oder vollständig, reflektieren bereits eine beginnende Synthese zwischen dem säkularen Humanismus und den traditionellen Religionen und stellen die Grundlagen einer künftigen Lebensphilosophie dar, die die Vorzüge beider Extreme in sich zu vereinen verspricht.

Die humanistische Ethik wurde ursprünglich ohnehin von nicht traditionellen christlichen Denkern (Petrarca, Erasmus ...) formuliert, die die wesentlichen Elemente der christlichen Lehre von den zum Teil heuchlerischen Moralsätzen der Kirche trennen wollten. Der Humanismus distanzierte sich aber mit der Zeit von der Religion überhaupt und wurde dann von den sozialistischen Philosophien aufgegriffen und adaptiert. Er ist aber mit den Grundsätzen der neuen Spiritualität durchaus kompatibel.

Auch das sozialistische Konzept, dass der Mensch im Grunde gut und für seine eigene Rettung zuständig ist, lässt sich mit den Lehren der neuen Spiritualität, die das höchste Potenzial des Menschen als sein „göttliches Selbst" betrachtet, vereinbaren.

Was die Technologie anbelangt, lässt sich der Konflikt zwischen der radikal materialistisch orientierten Einstellung, die besagt, dass alle Probleme durch technischen Fortschritt behoben werden können – Krankheit und Hunger durch Gentechnologie; Kriminalität durch vollkommene Überwachung etc. –, und der konservativ religiösen Einstellung, dass nur „Gott" uns retten kann, durch ein tieferes Verständnis von Gottes Wesen aufheben. Der technologische Fortschritt, durch eine höhere Achtung für die Gesetze der Natur gedämpft, kann zu einer gesunden Synthese führen.

Warnung vor falschen Propheten

> *Und es werden sich viele falsche Propheten erheben und werden viele verführen.*
>
> *Wenn dann jemand zu euch sagen wird: Siehe, hier ist der Christus! oder da! so sollt ihr's nicht glauben.*
>
> *Denn es werden falsche Christusse und falsche Propheten aufstehen und große Zeichen und Wunder tun, so daß sie, wenn es möglich wäre, auch die Auserwählten verführten.*
> (Matthäus 24,9–14, 23–24; Markus 13,21–22; Lukas 17,22–24)

Wie man sich vorstellen kann, kann eine Zeit wie diese, in welcher eine Vielzahl spiritueller Lehrer, Lehren und Richtungen zum Vorschein kommen, auch viel Verwirrung auslösen. Es sind mehrere spirituelle Meister in unserer Zeit tätig, in Indien und auch im Westen, von denen einige ihrer möglicherweise übereifrigen Schüler glauben, dass es sich um den bereits wiedergekehrten Christus handelt. Einigen dieser Lehrer wird sogar das Bewirken von Heilungen und Wundern nachgesagt. Der prominenteste falsche Christus wird natürlich der Antichrist sein.

Die Prophezeiungen machen aber klar, dass der wahre messianische Weltenlehrer erst nach der Herrschaftszeit des Antichrist erscheinen wird. Seine Ankunft dürfte außerdem nicht im Verborgenen geschehen, sondern ein weltweit unübersehbares Ereignis sein:

> *Darum, wenn sie zu euch sagen werden: Siehe, er ist in der Wüste! so geht nicht hinaus; siehe er ist in der Kammer! so glaubt es nicht.*
>
> *Denn wie der Blitz ausgeht vom Osten und leuchtet bis zum Westen, so wird auch sein das Kommen des Menschensohnes.*
>
> *Bald nach der Trübsal jener Zeit ... wird erscheinen das Zeichen des Menschensohnes am Himmel.*
>
> *Und ... alle Geschlechter auf Erden werden kommen sehen des Menschen Sohn in den Wolken des Himmels mit großer Kraft und Herrlichkeit.*
>
> (Matthäus 24,26–30; Markus 13,19–26; Lukas 21,25–27)

Eine nützliche Richtlinie, wie man einen falschen Lehrer von einem wahren Lehrer unterscheiden kann, besteht darin, sich auf seine „Ausstrahlung" zu konzentrieren und sich mit den Inhalten seiner Lehre auseinanderzusetzen, statt sich von „Zeichen und Wundern" beeindrucken zu lassen. Paranormale Phänomene können angeblich sogar von schwarzen Magiern nachgeahmt werden, höhere Formen der Liebe aber nicht.

Ein Lehrer, der mit göttlichen Quellen in Verbindung steht, wird eine eindeutig liebevolle Ausstrahlung haben und liebevoll sprechen und handeln. Ein falscher Lehrer kann eine Zeitlang liebevoll erscheinen, um andere zu täuschen. Längerer Kontakt wird aber zeigen, ob es sich bei ihm um echte göttliche Liebe handelt oder nur um Egobefriedigung oder Machtstreben. Kein Mensch kann auf Dauer sein wahres Wesen verbergen.

Es ist auch wichtig, die eigene Intuition einzuschalten und spirituelle Lehren aufgeschlossen, aber mit einer gesunden Prise Skepsis zu prüfen. Die innere Eingebung wird bestätigen, ob eine Doktrin wahr ist oder nicht. Es ist auch möglich, dass eine Lehre viel Wahrheit, aber auch einige Irrtümer beinhaltet. Möglicherweise gibt es keine einzige spirituelle Richtung, egal wie hoch entwickelt sie sein mag, die sich nicht in irgendetwas irrt.

Es wäre daher ratsam, die Wahrheiten, die man erkennt, aus welcher Quelle auch immer, zu verinnerlichen, aber dabei immer wachsam zu bleiben. Selbst der Antichrist wird tiefsinnige spirituelle Wahrheiten und Weisheit verbreiten, was die Menschheit anfänglich äußerst positiv beeinflussen wird, bevor er sich dann plötzlich „nach links wendet", wie Jeane Dixon seinen Versuch, die Aufstellung einer sozialistischen Weltregierung zu erzwingen, beschreibt.

666 – die Zahl des Menschen

Während die Zahl 666, wie wir im 14. Kapitel demonstrieren konnten, mit dem weltweit bereits in Verwendung befindlichen Warenstatistikprotokollierungs- und Zahlungsverkehrssystem offenbar in Verbindung steht, stellen andere noch Spekulationen darüber an, welche weiteren Botschaften sie verbergen könnte. Wir möchten einige dieser Theorien vollständigkeitshalber noch untersuchen.

Die geläufigsten Spekulationen versuchen, die Zahl mit bestimmten Personen in Verbindung zu bringen. Eine der verbreitetsten Auslegungen will beweisen, dass der Papst der Antichrist sei. Diese Theorie basiert auf der Tatsache, dass die Stadt Rom, die den Vatikan beheimatet, auf sieben Hügeln gebaut ist und die Prophezeiungen sieben Berge erwähnen. Diese sieben Berge symbolisieren aber die sieben Weltreiche, wie wir bereits gesehen haben, und nicht die sieben Hügel von Rom. (Wir wollen uns hier an die Richtlinie erinnern, die besagt, dass Auslegungen auf einer Vielzahl von im Zusammenhang betrachteten Prophezeiungen basieren sollen statt auf einzelnen beliebig ausgesuchten Stellen.)

Zudem soll nach der obigen Theorie die Zahl 666 in der päpstlichen Krone verborgen sein, und zwar in der darauf befindlichen Inschrift: „vicarius filii dei" (Vertreter des Sohnes Gottes). Werden diejenigen Buchstaben, die nach dem römischen Zahlensystem zugleich numerische Werte besitzen, besonders herausgestellt, so erhalten wir

VICarIUs fILII DeI (u=v).

Die Summe dieser Zahlen (5+1+100+1+5+50+1+1+500+1) ergibt 666. Diese Theorie kommt denjenigen sicherlich gelegen, die von der katholischen Kirche ohnehin nicht besonders begeistert sind.

Es gibt aber viele Namen, aus denen wir nach dem obigen System 666 „errechnen" könnten, wenn wir es lang genug versuchen, die aber mit dem Antichrist sicher nicht in Verbindung stehen – so zum Beispiel aus dem Namen einer in Amerika früher sehr beliebten Spielzeugpuppe: „Barney, the cute purple dinosaur":

CUte pUrpLe DInosaUr = 100+5+5+50+500+1+5 = 666.

Weitere Theorien basieren auf den kabbalistischen oder griechischen Zahlensystemen, wonach jeder Buchstabe einen numerischen Wert hat. Auf diese Weise ist die 666 noch leichter mit einer Vielzahl von Namen in Verbindung zu bringen, wenn man die Buchstaben geschickt genug jongliert.

Dass diverse Theoretiker die 666 immer wieder in den Namen von Einzelpersonen suchen, dürfte auf ein linguistisches Problem zurückzuführen sein, wonach die in Offenbarung 13,18 vorkommenden drei griechischen Wörter *esti arithmos anthropos* meist als „es ist die Zahl **eines** Menschen" übersetzt werden, linguistisch gesehen aber ebensogut „es ist die Zahl **des** Menschen" bedeuten können.

Der Satz würde dann heißen:

> *Hier ist Weisheit! Wer Verstand hat, der überlege die Zahl des Tieres; denn es ist **des Menschen Zahl**, und seine Zahl ist sechshundertsechsundsechzig.*
>
> (Offenbarung 13,18)

Dies deckt sich auch mit der biblischen bzw. kabbalistischen Symbologie, die die Zahl 6 in der Tat als „die Zahl des Menschen" betrachtet.

Der Mensch, Adam, wurde am sechsten Tag der Schöpfung geschaffen (1. Mose 1,26–31); sechs Tage der Woche gehören dem Menschen, der siebte (Sabbat) gehört Gott. Die Symbologie der 6000 Jahre Menschheitsgeschichte, gefolgt durch das siebte Jahrtausend – das Messianische Zeitalter – haben wir bereits in Kapitel 1 besprochen.

Die „Dreifaltigkeit des Tieres"

Unserer Meinung nach stellt die reale, greifbare Information, die die 666 mit dem computerisierten Weltwirtschaftssystem in Verbindung bringt, praktisch gesehen immer noch die nützlichste Auslegung dar. Die Symbologie der Bibel ist aber vielschichtig. Oft vermitteln die biblischen Bilder, Namen, Geschichten und Gleichnisse mehrere Botschaften, die auf diversen Ebenen verstanden werden können. Es wäre also sicherlich nicht zu weit hergeholt, wenn wir den drei Sechsern eine weitere mögliche Bedeutung beimessen würden – nämlich als Anspielung auf eine Art „unheilige Dreifaltigkeit des Tieres".

Der „Vater" wäre in diesem Fall „Satan", der „Sohn" wäre der „Antichrist" und der „Heilige Geist" – der in der christlichen Lehre als das vereinigende Kommunikationsmedium zwischen Gott, Christus und den Gläubigen bzw. zwischen den Gläubigen untereinander fungiert – wäre das weltvereinigende Computersystem des Antichrist.

Einige Autoren weisen in diesem Zusammenhang auf das Internet, das World Wide Web *(www)* hin. Das hebräische Äquivalent des Buchstabens *w* ist *waw*, dessen numerischer Wert, dem hebräischen Zahlensystem gemäß, der Zahl 6 entspricht. *WWW* würde somit zugleich „666" darstellen. In der englischen Sprache funktioniert diese Gleichung leider nicht. Der Buchstabe *w* wird im Englischen *double-u* genannt und entsprechend ausgesprochen. Er kann daher mit dem hebräischen *waw* nicht so leicht in Verbindung gebracht werden.

Aber um zu der „unheiligen Dreifaltigkeit"-Theorie zurückzukehren, könnte die 666, die die Prophezeiung „des Menschen Zahl" nennt, als ein Symbol für die neue humanistische „Ersatzreligion" des letzten Weltreiches verstanden werden. In Daniel, Kapitel 7, das wir bereits behandelt haben, kommt folgende interessante Stelle vor:

Und siehe, das Horn [der Antichrist] hatte Augen wie Menschen-augen und ein Maul; das redete große Dinge.

(Daniel 7,8, 20)

Der Ausdruck *„Augen wie Menschenaugen"* könnte als ein Symbol für die humanistische Weltanschauung des Antichrist verstanden werden. Leider ist dies die einzige Bibelstelle, wo wir diesem Detail begegnen, was unsere Interpretationsmöglichkeiten sehr beschränkt. Sie baut aber eine Brücke – allerdings eine wackelige – zu einer weiteren Theorie, die wir vollständigkeitshalber ebenfalls besprechen möchten und die zwischen dem Aufstieg des Antichrist und der Tätigkeit gewisser elitärer Logen und Geheimgesellschaften, zeitweise *Illuminati* genannt, einen Zusammenhang sehen möchte.

Die Verschwörungstheorie

Eines der bekanntesten Symbole, die mit diversen Geheimgesellschaften in Verbindung gebracht werden, ist eine Pyramide mit einem Auge in der Spitze, wie dies auf dem amerikanischen Dollarschein abgebildet ist. Diese Darstellung wird von dem Etikett *„novus ordo seclorum"* (neue Weltordnung) begleitet. Eine mögliche Verbindung zu den obigen Daniel-Passagen ist hier ganz offensichtlich. Die „Augen" könnten tatsächlich als die Geheimlogen verstanden werden, die sich am Aufbau des neuen Weltreichs theoretisch beteiligen. (Mehr dazu siehe Nachtrag, „Kornkreis-Muster, Strichcodes und die neue Weltordnung", Seite 268 ff.)

Wir müssen hier aber die gleiche Vorsichtsmaßnahme anwenden wie bei der vorherigen Papst/666-Theorie, damit wir in einzelne Bibelstellen nicht zu viel hineininterpretieren. Verschwörungstheorien als solche bergen außerdem weitere Gefahren in sich. Es ist nämlich fast unmöglich, paranoide Einbildungen von ihnen zu unterscheiden. Wenn die Verfechter solcher Theorien mit dem Einwand konfrontiert werden, dass die Indizien, die sie präsentieren, sehr nebulös sind, kontern sie mit dem Argument, dass die Verschwörer selbstverständlich geschickt genug seien, um ihre Spuren zu verwischen.

Verschwörungstheorien können außerdem sehr leicht für Propagandazwecke eingesetzt werden, wie es die Nazis taten, um die Juden durch Anschuldigungen, sie wären wissende Werkzeuge eines zionistischen Weltherrschaftskomplotts, zu diffamieren. Außerdem ist es sehr leicht, auch wohlwollende Kooperationen zwischen finanzkräftigen Personen oder Institutionen als bösartige Verschwörungen abzustempeln.

Ob durch Verschwörung oder nicht, die Tatsache bleibt, dass das globale computerisierte Kommunikations- und Zahlungssystem, das zur Zeit eingeführt wird, obgleich es natürlich marktwirtschaftliche Vorteile bringt, auch die idealen Voraussetzungen für einen Überwachungsstaat und eine Weltregierung schafft.

Der technische Aufbau des globalen Überwachungssystems

Die führenden Köpfe aus Wirtschaft, Politik und Industrie sind schon seit Jahren damit beschäftigt, die Weltbevölkerung auf das bargeldlose Weltwirtschaftssystem vorzubereiten. So begannen zum Beispiel alle Lebensmittel- und Konsumgüterhersteller bereits vor ca. 30 Jahren gleichzeitig damit, auf alle Produkte Strichcodes zu drucken – mindestens 10 Jahre, bevor die entsprechenden Lesegeräte in den Geschäften installiert werden konnten. In der Zwischenzeit wurde die Verwendung von Kredit- und Bankkarten selbstverständlich. Die Vorteile des bargeldlosen Zahlungsverkehrs werden mittlerweile von den Kunden sehr geschätzt und zunehmend in Anspruch genommen. Ein Nachteil: Die Prozedur ist etwas langsam. Die Karte muss in das Gerät richtig eingesteckt und die Gültigkeit elektronisch geprüft werden. Der Kunde muss seinen Code eintippen und die Transaktion dann per Knopfdruck bestätigen. Mit der Zeit wird den Benutzern klar werden, wie viel einfacher und effizienter es wäre, einfach ihre Hand auszustrecken, um ihren persönlichen, unübertragbaren Mikrochip ablesen zu bekommen.

Das Internet, während es als weltverbindendes Kommunikations- und Informationsverbreitungsmittel sehr wertvoll ist und sich als benutzerfreundlicher elektronischer Marktplatz sehr bald durchsetzen wird, bietet sich aber auch als das ideale Überwachungswerkzeug an. Mittlerweile ist den meisten Internetbenutzern bewusst, dass persönliche Daten über sie gesammelt werden, während sie „surfen", die zur Zeit lediglich für „Marketing"-Zwecke benutzt werden.

Die Interessen und Vorlieben der Benutzer werden aufgrund der Internetseiten, die sie besuchen, und aufgrund der Produkte, die sie bestellen, festgestellt. Die entsprechenden Produkt- und Dienstleistungsangebote werden ihnen mittels Online-Werbung und E-Mail präsentiert. Die gleiche Technologie kann aber ohne weiteres auch von einem Überwachungsstaat eingesetzt werden, um festzustellen, welcher Informationen sich seine Bürger bedienen bzw. um unerwünschte Informationsquellen ausfindig zu machen.

Um einem möglichen kriminellen Missbrauch des Internets vorzubeugen und um kopierrechtliche Ansprüche etc. zu wahren, werden zur Zeit internationale Kooperationsmaßnahmen getroffen, um eine weltweit gültige gesetzliche Infrastruktur zu schaffen, die das reibungslose Funktionieren der globalen Marktwirtschaft und Kommunikationsgesellschaft erleichtern soll. Diese internationale gesetzliche Infrastruktur trägt aber zugleich auch dazu bei, eine wichtige legislative Grundlage für die künftige Weltregierung zu schaffen.

Und nicht zuletzt darf das lückenlose Satellitennetzwerk, das in den letzten 10 bis 15 Jahren in der Erdumlaufbahn installiert wurde, nicht unerwähnt bleiben. Diese Satelliten, die Radio-, Fernseh- und Telefonsignale um den Globus leiten und die globale Positionierungssysteme (wie sie in manchen Autos zu Navigationszwecken bereits vorhanden sind), aber auch militärische Verteidigungs- und Angriffssysteme ermöglichen, bieten sich als potenziell gefährliche Werkzeuge an, die in den Händen eines repressiven Regimes sehr effektiv eingesetzt werden könnten. Durch das globale Positionierungssystem kann zum Beispiel der Aufenthaltsort jeder mit einem entsprechenden persönlichen Mikrochip versehenen Person vom Weltraum aus jederzeit festgestellt werden.

Aufklärung und Widerstand

Die Verfolgungen, die für die dreieinhalbjährige Herrschaftszeit des Antichrist vorhergesagt wurden, dürften also mit Einsatz modernster technischer Mittel geschehen. Primäre Ziele werden diejenigen sein, die die Ideologie des Weltreiches ablehnen und die sich weigern, die implantierbaren Mikrochips, die *„Malzeichen des Tieres"*, anzunehmen. Diese werden aber gegen die technologischen Angriffe des Systems auch eher immun sein, da sie ohne den Mikrochip nicht so leicht erfasst werden können. Sie werden allerdings alternative Quellen finden müssen, um sich zum Beispiel mit Lebensmitteln zu versorgen, da ohne den Mikrochip niemand etwas kaufen können wird. Die Anzahl der Menschen, die Widerstand leisten und andere aktiv aufklären werden, dürfte aber ziemlich groß sein.

Wie utopisch auch immer manche dieser Beschreibungen klingen – wir dürfen nicht vergessen, dass die Geschichte voller überraschender Wendungen ist. Es ist natürlich unser innigster Wunsch, dass die negativ erscheinenden Vorhersagen niemals zur Verwirklichung kommen müssen. Wir hoffen, dass das allgemeine Bewusstwerden dieser negativen Möglichkeiten dazu beitragen wird, ihre Realisation abzuwenden, sodass die positiven Veränderungen, die ebenfalls vorhergesagt wurden, mit einem Minimum an Leid eintreten können.

Kapitel 18

Der Zusammenbruch des kommerziellen Systems

... ich will dir zeigen das Gericht über die große Hure, die an vielen Wassern sitzt,

mit welcher Unzucht getrieben haben die Könige auf Erden; und die da wohnen auf Erden, sind trunken geworden vom Wein ihrer Unzucht.

Und ich sah ein Weib sitzen auf einem scharlachfarbenen Tier, das war voll lästerlicher Namen und hatte sieben Häupter und zehn Hörner.

Und das Weib war bekleidet mit Purpur und Scharlach und über-goldet mit Gold und edlen Steinen und Perlen und hatte einen goldenen Becher in der Hand, voll Greuel und Unflat ihrer Hurerei,

... und an ihrer Stirn war geschrieben ein Name, ein Geheimnis: Das große Babylon, die Mutter der Hurerei und allerlei Greuel auf Erden.

Und das Weib, das du gesehen hast, ist die große Stadt, die die Herrschaft hat über die Könige auf Erden.

(Offenbarung 17,1–5,18)

Und er schrie mit großer Stimme und sprach: Sie ist gefallen, sie ist gefallen, Babylon, die große ...

Denn von dem Zorneswein ihrer Hurerei haben alle Völker ge-trunken, und die Könige auf Erden haben mit ihr Unzucht getrie-ben, und die Kaufleute auf Erden sind reich geworden von ihrer großen Üppigkeit.

Wieviel sie sich herrlich gemacht hat und ihren Übermut getrieben hat, soviel schenkt ihr Qual und Leid ein! Denn sie spricht in ihrem Herzen: Ich sitze da und bin eine Königin und keine Witwe, und Leid werde ich nicht sehen.

Darum werden ihre Plagen auf einen Tag kommen ... Und es werden sie beweinen und sie beklagen die Könige auf Erden ... und sprechen:

Weh, weh, du große Stadt Babylon, du starke Stadt, in einer Stunde ist dein Gericht gekommen!

Und die Kaufleute auf Erden werden weinen und Leid tragen über sie, weil niemand mehr ihre Ware kaufen wird ... die Ware des Goldes und Silbers und Edelgesteins ... von köstlichem Holz und von Erz und von Eisen ... und Weizen und Vieh und Schafe und Pferde und Wagen und Leiber und Seelen der Menschen.

... So wird im Sturm verworfen die große Stadt Babylon und nicht mehr gefunden werden.

... Denn deine Kaufleute waren Fürsten auf Erden, und durch deine Zauberei sind verführt worden alle Völker ...

(Offenbarung 18,2–3, 7–11, 21–23)

Die obigen Verse scheinen sich einerseits auf eine soziale Struktur, andererseits aber auch auf ein bestimmtes geographisches Objekt – Land und/oder physische Stadt – zu beziehen. Dass es sich bei der sozialen Struktur um das kommerzielle bzw. kapitalistische System handeln muss, lässt sich aus einigen der verwendeten Ausdrücke unschwer erkennen.

Dass das System als die *„große Stadt"* dargestellt wird, könnte die Tatsache reflektieren, dass Städte seit dem Beginn der Menschheitsgeschichte, wenn sie nicht in erster Linie als Regierungssitz dienten, mit dem Hauptzweck entstanden sind, als wirtschaftliche Zentren zu fungieren, in denen Güter gekauft, verkauft und transferiert werden konnten. Dass sie die *„Herrschaft hat über die Könige auf Erden"*, ist die Definition von Kapitalismus schlechthin – ein System, unter welchem die Funktion der Regierungen praktisch darauf reduziert wurde, den ungehinderten Fluss des Handels sicherzustellen sowie Eigentum, Wohlstand und Gedeihen ihrer Bürger zu schützen.

Die heutige Hauptstadt des Weltwirtschaftssystems ist trotz aller Bemühungen, in Europa und Asien unabhängige Zentren aufzubauen, immer noch New York. Schwankungen an der New Yorker Börse wirken sich unmittelbar und gleichermaßen auf alle Börsen der Welt aus. Die einflussreichsten Finanzinstitute der Welt haben ihre Hauptquartiere oder wichtigsten Niederlassungen in New York. Die De-facto-Einheitswährung bei internationalen Transaktionen ist der Dollar: Erdöl-, Gold-, Silber- sowie alle Edelmetall- oder Edelsteinpreise werden in Dollar notiert. Der Wert aller Währungen der Welt wird letztlich im Verhältnis zum Dollar fixiert.

Die Hochburg und das Symbol des weltweiten wirtschaftlichen Materialismus ist Amerika. Obwohl das kommerzielle System einen wesentlichen Bestandteil aller Staaten der Welt seit Anfang der Geschichte darstellt, waren die USA der erste Staat, der dezidiert auf kapitalistische Prinzipien gegründet wurde.

Das Wort *Babylon* ist die griechische Form von *Babel* und bedeutet „Verwirrung", „Vermischung" oder „Vermengung". Der Name stammt aus der biblischen Geschichte vom Turmbau zu Babel und deutet auf eine Vermischung von Sprachen und Völkern hin.

> *Daher heißt ihr Name Babel, weil der Herr daselbst verwirrt hat aller Länder Sprache ...*

> (1. Mose 11,9)

Während es uns möglich war bei den Prophezeiungen in Hesekiel 38–39, aus den Stammesnamen Gog, Magog, Rosch, Meschech und Tubal Russland zu erkennen, dient uns in *Offenbarung*, Kapitel 17 und 18, das Wort „Babylon" als Anhaltspunkt. Dies, zusammen mit den anderen Beschreibungen lässt uns vermuten, dass es sich im übertragenen Sinne nur um Amerika handeln kann. Da die Bevölkerung Amerikas aus einer Verschmelzung von so gut wie allen Völkern der Welt entstand, ist der Name *Babylon* sehr treffend und ist wahrscheinlich die einzige Möglichkeit, die USA ethnologisch zu beschreiben. Auch die weiteren Darstellungen lassen sich ohne Probleme auf Amerika beziehen, z. B.:

> *... die Kaufleute auf Erden sind reich geworden von ihrer großen Üppigkeit ... deine Kaufleute waren Fürsten auf Erden, und durch deine Zauberei sind verführt worden alle Völker ...*

... sie spricht in ihrem Herzen: Ich sitze da und bin eine Königin
... und Leid werde ich nicht sehen.

Wirtschaftsmodelle, Produkte und Franchise-Unternehmen aus den USA – Supermärkte, MacDonalds, Coca-Cola, Levi-Strauss etc. – haben Einzug gefunden in alle Nationen und Gesellschaftsformen der Welt. Der amerikanische kommerzielle Stil und *way of life*, durch die „Zauberei" der Werbung und Kinofilme sehr wirkungsvoll verbreitet, prägt weltweit die kulturelle Entwicklung aller Länder. Amerika betrachtet sich außerdem als den Führer der Welt und glaubt, dass es von den Turbulenzen und Problemen anderer Länder abgeschirmt ist.

Die universelle Verbreitung des kommerziellen Systems

Die Tatsache, dass der kommerzielle Materialismus in der ganzen Welt, nicht nur in der Gegenwart, sondern in allen Geschichtsepochen verbreitet war, wird durch das Bild des „*Weibes*", das „*auf einem scharlachfarbenen Tier mit sieben Häuptern und zehn Hörnern*" sitzt, symbolisiert. Die „*sieben Häupter*" stellen, wie wir bereits wissen, die sieben Weltreiche dar.

Weil uns in erster Linie große Persönlichkeiten, Reiche, Kriege und prominente Ereignisse einfallen, wenn wir an die Geschichte der Welt denken, ist es uns nicht sofort bewusst, welche bedeutende Rolle Wirtschaftsinteressen seit jeher im Ablauf der Dinge gespielt haben. Selbst die Pharaonen benötigten Geld, um ihre Denkmäler zu bauen. Alle Kriege, die jemals stattfanden, und alle Armeen mussten auf irgendeine Weise finanziert werden. Wir finden in der Geschichte kaum eine Ausnahme zu der Regel, dass sämtliche kriegerischen Auseinandersetzungen und Eroberungszüge, auch die sogenannten „Glaubenskriege", von der Aussicht auf wirtschaftliche oder materielle Vorteile motiviert waren.

Wenn wir die Hintergründe der Geschichte genau studieren, wird uns erst klar, wie viele Könige und Reiche gefallen und entstanden sind durch die Gunst und den Einfluss mächtiger Kaufleute, die meist hinter den Kulissen agierten. (Während wir in unseren Geschichtsbüchern beispielsweise lesen, dass Karl V. vom Papst zum Kaiser über das „Heilige Römische Reich" gekrönt wurde, ist kaum jemandem bewusst, dass es die einflussreichen Kaufleute jener Zeit waren, die die Entscheidung trafen, dass unter all den königlichen Kandidaten die Wahl auf Karl fallen sollte.) Erst in unserer modernen Zeit sind die allgegenwärtigen Wirtschaftsinteressen an die Oberfläche der Weltbühne gelangt und offen und sichtbar zur dominierenden Weltmacht geworden.

Dass die Prophezeiungen den Kommerzialismus als *„Hure"* bezeichnen, zeigt, dass es sich dabei nicht bloß um das Wirtschaftssystem handelt, sondern um die geistige Einstellung, die Grundmotivation, die es untermauert. Wenn wir beispielsweise den Ausdruck „Geld regiert die Welt" hören, verstehen wir darunter die Bereitschaft des Menschen, sich wie Prostituierte für Geld oder andere materielle Vorteile zu verkaufen. Dies ist wohl mitunter auch der Grund, warum die ersten Christen sich von den Grundsätzen des Kommerzialismus distanzierten, ihre Ansprüche auf Privatvermögen und Besitz aufgaben und auf „Nächstenliebe" gegründete Kommunen bildeten.

Die Zerstörer der Erde

Es ist gekommen die Zeit ... zu zerstören, die die Erde zerstören.

Gehet aus von ihr, mein Volk, daß ihr nicht teilhaftig werdet ihrer Sünden ...

Wer nicht mit mir ist, der ist wider mich; und wer nicht mit mir sammelt, der zerstreut.

(Offenbarung 11,18; 18,4; Matthäus 12,30; Lukas 11,23)

Es wäre sicherlich falsch, jeden zu verurteilen, der Geld verdient und somit direkt oder indirekt am Wirtschaftssystem teilhat. Für ehrliche, aufrichtige Menschen wird es aber mit der Zeit immer schwieriger werden, die Praktiken des kommerziellen Systems zu billigen, wenn das Ausmaß an Leid und umweltzerstörender Verschwendung, die dieses System verursacht, mehr und mehr ans Tageslicht kommt.

Wir möchten aber die Vorzüge der freien Marktwirtschaft auf keinen Fall verschmähen. Sie ermöglicht zum Beispiel die Verbreitung unseres Buches und hat der Menschheit in kurzer Zeit zu vielen durchaus beachtlichen gesellschaftspolitischen sowie materiellen Vorteilen verholfen.

Das heutige kommerzielle System duldet jedoch einige zum Himmel schreiende Ungerechtigkeiten und verursacht Umweltschäden, die unseren gesamten Planeten bedrohen. Die Kluft zwischen Arm und Reich ist enorm und beginnt, groteske und gefährliche Proportionen anzunehmen. Einige unserer reichsten Mitbürger verdienen beispielsweise mehr in einem Monat als das gesamte Jahresbruttosozialprodukt eines kleineren Drittwelt-Landes ausmacht.

Ein weiteres Problem ist, dass der konsequente Einsatz mancher dringenden umwelt- oder gesundheitsschützenden Maßnahmen ausbleiben muss, weil deren Durchführung zu teuer wäre oder ganze Industriezweige eliminieren und Millionen von Arbeitsplätzen gefährden würde. Zahlreiche Tierarten werden bis zur Ausrottung ausgebeutet, weil ihr Fleisch, ihre Haut oder andere Körperteile viel Geld bringen. Andere wiederum werden durch brutale, aber wirtschaftlich vorteilhafte Haltungspraktiken gequält und verstümmelt. Die Regenwälder werden rücksichtslos abgeholzt, um finanzielle Erträge aus dem Holzverkauf zu erzielen.

Die wirtschaftlich entwickelten Länder produzieren allein aus verschwenderisch gestalteten Produktverpackungen, die nur wegen ihrer umsatzsteigernden Wirkung konzipiert wurden, Unmengen an Abfall, dessen Herstellung und Beseitigung die Umwelt enorm belasten. Den Menschen werden außerdem durch Werbung und andere Medienpropaganda künstliche Bedürfnisse anerzogen, um ihre Konsumlust und Kaufbereitschaft zu steigern. Mehr als die Hälfte der am Markt erhältlichen Produkte dient der Befriedigung solcher unechter Bedürfnisse.

Herstellung, Transport und Vermarktung der riesigen Mengen solcher Produkte, die Naturressourcen vergeuden und die Umwelt belasten, dienen nur zur Zerstreuung und „Image"-Erhaltung einer kleinen privilegierten Minderheit der Weltbevölkerung und zur Bereicherung einer kleinen Anzahl von Unternehmern und Investoren, auf Kosten der Mehrheit der Weltbevölkerung, die von Hungersnöten, Dürren, Überschwemmungen und weiteren durch Umweltschäden verursachten Katastrophen und Krisen heimgesucht wird.

Der Aktienmarkt: ein internationales Spielkasino

Die rücksichtslosen, von reinem Geldgewinn motivierten Praktiken großer Aktien- und Währungsspekulanten, bedrohen die wirtschaftliche Stabilität der ganzen Welt. Die meisten Aktienpreise sind auf ein Niveau gestiegen, das in keiner Relation mehr zum Wert der Firmen steht, die sie herausgaben. Spekulanten kaufen und verkaufen riesige Währungsmengen diverser Länder, um den Kurs dieser Währungen strategisch zu manipulieren und dabei enorme Gewinne zu erzielen, ohne Rücksicht auf die Konsequenzen, die solche Praktiken auf die volkswirtschaftliche Stabilität der betroffenen Länder haben könnten.

Die enormen Gewinne, die private Investoren auf den diversen Börsen erzielt haben, haben eine (allerdings nur als Computerdaten existierende) Geldmenge geschaffen, die den tatsächlichen Wert aller Firmen, Waren, Güter und Wertgegenstände der ganzen Welt um das Mehrfache übersteigt. Die Mehrheit der Weltbevölkerung lebt dabei unter der Armutsgrenze oder verhungert sogar. Mittlerweile sind fast alle Länder der Welt an den internationalen Großbanken verschuldet, zum Teil ohne Aussicht, die Schulden jemals zurückzahlen zu können. Allein die fälligen Zinszahlungen für diese Darlehen übersteigen den Wert des gesamten Bruttosozialprodukts mancher der betroffenen Länder.

Einem Bericht der Zeitschrift *Share International* zufolge warnen bereits mehrere führende Ökonomen davor, dass das Weltwirtschaftssystem auf sehr wackeligen Beinen steht. Nach Alan Greenspan, dem ehemaligen Vorsitzenden der amerikanischen Zentralbank, so der Bericht, ist das Menetekel bereits an der Wand zu lesen. „Es ist kaum vorstellbar, dass die Vereinigten Staaten unberührt von dem steigenden Druck, dem die ganze Welt ausgesetzt ist, eine Oase des Wohlstands bleiben könnten", sagt Greenspan.

Die Weltwirtschaft stecke „im Schlamassel", räumt ein hoher Funktionär des Internationalen Währungsfonds (IWF) ein. Die Bemühungen die Weltwirtschaft zu stützen, werden von der schieren Größe des „globalen Spielkasinos" der Aktien- und Währungsmärkte, das ohnehin die genannten Probleme in erster Linie verursacht hat, in den Schatten gestellt. Jeden Tag wechselt auf den Währungsmärkten Geld im Wert von etwa 1,5 Milliarden Dollar auf elektronischem Wege den Besitzer – auf der Jagd nach spekulativen Gewinnen, die in keinem Verhältnis zu einem realen Gegenwert von Waren und Dienstleistungen stehen.

Der Wirtschaftsnobelpreisträger Franco Modigliani erkannte die damalige Versessenheit auf Internet- und andere Technologieaktien als eine Blase, die platzen würde, was vermutlich auf überhöhte Aktienpreise generell zutrifft und mittlerweile geschehen ist. In einem Artikel der *New York Times* sagte er: „Eine Blase fällt naturgemäß nicht still und leise in sich zusammen, sondern platzt. Ich weiß nur noch nicht, wann. Es ist nicht schwer, Kapitalmanager zu finden, die ganz im Vertrauen zugeben, dass sie zwar Angst haben, aber trotzdem investierten", heißt es in dem Artikel. Ihre Nervosität wächst mit der Volatilität der Börsen. Modigliani verkaufte seine Aktien frühzeitig, und ließ da auch keine Entschuldigung gelten: „Die einzigen, die es 1929 richtig gemacht haben, waren diejenigen, die zu früh verkauft haben."

Als vor einigen Jahren im Zuge der Unsicherheit, die Chinas Übernahme von Hong Kong auslöste, globale Investoren die Kapitalflüsse aus Thailand und Indonesien abzogen, gerieten diese Länder in eine große wirtschaftliche Notlage, die sich über die ganze Region ausbreitete. Für Japan, mit der zweitgrößten Volkswirtschaft der Welt, die sich bereits in einer tiefen Rezession befindet, sieht die Zukunft alles andere als rosig aus.

Europa wendet sich gegen Amerika

Die Liste von kriminellen, natur- und menschenfeindlichen Praktiken, die das kommerzielle System duldet oder direkt verursacht, ist überwältigend. Da die ökologische, wirtschaftliche und politische Krisensituation weltweit Jahr für Jahr brisanter wird und da die Weltbevölkerung sich der Zusammenhänge zwischen den Missständen im System und der immer lebensbedrohender werdenden globalen Lage zunehmend bewusst wird, könnte sich die frühere Faszination über den kommerziell-materialistischen Lebensstil in Abneigung verwandeln und sich in einer antiamerikanischen Haltung manifestieren.

In *Offenbarung*, Kapitel 17, wo von der „Hure Babylon" die Rede ist, lesen wir:

> *Ich will dir sagen das Geheimnis des Weibes und des Tieres, das sie trägt und hat sieben Häupter und zehn Hörner.*
>
> *Die sieben Häupter sind sieben Berge, auf welchen das Weib sitzt, und sind sieben Könige.*
>
> *Und die zehn Hörner … sind zehn Könige, die ihr Reich noch nicht empfangen haben; aber wie Könige werden sie Macht empfangen eine Stunde mit dem Tier. Diese haben einerlei Meinung und geben ihre Kraft und Macht dem Tier.*
>
> *Und die zehn Hörner … und das Tier, die werden die Hure hassen und werden sie einsam machen und bloß und werden ihr Fleisch essen und werden sie mit Feuer verbrennen.*
>
> *Denn Gott hat's ihnen gegeben in ihr Herz, zu tun seinen Ratschluß und zu geben ihr Reich dem Tier, bis daß vollendet werden die Worte Gottes.*
>
> (Offenbarung 17,7,9,11–13,16–17)

Einige der obigen Verse sind uns bereits vertraut, da sie uns halfen, die Symbole zu deuten, denen wir in den Daniel-Prophezeiungen begegneten. Die „zehn Könige", die in der vormessianischen Zeit an die Macht kommen *(„eine Stunde mit dem Tier")*, haben wir in Kapitel 11 ebenfalls bereits besprochen und die Argumente dargelegt, die unsere Interpretation untermauern, dass es sich dabei um Europa handelt. Die Aussage der anderen Verse, wenn wir die prophetischen Symbole bisher richtig gedeutet haben, ist eindeutig.

Wenn der Antichrist an Einfluss gewinnt, wird er die inzwischen zunehmend allgemein bekannt werdenden Tatsachen, welch gravierende Missstände der kommerzielle Materialismus verursacht, benutzen, um seine Argumente zu untermauern, dass das kommerzielle System gegen die Interessen und das Wohlergehen der Mehrheit der Weltbevölkerung gerichtet ist und daher aus dem Weg geräumt werden muss, um der Entstehung einer besseren Weltordnung Platz zu machen. Europa wird sich dieser Sichtweise anschließen und den Antichrist unterstützen.

Der Antichrist übernimmt die globale Infrastruktur

Und ich sah ein zweites Tier aufsteigen von der Erde, das hatte zwei Hörner gleichwie ein Lamm und redete wie ein Drache. Und es übt alle Macht des ersten Tieres vor ihm ...

Die sieben Häupter sind sieben Berge, auf welchen das Weib sitzt, und sind sieben Könige.

Und das Tier, das gewesen ist und nicht ist, das ist der achte und ist einer von den sieben ...

Und ich sah aus dem Munde des Drachen und aus dem Munde des Tieres und aus dem Munde des falschen Propheten drei unreine Geister gehen ...; diese sind Teufelsgeister, die tun Zeichen und gehen aus zu den Königen der ganze Welt ...

(Offenbarung 13,11–12; 16,13; 17,11)

Gerade als wir in den Bibel-Prophezeiungen ein schönes, klares System und einen deutlichen roten Faden feststellen können, was die sieben Weltreiche anbelangt – die sechs vergangenen und das siebte Weltreich des Antichrist –, taucht nun in *Offenbarung,* Kapitel 17 plötzlich ein achtes auf. Auch in Kapitel 13, das das „Tier", also das Weltreich des Antichrist, und die „666" beschreibt, sprechen Vers 11 und 12 über ein zweites Tier. Wir finden leider keine weiteren Stellen in den Prophezeiungen, die die obigen Verse auslegen. Wir können also nur intuitiv vorgehen, um aus dem Zusammenhang und mit Hilfe der anderen prophetischen Botschaften über die wahrscheinlichste Bedeutung dieser Verse zu spekulieren.

Wie wir dies bei *Daniel* bereits gesehen haben, geben uns auch die Prophezeiungen der *Johannes-Offenbarung* Stück um Stück immer detailliertere Hinweise. Während die Texte anfänglich keine Unterscheidung machen zwischen dem „Tier" und dem Antichrist, werden in

Kapitel 16, Vers 13 die Mitglieder der „unheiligen Dreifaltigkeit" einzeln beschrieben; der Drache (Satan), das Tier (das Reich des Antichrist) und der falsche Prophet (der Antichrist selbst).

Dass das Antichrist-Reich als *„das achte und ist eines von den sieben"* beschrieben wird, *„das übt alle Macht des ersten Tieres vor ihm"*, lässt vermuten, dass das siebte Weltreich in irgendeiner Weise bereits existieren muss, wenn der Antichrist an die Macht kommt. Die Beschreibung des zweiten Tieres, dass es *„zwei Hörner hat gleichwie ein Lamm"*, ist in diesem Zusammenhang hilfreich. Sie scheint darauf hinzuweisen, dass der Antichrist seine Macht auf ein Fundament baut, das zwei Facetten hat.

Hier kommen die Verschwörungstheoretiker nochmals zu Wort. Sie machen darauf aufmerksam, dass sich die kommunistischen sowie die Marktwirtschaftsideologen gleichermaßen darüber einig sind, dass die heutige globale Struktur nur eine Zwischenphase darstellt, die letztlich zu einem Zustand mit ganz anderen wirtschaftlichen bzw. gesellschaftspolitischen Bedingungen führen wird – zu einem bargeldlosen, globalen System, in dem die Leistungen eines Bürgers mit automatischen Gutschriften auf sein elektronisches Konto honoriert werden und Kosten für alle beanspruchten Güter und Dienstleistungen direkt von seinem Konto abgebucht bzw. dort vermerkt werden.

Für die marktwirtschaftsorientierten Zukunftsplaner hat dieses System offensichtliche Vorteile, da es effizientere geschäftliche Abwicklungen ermöglicht. Für die sozialistischen Theoretiker bringt dieses System die Welt dem kommunistischen Idealzustand näher, unter welchem jeder leistet, was er kann, und Zugang haben kann zu allem, was er braucht. Das computerisierte System ermöglicht die Kontrolle darüber, dass keiner mehr nimmt, als er braucht, oder auf irgendeine Weise mit Gütern spekuliert.

Diese zumindest logistischen Ähnlichkeiten zwischen den Zielen der Kapitalisten und Kommunisten und die scheinbar koordinierten weltweiten Maßnahmen, die zu deren Durchsetzung ergriffen wurden, ließen einige Beobachter zu dem Schluss kommen, dass es eine Art Verschwörung unter der Weltelite gibt, die zur globalen Herrschaft einer Gruppe von „Illuminaten" führen soll. Nach dieser Theorie werden feindliche politische Lager künstlich erzeugt, um die Ziele der Verschwörer zu fördern. Die Theoretiker glauben, Beweise dafür zu haben, dass es zum Beispiel dieselbe Handvoll von Top-Industriellen und Finanziers gewesen sei, die während des Zweiten Weltkriegs die Rüstungsmaschinerien sowohl der Nazis als auch der Alliierten – zur Zeit des Kalten Krieges der Sowjets und gleichzeitig der NATO – schmierten und fütterten. Die künstliche Schaffung von feindlichen Lagern und kriegerischen Auseinandersetzungen, so die Theoretiker, ermöglicht es den Verschwörern, ihre politischen und wirtschaftlichen Ziele zu erreichen.

Es fällt uns allerdings schwer zu glauben, dass Menschen derart diabolisch kaltblütig sein könnten, dass sie den Tod und die Zerstörung in den beiden Weltkriegen und im Kalten Krieg absichtlich inszeniert hätten, nur um machtpolitische Vorteile daraus zu erzielen.

Fusionen und Globalisierung

Ob hinter den weltweit koordinierten technischen Vereinheitlichungs- und Globalisierungsbestrebungen eine „Verschwörung" steckt, ist schwer nachzuvollziehen. Die Tatsache besteht jedoch, dass seit mehreren Jahrzehnten eine Tendenz zu beobachten ist, die die Welt in die Richtung zu führen scheint, die die Prophezeiungen beschreiben – politisch und logistisch vereint mit einem computerisierten, bargeldlosen Wirtschaftssystem.

Seit ca. 20 oder 30 Jahren ist eine regelrechte Fusionierungswelle unter den wichtigsten Großkonzernen der Welt zu beobachten. Einige der ersten Firmen, die sich als multinationale Giganten profiliert haben, waren die, die Lebensmittel und Getränke produzierten. Große Hersteller wie Coca-Cola oder General Foods kauften nach und nach kleinere Firmen auf, behielten aber die Markennamen und zum Teil die Strukturen dieser Firmen.

Wichtige Fusionierungen fanden auch bei Chemiefirmen und Pharmakonzernen statt. Die Chemiefirmen und Pharmakonzerne produzieren unter anderem für die Landwirtschaft wichtige Saatgüter, Dünger und Pestizide und sind die Hauptförderer und Nutznießer der Entwicklungen in der Gentechnologie. Weitere große Fusionen waren und sind bei Erdölmultis, Banken und Informationslieferanten (z. B. Time-Warner/CNN/AOL) zu beobachten. Die internationalen Multis sind außerdem u. a. durch gegenseitige Aktienbeteiligungen miteinander verflochten.

Obwohl diese Fusionen möglicherweise aus rein wirtschaftlichen Überlegungen zustande gekommen sind, haben sie die Welt der Zentralisierung wesentlich näher gebracht, indem sie eine umfassende, globale Infrastruktur geschaffen haben. Eine kleine Anzahl von effizient funktionierenden Firmen ist heute somit in der Lage, die ganze Welt mit Lebensmitteln, Energie, Informationen etc. zu versorgen.

Es ist viel einfacher, eine Weltregierung zustande zu bringen, wenn nur relativ wenige, bereits koordinierte Teile zusammengefügt werden müssen statt Tausende unabhängige. Auch die Schaffung der Europäischen Union, die darauffolgende Einheitswährung und die Europäische Zentralbank stellen wesentliche Schritte in Richtung Globalisierung dar. Das Bild wird durch die bereits existierende Struktur der Vereinten Nationen (UNO), die den Rahmen für eine künftige Weltregierung liefern könnte, vervollständigt.

Auch wenn wir davon ausgehen, dass alle obigen Entwicklungen aus wohlwollenden Motivationen entstanden sind, bleibt die Tatsache bestehen, dass eine globale Infrastruktur bereits besteht, die im Sinne der Prophezeiungen vom Antichrist übernommen und als Basis für seine Weltregierung benutzt werden könnte.

So betrachtet ergeben die oben zitierten Verse aus der *Offenbarung* sehr wohl einen Sinn. Die Struktur des siebten Weltreiches existiert bereits und wartet nur auf die geeignete Führung: „*... das Tier, das gewesen ist und nicht ist, das ist der achte und ist einer von den sieben ... Und es übt alle Macht des ersten Tieres vor ihm ...*"

„Zwei Hörner gleichwie ein Lamm und redet wie ein Drache"

Die heutige Welt wird immer noch von zwei klar erkennbaren Machtblöcken dominiert: dem von den USA geführten Marktwirtschaftsblock und dem sozialistischen Block, zu dem auch Russland und China und ihre Verbündeten gehören. Die „zwei Hörner" könnten diese Zweiteilung symbolisieren. Beide Mächte behaupten außerdem, humanistische bzw. christliche Ideologien zu vertreten („*wie ein Lamm*"). Der Antichrist als hochbegabter Redner und Ideologe („*redet wie ein Drache*") wird vermutlich versuchen, die Vorzüge beider Ideologien zu vereinen, letztlich aber eher nach links schwenken.

Die russische Regierung wird in Zukunft vermutlich wieder sozialistisch werden. Ein Blick auf die aktuellen Nachrichtenmeldungen genügt, um zu sehen, dass Entwicklungen in diese Richtung bereits im Gange sind. Unter seinem neuen starken Mann, Wladimir Putin, beginnt Russland Züge anzunehmen, die uns sogar an die Zeit der ehemaligen Sowjetunion erinnern; die Verstärkung der Streitmächte bis hin zu Aussagen betreffend der Bereitschaft zum Einsatz von Atomwaffen, die repressive Vorgehensweise in Tschetschenien, die zunehmende Zensur der Medien, erneute Bündnisse mit China ...

Die Isolation Amerikas

> Und die zehn Hörner ... und das Tier, die werden die Hure hassen und werden sie einsam machen und bloß und werden ihr Fleisch essen ...
>
> (Offenbarung 17,16)

„Amerika wird in Zukunft politisch mehr und mehr isoliert werden." Diese Vorhersage, die wir bereits im Jahre 1981 machen konnten und die damals im Manuskript zu unserer UNO-Vortragsserie zu lesen war, basierte sowohl auf dem obigen Vers aus der Offenbarung als auch auf unserer Einschätzung der zu erwartenden Entwicklung der globalen politischen Situation im Angesicht der Erkenntnisse, die wir aus der Analyse der prophetischen Texte gewinnen konnten.

Aufgrund der globalen Solidarität, die Amerika unmittelbar nach der Zerstörung des *World Trade Center* 2001 genoss, schien diese Vorhersage jedoch verfehlt gewesen zu sein. Die Handlungen der Regierung von George W. Bush in den folgenden Jahren, im Irak zum Beispiel, haben die meisten Länder der Welt allerdings mittlerweile dazu veranlasst, die Vereinigten Staaten zunehmend mit Bedenken zu betrachten.

Während die globale Krisensituation ökologisch, wirtschaftlich und politisch Jahr für Jahr dringlicher wird, könnten die Völker der Welt zu der Überzeugung gelangen, dass die Welt ohne den amerikanischen Kommerzialismus möglicherweise eine bessere wäre. Die Länder der Dritten Welt, die den internationalen Großbanken und dem Internationalen Währungsfonds gegenüber hoffnungslos verschuldet sind, sind ohnehin keine Freunde der USA und des globalen Marktwirtschaftssystems.

Die meisten Länder Europas zeigten sich in der Vergangenheit sozialistischen Modellen gegenüber nicht abgeneigt. So gut wie alle west-europäischen Länder haben sozialistische politische Parteien, die entweder aktiv regieren oder zumindest die zweitstärkste Macht in ihrem Land darstellen. Auch die früheren Ostblock-Länder behielten sehr viele ihrer sozialistischen Strukturen bei. Ein starkes, vereintes Europa mit seiner modernen militärischen, landwirtschaftlichen, industriellen und technischen Infrastruktur könnte Amerikas Beitrag zur Weltökonomie außerdem problemlos ersetzen.

Ohne den Schutz der USA wäre Israel gezwungen, Kompromisse einzugehen, zum Beispiel was den Status von Jerusalem anbelangt. Russland würde als Vollstrecker fungieren und als Führer der in *Hesekiel* 38 und 39 beschriebenen Streitmacht in den Nahen Osten einfallen – dies in der Hoffnung, einerseits dem für sie durch Tschetschenien immer lästiger gewordenen islamischen Fundamentalismus ein Ende zu bereiten und andererseits dem ihrer eigenen Ideologie nahestehenden Antichrist zur Macht zu verhelfen.

Der Antichrist wird nach unserer Analyse seine Machtbasis also auf zwei Säulen errichten:

1. auf der von der USA und den anderen marktwirtschaftlich orientierten Ländern aufgebauten globalen, technischen, gesetzlichen und logistischen Infrastruktur, die er einfach übernehmen und für seine Zwecke adaptieren müsste („... *ihr Fleisch essen*"), und
2. auf der Militärmacht und Unterstützung der mit der sozialistischen Ideologie sympathisierenden Länder, zu denen auch Europa und die Drittwelt-Länder zählen werden.

Ein Sozialismus der Reichen

Wir sollten allerdings bedenken, dass die Regierungsform, die vom Antichrist wahrscheinlich eingesetzt werden wird, nicht unbedingt mit dem „Sozialismus" gleichzusetzen ist, wie er z. B. während der Zeit der Sowjetunion praktiziert wurde.

Sozialismus hat mehrere Formen. Der Nationalsozialismus Hitler-Deutschlands ebenso wie Mussolinis Faschismus setzten zwar die gleichen sozialen Reformen durch, die die Kommunisten versprachen, unterschieden sich von diesen jedoch in einem wesentlichen Punkt:

Während die Kommunisten bei einer Machtübernahme die industriellen und geschäftlichen Einrichtungen zu „nationalisieren" pflegten, ließen Hitler und Mussolini diese intakt (bzw. nur „pro forma" verstaatlichen) – sie verbündeten sich sogar mit den Industriellen und Finanziers und sicherten deren Machtpositionen und Besitzansprüche. Diese setzten ihre Ressourcen dann ein, um die Ziele der Regierung zu fördern, und bildeten ein kooperierendes Gremium, das für eine effizient funktionierende nationale Infrastruktur sorgte. Wohl aus diesem Grund bezeichneten einige Historiker den Nationalsozialismus und den Faschismus ironisch als einen „Sozialismus der Reichen".

Der Antichrist, der einerseits die ungerechten und zerstörerischen Auswirkungen des Kommerzialismus bekämpfen wird, wird sich andererseits vermutlich mit den großen multinationalen Konzernen auf irgendeine Weise arrangieren (bzw. sie sich mit ihm) und deren logistische Strukturen behalten, um eine reibungslos funktionierende globale Infrastruktur zu sichern.

Aus der Sichtweise der Verschwörungstheoretiker sind es gerade die Mächte, die mittels dieser globalen Großkonzerne und Finanzinstitute agieren, die dem Antichrist überhaupt zur Macht verhelfen werden.

Kapitel 19

Die Nahost-Krise und die Möglichkeit eines Atomkriegs

Und die zehn Hörner ... und das Tier, die werden die Hure hassen ... und werden sie mit Feuer verbrennen.

Wieviel sie sich herrlich gemacht hat und ihren Übermut getrieben hat, soviel schenkt ihr Qual und Leid ein! Denn sie spricht in ihrem Herzen: Ich sitze da und bin eine Königin und keine Witwe, und Leid werde ich nicht sehen.

Darum werden ihre Plagen auf einen Tag kommen, Tod, Leid und Hunger, und mit Feuer wird sie verbrannt werden; denn stark ist Gott der Herr, der sie richtet.

Und es werden sie beweinen und sie beklagen die Könige auf Erden, die mit ihr Unzucht und Frevel getrieben haben, wenn sie sehen werden den Rauch von ihrem Brand;

und werden von ferne stehen aus Furcht vor ihrer Qual und sprechen: Weh, weh, du große Stadt Babylon, du starke Stadt, in einer Stunde ist dein Gericht gekommen!

Und die Kaufleute auf Erden werden weinen und Leid tragen über sie, weil niemand mehr ihre Ware kaufen wird ...

(Offenbarung 17,16; 18,7–11)

Wie wackelig auch immer die Beine geworden sein mögen, auf denen das globale Marktwirtschaftssystem steht, so wird es den Prophezeiungen zufolge doch nicht von allein zusammenfallen. Die obigen

Verse weisen eindeutig darauf hin, dass die *„Hure Babylon"* durch einen aktiven Eingriff zu Fall gebracht wird. Dass diese Beihilfe die Form eines atomaren Schlages gegen Amerika annehmen könnte, ist eine sehr unangenehme Vorstellung, obwohl der Wortlaut der Prophezeiung genau dieses Bild heraufbeschwört.

Wir dürfen allerdings nicht vergessen, dass das Wort „Feuer" in der Bibel eher symbolisch, um eine tiefgründige Reinigung darzustellen, und nur sehr selten wortwörtlich verwendet wird. „Brandopfer" sind im biblischen Zusammenhang wohl bekannt. Der Ausdruck *„mit Feuer wird sie verbrannt werden"* kann durchaus so verstanden werden, dass das kommerzielle System geopfert werden muss, um hernach die Errichtung einer sozialistischen Weltregierung zu ermöglichen.

Wir sollten auch bedenken, dass alle Vorhersagen als Warnung und Ansporn zur Besinnung und Umkehr verstanden werden sollten. Von Menschen verursachbare Katastrophen können durch vernünftige Entscheidungen und Handlungen auf jeden Fall abgewendet werden.

Dennoch – wie sehr wir dies auch gerne verdrängen würden – müssen wir die wesentliche Frage aufgreifen: Inwieweit nötigen uns die Prophezeiungen zu der Annahme, dass ein Atomkrieg zu erwarten ist? Sicherlich können wir in der Bibel einige Verse finden, die sich als Beschreibungen einer atomaren Zerstörung auslegen lassen. Diese Verse tauchen übrigens allesamt in Schilderungen der vormessianischen Zeit auf, obgleich sie auf mehrere prophetische Bücher verteilt sind:

> *Denn siehe, es kommt ein Tag, der brennen soll wie ein Ofen.*
> *Da werden alle Verächter und Gottlosen Stroh sein, und der*
> *kommende Tag wird sie anzünden, spricht der Herr Zebaoth,*
> *und er wird ihnen weder Wurzel noch Zweig lassen.*
>
> (Maleachi 3,19)
>
> *Denn es kommt der Tag der Rache des Herrn und das Jahr der*
> *Vergeltung, um Zion zu rächen.*
>
> *Da werden Edoms Bäche zu Pech werden und seine Erde zu*
> *Schwefel; ja, sein Land wird zu brennendem Pech werden, das*
> *weder Tag noch Nacht verlöschen wird, sondern immer wird*
> *Rauch von ihm aufgehen.*

> *Und es wird verwüstet sein von Geschlecht zu Geschlecht, daß*
> *niemand hindurchgehen wird auf ewige Zeiten.*
>
> (Jesaja 34,8–10)

Die Bibel verwendet den Ausdruck *„auf ewige Zeiten"* oft, um einen für damalige Verhältnisse unvorstellbar langen Zeitraum zu beschreiben. Nach einer Atomexplosion bleibt der Boden mehrere tausend Jahre strahlungsverseucht.

> *Und dies wird die Plage sein, mit der der Herr alle Völker*
> *schlagen wird, die gegen Jerusalem in den Kampf gezogen*
> *sind: ihr Fleisch wird verwesen, während sie noch auf ihren*
> *Füßen stehen, und ihre Augen werden in ihren Höhlen*
> *verwesen und ihre Zungen im Mund.*
>
> (Sacharja 14,12)

Das oben beschriebene grausame Todesbild wurde bei vielen der unglücklichen Opfer des Atomschlags gegen Hiroshima und Nagasaki festgestellt.

> *... und es ward ein Hagel und Feuer, mit Blut vermengt, und*
> *fiel auf die Erde; und der dritte Teil der Erde verbrannte,*
> *und der dritte Teil der Bäume verbrannte, und alles grüne*
> *Gras verbrannte.*
>
> *Von diesen drei Plagen ward getötet der dritte Teil der*
> *Menschen, von dem Feuer und Rauch und Schwefel ...*
>
> (Offenbarung 8,7; 9,18)

Militärexperten sind der Ansicht, dass ein atomarer Angriff heute durchaus in Erwägung gezogen werden könnte. Die längste Zeit galt völlige Zerstörung als unausweichliche Folge eines solchen Krieges. Heute sind sich die Militärs darüber einig, dass ein Atomkrieg überlebt, ja bei richtigem Vorgehen sogar gewonnen werden könnte. Er würde im schlimmsten Fall einen Blutzoll von schätzungsweise „nur" einem Drittel der Weltbevölkerung fordern. Wahrlich ein beruhigender Gedanke.

Nostradamus und der Weltenbrand

Die Frage nach dem Dritten Weltkrieg und dem nuklearen Holocaust wird heutzutage von zahlreichen Propheten und Menschen mit außersinnlichen Wahrnehmungen aufgegriffen. Manche Bücher behaupten dabei, den Schlüssel zu Nostradamus' Prophezeiungen gefunden zu haben. Sie zitieren Vierzeiler, in denen angeblich der Atomkrieg vorhergesagt wird. Tatsächlich sprechen die Verse von Feuer und Tod; doch diese Elemente finden sich durchgehend in der kriegerischen Geschichte des Menschen. Aber auch in den Briefen von Nostradamus finden wir Formulierungen, die als Hinweise auf atomare Zerstörung verstanden werden könnten:

> „Die Schriften werden große und unvergleichliche Fehldeutungen erfahren vor dem kommenden Weltenbrand und der großen Flut, die die Menschheit überkommen und so groß sein wird, daß ihr nahezu kein Land entgehen wird. Das wird sein, wenn die Geschichte der Waffen und der Nationen den Punkt der Selbstzerstörung erreicht hat ..."

Das obige Zitat haben wir bereits in Zusammenhang mit der globalen ökologischen Krise besprochen und die Möglichkeit in Erwägung gezogen, dass mit *„Weltenbrand und der großen Flut"* die überhöhte UV-Strahlung und andere Umwelt-Anomalien gemeint sein könnten. Wann *„die Geschichte der Waffen und der Nationen den Punkt der Selbstzerstörung erreicht hat"*, lässt sich allerdings nicht so einfach erklären.

Bei den weiteren Nostradamus-Auszügen[1] werden wir auch Elemente erkennen, die uns aus der Bibel-Prophezeiung bereits vertraut sein dürften.

> „In unvorhersehbar großer Zahl werden sich die Gefolgsleute des Antichrist erheben, sodaß das Kommen des Heiligen Geistes, der sich entlang des 24. Breitengrades zeigt, vonnöten sein wird. Er wird das Greuelbild des Antichrist und den Krieg gegen die Monarchie, d. h. den Krieg gegen jenen König, der zu dieser Zeit der große Vertreter Jesu Christi auf Erden sein wird, und den Krieg gegen seine Kirche bekämpfen. Nach einer Sonnenfinsternis wird jedoch sodann eine Zeit kommen, die die dunkelste und finsterste sein wird seit der Erschaf-

fung der Welt und dem Tode Jesu Christi bis zu jener Zeit ... Die Kirche und der gerechte Vertreter Petri werden verfolgt werden durch den Antichrist ... mit Unterstützung der Könige jener Zeit.

Dasselbe wird geschehen durch die Lehre, die das Volk des Nordens verbreitet; es wird vernichtet werden nach dem Willen Gottes ... Und dann wird allgemeiner Friede sein unter den Menschen, und die Kirche Jesu Christi wird gerettet sein von allem Trübsal. Das wird geschehen, wenn die Welt dem siebenten Jahrtausend nähert. Die Kirche Jesu Christi wird nicht mehr mißhandelt werden durch die Ungläubigen aus dem Norden. Zu dieser Zeit wird eine große Feuerkatastrophe über die Welt kommen. Hier enden meine Prophezeiungen, doch der Lauf der Zeit geht noch lange weiter ...“

Es ist sicherlich schwer, nicht an einen Atomkrieg zu denken, wenn wir Ausdrücke wie etwa *„Weltenbrand“*, *„Selbstzerstörung“* und *„Feuer-katastrophe über die ganze Welt“* lesen. Die heutige Menschheit besitzt zwar bereits die technologischen Mittel, durch welche diese Vorhersagen bedauerlicherweise in Erfüllung gehen könnten, hoffentlich aber auch die Weisheit, um die Katastrophe abzuwenden. Wir lesen weiter bei Nostradamus:[2]

„Auf dem Grunde meiner astronomischen Berechnungen, verglichen mit den Erklärungen der Heiligen Schrift, wird die Verfolgung der Kirche durch die Könige des Nordens kommen, die sich verbündet haben mit denen des Ostens. Es wird elf Jahre dauern, vielleicht weniger, denn dann wird der mächtige Herrscher des Nordens stürzen. Sobald diese elf Jahre vorüber sind, wird sich ein Verbündeter im Süden in kurzer Zeit erheben und die Gläubigen der Kirche weitere drei Jahre verfolgen. Dazu nützt er die trügerische Macht eines Ketzers ... Das gesamte Volk Gottes, das das Gesetz beachtet und ehrt, wird bekämpft und verfolgt werden wie auch alle religiösen Orden ... .

Wenn all dies lange genug gedauert haben wird, werden die zweite Herrschaft des Saturn und das Goldene Zeitalter schon bald beginnen. Gott der Schöpfer wird den Zustand Seines Volkes sehen. Dann beginnt eine Zeit allgemeinen Friedens zwischen Gott und dem Menschen ... .

Daß all diese Dinge im Einklang mit der Heiligen Schrift wie auch mit den Dingen des Himmels stehen, kann aus dem Stand von Jupiter, Saturn und Mars erkannt werden ... . Um die Bedeutung gewisser schrecklicher Ereignisse zu verstehen, ist es vonnöten, daß das Schicksal schon begonnen hat, sich zu erfüllen ...“

Aufklärungshilfen für die Wendezeit

Der letzte Satz von Nostradamus' ähnelt der Botschaft, die in *Daniels* 12. Kapitel wiedergegeben wird. Dem Propheten wird aufgetragen:

> ... *verbirg diese Worte, und versiegle dieses Buch bis auf die letzte Zeit.*

Und nochmals:

> *Geh hin, Daniel, denn es ist verborgen und versiegelt bis auf die letzte Zeit. ... alle Gottlosen werden's nicht verstehen, aber die Verständigen werden's verstehen.*
>
> (Daniel 12,4, 9–10)

Die Prophezeiungen werden im Licht bestimmter gegenwärtiger Ereignisse sicherlich verständlicher: die Neugründung des Staates Israel, die Konflikte und Entwicklungen rund um Jerusalem, der mittlerweile fortgeschrittene Aufbau eines computerisierten Weltwirtschaftssystems etc. Die biblischen Prophezeiungen geben zwar zeitlich klar umrissene Angaben: Der siebenjährige Vertrag des Antichrist, der nach halber Zeit gebrochen wird, das dreieinhalbjährige Terror-Regime des Antichrist, das dem Messianischen Zeitalter vorausgeht.

Doch enthalten diese Prophezeiungen keine genauen Jahreszahlen. Sie basieren auf Zeichen der Zeit: die Unterzeichnung des Vertrages, die Errichtung des „Greuelbildes" etc. Sie beschreiben jedoch so viele Ereignisse in hinreichenden Einzelheiten, dass wir uns, selbst wenn wir einige falsch deuten, immer noch an die anderen halten können. Die Bedeutung mancher Prophezeiungen wird außerdem erst klar werden, wenn sich die Ereignisse zu entfalten beginnen.

Wir sollten wohl auch noch darauf hinweisen, dass unsere zum Teil sicherlich sehr vagen und spekulativen Deutungen nur als Empfehlungen verstanden werden sollten. Was wir anstreben, ist, die LeserInnen mit den Prophezeiungen überhaupt und mit den Methoden zu deren Auslegung vertraut zu machen. Diese Grundlage mag den LeserInnen behilflich sein, politische Entwicklungen bewusster zu beobachten, die Schlüsselereignisse zu erkennen und angemessen auf sie zu reagieren.

Die Erklärungen in diesem Buch könnten außerdem diejenigen in ihrer Arbeit unterstützen, die als „Lichtarbeiter" bereits tätig sind oder zu einem späteren Zeitpunkt zur spirituellen Erweckung anderer beitragen möchten. Offenbar, wie wir schon im vorherigen Kapitel aus einigen Aussagen im *Buch Daniel* feststellen konnten, wurden die Prophezeiungen anscheinend teilweise gerade zu diesem Zweck überliefert – als Aufklärungshilfen für die Wendezeit:

> *... du Daniel, verbirg diese Worte, und versiegle dies Buch bis auf die letzte Zeit. Viele werden es dann durchforschen und große Erkenntnis finden. ... Und die Verständigen im Volk werden vielen zur Einsicht verhelfen ...*

Das spirituelle Erwachen der Menschheit

> *Heute steht der Mensch an der Schwelle zu einer neuen Zeit, dem Wassermann-Zeitalter, in dem die Menschheit ein neues Bewusstsein oder einen neuen Erkenntnisgrad erreicht ...*
>
> Edgar Cayce (1877–1945)

> *Eine Veränderung, die durch den Abschluss des gesamten Großen Zyklus ausgelöst wird, hat bereits eingesetzt, signalisiert durch eine Verschiebung der resonatorischen Frequenz; diese Verschiebung kündigt das Ende des Großen Zyklus an und gibt eine Vorahnung von dem Glanz unserer galaktischen, solaren und planetarischen Wirklichkeit der nachfolgenden Ära, die 2012 n. Chr. beginnt.*

> *Damit tritt unser Planet in seine nächste evolutionäre Phase ein und sichert sich seinen Platz als neues Mitglied der Galaktischen Gemeinschaft.*
>
> José Argüelles

Eines ist jedenfalls klar – es wird in der nächsten Zeit für alle mehr und mehr sichtbar werden, dass unsere Welt ernsthaft aus dem Lot geraten ist. Die von Menschen verursachten Probleme – seien es Umweltzerstörung, Wirtschaftskrisen, wachsende Armut und soziale Ungerechtigkeit, Terroranschläge oder Krieg – werden lauter und lauter nach Lösungen schreien.

Ein Teil der Weltbevölkerung wird glauben, dass die Lösungen allein in verbesserten technischen Vorrichtungen, stärkerer Kontrolle oder strengeren Gesetzen liegen, ein anderer Teil wird die Wurzel des Übels eher im mangelnden Verständnis und fehlenden Respekt für die universellen spirituellen Gesetzmäßigkeiten finden. Es wird nicht leicht werden, zu einer gesunden Synthese der beiden Ansichten zu gelangen.

Die Lage wird zunehmend vordringlicher werden, und niemand wird sich länger den Luxus leisten können, sich mit der Problematik und mit seiner eigenen Weltanschauung nicht ernsthaft zu beschäftigen. Die kritischen Zustände und die zum Teil gewalttätigen Auseinandersetzungen werden zu einer Art Katharsis oder Läuterung führen und zum Evolutionssprung, der ein Goldenes Zeitalter ermöglichen wird.

Nachtrag

Kornkreis-Muster, Strichcodes und die Neue Weltordnung

Die prophetischen Aspekte des Kornkreis-Phänomens

Im April 2007 fand sich in einem renommierten europäischen Wissenschaftsmagazin eine Meldung über ein neues Produkt, das ein führender britischer Hersteller von Audio-Systemen auf den Markt bringen sollte.

Es handelte sich dabei um ein kleines Gerät, das angeblich nicht größer sei als eine Streichholzschachtel, dessen Herzstück ein Impulswandler ist, der HiFi-Bass-Töne in extrem kurzwellige elektromagnetische Signale umwandelt. Diese wiederum umgehen die Gehörorgane und stimulieren die für das Hören von tiefen Frequenzen zuständigen Regionen des auditiven Cortex im Gehirn des „Zuhörers" direkt. Menschen in der unmittelbaren Reichweite haben die Illusion, dass sie die satten Basstöne von außen her wahrnehmen.

Die Meldung hat sich leider als fiktiv herausgestellt, aber die Idee ist keineswegs weit hergeholt. Zahlreiche neurokybernetische Versuche werden zurzeit durchgeführt, die den Wissenschaftlern Aufschluss darüber verschaffen, welche Gehirnregionen für welche Körper- und kognitiven Funktionen zuständig sind und wie diese für therapeutische Anwendungen oder auch zwecks Verhaltens-Kontrolle manipuliert werden können.

Das Gehirn ist ein feinfühliger Sender/Empfänger von elektromagnetischen Signalen. Besitzt jemand die technologischen Fähigkeiten, gebündelte Impulse auf einer präzisen Wellenlänge zu senden, könnte er beliebige Regionen im Gehirn von Personen stimulieren, sodass sie Stimmen oder Visionen wahrnehmen würden.

Man denkt dabei unweigerlich an die religiös-ekstatischen Erlebnisse der alten Propheten oder z. B. an die Marien-Erscheinungen von Fatima oder Medjugorje. Die drei Kinder hörten und sahen in jedem Fall dieselben klaren Botschaften und Visionen, wobei Außenstehende gar nichts wahrnehmen konnten.

Technologische Wunder in biblischen Zeiten

Jede weit genug entwickelte Technologie ist von Magie nicht unterscheidbar.

Arthur C. Clark

Die Bundeslade

Mittlerweile sind die Theorien allgemein bekannt, wonach hoch entwickelte technische Mittel – möglicherweise außerirdischen Ursprungs – für die zahlreichen Wunder und Erscheinungen verantwortlich sein könnten, die wir aus den Überlieferungen mehrerer Religionen sowie aus alten Mythen und Legenden kennen. Die seltsamen Ereignisse und Geräte, die in diversen biblischen Texten beschrieben werden, scheinen diese Theorien jedenfalls zu untermauern. Die mosaischen Berichte vom Auszug aus Ägypten und von der Eroberung des Heiligen Landes sind besonders reich an merkwürdigen Phänomenen und Beschreibungen von fremdartigen Objekten.

Besonders auffallend unter diesen ist die berühmte „Bundeslade", der äußerst merkwürdige und wundersame Kräfte zugesprochen wurden. Interessant ist auch, dass die Missachtung der klaren Beschreibungen und Warnungen betreffend der Handhabung des Objekts den sofortigen Tod mehrerer biblischer Persönlichkeiten zur Folge hatte. Zwei Söhne Aarons starben, als sie dem Gerät zur falschen Zeit zu nahe kamen, und ein Begleiter König Davids namens Usa fiel auf der Stelle tot um, als er während eines Transports des heiligen Gegenstandes dessen Seite berührte.

Die drei Kinder von Medjugorje hörten und sahen dieselben klaren Botschaften und Visionen, wobei Außenstehende gar nichts wahrnehmen konnten.

Usa, ein Begleiter König Davids, fiel auf der Stelle tot um, als er die Seite der Bundeslade beim Transport berührte.

Es geschah nach einer der zahlreichen kriegerischen Auseinandersetzungen mit dem Erzfeind Philistia, als die Bundeslade in die Hand des Feindes fiel. Da es ihnen scheinbar nur Tod und Unglück brachte, schickten die Philister nach einer Weile eine Botschaft an die Israeliten, sie mögen bitte das unliebsame Gerät abholen und sie davon befreien. Die Bundeslade blieb danach mehrere Jahre in einer israelitischen Provinzstadt, bis David zum König ernannt wurde. Eine seiner ersten Handlungen war, die Bundeslade feierlich nach Jerusalem zurückzubringen. Das Alte Testament berichtet darüber und über den oben erwähnten Todesfall folgenderweise:

> *Und David ... machte sich auf und ging hin mit allem Volk, das bei ihm war, gen Baal in Juda, daß er die Lade Gottes von da heraufholte, deren Name heißt: Der Name des HERRN Zebaoth wohnt darauf über den Cherubim.*
>
> *Und sie ließen die Lade Gottes führen auf einen neuen Wagen und holten sie aus dem Hause Abinadabs, der auf dem Hügel wohnte. Usa aber und Ahjo, die Söhne Abinadabs, trieben den neuen Wagen. ... Und da sie kamen zu Tenne Nachons, griff Usa zu und hielt die Lade Gottes; denn die Rinder traten beiseit aus.*
>
> *Da ergrimmte des HERRN Zorn über Usa, und Gott schlug ihn daselbst um seines Frevels willen, daß er daselbst starb bei der Lade Gottes.*
>
> 2. Samuel 6,1–12

Seit biblischen Zeiten versuchen jüdische und christliche Geistliche, eine vernünftige Erklärung dafür zu geben, warum Gott einen Menschen mit dem Tod bestraft hat, der offenbar nur Gutes tun wollte. Modernere, auch gläubige Menschen werden sicherlich den Verdacht hegen, dass es sich hier um eine neutrale Naturkraft – wahrscheinlich Elektrizität – gehandelt haben musste – eine Naturkraft, die nicht aus „Zorn" diejenigen tötete, die unsachgemäß mit ihr umgingen.

Aufschluss darüber, welcher Art von Objekt die Bundeslade gewesen sein könnte, geben uns die Anweisungen, die wir im zweiten Buch Mose lesen können betreffend ihrer Herstellung und Handhabung:

Und der HERR redete mit Mose und sprach: ... Sage den Kindern Israel, ... sie sollen mir ein Heiligtum machen, daß ich unter ihnen wohne.

... Macht eine Lade aus Akazienholz; dritthalb Ellen [1 Elle = ca. 52,5 Zentimeter] soll die Länge sein, anderthalb Ellen die Breite und anderthalb Ellen die Höhe. Du sollst sie mit Gold überziehen inwendig und auswendig, und mache einen goldenen Kranz oben umher.

Und gieße vier goldene Ringe und mache sie an ihr vier Ecken, also dass zwei Ringe seien auf einer Seite und zwei auf der andern Seite. Und mache Stangen von Akazienholz und überziehe sie mit Gold und stecke sie in die Ringe an der Lade Seiten, daß man sie damit trage; sie sollen in den Ringen bleiben und nicht herausgetan werden.

Du sollst auch einen Gnadenstuhl machen von feinem Golde; dritthalb Ellen soll seine Länge sein und anderthalb Ellen seine Breite. Und du sollst zwei Cherubim machen von getriebenem Golde zu beiden Enden des Gnadenstuhls, daß ein Cherub sei an diesem Ende, der andere an dem andern Ende, und also zwei Cherubim seien an des Gnadenstuhls Enden.

Und die Cherubim sollen ihre Flügel ausbreiten von oben her, daß sie mit ihren Flügeln den Gnadenstuhl bedecken und eines jeglichen Antlitz gegen das des andern stehe; und ihre Antlitze sollen auf den Gnadenstuhl sehen. Und du sollst den Gnadenstuhl oben auf die Lade tun und in die Lade das Zeugnis legen, das ich dir geben werde.

Von dem Ort will ich mich dir bezeugen und mit dir reden, nämlich von dem Gnadenstuhl zwischen den zwei Cherubim, der auf der Lade des Zeugnisses ist, alles, was ich dir gebieten will an die Kinder Israel.

2. Mose 25,1–22

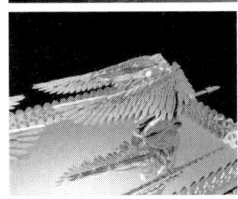

Aufschluss darüber, welche Art von Objekt die Bundeslade gewesen sein könnte, geben uns die Anweisungen, die wir im 2. Buch Mose lesen können. Hier geht es um ihre Herstellung und ihre Handhabung.

Denjenigen, die mit Elektrotechnik vertraut sind, wird die Ähnlichkeit mit der Konstruktion einer Leidener Flasche *oder* Kondensationsflasche *auffallen.*

Denjenigen, die mit Elektrotechnik vertraut sind, wird die Ähnlichkeit der obigen Konstruktionsanweisungen zu der Konstruktion einer sogenannten „Leidener Flasche" oder Kondensationsflasche aufgefallen sein. Bei der Leidener Flasche sind Metallbeläge auf der Innen- und Außenseite eines Glasgefäßes (beispielsweise einer Flasche) angebracht; das Glas stellt den Isolator dar. Leidener Flaschen besitzen eine hohe Spannungsfestigkeit und werden daher vor allem als Kondensatoren für Hochspannung eingesetzt. Eine Leidener Flasche kann man leicht selbst herstellen. Bei dem Experiment ist allerdings größte Vorsicht geboten: Auch mit schwachen Spannungsquellen lassen sich erhebliche Energien speichern, die potenziell lebensgefährlich sind!

Bei der Bundeslade wird Holz als Isolator verwendet. Gold, wie wir wissen, besitzt eine ausgezeichnete Leitfähigkeit. (Die abwechselnden Schichten von Metall und Holz erinnern auch an den Orgon-Akkumulator von Wilhelm Reich.) Die Konstruktion des Gnadenstuhls, der auf die Lade gesetzt wird, stellt eine wesentliche Abweichung von der Konstruktionsweise einer herkömmlichen Kondensationsflasche dar. Einer der Cherubim auf diesem leitfähigen Deckel war vermutlich mit der negativen Leitschicht, der andere mit der positiven verbunden.

Die Ringe, die die Holzstangen hielten, waren wahrscheinlich an der mittleren, isolierenden Holzschicht verankert. Die Stangen kämen somit nur mit dem äußeren, also mit nur einem der energieleitenden Pole in Berührung und könnten auf diese Weise beim Tragen als Erdung dienen. Der Hinweis, dass die Stangen niemals entfernt werden durften, war vermutlich eine Sicherheitsmaßnahme gewesen, um zu verhindern, dass die Lade an der falschen Stelle berührt wurde.

Leider fehlen einige wesentliche Details bei der biblischen Beschreibung. (Der Berichterstatter war mit den Prinzipien der Elektrotechnik wohl nicht vertraut.) Eines scheint aber offensichtlich zu sein, dass die Bundeslade ein mächtiger Energieakkumulator und die Stelle zwischen den Flügeln der Cherubim sein Konzentrationspunkt war.

Gravitationswellen und kognitive Energie

Wenn es sich bei der Bundeslade um einen verfeinerten Energie-Kondensator handelt, ist es wichtig, daran zu denken, dass es verschiedene Arten von Energie gibt; einige uns bekannte Arten sind Licht,

Gravitation, Elektrizität, Magnetismus, Wärme, Mikrowellen ... Alle diese Energieformen werden auf irgendeine Weise von der Quelle zum Empfänger übertragen.

Weitere Hinweise aus den biblischen Überlieferungen lassen vermuten, dass die Bundeslade die Fähigkeit hatte, verschiedene Energieformen, z. B. auch Gravitationswellen, zu bündeln und zu leiten. Als es den Philistern gelang, die Lade in Besitz zu nehmen, stellten sie sie als Trophäe in den Tempel ihres Gottes *Dagon*. Am nächsten Morgen fanden sie zu ihrem Entsetzen, dass das Götzenbild nach vorne in Richtung Bundeslade umgefallen war. Sie richteten es mit großer Mühe auf, fanden es aber am nächsten Morgen nochmals genauso umgefallen. Diesmal allerdings waren der Kopf und die Arme der Statue abgebrochen.

Der biblische Text verrät uns nicht, ob das Götzenbild aus Stein oder Metal gemacht war. Es lässt sich also nicht feststellen, ob magnetische- oder Gravitationswellen beim Umkippen der Statue im Spiel waren. Vermutlich war es eine steinerne Figur, da Skulpturen aus Metall beim Umfallen eher nicht auseinanderbrechen. Die Bundeslade wurde bei einem anderen uns aus der Bibel bekannten Vorfall eingesetzt, beim Sturz der Mauern von Jericho, wobei es sich logischerweise um große Mengen von Stein handelte – was auf den Einsatz von u. a. Gravitationswellen hindeuten würde.

Einige Theorien, die die bemerkenswerten Flugeigenschaften der Objekte, die im Rahmen von UFO-Sichtungen beobachtet wurden, zu erklären versuchen, haben Postulierungen aufgestellt, wonach die unbekannten Flugkörper über Technologien verfügen müssten, die die Fähigkeit zur gekonnten Manipulation von und den Umgang mit Gravitationswellen voraussetzen.

Aufgrund der zahlreichen Geschichten und Legenden aus der Bibel und anderen alten Überlieferungen ist die Vermutung jedenfalls keineswegs abwegig, dass wir Kontakt mit höheren bzw. Unterstützung durch höhere Intelligenzen gehabt haben könnten, die über ein weitaus höher entwickeltes technologisches Wissen verfügten als wir und dabei auch den Umgang mit verschiedenen Energieformen beherrschten. Es könnten durchaus dieselben intelligenten Wesenheiten gewesen sein, die in unseren Tagen für manche UFO- und Kornkreis-Erscheinungen verantwortlich sind.

Der letzte Satz des Auszugs aus dem 2. Buch Mose offenbart eine weitere bemerkenswerte Eigenschaft der Bundeslade.

Der letzte Satz des oben zitierten Auszugs aus dem zweiten Buch Mose offenbart eine weitere bemerkenswerte Eigenschaft der Bundeslade:

Von dem Ort will ich mich dir bezeugen und mit dir reden,
nämlich von dem Gnadenstuhl zwischen den zwei Cherubim ...
alles, was ich dir gebieten will an die Kinder Israel.

Hier handelt es sich offensichtlich um die direkte Übertragung von Information. Forscher, die Erfahrung mit dem Kornkreis-Phänomen haben, können bezeugen, dass es anscheinend möglich ist, mit den Kornkreismachern telepathisch in Verbindung zu treten. Forschergruppen hatten mehrmals Experimente durchgeführt, wobei sie sich bestimmte Formen und Muster konzentriert vorstellten, die kurz darauf in echten Kornkreisen klar erkennbar waren.

Biblische Wunder in modernen Zeiten

... Und ich will Wunder tun oben im Himmel und
Zeichen unten auf Erden ...
Apostelgeschichte 2,19

Die Sonnenwunder von Fátima

Die optische Wunder dauerte zehn Minuten an. Als alles vorbei war, stellten 70.000 Menschen verwundert fest, dass ihre durchnässten Kleider plötzlich trocken waren.

Eine gewaltige Menge von 70.000 Menschen hatte sich am 13. Oktober 1917 schon Stunden vor der angekündigten Erscheinungszeit auf der Cova da Iria in der Nähe der kleinen portugiesischen Ortschaft Fátima eingefunden. Die Eltern der Kinder waren noch immer kleingläubig und malten sich und den Kindern die Blamage, ja den Zorn der Pilger aus, wenn kein Wunder geschehen würde. So kamen die Kinder bei strömendem Regen an den Erscheinungsort. Sie waren ruhig und voll Zuversicht.

Zu Mittag rief Lucia [das älteste der drei Kinder], dass die Erscheinung komme, und wendete in Ekstase ihr Gesicht der schönen Dame zu und fragte sie, wie schon so oft: *„Wer seid Ihr und was wollt Ihr von mir?"* Sie erhielt eine längere Antwort und nach den üblichen Fürbitten Lucias folgte eine Schlussbotschaft.

In dem Moment, als dies zu Ende war, schrie Lucia: „*Schaut die Sonne!*" Der Regen hörte plötzlich auf und eine silberne Sonne erschien, die sich rasend im Kreise drehte und mit Strahlenbündeln in allen Farben Wolken, Erde, Felsen und Menschen in die fantastischsten Farben tauchte. Plötzlich schien sich die „Sonne" vom Firmament zu lösen und herunterzukommen. Ein tausendfacher Schreckensschrei ertönte. Viele Menschen warfen sich im Schlamm auf die Knie. Dieses optische Wunder dauerte zehn Minuten an. Als alles vorbei war, stellten die 70.000 Menschen verwundert fest, dass ihre durchnässten Kleider plötzlich trocken waren. (Mehr zum Thema „Fátima" finden Sie in Anhang 2.)

Das Kornkreis-Phänomen

Über 50 Muster erscheinen jeden Sommer im Hauptgebiet in Südengland. Gleich zu Anfang des Phänomens bildete sich der Fachbegriff „Kornkreise" (engl.: *crop circles*), der sich eingebürgert hat, obwohl man aufgrund der oftmals beeindruckenden Geometrie schon seit einem Jahrzehnt eher von Formationen, Piktogrammen oder Glyphen sprechen müsste. Bislang sind allein in Südengland mehr als 3000 Zeichen dokumentiert, mit einer Ausdehnung von üblicherweise zwischen 30 und 100, mitunter sogar über 300 Metern. In den letzten 15 Jahren erschienen allein in England jährlich zwischen 50 und 150 in Getreidefelder gezeichnete Motive. Meistens entstehen sie in der Nacht, vereinzelt auch tagsüber.

Eines der besonderen Merkmale des Kornkreis-Phänomens ist, dass bei den echten Mustern die Ähren der Getreidepflanzen nicht gebrochen oder bloß niedergedrückt, sondern durch etwas, das wie die Einwirkung von präzise ausgestrahlten Mikrowellen-Impulsen zu sein scheint, zum Umbiegen gebracht werden – und zwar mit solcher unfehlbaren Genauigkeit, dass komplizierte und wunderschöne, zum Teil gigantische Formen innerhalb von wenigen Minuten erscheinen. Denkt man über das Ausmaß dieses Phänomens nach, wird klar, dass keine Zivilisation auf unserem Planeten die technologischen Fähigkeiten besitzt, um solche Kunststücke zu vollbringen.

Beherrschen weiter entwickelte intelligente Wesen also die Fähigkeit, mit Energiewellen so präzise umzugehen, ist es keineswegs unvernünftig anzunehmen, dass sie in der Vergangenheit für manche religiöse

Botschaften und Phänomene verantwortlich gewesen sein könnten, um wohlwollend die Geschicke der Menschheit zu beeinflussen.

Primitive Völker fassten alles, was sie nicht erklären konnten, ohnehin in religiöse und mythische Konzepte auf. Der Versuch wäre sinnlos gewesen, früheren Menschen Regeln der Ernährung oder Hygiene mittels Belehrungen über Proteine oder unsichtbare Mikroorganismen beizubringen. Verpackte man diese Informationen jedoch in einen religiösen Kontext – dazu mit Zeichen und Wundern untermauert –, wäre die erwünschte Wirkung sicher.

(Diese Theorie soll allerdings keineswegs als Plädoyer verstanden werden für die extreme Haltung, dass alle Zeichen und Wunder auf technologische Tricks zurückzuführen sind. Zahlreiche Beispiele zeigen, dass Menschen durchaus in der Lage sind, sich seelisch zu entwickeln und – in harmonischem Einklang mit den Energien und höheren Gesetzmäßigkeiten des Universums – Fähigkeiten zu manifestieren, die als wundersam betrachtet werden. Tausende dokumentierte Fälle von Spontanheilungen z. B. oder Levitations- und Materialisationsphänomene belegen dies.)

Weiterhin scheint es, dass die Intelligenzen, die uns in früheren Zeiten – möglicherweise in religiösem Zusammenhang – beigestanden haben, sich uns in der modernen Zeit noch auf relativ diskrete Weise, jedoch unmissverständlich, viel direkter zeigen und uns Botschaften zu übermitteln versuchen, u. a. durch das Kornkreis-Phänomenen.

Das Göttliche Auge von Beacon Hill

Ein Kornkreismuster, das eine klare Verbindung zu einem eher religiös angehauchten Phänomen – nämlich zur Prophetie – zu haben scheint, ist das „Göttliche" oder auch „Illuminaten-Auge" genannte Piktogramm, das am 21. Juli 2002 im südenglischen Hampshire auf dem Beacon-Hügel entdeckt wurde. Es ist ein imposantes, auffallend präzise konstruiertes Gebilde von 76 Metern Durchmesser. Seinen Spitznamen erhält es aus der offensichtlichen Ähnlichkeit mit der sogenannten „Illuminaten-Pyramide", die zum Beispiel auf der Rückseite des amtlichen Siegels der USA und auf jedem amerikanischen Ein-Dollar-Schein abgebildet ist.

Obwohl meines Wissens keine wissenschaftlichen Untersuchungen der einzelnen Ähren durchgeführt wurden, wird die Echtheit des Getreide-Piktogramms durch mehrere typische Merkmale von nicht menschengemachten Formationen belegt. Zum einen überzeugt die exakte, fehlerlose Darstellung des schwierigen Musters und zum anderen die Tatsache, dass so ein Gebilde tatsächlich nicht künstlich hergestellt werden könnte, ohne den Einsatz eines fest verankerten Drehpunkts im Zentrum, der zweifellos eine Spur hinterlassen hätte. Das Zentrum des Piktogramms ist aber unberührt. Vor allem sind die 33 Strahlen äußerst schwierig – ohne festen Drehpunkt gar unmöglich – anzufertigen.

Bei genauerer Betrachtung fällt auf, dass das Auge aus relativ kleinen, ebenfalls absolut exakt und fehlerlos platzierten Dreiecken konstruiert wurde. Die Linien der Dreiecke sind außerdem so schmal, dass Fälscher es äußerst schwer gehabt hätten, diese herzustellen, ohne dabei irgendwann gestolpert zu sein oder auch nur eine einzige Spur hinterlassen zu haben.

Weiterhin, wenn wir das Piktogramm betrachten, das mitten im Feld platziert ist, ist es kaum vorstellbar, dass ein Fälscherteam sich mit schwerer Gerätschaft in das Feld hätte begeben können und wieder heraus, ohne hierbei verräterische Spuren im empfindlichen Getreide hinterlassen zu haben.

Das Illuminaten-Auge *genannte Piktogramm erhält seinen Spitznamen aus der offensichtlichen Ähnlichkeit mit der sogenannten* Illuminaten-Pyramide*, die auf der Rückseite des amtlichen Siegels der USA abgebildet ist.*

Es gibt nur eine vernünftige Schlussfolgerung: Das auffallend aussagekräftige Piktogramm ist echt – und das bedeutet, dass es für die Kornkreismacher offenbar ziemlich wichtig war, uns damit eine bestimmte Botschaft zu vermitteln. Einen Hinweis auf den Inhalt dieser Botschaft liefert uns möglicherweise der Name des Erscheinungsortes,

Beacon Hill, dessen Auswahl vermutlich nicht zufällig war – insbesondere wenn man bedenkt, dass dort Kornkreise sehr selten erscheinen. Das englische Wort *beacon* bedeutet „Leuchtfeuer", „Warnsignal".

Novus Ordo Seclorum

Einige Merkmale des Piktogramms weisen darauf hin, dass die offensichtliche Verbindung zu den Symbolen auf der Rückseite des amtlichen Siegels der Vereinigten Staaten beabsichtigt ist. Als Erstes ist die Zahl 76 von Bedeutung. Auf dem Siegel sind zwei lateinische Ausdrücke zu

Einige Merkmale des Piktogramms weisen darauf hin, dass die offensichtliche Verbindung zu den Symbolen auf der Rückseite des amtlichen Siegels der Vereinigten Staaten beabsichtigt ist.

lesen. Eine davon ist *Annuit Coeptis*, was „Jahr der Entstehung" bedeutet. Die Zahl 1776 ist in römischen Buchstaben dargestellt. Diese beiden Elemente werden als Bezug auf das Jahr der amerikanischen Unabhängigkeitserklärung verstanden. Das Beacon-Hill-Kornkreismuster hat vermutlich nicht zufällig einen Durchmesser von genau 76 Metern.

Die Quersumme von 7+6 ist 13, eine Zahl, die im Siegel ebenfalls vorkommt: Die Pyramide hat 13 Stufen. Diese Zahl ist auf dem amtlichen Siegel der USA, auch auf der Vorderseite, mehrmals zu finden und symbolisiert nach offiziellen Erklärungen die 13 ursprünglichen amerikanischen Staaten. Das Beacon Hill-Piktogramm wurde am 21. Juli 2002 entdeckt. Da es oft vorkommt, dass ein oder manchmal gar zwei Tage vergehen, bevor ein Muster entdeckt wird, ist es wahrscheinlich, dass der Kornkreis bereits am vorherigen Tag oder in der vorherigen Nacht entstanden ist – also am Kalendertag 20. Juli 2002. Die Quersumme von 20+7+2002 ist 13.

Ein weiteres Indiz sind die 33 Strahlen des Piktogramms. Eine Pyramide mit dem Allsehenden Auge auf der Spitze ist ein bekanntes Freimaurer-Symbol. Das Freimaurertum hat bekanntlich 33 Initiations-Grade.

Warum ist aber das Auge in dem Kornkreismuster so „zackig"? Sind die Kornkreismacher nicht in der Lage ein rundes Auge zu zeichnen?

Die zackigen Umrisse erinnern an eine digitalisierte Darstellung. Computerdarstellungen, egal, wie weich und rund sie aus der Entfernung erscheinen mögen, bestehen aus *Pixeln* – kleinen Quadraten. Ein

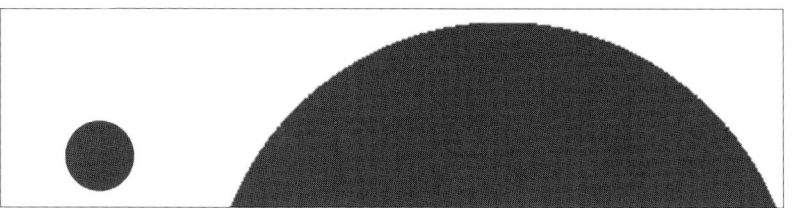

Die zackigen Umrisse des Auges können als Hinweis verstanden werden, dass die Aussage des Piktogramms etwas mit Computern zu tun hat.

Kreis auf einem Computer-Bildschirm kann somit niemals ganz rund sein. Eine Vergrößerung eines Bildschirmausschnittes macht dies ganz deutlich. Die zackigen Umrisse des Auges können somit als Hinweis verstanden werden, dass die Aussage des Piktogramms etwas mit Computern zu tun hat.

Wir können weitere Einzelheiten der vermeintlichen Botschaft vermuten, wenn wir das Auge näher untersuchen – es besteht nämlich aus genau 150 kleinen, pyramidenähnlichen, dreieckigen Pixeln. Die Quersumme von 1 + 5 + 0 ist 6. Zwei Hexagramme, ein großes und ein kleines, sind ebenfalls zu erkennen – zwei weitere Sechser also. Das digitalisierte, aus pyramidenähnlichen dreieckigen Pixeln bestehende Auge verbirgt somit die Zahl 666.

großes Hexagon = 6
kleines Hexagon = 6
150 Dreiecke = 1 + 5 + 1 = 6

Das digitalisierte, aus pyramidenähnlichen dreieckigen Pixeln bestehende Auge verbirgt die Zahl 666.

Die Neue Weltordnung

> *... und ihm ward gegeben Macht über alle Geschlechter und Völker und Sprachen und Nationen.*

> *... Und es macht, dass sie allesamt, die Kleinen und Großen, die Reichen und Armen, die Freien und Knechte, sich ein Malzeichen geben an ihre rechte Hand oder an ihre Stirn,*

> *... dass niemand kaufen oder verkaufen kann, er habe denn das*
> *Malzeichen, nämlich den Namen des Tieres oder die Zahl seines*
> *Namens. Hier ist Weisheit! Wer Verstand hat, der überlege die Zahl*
> *des Tieres; denn ... seine Zahl ist sechshundertsechsundsechzig.*
>
> Offenbarung des Johannes, Kapitel 13

Die biblische Prophetie verwendet unter anderem das Symbol Tier oder Bestie, um die Reiche und Regierungen der Menschen darzustellen. Das „*Tier*" aus der *Offenbarung*, Kapitel 13, symbolisiert insbesondere die vorhergesagte, von einem pseudo-spirituellen, charismatisch-trügerischen Weltlehrer *(Antichrist* genannt) geführte Weltregierung, die während der kommenden Zeitenwende an die Macht gelangen wird.

Die lateinischen Wörter *Novus Ordo Seclorum* oft als „Neue Weltordnung" verstanden, müssten, streng linguistisch gesehen, als „Neue Ordnung der Zeitalter" übersetzt werden. *Saeculum*, die lateinische Wurzel des Wortes *Seclorum*, bedeutet allerdings sowohl Welt als auch Zeitalter. Aus der gleichen Wurzel haben wir das deutsche Wort *säkular* = weltlich.

Der Ausdruck „Neue Weltordnung" wurde außerdem in den letzten Jahren von eben denjenigen führenden Persönlichkeiten aus politischen und wirtschaftlichen Kreisen häufig benutzt, von denen man vermuten würde, dass sie zu den gleichen Organisationen gehören könnten wie einst die Gründerväter der Vereinigten Staaten, die das Pyramiden-Auge-Symbol bewusst verwendet haben.

Die oben zitierten Verse aus der *Offenbarung*, auf die die Kornkreismacher durch die Verwendung des digitalisierten Auges und der 666-Symbolik hinzuweisen scheinen, sprechen jedenfalls von einer weltumfassenden Macht – einer Weltordnung also.

Nachwort

Wir möchten mit Nachdruck an dieser Stelle nochmals darauf hinweisen, dass die Prophezeiungen, wie verblüffend und zutreffend sie zeitweise auch sein mögen, keine unabänderlichen Zustände beschreiben. Wie der vorhin zitierte Paulus-Text, mit dem wir unsere Vortragsreihen in den 1980er Jahren zu beenden pflegten und der als Schlusswort für das daraus entstandene Manuskript diente, betont, sollen die Prophezeiungen als Ermahnung und Warnung aufgefasst werden – ähnlich den Worten eines wohlwollenden Arztes, der seinem leichtsinnigen Patienten den Teufel an die Wand malt und ihn auf sehr reale Gefahren aufmerksam macht, um ihn auf diese Weise dazu zu motivieren, seinen gesundheitsschädigenden Lebenswandel schnellst möglich zu ändern.

Viele der beschriebenen Entwicklungen sind außerdem durchaus positiv: eine Weltregierung; ein global koordiniertes Wirtschaftssystem, auch unter Einsatz von computerisierten und technisch ausgereiften Mitteln; Maßnahmen zur sozialen Gerechtigkeit, wirksamer Umweltschutz etc. Bedenklich wären solche Reformen nur dann, wenn sie mit übermäßigem Zwang durchgesetzt würden, bis hin zur Verfolgung von Dissidenten und Andersdenkenden.

Es ist auch unser innigster Wunsch, dass die Horrorvision einer atomaren Auseinandersetzung niemals Wirklichkeit werden wird und dass die Menschheit so schmerzlos wie möglich das *Goldene Zeitalter* erreichen kann.

Wir wollen dieses Buch mit einem Zitat des Apostels Paulus beschließen. Es enthält einen Vers, den viele Theologen, die vom Nutzen der Prophezeiungen nicht überzeugt sind, gerne, allerdings aus dem Zusammenhang gelöst, zitieren:

Von den Zeiten aber und Stunden, liebe Brüder, ist nicht not
euch zu schreiben; denn ihr selbst wisset genau, daß der Tag
des Herrn wird kommen wie ein Dieb in der Nacht.

Wenn sie sagen werden: Es ist Friede, es hat keine Gefahr, dann
wird sie das Verderben schnell überfallen gleichwie der Schmerz
ein schwangeres Weib, und werden nicht entfliehen.

Ihr aber, liebe Brüder, seid nicht in der Finsternis, daß der
Tag wie ein Dieb über euch komme. *... Wir sind nicht von der*
Nacht noch von der Finsternis. So lasset uns nun nicht schlafen
wie die anderen, sondern lasset uns wachen und nüchtern sein.

(1. Thessalonicher 5,1–6)

Aktuelle Meldungen

Wir möchten auf einige interessante politische Entwicklungen aufmerksam machen, die von den Nachrichtensendern gemeldet wurden, als wir dabei waren, die letzte Ausgabe unseres Buches für den Druck vorzubereiten.

Als in New York der Millennium-Gipfel der Vereinten Nationen tagte, fand in Brüssel in den Räumen des Europäischen Parlaments ebenfalls eine wichtige Versammlung statt. Die EU-Abgeordneten wurden beauftragt, eine Vermittlerrolle im Nahostkonflikt zu übernehmen und machten sich mit den Argumenten der israelischen und palästinensischen Repräsentanten vertraut. Hauptthema war der künftige Status Jerusalems, wobei eine Lösung, die die Internationalisierung Jerusalems vorsieht, angesprochen wurde. Der palästinensische Repräsentant wurde zitiert, als er von Jerusalem nicht nur als gemeinsamer Hauptstadt der beiden Staaten sprach, sondern die Heilige Stadt als künftige Hauptstadt der Welt (!) vorschlug.

Zur gleichen Zeit deklarierten fünfzig bedeutende multinationale Großkonzerne ihre Bereitschaft, die Vereinten Nationen finanziell zu unterstützen, da die schwer verschuldeten Staaten der Welt zum größten Teil scheinbar nicht mehr dazu in der Lage sind.

Das Handy im Körper

Bereits in der Ausgabe 08/2000 der populären Internet/Computer-Zeitschrift *e-media* war folgender Artikel zu lesen:

Noch Zukunftsmusik: ein Handy-Chip im Körper

„Wearable PCs werden am Massachusetts *Institute of Technology (MIT)* bereits heute gebaut. Der Bildschirm steckt dabei in einer Brille oder sogar in der Kontaktlinse.

Die Chance zum Durchbruch dieser visionären Entwicklung steckt in der Handywelt. Auf einem speicherstarken, *bluetooth-*fähigen Chip im Gerät sind sämtliche Daten des Besitzers gespeichert: Krankengeschichte, Sozialversicherungsnummer, Bankomat- und andere Zugriffscodes. Telefonieren und im Internet surfen wird man damit auch noch können.

Was praktisch klingt, birgt Gefahren. Was, wenn das Gerät, das alle Daten gespeichert hat, verlorengeht? Ein Fiasko. Mögliche Lösung: Das Handy wird nicht mehr getragen, sondern [als Chip] in den Körper eingepflanzt."

Aktuelle Infos im Internet

Wir möchten unsere LeserInnen noch auf die weiteren, im Anhang befindlichen Beiträge und Texte aufmerksam machen, die für das Thema dieses Buches relevant sind. Wir werden auch versuchen, im Internet, unter der Adresse: **www.future-watch.org** interessante Artikel und Analysen zu aktuellen politischen Entwicklungen laufend zugänglich zu machen.

Spirit-Newsletter

Zudem gibt es die Möglichkeit, unseren kostenlosen *Spirit-Newsletter* zu abonnieren. Er wird in unregelmäßigen Abständen versendet und enthält Kommentare zu und Hinweise auf bedeutende geopolitische, technologische und spirituelle Geschehnisse und Entwicklungen. Ein Abonnement kann unter **newsletter@future-watch.org** angefordert werden.

Original-Manuskripte und Tonbandaufnahmen

Einige Exemplare des Originalmanuskripts zu unserer Vortragsserie von 1981 sowie Kopien von Tonbandaufnahmen der Vorträge und Radio-Interview-Mitschnitte aus jener Zeit wurden in unserem Archiv aufbewahrt und protokollieren die Tatsache, dass die Hauptthemen dieses Buches und der größte Teil der hier beschriebenen

Ereignisse aufgrund der prophetischen Quellen schon damals zu erkennen waren.

Kommentare und Anregungen

sind willkommen und sollen per Post oder per E-Mail an den Autor gerichtet werden:

Tibor Zelikovics
c/o Metaphysika Edition
Postfach 48
A-1183 Wien
t.zelik@future-watch.org

Wir bitten allerdings im Vorhinein um Verständnis, dass wir wahrscheinlich nicht in der Lage sein werden, alle Briefe zu beantworten. Oft gestellte Fragen werden wir versuchen, im Internet unter obiger Adresse zu beantworten bzw. interessante Ansichten unserer LeserInnen online zugänglich zu machen.

Anhang 1

Das Leben im Goldenen Zeitalter

Es wird zur letzten Zeit der Berg, da des Herrn Haus ist, fest stehen, höher als alle Berge … und viele Völker werden hingehen und sagen: Kommt, laßt uns auf den Berg des Herrn gehen, … daß er uns lehre seine Wege …

Und er wird richten unter den Heiden und zurechtweisen viele Völker. Da werden sie ihre Schwerter zu Pflugscharen und ihre Spieße zu Sicheln machen. Denn es wird kein Volk wider das andere das Schwert erheben, und sie werden hinfort nicht mehr lernen, Krieg zu führen.

Da werden die Wölfe bei den Lämmern wohnen und die Panther bei den Böcken lagern. Ein kleiner Knabe wird Kälber und junge Löwen und Mastvieh miteinander treiben.

Kühe und Bären werden zusammen weiden, daß ihre Jungen beieinander liegen, und Löwen werden Stroh fressen wie die Rinder.

Und ein Säugling wird spielen am Loch der Otter, und ein entwöhntes Kind wird seine Hand stecken in die Höhle der Natter.

Man wird nirgends Sünde tun noch freveln auf meinem ganzen heiligen Berge; denn das Land wird voll Erkenntnis des Herrn sein, wie Wasser das Meer bedeckt.

(Jesaja 2,2–4; 11,6–9)

Man warf Mahatma Ghandi vor, dass er in der Vergangenheit lebe, weil er die *Cottage-Industries* (Heimherstellung von Stoff und anderer Grundbekleidung, Werkzeuge etc.) befürwortete und für Eigenversorgung und kleine Dorfbetriebe im Bereich der Lebensmittelversorgung plädierte. „Nein", antwortete er, „ich bin meiner Zeit voraus."

Ein anderer zeitgenössischer Prophet (heute würden wir *Channel* sagen), der Anfang des 20. Jahrhunderts in Amerika unter dem Namen *Awak* bekannt war, sah in seinen Zukunftsvisionen eine weltweite Gesellschaftsstruktur, die im Gegensatz zum heutigen Stadtsystem auf Kleingemeinschaftsbasis aufgebaut wird. Die Weltbevölkerung wird demnach in kreisförmigen Kleindörfern untergebracht werden, die mehr oder weniger autonom sind, das umliegende Land bewirtschaften und so weit wie möglich selbstversorgend sind.

Wie das Leben im *Goldenen Zeitalter* sein dürfte, ist ein Thema, das wir hier nur ansatzweise behandeln können. Wir müssten ihm einen ganzen Band widmen, um ihm einigermaßen gerecht zu werden.

Die Ideen im folgenden Artikel sind eine interessante Kombination von realen Möglichkeiten und utopischen Vorstellungen. Sie sollen lediglich als Denkanstöße und keineswegs als eine ausführliche Behandlung des Themas verstanden werden.

Die drei Hauptstufen der Bewusstseinsentwicklung

Von der Bewusstseinsforschung, die nicht von medialen Durchsagen oder astrologischen Berechnungen ausgeht, weiß man, dass der Einzelne und damit jedes Volk drei Hauptstufen der Bewusstseinsentwicklung durchmacht: von der religiösen über die materialistische zur spirituellen Stufe.

Die religiöse Bewusstseinsstufe (die Stufe des prärationalen Erkennens), die von mehr oder weniger richtigen Erinnerungen aus dem Unterbewusstsein ausgeht (z.B. Erinnerungen an das Leben in der geistigen Welt und frühere Erdenleben), ist dadurch gekennzeichnet, dass der Einzelne und damit die Völker langsam, aber sicher von der Religion abkommen.

Die materialistische Bewusstseinsstufe (die Stufe des rationalen

Erkennens), die auf der Materie fußt und nur das für existent hält, was mit den sogenannten fünf Sinnen wahrgenommen werden kann und objektiv prüf- und messbar ist, endet in Sinnlosigkeit und Chaos.

Die spirituelle Bewusstseinsstufe, die höchste Bewusstseinsstufe (die Stufe des transrationalen Erkennens), die von Erlebtem und Wahrgenommenem in dieser Welt ausgeht und die Erklärungen dazu durch Intuitionen aus der geistigen Welt erhält, ist durch glücklich machende Erkenntnisse gekennzeichnet (u. a. Antworten auf die Fragen: Woher komme ich, welche Aufgabe habe ich und wohin gehe ich?): z. B. die Erkenntnis, dass man als unsterbliches Geistwesen auf dieser Erde inkarniert, um das Bewusstsein zu entwickeln und eines Tages als selbstständiges Wesen in die Heimat – die geistige Welt – zurückzukehren, aber mit einem deutlich höheren Bewusstsein als vor der ersten Inkarnation.

Diese drei Hauptbewusstseinsstufen, zwischen denen es Übergangsstufen gibt, werden auch uraltes, altes und neues Bewusstsein genannt. Die Völker dieser Erde befinden sich entweder noch weitgehend in der religiösen Bewusstseinsstufe (z. B. der Iran) oder mehr oder weniger in der materialistischen (z. B. Deutschland). Immer mehr Völker gehen tiefer in den Materialismus hinein, weil sich Tag für Tag mehr Menschen vom Religiösen frei machen und sich der Materie verschreiben, und zwar auf der ganzen Erde.

Wie man aus Erfahrung weiß, produziert das materialistische Bewusstsein negative und chaotische Gedanken; und das heißt, Katastrophen verschiedenster Art werden kommen, sobald die positive Ausstrahlung der wenigen, die sich in der spirituellen Bewusstseinsstufe befinden, nicht mehr ausreicht, die negative Ausstrahlung der Materialisten zu neutralisieren, denn negative Ausstrahlung bewirkt Katastrophen.

Die Gesellschaftsordnung des Neuen Zeitalters

Berücksichtigt man das, was an Vorhersagen verschiedener Art über das neue Zeitalter nach den Katastrophen vorliegt, so wird die Gesellschaftsordnung des Neuen Zeitalters ein hohes Niveau haben, denn nur Menschen mit einem spirituellen Bewusstsein werden die Katastrophen überleben. In der Praxis könnte dies u. a. folgendermaßen aussehen:

- **Die Wirtschaft** kennt keine Konkurrenzkämpfe mehr, denn jeder arbeitet auf dem Gebiet, auf dem er am fähigsten ist bzw. arbeitet mit gleich Fähigen zusammen, wobei alle Einkünfte in eine Gemeinschaftskasse fließen, aus der jeder so viel entnimmt, wie er zum Leben braucht, und alle leben bescheiden.
- **Das Rechtsleben** kommt ohne Richter und Anwälte aus, denn Schwierigkeiten, die untereinander auftreten, werden friedlich miteinander ausgeräumt. Da keiner kriminell ist, gibt es keine Gefängnisse.
- **Das Geistesleben** ist von Intuitionen entsprechend der persönlichen spirituellen Bewusstseinsstufe geprägt. Es wird nur noch friedlich und in Harmonie miteinander diskutiert.
- **In der Landwirtschaft**, die ohne Ausnahme ökologisch ist, werden keine Tiere geschlachtet, denn alle Menschen ernähren sich vegetarisch. Wer noch tierische Produkte wie Butter und Käse isst, gibt den Tieren bis zu ihrem natürlichen Tod das Gnadenbrot, aber nicht auf Kosten anderer.
- **Das Gesundheitswesen** ist dadurch gekennzeichnet, dass jeder weitgehend sein eigener Arzt ist, indem er seine Lebensführung bewusst in die Hand nimmt. Die Zahl der Krankenhäuser, die dann „Gesundheitshäuser" heißen werden, ist dadurch wesentlich geringer als heute. Die „Gesundheitskassenbeiträge" sind entsprechend den wenigen, wirklich schweren Krankheitsfällen relativ niedrig.
- **Das Erziehungssystem** wird von einer reformierten Waldorfpädagogik geprägt. Jeder Schüler hat mit dem Schulabschluss auch einen praktischen Beruf erlernt.

Da im neuen Zeitalter deutlich weniger Menschen leben, ist die Umwelt merklich entlastet. Einen Konkurrenzkampfsport gibt es nicht mehr, denn er ist mit einem spirituellen Bewusstsein unvereinbar. Es wird nur noch Gesundheitssport betrieben.

Vieles wird im Neuen Zeitalter in einem ganz anderen Licht gesehen werden. So wird z. B. die Zweigeschlechtlichkeit nicht mehr in erster Linie zur Zeugung von Nachkommen verstanden, sondern als Voraussetzung für die Bewusstseinsentwicklung und als Hinweis auf die Einheit zweier Wesen.

Vor den sehr wahrscheinlichen Katastrophen wird sich kein spiritueller Mensch fürchten, denn erstens hängt er nicht am Leben wie ein Materialist und zweitens weiß er, dass er von der geistigen Welt so geführt wird, wie es seinem Karma und seiner Bewusstseinsentwicklung entspricht.

aus:

Friedhelm Wegner, *Bewusster Denken* Nr. 42, Januar 1995
Informationsblatt des „Komitees zur Überwindung
der materialistischen Weltanschauung"

Anhang 2

Die Fátima-Offenbarungen und das Dritte Geheimnis[*]

Visionen, Offenbarungen und Heiligen- bzw. Engelserscheinungen sind allen Religionen bekannt. Die göttlichen Botschaften werden von Trägern vermittelt, die den Gläubigen vertraut sind.

Hindus erleben Erscheinungen von Shiwa oder Krishna. Christen, Juden und Muslims erscheinen meist Engel. Für die römisch-katholischen Christen ist es die Jungfrau Maria, die besonders in unserer Zeit ihre Dienste als göttliche Botschafterin am häufigsten zur Verfügung gestellt hat.

Die Inhalte der Botschaften, während sie oft der ganzen Menschheit gelten, verwenden Ausdrücke und Symbole, die den Gläubigen vertraut sind und für die entsprechende Religion besondere Bedeutung haben. Während diese Anpassung den Vorteil hat, dass sie dem Gläubigen die Aufnahme der Botschaft als von „Gott" stammend erleichtert, hat sie den Nachteil, dass sie als eine Bestätigung für die alleinige Richtigkeit oder Überlegenheit der eigenen Religion aufgefasst werden kann.

Im aufsteigenden Wassermann-Zeitalter, das u. a. von einer Annäherung der unterschiedlichsten Religionen gekennzeichnet ist, kommen die universellen Aspekte der göttlichen Botschaften zunehmend zur Geltung.

Ist es ein Zufall, dass eines der lebendigsten Marienheiligtümer der Welt den rein arabischen Namen „Fátima" trägt – den Namen der im Jahre 632 verstorbenen Lieblingstochter Mohammeds?

In Portugal also, und zwar fast genau im geographischen Mittelpunkt des Landes, in einer von der einstmals arabischen Herrschaft geprägten Gegend, erschien Maria im Jahre 1917 in der damals 2700 Einwohner zählenden Gemeinde Fátima und ließ inmitten der Kriegswirren die Welt aufhorchen und Fátima zu einem der berühmtesten Wallfahrtsorte der Welt werden.

Über den Ursprung des Ortes ist wenig bekannt, lediglich eine Sage berichtet, wie dieser portugiesische Weiler, 190 Kilometer nördlich von Lissabon an den Ausläufern der Sierra d'Aire gelegen, zum Namen Fátima kam. Es war aber mit Sicherheit kein Zufall, dass sich Maria gerade diesen Ort für ihr Eingreifen erwählte, zeigt sie uns doch damit ganz deutlich, wie wichtig es ist, über die Schranken des oft zu eng gesteckten konfessionellen Horizonts hinauszudenken.

Die drei Fátima-Kinder: Lucia, Francisco und Jacinta

In einer Enzyklopädie über den Islam ist nachzulesen, dass Fátima im Volksglauben, besonders in dem der schiitischen Mohammedaner, die gleiche Rolle einnimmt wie Maria in unserem Kulturraum. In einer Art Passionspiel, das den Tod des Imam, des direkten Nachkommen Mohammeds, szenisch darstellt, verkörpert Fátima die Rolle der schmerzerfüllten Mutter und Frau, genau wie die Maria der Pietà!

Wir wollen nun in diese ländliche Gegend eintauchen und Hirtenkinder beim Spielen beobachten. Diesmal ist es die zehnjährige Lucia, die gemeinsam mit Freunden den Rosenkranz betet und auf einmal eine weiße Gestalt, eine Statue wie aus Schnee, über dem nahen Gehölz schweben sieht. Es ereignete sich im Jahr 1915, als diese lichtvolle Erscheinung von vielen Kindern gesehen wurde.

Ein Jahr später, gegen Frühlingsende, führten Jacinta, eine Cousine Lucias, und deren Bruder Francisco, die gerade sieben und sechs Jahre alt waren, ihre Herde auf die Weide. Als es zu regnen anfing, suchten die Kinder Schutz in einer nahegelegenen Grotte. Plötzlich spürten sie einen Luftzug und eine schneeweiße, fast durchsichtige Gestalt, die Lucia und ihren Freunden bereits ein Jahr zuvor des Öfteren erschienen war, kam auf sie zu. Es war ein Jüngling von etwa fünfzehn Jahren. Er beruhigte sie und sprach: *„Habt keine Angst! Ich bin der Engel des Friedens. Betet mit mir."*

Der Engel des Friedens, als welcher sich der Jüngling bei der Fátima-Erscheinung zu erkennen gab, ist nach der Liturgie der Erzengel Michael. Er ist auch der Engel des geistigen Endkampfes und der Erneuerung vor Christi geistigem Erscheinen.

Einige Monate später, im Sommer, spielten Lucia, ihre Cousine und ihr Cousin im Gemüsegarten von Lucias Elternhaus, als plötzlich der engelsgleiche Jüngling wieder vor ihnen stand. ... Weitere drei Monate später waren die Kinder in der Grotte, als sie den Engel sahen, der einen Kelch in der Hand trug, über dem eine Hostie schwebte, aus der Blutstropfen in den Kelch fielen. Kelch und Hostie blieben in der Luft schweben, während der Engel neben den Kindern niederkniete und sie aufforderte [mit ihm zu beten].

Der Besuch des Engels war für Lucia, Francisco und Jacinta eine Vorbereitung. Die Rolle Mariens gewinnt durch diese Besonderheit der Erscheinung in Fátima aber eine weitere, tiefe Bedeutung: Sie tritt auf als Königin der Engel.

1. Erscheinung: Nun wenden wir uns wieder den drei Kindern zu, wie sie am 13. Mai 1917 in der „Cova da Iria" (Ebene des Friedens) ihre Herden weideten und spielten. Trotz Sonnenscheins zuckte plötzlich ein Blitz über den Himmel, woraufhin die Kinder eilig ins Tal hinabliefen. Auf halbem Weg aber blitzte es erneut und da sahen sie über einer kleinen Steineiche eine wunderschöne Frau, die heller leuchtete als die Sonne. Mit beruhigender Stimme sprach sie: „*Habt keine Angst, ich tue euch nichts zuleide.*"

Auf die Frage der Kinder, woher sie komme, antwortete die Gestalt: „*Ich komme vom Himmel*" und zeigte in das Blau des Himmels. „*Und was wollt Ihr von uns?*" fragten die Kinder. Maria antwortete:

> *Ich bin gekommen, euch zu bitten, dass ihr sechsmal nacheinander zur gleichen Stunde wie heute, am 13. jeden Monates, hierher kommt bis Oktober. Im Oktober werde ich euch sagen, wer ich bin und was ich von euch will! Ich werde dann noch ein siebtes Mal kommen.*

Danach wurden die Kinder ermahnt, täglich den Rosenkranz für den Frieden zu beten. Nur Lucia sprach mit der Erscheinung. Jacinta konnte die Fragen und Antworten, Francisco jedoch nur die Stimme Lucias hören und die Lippenbewegungen der schönen Dame sehen.

Nach dieser ersten Erscheinung gab es viele Missverständnisse im Dorf und auf die Seherkinder wurde seelischer Druck ausgeübt. Trotzdem waren sie entschlossen, jeden 13. des Monats zur Cova da Iria zu gehen, um die hohe Dame dort zu erwarten.

2. Erscheinung: Am 13. Juni 1917, pünktlich um 12 Uhr, erschien die Dame, die ihren Namen noch nicht genannt hatte, wieder.

Auf die Frage, was sie wünsche, antwortete sie:

> *Ich will, dass ihr am 13. des nächsten Monats hierher kommt, dass ihr fortfahret, täglich den Rosenkranz zu beten, und dass ihr lesen lernt. Dann will ich euch sagen, was ich noch weiter wünsche.*

Den Kindern [wurde auch] der erste Teil ihrer Geheimnisse mitgeteilt, der später von Lucia bekanntgegeben wurde: Francisco und Jacinta würden bald ins Paradies heimgeholt, Lucia sollte *„die Verehrung meines Unbefleckten Herzens in der Welt begründen"*.

Danach öffnete Maria wieder ihre gefalteten Hände und ergoss eine Lichtflut auf die Kinder, in der sie sich selbst in Gott sahen.

3. Erscheinung: Genau zur Mittagszeit am 13. Juli 1917 erschien Maria zum dritten Mal. Ihre Botschaft lautete erneut, dass die Kinder am 13. des nächsten Monats wiederkommen und den Rosenkranz beten sollten. Besonders für den Frieden, den nur die Madonna ihnen und der Welt erbitten könne. Lucia erzählte, dass nach dieser Vision alles Dunkel aus ihrer Seele gewichen und der Herzensfrieden eingezogen war.

Wieder wurde den Seherkindern ein Geheimnis mitgeteilt, das sie damals noch nicht erzählen durften. Später wurde es von Lucia als das zweite und dritte Geheimnis mitgeteilt, wobei das dritte bekanntlich noch [bis zum heutigen Tag] im Vatikan unter Verschluss [ist] und trotz der von Lucia vermittelten Aufforderung Mariens nicht veröffentlicht wurde.

Das zweite Geheimnis wurde von einer Höllenvision eingeleitet. Maria sagte das baldige Ende des Ersten Weltkrieges voraus, warnte aber auch vor einem zweiten, noch schrecklicheren. Weiter sagte sie:

> *... will ich bitten, Russland meinem Unbefleckten Herz zu weihen und die Sühnekommunion am ersten Tag des Monats einzuführen. ... Wenn man meine Bitte erfüllt, wird Russland sich bekehren, und es wird Friede sein. Wenn nicht, so wird es (Russland) seine Irrtümer in der Welt verbreiten, Kriege und Verfolgungen der Kirche hervorrufen. Die Guten werden gemartert werden, der Heilige Vater wird viel zu leiden haben. Mehrere Nationen werden vernichtet werden ... Am Ende wird mein Unbeflecktes*

Herz triumphieren, der Heilige Vater wird mir Russland, das sich bekehren wird, weihen und der Welt wird einige Zeit des Frie-dens geschenkt werden.

Mit den Worten: „*Mehrere Nationen werden vernichtet werden*" ver-kündete Maria den dritten Teil des Geheimnisses. Was die Weihe Russ-lands anbelangt, mahnte und beschwor Lucia die Kirche immer wieder:

„Es war in dieser Epoche (1929), dass unser Herr mir kundtat, es sei der Augenblick gekommen, der Heiligen Kirche seinen Wunsch der Weihe Russlands und sein Versprechen der Bekehrung dieses Landes mitzuteilen.

... Unsere Liebe Frau sagte: ‚*Es ist der Zeitpunkt gekommen, in dem nach dem Wunsch des Herren der Heilige Vater in Vereinigung mit allen Bischöfen der Welt die Weihe Russlands an mein Unbeflecktes Herz vor-nehmen sollte; dafür verspricht er, es durch dieses Mittel zu retten.*'

Etwas später, mittels innerer Erleuchtung, beklagte sich der Herr, dass man seinen Wunsch nicht habe beachten wollen: ‚*... man wird es tun, aber es wird spät sein. Russland wird seine Irrtümer in der Welt ver-breiten, wird Kriege hervorrufen, die Kirche verfolgen ...*'"

Die klare Ausführung des Marien- und Christus-Wunsches wurde bis-her noch nicht befolgt: Der Papst soll „in Vereinigung mit allen Bi-schöfen der Welt die Weihe Russlands an mein [Marias] Unbeflecktes Herz vornehmen."

Eine klare Aufforderung und eine bisher ebenso klare Nichtbefol-gung. „*Alle Bischöfe der Welt*", so die Anweisung der Gottesmutter.

4. Erscheinung: Am 13. August 1917 hatte sich eine große Men-schenmenge auf der Cova da Iria eingefunden, um Zeuge der Erschei-nung sein zu können. Die Seherkinder aber kamen nicht. Der Bezirksvorsteher von Vila Nova de Ourèm hatte sie entführt, gequält und versucht, das Marien-Geheimnis aus ihnen herauszupressen. Sogar mit dem Martertod hat er den Kindern im Gefängnis von Ourèm gedroht! Es half nichts, denn sie blieben stumm und wären lieber in den Tod gegan-gen, als ihr Geheimnis zu verraten. Auch die Eltern setzten die Kinder noch unter Druck, weil sie an der Echtheit der Erscheinungen zweifelten und den Kindern unterstellten, dass sie Lügengeschichten erzählten.

Die wartende Menschenmenge aber war wegen dieses vollkommen ungesetzlichen Behördeneingriffs sehr aufgebracht. Die Seherkinder waren sehr traurig, dass ihnen das Erscheinen der schönen Dame diesmal verwehrt geblieben war. Und mit ihnen die vielen, die in die Cova da Iria gekommen waren.

Am 19. August hüteten Lucia, Francisco und dessen älterer Bruder Joao die Viehherde in den „Valichos". Das Erscheinen Marias kündigte sich wie schon zuvor durch einen Blitz an, woraufhin Lucia ihren Cousin Joao bat, Jacinta zu holen. Denn Lucia hatte die Anzeichen richtig gedeutet und wusste, dass sich ihnen die schöne Dame wieder zeigen werde. Und tatsächlich, sie erschien wieder über einem Baum schwebend.

Die Erscheinung beklagte, dass man am 13. die Kinder daran gehindert habe, zu ihr zu kommen, und bat, täglich den Rosenkranz zu beten und weiterhin am 13. jeden Monats zu kommen. Dann kündigte sie an:

> Im letzten Monat werde ich ein Wunder wirken, auf dass alle glauben. Hätte man euch nicht nach Vila Nova d'Ourèm gebracht, würde das Wunder viel eindrucksvoller sein. Als Kompensation wird auch der heilige Josef mit dem Jesuskind kommen, um der Welt den Frieden zu geben, Unser Herr, um das Volk zu segnen, Unsere Liebe Frau als Schmerzhafte Mutter ...

5. Erscheinung: Mit der Verfolgung der Kinder am 13. August 1917 erzielten die Behörden genau den gegenteiligen Effekt von dem, was sie eigentlich damit erreichen wollten: In ganz Portugal, das damals eher antikirchlich und antireligiös regiert wurde, war die Empörung über die Verschleppung sehr groß und die Erscheinungen dadurch schnell in aller Munde. Von nun an zweifelten nur mehr wenige, dass die Kinder doch die Wahrheit sagten.

So kniete also Lucia am 13. September 1917 inmitten von 20.000 Menschen und rief auf einmal: *„Da ist sie! Da kommt sie!"* Für den 13. des kommenden Monats versprach die Erscheinung ein Wunder.

6. Erscheinung: Eine ungeheure Menge von 70.000 Menschen hatte sich schon Stunden vor der Erscheinungszeit auf der Cova da Iria eingefunden. Die Eltern der Kinder waren noch immer kleingläubig und malten sich und den Kindern die Blamage, ja den Zorn der Pilger aus, wenn kein Wunder geschehen würde. So kamen die Kinder am

Am 13. Oktober 1917 bei strömendem Regen: 70.000 Menschen hatten sich auf der Cova da Iria eingefunden.

13. Oktober 1917 bei strömendem Regen an den Erscheinungsort. Sie waren ruhig und voll Zuversicht.

Zu Mittag rief Lucia, dass die Erscheinung komme, und wendete in Ekstase ihr Gesicht der schönen Dame zu und fragte sie, wie schon so oft: *„Wer seid Ihr und was wollt Ihr von mir?"* Und erstmalig erhielt Lucia die Antwort, dass sie die Rosenkranzkönigin sei und wolle, dass an diesem Ort eine Kapelle zu ihrer Ehre errichtet werde. Dazu bat sie wieder um den täglichen Rosenkranz und sagte, dass der Krieg zu Ende gehe und die Soldaten bald heimkehren würden. Auf die üblichen Bitten Lucias für Bittsteller folgte die Botschaft:

> *Die Leute sollen sich bessern und um die Verzeihung ihrer Sünden bitten. Sie sollen den Herrn nicht mehr beleidigen, der schon zu viel beleidigt wurde.*

Das waren die letzten Worte der Marien-Botschaften von Fátima. In diesem Moment schrie Lucia: *„Schaut die Sonne!"* Der Regen hörte plötzlich auf und eine silberne Sonne erschien, die sich rasend im Kreise drehte und mit Strahlenbündeln in allen Farben Wolken, Erde, Felsen und Menschen in die fantastischsten Farben tauchte. Plötzlich schien sich die Sonne vom Firmament zu lösen und herunterzukommen. Ein tausendfacher Schreckensschrei ertönte. Viele Menschen warfen sich im Schlamm auf die Knie.

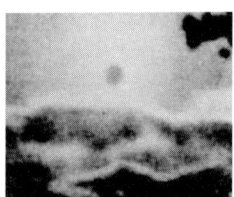

Noch nie wurden so viele Menschen gleichzeitig Augenzeugen eines solchen Wunders!

Dieses optische Wunder dauerte zehn Minuten an. Als alles vorbei war, stellten die 70.000 Menschen verwundert fest, dass ihre durchnässten Kleider plötzlich trocken waren. Noch nie wurden so viele Menschen gleichzeitig Augenzeugen eines solchen Wunders! Alle Anwesenden waren tief betroffen.

Die große Friedensbotschaft von Fátima ist seither in der ganzen Welt bekannt. Durch die internationale Wallfahrt der Madonnenstatue von Fátima in viele Länder sind Wunder in großer Zahl geschehen. Christen aller Bekenntnisse und sogar Hindus, Mohammedaner und Menschen anderer Religionen haben die Friedensmadonna enthusiastisch verehrt und gefeiert. Menschenmassen versammelten sich ihr zu Ehren und viele konnten immer wieder das Taubenwunder bestaunen: Eine oder mehrere weiße Tauben kamen aus dem Nichts und setzten sich zu Füßen der Marienstatue nieder. Dort blieben sie lange Zeit ohne Angst vor den Menschen, in treuer Anhänglichkeit zur Gottesmutter.

Schwester Lucia über „Das Geheimnis von Fátima"

Es wurde schon viel Spekulatives über das sogenannte „Dritte Geheimnis" von Fátima geschrieben. Lucia zögerte sehr lange und nur auf starken Druck seitens des Bischofs war sie bereit, 1941 einzelne Teile daraus mitzuteilen. Sie war davon überzeugt, dass Gott ihr zur rechten Zeit selbst befehlen werde, das preiszugeben, was zu Seiner Ehre und zur Errettung der Seelen diene. Während sie im Auftrag des Bischofs die Zeit für gekommen sah, *„zwei Fragen zu beantworten, die das Geheimnis betreffen"*, blieb sie dabei, dass ein weiterer Punkt noch im Verborgenen bleiben müsse.

In der Tat schrieb Schwester Lucia am 2. Dezember 1940 einen Brief an Papst Pius XII., der das Geheimnis noch nicht enthielt, sondern sich lediglich *„auf die Offenbarung des Geheimnisses"* bezog. Erst Ende 1943 wurde der dritte Teil des Geheimnisses niedergeschrieben und im Vatikanischen Geheimarchiv hinterlegt.

Der erste Teil des Geheimnisses ist die Vision der Hölle. In dieser Vision sind verschiedene Aussagen, was die Zukunft betrifft, gemacht. So die Möglichkeit eines zweiten, noch schlimmeren Krieges, als es der Erste Weltkrieg war. Ferner die Ankündigung, wiederzukommen und zweierlei zu verlangen: die Weihe Russlands an ihr Unbeflecktes Herz und die Sühnekommunion am ersten Samstag jedes Monats.

> *Wenn man auf meine Worte hört, wird Russland sich bekehren und es wird Friede sein, wenn nicht, wird es seine Irrlehren über die Welt verbreiten, wird Kriege und Kirchenverfolgungen herauf- beschwören ... verschiedene Nationen werden vernichtet werden.*

Hätte sich Russland bekehrt im Sinne des Wunsches der Gottesmutter, wäre eine scheinbare Selbstauflösung des Kommunismus nicht notwendig gewesen; die Gnade hätte die Menschen umwandeln können. Tatsächlich sind weder der Kommunismus noch seine Ideale überwunden. Unter den verschiedensten neuen, noch nicht gebrandmarkten Namen tauchen dieselben Ideale heute weltweit auf; ja selbst im christlichen Abendland, das sich zunehmend seiner Gottlosigkeit rühmt („säkularisierte Gesellschaft"), dringen die von jener atheistischen Ideologie verbreiteten Auffassungen in Leben und Umwelt und nicht selten auch in die Kirche ein und führen so, ungestört durch eine sichtbare, für ihre Verbreitung eher hinderliche Weltmacht, ihr schreckliches, seelenzersetzendes Werk fort.

Nur durch eine „scheinbare" Auflösung der konzentrierten und fassbaren atheistischen Gewalt, durch das Sprengen der engen nationalen Grenzen eines Gemeinwesens konnten die atheistischen Irrlehren „Russlands" der ganzen Welt aufgetischt werden: „… *wenn nicht, wird es seine Irrlehren über die ganze Welt verbreiten …*" Bedingungslos hingegen steht der Abschlusssatz der Höllenvision: *„Am Ende wird mein Unbeflecktes Herz triumphieren!"*

Der zweite Teil des Geheimnisses von Fátima hat seinen Ursprung ebenfalls in den abschließenden Aussagen der Höllenvision und bezieht sich auf die Verehrung des Unbefleckten Herzens Mariens. Den dritten Teil schrieb Schwester Lucia erst Ende 1943 nieder. Seit 1960 hätten die Päpste die Möglichkeit gehabt, diesen Brief, der im Archiv der Kongregation für die Glaubenslehre aufbewahrt wird, zu veröffentlichen. Dies ist bisher nicht geschehen.

Die Veröffentlichung

Wenige Tage vor dem achtzigsten Geburtstag von Johannes Paul II. hat die Papstreise nach Fátima und die Ankündigung, auch das bislang unveröffentlichte „Dritte Geheimnis" bekanntzugeben, in der ganzen Weltkirche für Aufsehen gesorgt. Kardinal-Staatssekretär Angelo Sodano, den der Papst in seiner bis zur letzten Minute geheim gehaltenen Überraschung als Sprecher für die Ankündigung der Enthüllung ausgewählt hatte, bestätigte, dass der Papst seit Langem an eine Veröffentlichung gedacht und nur auf den geeigneten Moment gewartet habe. Diesen sieht der Heilige Vater mit der Seligsprechung der beiden Seherkinder am Samstag, den 13. Mai 2000 für gekommen.

Über das „Dritte Geheimnis", das bislang allein den Päpsten und einigen ihrer Vertrauten bekannt war, gab es nur Spekulationen. In Fátima kündigte Kardinal-Staatssekretär Angelo Sodano zum Abschluss der Messe dann überraschend an, dass diese Prophezeiung nun veröffentlicht werde, aber erst nach Erstellung eines sorgfältigen Kommentars der Glaubenskongregation.

Sodano erklärte, dass die bislang nicht veröffentlichte Prophezeiung *„prophetische Visionen"* ähnlich jenen der Bibel enthalte und symbolisch interpretiert werden müsse. Genaue Zeitangaben gebe es nicht und es gebe auch keine *„fotografisch klaren Details"*. Trotz dieser Einschränkung war Sodano eindeutig, was den Inhalt anbelangt:

> *Die Vision von Fátima betrifft besonders den Kampf der atheistischen Systeme gegen die Kirche und die Christen und beschreibt das schreckliche Leiden der Glaubenszeugen ...*

> *Nach der Interpretation der „Hirtenkinder", die auch vor Kurzem von Schwester Lucia bestätigt wurde, ist der „weiß gekleidete Bischof", der für alle Gläubigen betet, der Papst. Auch er fällt, von Schüssen getroffen, wie tot zu Boden ...*

> *Nach dem Attentat vom 13. Mai 1981 erschien es Seiner Heiligkeit klar, dass „eine mütterliche Hand die Kugel der Flugbahn leitete" und es dem Papst, der mit dem Tode rang, erlaubte, „an der Schwelle des Todes" stehenzubleiben.*

Der Papst als Hauptperson der Enthüllungen hatte Sodano mit der Rede beauftragt, hörte aber selbst schweigend zu, während der Kardinal-Staatssekretär sprach. Zuvor hatte Johannes Paul II. im Gottesdienst bei seiner Predigt einige Andeutungen gemacht, die den Schluss zuließen, dass er selbst den Zeitpunkt zur Veröffentlichung der Geheimnisse von Fátima als gegeben ansah.

Wie bei den Prophetien des Alten Bundes (erklärte der Papst), so muss auch hier unterschieden werden zwischen dem Zeitpunkt der Veröffentlichung und der endgültigen Erfüllung derselben ... Die biblischen Prophetenworte ließen den Menschen immer noch Zeit und boten ihnen Gelegenheit, den von Gott gewollten Weg im letzten Augenblick noch einzuschlagen – oder ihn, die angedrohten Konsequenzen in Kauf nehmend, abzulehnen.

In diesem Sinne stellte der heilige Vater auch eine Verbindung her zwischen den Visionen der Kinder und denen der Geheimen Offenbarung aus dem Neuen Testament, die vom großen („Endzeit"-)Kampf des Guten mit dem Bösen und gleichfalls von der Erscheinung einer „Frau" berichtet. *„Die Botschaft von Fátima ist ein Appell zur Umkehr"*, sagte der Papst und wies damit auf die im Hinblick auf die Zukunft schon jetzt zu treffende Entscheidung des Einzelnen genauso wie der Menschheitsfamilie hin. Als Erkennungszeichen der Zeit verwies der Papst auf die Katastrophen des 20. Jahrhunderts.

„Hier in Fátima, wo diese Zeiten der Prüfung prophezeit worden sind, will ich dem Himmel danken für die Kraft dieses Zeugnisses", sagte der Papst. Abermals dankte er ausdrücklich für die Rettung vor dem eigenen Tod. „Noch einmal möchte ich die Güte Gottes mir gegenüber preisen, als ich, an jenem 13. Mai 1981 schwer getroffen, vom Tod errettet wurde", sagte Johannes Paul II.

Kardinal Sodano bestätigte dann zum Schluss: „Um es den Gläubigen zu ermöglichen, die Botschaft der Jungfrau von Fátima besser zu erfassen, hat der Papst der Kongregation für die Glaubenslehre den Auftrag erteilt, den dritten Teil des Geheimnisses zu veröffentlichen und vorher einen entsprechenden Kommentar vorzubereiten."

Der vollständige Text dürfte demnach in der nächsten Zeit erscheinen.

Quellen:

* Nachdruck eines Artikels des Autors aus der Zeitschrift *Bewusst Sein*, Nr. 161, Juni 2000 (herausgegeben vom „Wiener Arbeitskreis für Metaphysik")

Georg Schmertzing: *Geheimnis Maria. Erscheinungen, Erkenntnisse, Botschaften.* Kompetenz Verlag, Dorfen 2002

Texte von der Homepage der **Fatima Weltapostolat der Deutsch-Schweiz** (Fatima Verein, Postfach 174, CH-3427 Utzenstorf/Bern, **www.fatima.ch**)

Worte des Kardinals Angelo Sodano am Ende der Heiligen Messe mit Johannes Paul II. (Fatima, am 13. Mai 2000)

Weitere Infos zum Thema unter: www.vatican.va/roman_curia/congregations/ cfaith/documents/rc_con_cfaith_doc_20000626_message-fatima_ge.html

Anhang 3

Vertiefende Studien zu Daniel, Kapitel 9 und 11 und zu Stellen aus der Offenbarung des Johannes

In Daniel, Kapitel 9 enthalten die letzten vier Verse die gesamte prophetische Botschaft. Die ersten beiden haben wir bereits ziemlich ausführlich behandelt. Setzen wir also fort mit Vers 26.

> ... *Und das Volk eines Fürsten wird kommen und die Stadt und das Heiligtum zerstören, aber dann kommt das Ende wie durch eine Flut, und bis zum Ende wird es Krieg geben und Verwüstung, die längst beschlossen ist.*
>
> (Daniel 9,26)

Sehr wahrscheinlich bezieht sich dieser „Fürst", der Stadt und Heiligtum zerstört, auf den Römer Titus. Nach einer jüdischen Rebellion gegen die Römer, ca. 40 Jahre nach Jesu Kreuzigung, führte er ein Heer gegen Jerusalem, zerstörte den Tempel und verursachte damit die zweite jüdische Zerstreuung. Im 27. Vers heißt es jedoch:

> *Er wird aber vielen den Bund stärken eine Woche lang. Und in der Mitte der Woche wird er Schlachtopfer und Speisopfer abschaffen. Und im Heiligtum wird stehen ein Greuelbild, das Verwüstung anrichtet, bis das Verderben, das beschlossen ist, sich über die Verwüstung ergießen wird.*
>
> (Daniel 9,27)

Diese zweite Beschreibung kann sich nicht auf Titus beziehen. Es existiert keinerlei geschichtlicher Hinweis darauf, dass Titus jemals irgendetwas dergleichen unternommen hat. Die anderen Prophezeiungen lassen uns jedoch erkennen, dass wir es hier mit dem Antichrist zu tun haben: der Bund, die Abschaffung der Opferhandlungen, die dreieinhalb Jahre („*in der Mitte der Woche*") etc. Wie ist aber der Zeitsprung und die fehlende Unterscheidung zwischen den Personen in den Versen 26 und 27 zu verstehen?

Die folgende Erklärung für diesen Zeitsprung wäre annehmbar: Die Prophezeiung befasst sich mit Israel oder mit den Juden, die 70 n. Chr. von Titus (Vers 26) aus Jerusalem – ihrer „*heiligen Stadt*", wie sie im 24. Vers bezeichnet wird – vertrieben wurden. Damit endete die Existenz Israels als Staat und auch die mosaischen Opferriten in Jerusalem wurden nicht mehr praktiziert. Israels Geschichte wurde erst 1948 mit der Neugründung des Staates fortgesetzt. Vers 27 scheint sich demnach mit Ereignissen nach 1948 zu befassen. Obwohl also zwischen Vers 26 und Vers 27 ein Zeitsprung von 2000 Jahren liegt, besteht dennoch eine erkennbare Kontinuität.

Die zweite Frage betrifft die mangelhafte Unterscheidung zwischen den beiden Figuren. Dafür könnte die biblische Lehre eines einzigen Geistes hinter allen Königreichen verantwortlich sein, die wir bereits erwähnt haben. Es gibt auch gewisse Ähnlichkeiten in den Handlungen Titus' und des Antichrist: Beide entweihen den Tempel, beide bewirken das Ende der Opferriten. Doch da diese Passage etwas unklar ist, können wir den Fall nur im Lichte weiterer Prophezeiungen beurteilen.

Setzen wir also mit dem elften Kapitel des *Buches Daniel* fort. Im ersten Vers erfahren wir wiederum das Entstehungsdatum: „*im ersten Jahr des Darius, des Meders*". Das ist das Jahr 538 v. Chr, wie wir aus geschichtlichen Quellen wissen. Die Prophezeiung beginnt mit dem zweiten Vers.

> *... es werden noch drei Könige in Persien aufstehen, der vierte aber wird größeren Reichtum haben als alle anderen. Und wenn er in seinem Reichtum am mächtigsten ist, wird er alles gegen das Königreich Griechenland aufbieten.*

Danach wird ein mächtiger König aufstehen und mit großer
Macht herrschen, und was er will, wird er ausrichten.

Aber wenn er emporgekommen ist, wird sein Reich zerbrechen
und in die vier Winde des Himmels zerteilt werden, nicht auf
seine Nachkommen, auch nicht mit solcher Macht, wie er sie
hatte; denn sein Reich wird zerstört und Fremden zuteil werden.

Und der König des Südens wird mächtig werden; aber gegen ihn
wird einer seiner Fürsten noch mächtiger werden und herrschen;
dessen Herrschaft wird groß sein.

Nach einigen Jahren aber werden sie sich miteinander befreun-
den. Und die Tochter des Königs des Südens wird kommen zum
König des Nordens, um die Einigkeit zu festigen ...

(Daniel 11,2 ff.)

Auch hier erwähnt der Prophet wieder die Vierteilung des Griechischen Reiches und beginnt mit der Beschreibung gewisser geschichtlicher Ereignisse im südlichen Teil. Das ist der nordafrikanisch-ägyptische Teil des früheren griechischen Imperiums, aus dem der Antichrist kommen soll, wie wir schon aus anderen Prophezeiungen vermuten können.

Die Verse 6 bis 20 beschreiben einzelne Ereignisse der Geschichte dieser Region, für die wir noch keine zufriedenstellende Erklärung haben. Es ist nicht klar, ob es sich um vergangene oder zu erwartende Ereignisse handelt. Vielleicht sind es Prophezeiungen, die erst erklärbar werden, nachdem sie sich erfüllt haben. Wir lassen die Frage jedenfalls offen, bis wir eine befriedigende Deutung gefunden haben.

Ab dem 21. Vers betreten wir vertrautes Gebiet. Wir begegnen den Ereignissen wieder, die wir schon aus früheren Weissagungen kennen.

Dann wird an seiner Statt emporkommen ein abscheulicher Mensch,
dem die Ehre des Thrones nicht zugedacht war. Der wird unerwartet
kommen und sich durch Ränke die Herrschaft erschleichen.

(Daniel 11,21)

Wie wir sehen werden, ist dies möglicherweise der Antichrist und diese Verse beschreiben seinen Aufstieg zur Macht.

Und heranflutende Heere werden von ihm hinweggeschwemmt
und vernichtet werden, dazu auch der Fürst des Bundes.

Denn nachdem er sich mit ihm angefreundet hat, wird er listig handeln und heraufziehen und mit geringen Leuten Macht gewinnen.

Und unerwartet wird er in die besten Städte des Landes kommen und wird tun, was weder seine Väter noch seine Vorväter getan haben, und Raub, Beute und Güter an die Leute verteilen ...

(Daniel 11,22–24)

Dass er die Güter unter dem Volk aufteilt, ist ein bemerkenswertes Detail. Es unterstützt unsere Vermutungen über eine sozialistische Grundhaltung des Antichrist, die wir weiter oben angestellt haben. Die Verse 21 bis 45 sprechen allesamt von dieser selben Figur und beschreiben militärische Schachzüge, Allianzen und einiges mehr. Das sind Einzelheiten, die sich nur an dieser Stelle finden und ein weites Terrain darstellen, auf dem wir Vermutungen aller Art anstellen können. Im Sinne der allgemeinen Glaubwürdigkeit unserer Analyse lassen wir sie aus. Wir widmen uns jenen Punkten, die auch durch andere Prophezeiungen untermauert werden.

Danach wird er wieder heimziehen mit großer Beute und dabei seinen Sinn richten gegen den heiligen Bund ... Dann wird er gegen den heiligen Bund ergrimmen und danach handeln und sich denen zuwenden, die den heiligen Bund verlassen.

Und seine Heere werden kommen und Heiligtum und Festung [Jerusalem wurde ursprünglich als Festung gebaut] entweihen und das tägliche Opfer abschaffen und das Greuelbild der Verwüstung aufstellen.

Und er verführt mit glatten Worten die Menschen dazu, vom Bund abzufallen; doch die vom Volk, die ihren Gott kennen, werden sich ermannen und danach handeln.

Und die Verständigen im Volk werden vielen zur Einsicht verhelfen; darüber werden sie verfolgt werden mit Schwert, Feuer, Gefängnis und Raub eine Zeitlang.

... Und einige von den Verständigen werden fallen, damit viele bewährt, rein und lauter werden für die Zeit des Endes; denn es geht ja um eine befristete Zeit.

*Und der König wird tun, was er will, und wird sich überheben und
großtun gegen alles, was Gott ist. Und gegen den Gott aller
Götter wird er Ungeheuerliches reden, ...*

(Daniel 11,28–36)

Hier haben wir wieder einiges gefunden, das wir bereits kennen. Der
Antichrist bricht den Vertrag, untersagt den Tempeldienst, stellt das
„Greuelbild der Verwüstung" auf (das „Bild des Tieres") und verfolgt
die Religionen auf gewaltsame Weise.

Die „Jungfrau" und die „Hure" – zwei Lebenswege

In der *Johannes-Offenbarung* treten zwei „Frauen" [in älteren deutschen
Bibelübersetzungen „Weiber"] auf, die zwei gegensätzliche spirituelle
Einstellungen oder Lebensphilosophien, aber auch die Menschen-
gruppen, die sich diesen Einstellungen hingeben, symbolisieren. Eine
der Frauen ist die „Hure Babylon", die andere wird die „Braut Christi"
ti" genannt.

... ich will dir das Weib zeigen, die Braut des Lammes.

*Und es erschien ein großes Zeichen am Himmel: ein Weib, mit
der Sonne bekleidet, und der Mond unter ihren Füßen und auf
ihrem Haupt eine Krone von zwölf Sternen.*

*Und sie gebar einen Sohn, ein Knäblein, der alle Völker sollte
weiden mit eisernem Stabe. Und ihr Kind ward entrückt zu Gott
und seinem Thron.*

*Und der Drache ... verfolgte das Weib, die das Knäblein geboren
hatte ... und war zornig über das Weib und ging hin, zu streiten
wider die übrigen von ihrem Geschlecht, die da Gottes Gebote
halten und haben das Zeugnis Jesu.*

*Und ich hörte ... „der Herr, unser Gott ... hat das Reich einge-
nommen!*

Lasset uns freuen und fröhlich sein ... denn die Hochzeit des

Lammes ist gekommen, und seine Braut hat sich bereitet!"

Und es ward ihr gegeben, sich anzutun mit schöner reiner Leinwand. Die köstliche Leinwand aber ist die Gerechtigkeit der Heiligen.

(Offenbarung 21,9; 12,1, 5, 13, 17; 19,6–8)

Die obigen Verse beinhalten zahlreiche Symbole, die wir hier nicht alle besprechen können, da ihre Bedeutungen von unserem Thema zu sehr abweichen. Wir können aber erkennen, dass diese Frau zugleich die Jungfrau Maria symbolisiert sowie diejenigen, die Christus nachfolgen und an anderer Stelle (Offenbarung 14,4) ebenfalls als Jungfrauen bezeichnet werden. Diese sind vermutlich diejenigen aus der Weltbevölkerung –, aus der Vergangenheit, Gegenwart und Zukunft – die in erster Linie spirituell motiviert sind bzw. großen Wert darauf legen, ihre ethische Integrität zu bewahren.

Die „Jungfräulichkeit" bezieht sich wohl darauf, dass sie „unbefleckt" sind in dem Sinne, dass sie mit der „Hure" keine „Unzucht" getrieben haben, das heißt sich durch die falschen Werte des kommerziellen Materialismus nicht haben korrumpieren lassen. Es sind auch diejenigen, die in der Vergangenheit wegen ihrer religiösen und/oder ethischen Überzeugungen bedrängt und getötet wurden und die auch in der Zukunft wegen ihres aktiven Widerstands gegen das Antichrist-Regime Verfolgung erleiden werden.

Einige Leser werden in der Symbologie der „*Hochzeit des Lammes*" die Lehre der „*Unio Mystica*" oder „mystischen Hochzeit" erkennen – die Vereinigung der individuellen Persönlichkeit mit ihrem „höheren Selbst". Im Sinne der Prophezeiungen stellt sie auch die Wiedervereinigung der Menschheit mit der göttlichen Harmonie zur Zeit des Messianischen Zeitalters dar.

Anhang 4

Gedanken über esoterische Inhalte im Nationalsozialismus

Die SS, auch „Schwarzer Orden" genannt, war nicht nur eine Polizeitruppe. Sie war ein regulärer Orden mit einer hierarchischen Gliederung. Die Nationalsozialisten wiesen obendrein Merkmale einer religiösen Bewegung auf, was viele ihrer Handlungen erklärt.

> *Am Anfang war das Wort (gr. Logos), und das Wort war bei Gott, und Gott war das Wort. ... Alle Dinge sind durch dasselbe gemacht, und ohne dasselbe ist nichts gemacht was gemacht ist.*
>
> (Johannes 1,1–3)

Diese einführenden Verse aus dem *Johannes-Evangelium* zeigen auf die prinzipielle Wahrheit hin, dass alles Handeln eine spirituelle Grundlage hat. Eine zutreffendere Übersetzung für das griechische *Logos* wäre statt „Wort" evtl. „Gedanke" oder „Vorstellung".

Die zweite Wahrheit, die wir aus diesen bekannten Versen erkennen können, ist, dass alles Schaffen und Handeln von der göttlichen Kraft getragen wird. Auch das „Böse"? Wie kann das sein?

Auf eine mögliche Antwort dieser Frage weisen die ersten Kapitel aus dem Alten Testament hin, wo im Laufe der Überlieferung der Schöpfungsgeschichte die Aussage anzutreffen ist, dass der Mensch nach Gottes Ebenbild gemacht ist.

Dies bedeutet unter anderem, dass der Mensch mit ähnlichen Kräften ausgestattet ist wie Gott, sodass er die Fähigkeit besitzt, die Realität durch die Kraft seiner Gedanken und Vorstellungen zu gestalten.

Es ist auch interessant zu beobachten, dass kaum jemand aus einer bösen Absicht heraus handelt. Auch die „bösesten" Handlungen werden von den Tätern als gerechte, zum Teil als göttliche Handlungen angesehen. **Sollte es so etwas wie einen Satan geben, dann liegt seine genialste Begabung sicher darin, Menschen zu bewegen, Böses zu tun, indem er ihnen die Illusion gibt, dass sie richtig handeln.**

Wenn wir also die Reihe terroristischer Anschläge in der letzten Zeit sowie das Anwachsen des Rechtsradikalismus beobachten, können wir sicher sein, dass gewisse Ideologien (Gedanken, Vorstellungen) diesen Handlungen zu Grunde liegen. Es stellt sich tatsächlich heraus, dass die gleichen „Theorien", deren sich die Nationalsozialisten damals bedient hatten, erneut in Umlauf sind, hauptsächlich im Untergrund unter den Rechtsradikalen. Sie werden aber auch in einigen Büchern, die spirituell interessierten Lesern angeboten werden, wiedergegeben.

Werden solche Aussagen aus dem Zusammenhang gerissen und aus einer falschen Perspektive betrachtet, können sie Verwirrung stiften, auch bei ehrlichen und aufrichtigen Menschen. Es scheint daher eine richtige Vorgangsweise zu sein, statt den Umlauf solcher Inhalte nur zu verhindern (was ohnehin nicht möglich zu sein scheint), sie offen und aufgeschlossen zu untersuchen, was wir in diesem Artikel versuchen werden.

Der geschichtliche Zusammenhang

Da es hier nicht möglich ist, die ganze Geschichte des deutschen Volkes in Betracht zu ziehen, obwohl es aufschlussreich wäre, beginnen wir mit dem Ende des Ersten Weltkrieges.

Deutschland war geschlagen und gedemütigt. Die Konditionen, die die Siegermächte diktierten, erlaubten dem Besiegten nicht, sein Gesicht zu wahren. Es wurden auch Wiedergutmachungsforderungen gestellt, die es unmöglich machten, dass Deutschland sich wirtschaftlich erholen konnte, auch ohne die bald folgende Weltwirtschaftskrise. Die deutsche Bevölkerung brauchte dringend Ermutigung und vor allem etwas, das ihr verlorenes Selbstbewusstsein wiederherstellen konnte.

Der Nährboden war vorbereitet, in den manche esoterische Gesellschaften und deren Lehren ihre Wurzeln schlagen konnten, um später zu einer vollständig politischen Bewegung heranzuwachsen.

Die Thule-Gesellschaft und die Tempelritter

Es war bereits im Jahre 1917 in Wien, als eine kleine Gruppe deutscher Okkultisten mit einem Vertreter der geheimen *„Erbengemeinschaft der Tempelritter"* zusammentraf, um u. a. einiges über das wohlgehütete Geheimnis dieser Gemeinschaft zu erfahren.

Es soll sich dabei um ein Original-Manuskript gehandelt haben, das einige Tempelritter im 14. Jahrhundert in Jerusalem gefunden hätten und das beweisen sollte, dass die Evangelien, wie wir sie kennen, Fälschungen seien und Jesus in Wirklichkeit gelehrt hätte, dass der Gott des Alten Testaments der Satan wäre. Weiterhin sollte Jesus zu einer Gruppe germanischer Legionäre, die im römischen Heer damals in Jerusalem dienten, gesagt haben, dass das Reich Gottes ihnen gegeben werden wird. Dies alles wurde auch durch Stellen aus dem Alten und Neuen Testament untermauert.

Die bei dem Wiener Treffen besprochenen Themen nährten die esoterischen Inhalte der von den Anwesenden daraufhin gegründeten deutschen *Thule-Gesellschaft*. („Ultima Thule" soll die Hauptstadt des ersten von Ariern bewohnten Kontinents gewesen sein.) Als ihren politischen Arm formte die Gesellschaft später die Deutsche Arbeiter Partei (DAP), woraus dann die Nationalsozialistische Deutsche Arbeiter Partei (NSDAP) wurde. Das Symbol des Hakenkreuzes in einem weißen Kreis auf rotem Hintergrund stammt ebenfalls aus der Thule-Gesellschaft. Den Thule-Gruß „Heil und Sieg" verwandelte Hitler in „Sieg Heil".

Zu den Doktrinen der Thule-Gesellschaft kam auch die Theorie über eine zionistische Weltverschwörung, die für die Niederlage und den Ruin Deutschlands verantwortlich gewesen sein sollte, hinzu. Alle diese Ideen zusammen (sowie einige weitere, die man in einem kurzen Artikel nicht behandeln kann) erklären den extremen Antisemitismus der Nationalsozialisten sowie ihre übertriebene Beschäftigung mit Rassenreinheit.

Adolf Hitler kam 1918 zur DAP und fiel bald als begabter Redner auf. Einige der Leiter der Thule-Gesellschaft nahmen ihn in ihre Obhut, unterrichteten ihn rhetorisch (Hitler's *Mein Kampf* wurde in Zusammenarbeit mit diesen Thule-Leuten geschrieben) und machten ihn mit den Geheimnissen der Gesellschaft vertraut. So wurde er für seine spätere Rolle bestens vorbereitet.

Jahweh, Satan und El Schaddai

Da es uns nicht möglich ist, das oben erwähnte Templer-Manuskript (falls überhaupt vorhanden) auf seine Echtheit zu überprüfen, müssen wir uns mit der Untersuchung der Bibelstellen begnügen, die als Beweise für die angeführten Thesen herangezogen wurden.

Die erste Schriftstelle ist im *Ersten Buch Mose*, Kapitel 17 zu finden, wo in Vers 1 Gott (Yahweh) zu Abraham spricht und sagt; „Ich bin der Allmächtige (hebräisch: *El Schaddai*) ...". Nach der Übersetzung, die für die bei dem Wiener Treffen Anwesenden als Autorität diente, soll das Wort *Schaddai* dieselbe linguistische Wurzel haben wie das Wort *Scheitan*, woraus sich das Wort „Satan" ableiten lässt. Weiterhin soll das Wort *Schaddai* „verworfen" bedeuten und *El* „Großengel". Demnach soll *Jahweh* mit dem verworfenen Großengel, also mit Satan, identisch sein.

Diese Auslegung mag auf den ersten Blick glaubwürdig erscheinen, wenn man der hebräischen Sprache nicht mächtig ist und über kein weiteres sprachwissenschaftliches Wissen verfügt. Sie lässt sich aber auf Grund genauerer Untersuchungen leicht widerlegen. Als Gegenbeweis dient erstens der linguistische Unterschied zwischen den beiden Wörtern und zweitens der Zusammenhang, in welchem diese Wörter benutzt werden.

Wir bilden zuerst die beiden Wörter im Hebräischen ab, sodass auch der Laie optisch erkennen kann, dass es sich bei *Schaddai* und *Scheitan* (Satan)

| Schaddai | שׁדּי |
| Satan | שׂטן |

um zwei verschiedene Wörter handelt. Es fällt sofort auf, dass, obwohl die beiden Wörter den gleichen Anfangsbuchstaben haben (Hebräisch liest man von rechts nach links), es keine weiteren Gemeinsamkeiten gibt.

Schaddai bedeutet außerdem nicht „verworfen". Die Wurzel des Wortes ist *Schadda* was „überwältigen" oder „überwinden" bedeutet. Es ist mit dem gleichen arabischen Wort *Schadda* verwandt, was „Nutzen bringen" oder „versöhnen" darstellt. *El* bedeutet eindeutig nicht „Großengel", sondern „Gott", wie in *Immanuel,* ein Wort, das benutzt wird, um Jesus zu beschreiben; *Immanuel* heißt „Gott mit (unter) uns" (Matthäus 1,23).

Auch aus dem Zusammenhang anderer Stellen, an denen *El Schaddai* vorkommt (1. Mose 17,1; 28,3; 43,14; 2. Mose 1,5 etc.), geht klar hervor, dass die Gottheit den Angesprochenen ermutigen will, dass Schwierigkeiten überwunden und Segnungen eintreten werden. *El Schaddai* wird allgemein als „Allmächtiger" übersetzt, bedeutet aber sinngemäß „Gott des Überflusses" oder „des friedlichen Gedeihens".

Aus den Zusammenhängen, wo *Satan* in der Heiligen Schrift vorkommt (z.B. 1. Chronik 21), ist klar, dass er den Feind Israels (*Satan* heißt „Widersacher") darstellt und Gott (*Jahweh*) der Freund und Mentor Israels ist. Es besteht auf jeden Fall kein Zweifel daran, dass es sich um zwei verschiedene, gegensätzliche Wesenheiten handelt.

Das Wort *Jahweh* übrigens, worüber sehr viel gerätselt wird, ist ein künstliches Wort, das „Sein" als Wurzel hat und das die Kombination der Wörter „Gegenwart" und „Zukunft" ist. „Gegenwart" auf Hebräisch heißt *Howeh,* „Zukunft" *Jihjeh.* Kombiniert man die beiden Wörter, ergibt sich das Wort *Jahweh* oder *Jehowah,* wie es manchmal ausgesprochen wird. Die symbolische Bedeutung ist sowohl offensichtlich als auch einleuchtend (siehe dazu 2. Mose 3,13-15).

Ihr habt den Teufel zum Vater ...

Die andere Bibelstelle, die benutzt wurde, um zu beweisen, dass Jesus lehrte, der Gott des Alten Testament sei Satan, ist in *Johannes,* Kapitel 8, Vers 44 zu finden. Während einer Auseinandersetzung mit einer Gruppe von Schriftgelehrten und Pharisäern sagt Jesus zu ihnen: „Ihr habt den Teufel zum Vater ...". Liest man auch die Verse vorher und nachher, erfährt man, dass auch Abraham ins Gespräch miteinbezogen wurde und Jesus äußerst gut über ihn zu sprechen wusste. Wieso konnte Jesus so lobend über Abraham sprechen, wenn er der Ansicht war, dass Abraham ein Teufelsanbeter sei?

Als Antwort auf diese Widersprüche würden die Thule-Esoteriker erklären, dass die Evangelien ohnehin verfälscht worden seien. Mit anderen Worten: Die Schriftstellen, die in die Theorie passen, sind echt, aber die Stellen, die der Theorie widersprechen, sind falsch.

Auf die Frage nach der Echtheit der Evangelien können die historischen Tatsachen keine endgültige Klarheit geben. Die Evangelien sind allerdings in erster Linie spirituelle Dokumente: Von Bedeutung sind die Wahrheiten und Prinzipien, die darin enthalten sind. Begegnet ein ehrlich nach spiritueller Wahrheit suchender Mensch den Lehren Jesu, wie diese auch durch die Evangelien wiedergegeben werden, kommt er nicht umhin, von diesen zutiefst berührt und positiv verändert zu werden.

Es handelt sich also um göttliche Wahrheiten, die als spirituelle Orientierung dienen und die nur intuitiv als solche erkannt werden können. Ein einwandfreier objektiver Beweis für die „Echtheit" der Evangelien ist in diesem Zusammenhang nicht notwendig.

Wer ist also auserwählt?

Im *Matthäus-Evangelium* sagt Jesus: „*... Das Reich Gottes wird von Euch genommen und einem Volke gegeben werden, das seine Früchte bringt*" (Matthäus 8,43). Die Thule-Esoteriker, die sich auf diese Schriftstelle und das bereits erwähnte geheime Templer-Manuskript (wonach die obige Aussage Jesu angeblich in Gegenwart germanischstämmiger Legionäre gemacht wurde) bezogen, waren überzeugt, dies bedeute, dass die göttliche Vollmacht den Israeliten genommen und den Germanen übertragen würde.

Liest man aber in Matthäus, Kapitel 8 zwei Verse weiter, wird klar, dass mit dem Begriff „Volk" nicht eine bestimmte Rasse gemeint war. „*... da die Hohepriester und Pharisäer seine Gleichnisse hörten, verstanden sie, daß er von ihnen redete*" (Matthäus 8,45). Sowohl die Führer des damaligen etablierten Religionssystems in Israel, zu denen Jesus sprach, als auch er selbst, seine Jünger, die Apostel und die ersten Christen waren alle Israeliten. Was sie voneinander unterschied, war eine spirituelle Einstellung und nicht die Rasse.

Ein weiterer Beitrag, der belegt, dass im Christentum rassische Unterschiede keinen Platz haben, kommt vom Apostel Paulus, der in seinem Brief an die Galater schreibt: *„Hier ist nicht Jude noch Grieche ... denn ihr seid alle eins in Christus Jesus"* (Galater 3,28).

Um also das Volk zu finden, dem das Reich Gottes gegeben werden soll, müssen wir nach spirituellen Kriterien suchen. Aufschluss darüπber, welche diese Kriterien sein könnten, erfahren wir aus der Episode in den Evangelien, wo die Jünger darüber diskutieren, wer von ihnen der Größere sein werde in Gottes Reich. Als Jesus merkt, worüber sie sprechen, sagt er zu ihnen: *„Ihr wisset, daß die weltlichen Fürsten ihre Völker niederhalten, und ihre Mächtigen tun ihnen Gewalt. Aber so soll es nicht sein unter euch; sondern wer groß sein will unter euch, der sei euer Diener; und wer unter euch will der erste sein, der sei aller Knecht"* (Markus 9,34–35; 10,42–44 und Lukas 9,46–48).

Es ist offensichtlich, dass die Nationalsozialisten durch ihre Versuchen die Weltherrschaft gewaltsam an sich zu reißen, diese Kriterien nicht erfüllten. Sie haben außerdem dem deutschen Volk ein großes Unrecht angetan, indem sie die spirituellen Werte und Inhalte der deutschen Kultur verdrehten und missbrauchten.

Tatsache ist, dass der deutsche Kulturkreis einige der wichtigsten und wertvollsten Beiträge zum spirituellen Fortschritt der westlichen Welt geleistet hat. Abgesehen von führenden Denkern in diesem Bereich wie Kant, Goethe oder Schopenhauer, um nur einige zu nennen, entstand im Rahmen der germanischen Kultur wahrscheinlich das tiefsinnigste spirituelle Epos, das Europa jemals hervorgebracht hat: Wolfram von Eschenbachs *Parzival*. Durch den propagandistischen Missbrauch der Heldenfiguren in diesem Werk und anderen germanischen Sagen sind die spirituellen Bedeutungen, die diese Heldentaten versinnbildlichen, untergegangen.

Anhang 5

Einige Theorien
zum präkognitiven Phänomen
am Beispiel von Wolf Messing

Medial veranlagte Menschen haben unterschiedliche Erklärungen, was den Ursprung ihrer medialen Fähigkeiten und die Art der empfangenen Botschaften betrifft. Wie wir zuvor erwähnt haben, werden wir hier keine theoretischen Aspekte präkognitiver Erscheinungen im Detail beleuchten – das ist ein Thema für sich. Dennoch werden wir einige Theorien erwähnen, die besonders interessant sind, weil sie von den Propheten selbst vorgelegt werden.

Jeane Dixon schreibt ihre Offenbarungen dem „Geist Gottes" zu. Eine offensichtlich andere Erklärung gibt Wolf Messing, Medium und berühmter russischer Prophet des 20. Jahrhunderts. Ich zitiere Teile seiner Geschichte, wie sie in dem Buch *Psychic Discoveries Behind the Iron Curtain* geschildert wird:[1]

„Wolf Messing war ... ein gefeiertes Medium, hatte die Welt bereist, war von Berühmtheiten wie Einstein, Freud und Gandhi getestet worden und hatte Kontakt mit hochgestellten Persönlichkeiten. Zu seinen Freunden zählten Marschall Pilsudski und viele Angehörige der polnischen Regierung ... ‚Test‘

Im Jahre 1915 wurde er in Wien zum Mittelpunkt eines der köstlichsten medialen Experimente, die je bekannt geworden sind. Albert Einstein lud den jungen Wolf in seine Wohnung. Messing erinnerte sich mit Verblüffung an die zahlreichen Bücher – ‚Sie waren überall, schon im Vorzimmer.‘ In Einsteins Studierzimmer wurde Messing Sigmund Freud, dem Begründer der Psychoanalyse, vorgestellt, der einmal angemerkt hatte, wenn er sein Leben noch einmal zu leben hätte, würde er sich der medialen Forschung widmen.

Freud war so angetan von Messings medialen Kräften, dass er beschloss, ein paar Versuche mit ihm zu machen. Messing sagt: ‚Bis heute erinnere ich mich an Freuds mentalen Befehl, ins Bad zu gehen, eine Pinzette zu holen und damit Einsteins üppigem Schnurrbart drei Haare auszureißen.‘ Als er die Pinzette gefunden hatte, näherte sich Messing behutsam dem gefeierten Mathematiker, stammelte eine Entschuldigung und erklärte, was dessen Wissenschaftlerkollege von ihm verlangt hatte. Einstein lächelte und bot ihm sein Gesicht dar. Freud hat sicher auch gelächelt, denn Messing hatte seinen Befehl fehlerfrei ausgeführt.

... 1927 traf Messing in Indien mit Gandhi zusammen. Sie unterhielten sich über Politik, und dann sandte Gandhi Messing einen mentalen Befehl. Er war einfach: ‚Nimm eine Flöte vom Tisch und übergib sie einem der Anwesenden.‘ Messing tat es ...

‚Die Gedanken der Menschen erreichen mich als Bilder‘, erklärte Messing. ‚Normalerweise habe ich visuelle Eindrücke von bestimmten Vorkommnissen oder Orten.‘ Er betont immer wieder mit Nachdruck, dass an seiner Fähigkeit, Gedanken zu lesen, nichts Übernatürliches oder Mysteriöses wäre. Er besteht darauf, dass ‚Telepathie‘ nichts weiter sei als eine Nutzbarmachung gewisser Naturgesetze. ‚Zunächst begebe ich mich in einen Entspannungszustand, in dem ich erlebe, wie Gefühl und Kraft zusammenfließen. Dann ist es ganz leicht, Telepathie zu erreichen. Ich kann nahezu jeden Gedanken aufnehmen. Wenn ich den Sender berühre, hilft es, den Gedanken vom „Hintergrundgeräusch“ abzusondern, aber der Körperkontakt ist nicht unbedingt notwendig für mich.‘“

Wolf Messing über Hitler, die Sowjets und das Ende des Krieges

„Vor Tausenden Menschen hatte Messing 1937 in einem Warschauer Theater vorausgesagt: ‚Hitler wird sterben, wenn er sich gegen Osten wendet.‘

‚Der Führer war für diese Voraussage wie für jede Art von Mystizismus, empfänglich', sagt Messing. So war das Medium Erik Hanussen beispielsweise bereits von den Nazis umgebracht worden, da er zu viel über ihre Pläne wusste. Als Hitler von Messings Prophezeiung hörte, setzte er 200.000 Mark auf den Kopf des Telepathen aus …

1940 zeigten sich die deutsch-sowjetischen Beziehungen ungetrübt. Jahre zuvor hatten Hitler und Stalin den Nichtangriffspakt unterzeichnet. Dennoch prophezeite Messing in einer Ansprache in einem privaten Moskauer Club: ‚Sowjetische Panzer werden durch Berlin rollen!'

1943 wagte Messing eine weitere öffentliche Prophezeiung. Das Baltikum, Weißrussland, die Ukraine und die Krim waren bereits in den Händen der Nazis und ein Ende des Krieges war nicht abzusehen. Messing selbst war zur Sicherheit nach Sibirien evakuiert worden. In der bekannten sibirischen Wissenschaftsmetropole Novosibirsk sprach Messing in der Oper vor einer ergriffenen Zuhörerschaft. Er kündigte an, der Krieg würde im Mai 1945 zu Ende sein, wahrscheinlich noch in der ersten Woche des Monats."

Präkognition ist nichts Übernatürliches

„Meine Fähigkeit, die Zukunft zu sehen, mag dem materialistischen Weltbild zu widersprechen scheinen, aber an der Präkognition ist überhaupt nichts Unerforschliches oder Übernatürliches", versichert Messing. „Außer dem logisch-wissenschaftlichen Weg, um Wissen zu erwerben, gibt es auch ‚unmittelbare Erkenntnis', eben Präkognition. Es sind nur unsere unklaren Vorstellungen über die Bedeutung der Zeit und ihre Beziehung zum Raum – und über Vergangenheit, Gegenwart und Zukunft, die diese zur Zeit noch unerklärlich scheinen lassen.

… Natürlich gibt es den freien Willen", setzt Messing fort, „aber es gibt auch Muster. Die Zukunft wird durch Vergangenheit und Gegenwart geformt. Zwischen diesen existieren regelmäßige Verbindungsmuster. Die Funktionsweise dieser Verbindungen ist den weitaus meisten Menschen unbekannt, aber ich weiß mit Sicherheit, dass es sie gibt … Mit einer gewissen Willensanstrengung kann ich das Endergebnis einer Entwicklung blitzlichtartig vor mir sehen.

Der Mechanismus der ‚unmittelbaren Erkenntnis' schließt die logische Kette von Ursache und Wirkung kurz und enthüllt dem Medium nur das letzte, endgültige Kettenglied … Es wird eine Zeit geben, wo die Menschheit all diese Erscheinungen verstehen wird. Nur weil es noch nicht Allgemeingut ist, erscheint etwas als seltsam."

Anhang 6

UFOs und ein kosmischer Messias

Wissenschaftliche
Hinweise auf außerirdisches Leben

Die folgenden Zitate stammen noch aus unserer *United Nations*-Vortragsserie aus dem Jahre 1981.

Viele Gelehrte und auch interessierte Laien weisen jede religiöse oder messianische Deutung zurück, wenn es sich um Ausdrücke wie *„Könige vom Himmel"* (der z. B. bei Nostradamus vorkommt) handelt, und wollen die Prophezeiungen als Hinweis auf eine außerirdische Einflussnahme verstanden wissen. Wir sind der Ansicht, dass diese beiden Auslegungen nicht notwendigerweise widersprüchlich sind – insbesondere wenn man unter „außerirdisch" auch „transdimensional" miteinbezieht.

Es ist noch nicht allzu lange her, dass jeder, der öffentlich zugab, an UFOs und außerirdische Intelligenz zu glauben, überall damit rechnen musste, als Spinner zu gelten. Heute befindet er sich damit in immer besserer Gesellschaft.

Wir zitieren einige Passagen aus dem Buch *Mediale Entdeckungen hinter dem Eisernen Vorhang*. Seine Autoren beschreiben die Ansichten einiger namhafter sowjetischer Wissenschaftler von Weltruf, die auch in besten Beziehungen zur kommunistischen Regierung gestanden haben und keinerlei Anlass hatten, messianische Gerüchte zu erfinden. Die zitierten Stellen entstammen dem Kapitel über *UFOs und PSI – Auf der Suche nach dem kosmischen Messias*. [1]

„Am Abend des 26. Juli 1965, etwa um 21.30 Uhr, beobachteten drei sowjetische Astronomen in Ogre, Lettland, einige leuchtende Wolken.

Im Nordwesten bemerkten sie plötzlich einen sehr hellen Stern, der sich nach Westen bewegte. Nach einem ersten prüfenden Blick durchs Fernglas stellten sie hastig ihre Teleskope auf den ‚Stern‘ ein.

‚Wir sahen eine linsenartige Scheibe von etwa achtzig Metern Durchmesser mit einer kleinen Kugel im Zentrum. Drei weitere kleine Kugeln rotierten langsam um die große Scheibe. Alle vier Kugeln waren glanzlos und perlenähnlich grün. Das gesamte System wurde kleiner, als ob es sich von uns wegbewegte. Nach etwa zwanzig Minuten entfernten sich die äußeren Kugeln von der Scheibe. Auch die Kugel in der Mitte schien wegzufliegen. Um etwa 22.00 Uhr war nichts mehr zu sehen.‘ Die Astronomen schätzten, dass die fremdartigen grünen Objekte in einer Höhe von etwa 250.000 m geschwebt sein mussten. Nach der Geschwindigkeit seiner Bewegung zu urteilen stand das System regungslos im Raum; seine anscheinend wahrnehmbare Bewegung war nichts weiter als die Rotation der Erde selbst.“

Russische Beobachtungen seit 1947

„Zwanzig Jahre lang haben die sowjetischen Radaranlagen unidentifizierte Flugobjekte aufgespürt‘, erklärte Dr. Felix U. Ziegel vom Moskauer Luftfahrtinstitut in einem bemerkenswerten Artikel im Magazin *Smena*, April 1967. ... Parapsychologen hatten bereits begonnen, darüber zu spekulieren, wie man mit intelligentem Leben aus dem All Kontakt aufnehmen könnte.

1967 fand eine Konferenz *Zivilisationen im All* statt, die von dem großen armenischen Astronomen Viktor Ambartsumjam geleitet wurde. Sie kam zu folgendem Ergebnis: Die Existenz außerirdischer Zivilisationen in der Galaxie kann ohne Weiteres als Tatsache angenommen werden. Also sollte bereits damit begonnen werden, Vorstudien bezüglich der wissenschaftlichen und technischen Probleme unserer zukünftigen Beziehungen zu ihnen in die Wege zu leiten.

... Dr. Vjacheslaw Saitzjew, ein weiterer Teilnehmer der parapsychologischen Arbeitsgruppen, ist davon überzeugt, dass es Menschen gibt, die Besucher aus dem All gesehen haben. Er meint, dass außerirdische Wesen auf der Erde gelandet waren, um die Morgendämmerung der menschlichen Zivilisation einzuleiten, und er hat Jahre damit verbracht, diese seine Theorien zu dokumentieren. Nach Dr. Saitzjew berichten die heiligen indischen Epen wie das *Ramayana* von ‚zweistöckigen himmlischen Streitwagen mit vielen Fenstern. Sie brüllen wie Löwen, leuchten mit rotem Feuer und rasen über den Himmel, sie sehen aus wie Kometen'. Das *Mahabharata* und einige Sanskrit-Schriften beschreiben diese Streitwägen ausführlich: „Ein Schiff, das mit der Kraft von geflügelten Blitzen in den Himmel aufstieg, bis in die Bereiche der Sonne und der Sterne.

Vor Kurzem entdeckten Archäologen in den Höhlen der Bayan-Kara-Ula-Berge zwischen China und Tibet 716 steinerne Scheiben. Diese ‚Platten' – die Sowjets fanden heraus, dass sie Spuren von Metall enthalten – verfügen über Rillen wie eine Schallplatte und ein Loch in der Mitte. ... Saitzjew berichtet, dass diese Scheiben, nachdem sie vom Staub befreit worden waren, vibrierten, als ob sie elektrisch aufgeladen wären. Nach Dr. Saitzjews Ansicht könnten diese Scheiben ein neues Licht auf die altehrwürdigen chinesischen Legenden werfen, die von dürren, gelbgesichtigen Männern berichten, welche den Wolken entstiegen waren.

... Dr. Saitzjew verwies die Parapsychologen darauf, dass die Menschen ihre Vorstellungen vom Ursprung der Zivilisationen und der Religionen ... und unsere messianischen Glaubensvorstellungen verändern müssten, wenn die weiteren Forschungen jene Theorien bestätigten. ‚Wenn wir wirklich vor Jahrhunderten besucht worden sind, stehen wir möglicherweise an der Schwelle einer Wiederkehr intelligenter Wesen aus dem All.'

Für Saitzjew ist ‚Wiederkehr' mehr als eine theologische Anspielung. Er glaubt, dass Jesus aus dem All gekommen und Botschafter einer höher entwickelten Zivilisation gewesen ist. Das erklärt möglicherweise zum Teil seine übernatürlichen Kräfte und hervorragenden Fähigkeiten.

Prof. Modest Agrest, Doktor der physikalischen Mathematik, bewirkte eine Sensation, als er in der einflussreichen *Literarischen Gazette* im Februar 1966 einen Artikel veröffentlichte, in dem er die These vertrat, dass die Erde von Weltraumbewohnern bereits besucht worden sei. Prof. Agrest berichtete von ‚Tektiten', mysteriösen Felsen, die im

Libanon gefunden wurden und die die Wissenschaft vor ein Rätsel stellten. Sie waren nämlich unter radioaktiver Einstrahlung entstanden. Auch meint Agrest, dass gewisse biblische Ereignisse und Personen auf die Einflussnahme kosmischer Besucher hindeuteten."

Der Tunguska-Meteorit

„1967 veröffentlichte die *Sowjetische Akademie der Wissenschaften* eine Studie über den berühmten Meteoriten von Tunguska, der im Jahre 1909 in Sibirien einen ganzen Wald gefällt hatte. Diese zeigt, dass das Ding, das in Sibirien eingeschlagen hat – was auch immer es wirklich gewesen sein mag –, weder ein Komet noch ein Meteorit gewesen sein konnte. Im selben Jahr veröffentlichte das Vereinigte Institut für Nukleare Forschung in Dubna einen Bericht, aus dem hervorging, dass der Einschlag von Tunguska eine große Menge von Radioaktivität freigesetzt hatte und alle Anzeichen einer Nuklearexplosion aufwies. Schließlich demonstrierte Dr. Ziegel im Jahre 1966, dass das Objekt von Tunguska einen riesigen Bogen von 500 Kilometern in der Luft beschrieben hatte, bevor es niedergegangen war. ‚Das bedeutet', sagt Ziegel, ‚es war dabei, ein Manöver auszuführen.'"

„Sie werden kommen, um uns vor uns selbst zu schützen"

„… In einem Vortrag über superintelligente Wesen aus dem All fragte Dr. Ziegel: ‚Gibt es nicht noch immer die Möglichkeit einer gemeinsamen Verständigung? Schließlich entstammen wir demselben Universum und folgen denselben Naturgesetzen!' Der Optimismus eines gebildeten Russen, den wir eines Abends in Moskau zum Abendessen trafen, geht noch einen Schritt weiter. Er meinte: ‚Sie sind wie liebevolle Eltern im Himmel. Jetzt haben wir durch die Kernkraft die Möglichkeit, uns selbst auszulöschen und dem Sonnensystem Schaden zuzufügen – das werden sie nicht zulassen. Sie werden kommen, um uns vor uns selbst zu schützen.'"

Stimmen aus dem Westen

Als Vertreter der westlichen Ansicht zu diesem Thema zitieren wir John White, der das *Institut für Erkenntniswissenschaft* in Palo Alto, Kalifornien, mitbegründet und als Direktor des Bildungswesens geleitet hat. Die folgenden Zitate entstammen seinem Buch *Frontiers of Consciousness* (Grenz- bzw. Ausdehnungsbereiche des Bewusstseins), und zwar aus dem Kapitel mit der Titel: *Exobiologie – wo Science Fiction wissenschaftlichen Tatsachen begegnet.* [2]

> „In unseren Forschungen über die Grenzen des menschlichen Bewusstseins stießen wir auf die Möglichkeit, dass im Universum hoch entwickelte Lebensformen existieren könnten, deren Bewusstsein das unsere weit übertrifft. Für eine lange Zeit war das nur ein Thema für Romane und Comic Strips ... Aber was die Wissenschaft einst für eine dümmliche Randerscheinung hielt, wird inzwischen von einigen der namhaftesten Wissenschaftler der Welt ernsthaft in Erwägung gezogen."

Waren die Engel UFOs?

> „Das Wissensgebiet des außerirdischen Lebens geht weit über UFOs und die Ufologie hinaus, wenngleich Letztere im Augenblick die meiste Aufmerksamkeit genießt. Erich von Däniken war einer der Ersten, der in seinen populärwissenschaftlichen Büchern zahlreiche archäologische Funde vorstellte, die zum Nachdenken über eine mögliche außerirdische Herkunft anregen.
>
> Es sind seitdem mehrere seriösere Werke zu diesem Thema von Autoren erschienen, die beachtliche wissenschaftliche Qualifikationen nachweisen können. Ein nennenswertes Beispiel ist das objektive und tief in die Materie eindringende Buch *Uninvited Visitors* (Ungebetene Gäste) von Ian Sanderson, der auf die interessante Theorie hinweist, dass UFOs einer anderen Dimension, einem Paralleluniversum entstammen könnten. Diese Theorie ist interessant, da sie eine Verbindung oder Versöhnung zwischen Ansichten rein wissenschaftlich und religiös veranlagter Denker, die an ein ‚Jenseits' glauben, herstellt."

Weitere Stimmen aus dem Westen

„... In den vergangenen zehn Jahren haben sich zahlreiche Wissenschaftler mit der Möglichkeit befasst, dass es außerhalb der Erde Leben geben könnte – sogar intelligente Lebensformen, die über Technologien verfügen.

Prof. Richard Berendzen vom astronomischen Institut der *Boston Universität* berief im November 1972 ein Symposium ein ... unter dem Titel *Außerirdisches Leben und der menschliche Verstand*. Hier waren in reichem Überfluss die Meinungen zahlreicher Human- und anderer Wissenschaftler zu hören, wie die des Anthropologen Ashley Montague, des Geologen und Nobelpreisträgers George Wald, des *Harvard*-Theologen Krister Stendahl, des Astrophysikers und Begründers der Exobiologie Carl Sagan von der *Cornell Universität* und des Wissenschaftsphilosophen Philip Morrison von *Massachusetts Istitute of Technology*.

Ein Bericht über dieses Symposium wurde von der *NASA* unter dem Titel *Life Beyond Earth and the Mind of Man* (Außerirdisches Leben und der menschliche Verstand) herausgegeben, der durch das *U. S. Government Printing Office*, Washington, D. C. bezogen werden kann."[3]

Gab es schon Kontakte?

„... Dr. Carl Sagan, der Vorstand des Laboratoriums für Planetarische Studien an der Cornell-Universität, ... erklärt in seinem Buch *Intelligent Life in the Universe*, dass die alten Sumerer Kontakt mit Außerirdischen gehabt haben könnten. Er führt als Beleg sumerische Mythen, Malereien und Tonsiegel an. Sagan schreibt: ‚... die Legenden weisen darauf hin, dass es Kontakte zwischen Menschen und höchst mächtigen nichtmenschlichen Zivilisationen gegeben hat, und zwar an der Küste des Persischen Golfs, möglicherweise in der Nähe der antiken Stadt Eridu, viertausend Jahre vor Christus oder noch früher.'

Weitere Belege für diesen und andere Kontakte mit Außerirdischen liefert ein bemerkenswerter Essay von Kenneth Demarest, *The Winged Power* (Die geflügelte Macht). Demarest trug archäologische Zeugnisse aus vielen Kulturen zusammen, um zu beweisen, dass Menschen immer wieder Kontakt und Anleitung durch wohlwollende Wesen einer höheren Entwicklungsstufe erfahren durften. Diese Anleitungen enthielten jenes erstaunliche Geheimnis, das von gewissen okkulten Traditionen und Mysterienschulen durch die Jahrhunderte überliefert worden ist: Der Mensch müsse nicht notwendigerweise den physischen Tod erfahren, denn es gäbe eine Alternative zum Prozess des Sterbens. Der Mensch könne einen ‚Solarkörper‘ des Lichtes erlangen. Dieser sei unsterblich und benötige keine Nahrung.

Nach Erich von Dänikens *Waren die Götter Astronauten?* stimmte Albert Einstein der Idee von prähistorischen Besuchen außerirdischer Intelligenzen vollkommen zu. Hermann Oberth, der ‚Vater‘ der Rakete, hielt den Besuch einer extraterrestrischen Rasse auf unserem Planeten für ‚äußerst wahrscheinlich‘.

Von Däniken weist auch auf ein nahezu universelles Thema in den alten Mythen hin: Das menschliche Leben gehe auf die Handlungen himmlischer ‚Götter‘ zurück, die eine Gruppe auswählten, von den ‚Unreinen‘ separierten, sie verwandelten und ausbildeten, um dann wieder zu verschwinden. Ein weiteres Beweisstück, so Däniken, ist das hebräische Wort *Elohim*, das in der Bibel als ‚Gott‘ übersetzt wird. Es sollte aber, nach sprachwissenschaftlichen Erkenntnissen, als ‚Götter‘ übersetzt werden.“

Anhang 7

Vorhersage der deutschen Wiedervereinigung

Aus den unzähligen Büchern, die sich mit Nostradamus und anderen prophetischen Quellen befassen, ist uns bis jetzt nur eines bekannt, das die deutsche Wiedervereinigung klar vorhergesagt hat – und dies sogar mit Angabe des Jahres. Bemerkenswert an diesem Buch (ein Auszug daraus erscheint hier im Anhang) ist, dass es nicht wenige, sondern fast zehn Jahre vor dem vorhergesagten Ereignis erschienen ist.

Dieses Buch mit dem Titel *Cheops, Anfang und Ende der Zeit im Grundmuster der Pyramide* erschien 1982 im Aurum Verlag. Obwohl der Autor Herbert Rauprich durch seine sorgfältigen Beobachtungen und Aufzeichnungen hinsichtlich der geometrischen Informationen der Pyramide wertvolle und einmalige Beiträge leistet, ist das Buch als prophetische Quelle trotz der gelegentlichen merkwürdigen Treffer nicht zu empfehlen.

In Anbetracht der großen Anzahl an auffallenden Fehlprognosen, die das Buch aufweist, müssen wir die wenigen richtigen Vorhersagen eher als Zufallstreffer einstufen. Auch die üblichen Fehler im Umgang mit den Nostradamus-Texten sind zu beobachten. Der Autor zitiert Vierzeiler, ohne die Urtexte anzugeben. Es kann somit nicht kontrolliert werden, ob die Übersetzungen nicht zugleich passende Auslegungen sind, die die Theorien des Autors unterstützen.

Dem Leser wird bei den folgenden Auszügen aus diesem Buch sicherlich auch auffallen, dass der Autor, insbesondere was die Nostradamus-Zitate anbelangt, aus den Texten recht gewagte und „großzügige"

Schlüsse zieht. Der Artikel illustriert auch die allgemeine Unzuverlässigkeit von Jahresprognosen: [1]

„Der Engländer Piazzi Smith, der Schotte Robert Menzies, Basil Steward und andere Pyramidologen schrieben bereits über eine Datenachse in der Pyramide ... Die bisher gefundenen Zusammenhänge berechtigen zwar nicht, die Zukunft analog zu konstruieren; sie jedoch als kontinuierliche Dimension zu betrachten, sollte möglich sein. Ich deute im Folgenden die achtziger- und neunzigerjahre dieses Jahrhunderts mit der gleichen Arbeitsmethode, die ich im Laufe dieser Untersuchung entwickelte und anwandte. Um Sinn und Aussage der zukünftigen Schnittpunkte erfassen zu können, stützte ich mich allerdings auf mir qualifiziert erscheinende Prognosen und Visionen.

... Nostradamus vermerkte 1546–48 im Vierzeiler 6,24: ,Unter Krebs unheilvoller Krieg ...' Die darin enthaltene Datierung ist so zu lesen, dass der Krieg vielleicht schon mit, spätestens aber vor dem Ende des Zeichens, also vor dem 23. Juli, ausbricht. Zieht man den italienischen Hellseher Giovanni Bosco für die Datierung hinzu, so beinhaltet sein Satz, dass der Papst nach dem Kriege ,in einem Monat mit zwei Vollmonden' zurückkehre, dass dies im Jahre 1988 sein werde. Nur im Mai jenes Jahres gibt es zwei Vollmonde. Nach dieser Beispielsammlung ein Blick in die Geometrie der Pyramide: Die erstaunliche Übereinstimmung lässt sich an den Hauptlinien im ,Diagramm des 20. Jahrhunderts' ablesen. Pfeil und aus der Sarkophag-Mitte kommende Kreuzlinie weisen auf Anfang und Ende des Krieges. Auch die Distanz von 666 cm vom Sarkophag bis zum Datum des Kriegsendes ist symbolisch entscheidend. Darüber hinaus ist die Radiale aus dem 66,6. Grad zum gegenüberliegenden Punkt (66,6°+180°) wichtig, weil eine von hier ausgehende Gerade auf das Datum des Juli 1987 führt und die Tangente des Vorkammerkreises mit 6,66 Ellen Durchmesser im 113. Grad auf die fatale Pfeillinie trifft. Gleicherweise beachtlich ist die Projektion aus dem 222. Grad (222 x 3 = 666). Es wird der Sinn weiterer Analysen sein, diese linearen und numerologischen Zusammenhänge auf ihre ,Botschaft' hin zu befragen."

Vorzeichen des 3. Weltkrieges

„Ich beginne diesen Abschnitt mit einem Vierzeiler von Nostradamus, den ich sinngemäß verkürzt wiedergebe. In einem Brief an König Heinrich von Orleans erwähnt Nostradamus unter anderem: ‚Der Hauptherrscher des Nordens (UdSSR, H. R.), der mit den Herrschern Asiens (China, H. R.) im Bunde steht, wird nach elf Jahren (1986, H. R.) verschwinden.'

1986 liegt auf der Datenachse 666 cm von der Sarkophagmitte entfernt und zugleich in der Achse der beiden Luftkanäle der Königskammer. Der erwähnte Bund lässt auf einen Geheimvertrag zwischen Moskau und Peking schließen, dessen Formel beiden Staaten im Jahre 1987 ‚grünes Licht' nach Westen gibt.

... Im Vierzeiler 2,46 ist zu lesen: ‚Nach einem großen menschlichen Aufruhr (dem 2. Weltkrieg, H. R.) ein noch größerer sich nähert (im Juli 1987, H. R.).' Und Vierzeiler 11,15 bestimmt: ‚Neuwahl eines Papstes, Krieg in seiner Zeit.' Deutet man diese Neuwahl auf Johannes Paul II., den jetzigen Papst, sind wir ganz im Bereich unserer nächsten Zukunft. Dazu noch Vierzeiler 5,16: ‚Höchster Ölpreis! Millionen Menschen werden im Moment des Sterbens zu Asche werden.' Gewiss, die Gleichsetzung von Nostradamus' Formulierung ‚Träne des Sandes' mit Öl und seiner Rede vom Preis mit ‚Ölpreis' ist in der Übersetzung Putziens sehr gewagt."

Nach dem 3. Weltkrieg, der gemäß den obigen Analysen 1987 hätte stattfinden sollen, sagte der Autor einen 4. Weltkrieg in Asien für das Jahr 1998 voraus. Nochmals ist bei der Begründung für diese Prognose zu bemerken, dass sie auf sehr vagen Interpretationen von Texten beruht, die die Schlussfolgerungen des Autors offenbar nicht rechtfertigen.

Die folgende letzte Auszug ist, abgesehen von einigen interessanten Treffern [unterstrichen], eher von auffallenden Verfehlungen gekennzeichnet.

328 • Vorhersage der deutschen Wiedervereinigung

Versuchtes Papst-Attentat, deutsche Wiedervereinigung

„In Polen kursiert eine Weissagung, nach der der erste slawische Papst ermordet werde; Jahre danach endet die Besetzung Polens. Im Vierzeiler 11,58 findet sich die Ankündigung, dass Frankreich und Deutschland für ein Jahrzehnt vereint würden. Von Franz Kugelbeer aus Lochau bei Bregenz stammt die 1922 bekannt gewordene Vision des Papstes, der im Kölner Dom einen neuen König salbt. Dazu zwei Vierzeiler von Nostradamus. In 11,40 heißt es, der neue Monarch (Heinrich V.) kämpfe für Deutschland, und in 11,42: ‚Berlin wird befreit.‘ Die Wiedervereinigung würde danach noch vor der Achsenwende, wahrscheinlich um 1990, stattfinden.

Das Jahrhundert klingt nicht aus, ohne dass noch einmal vom Kriege zu reden ist. Ab 1999 verläuft die Zeitachse nach Norden, wo der alte Mondgott mit dem Sichelschwert, dem Attribut über Leben und Tod, herrscht. Die Zeitachse deutet eine Auseinandersetzung zwischen Russland und China an, die Nostradamus zu folgenden Bildern veranlasst:

- ‚Der Osten wird eine noch größere Heimsuchung haben.‘ (I,91)
- ‚Wenn Mars im Zeichen Widder steht, vereinigt mit Saturn, dann naht dein [Russlands, H. R.] größtes Unglück‘ (XI,46). Diese Konstellation wird 1998 sein; der 4. Weltkrieg würde danach beginnen.
- ‚Kurze Zeit, bevor sich die Sonne verbirgt, entsteht der Konflikt‘ (I,37). – Die nächste Sonnenfinsternis tritt am 17. August 1999 ein; damit ist für den Kriegsbeginn noch ein genaueres Datum gesetzt: nämlich der Frühling 1999.
- ‚Die Mauer Asiens fällt.‘ (V,81)
- ‚Neun Jahre wird der Magere regieren‘ (II,9), – **Nachdem Russland 1990 Ostdeutschland und Polen verloren haben wird,** regiert es noch neun ‚magere‘ Jahre.
- ‚Die Vereinigung der beiden wird 13 Jahre dauern‘ (V,87). 13 Jahre liegen zwischen dem Geheimbündnis von 1986 und dem Jahre 1999. Im ‚Diagramm des 20. Jahrhunderts‘ liegen zwischen den Daten des Oktober 1917 und April 1999 genau 666 Zentimeter, die Zahl der Kriegsbestie.

- ‚Russland und China werden von den USA besiegt' (XI,31). Im Diagramm weisen zwei Distanzen von je 666 cm auf den Kriegsbeginn und eine 1:2-Projektion aus dem 146,63. Grad auf das Ende. Rechnerisch ergibt 3 x 666 = 1998. In diesem Jahr laufen die Vorbereitungen für den Krieg an, während die aus der Multiplikation von 3 x 666,6 hervorgehende Zahl (1999,8) Jahr und Monat des Kriegsendes zu symbolisieren vermag ... Mit dem Verlassen der Königskammer ist das Jahrhundert des größten technologischen Fortschritts und eine Epoche der Auflösung und des Chaos zu Ende."

Anhang 8

Nostradamus' Vierzeiler [1]

I,3

Quand la licture du tourbillon versee,
Et seront faces de leurs manteux convers:
La republique par gens nouveaux vexée,
Lors blancs & rouges jugeront à l'envers.

Wenn die Sänften von dem Wirbelwind umgedreht werden,
Und die Gesichter werden von ihren Mänteln bedeckt:
Die Republik wird von neuen Leuten gequält,
Ihre Weißen und Roten richten verkehrt.

I,7

Tard arrivé l'execution faicte,
Le vent contraire lettres aux chemin prinses:
les conjurez xiiii d'une secte:
Par le Rousseau semez les entreprinses.

Es wird zu spät ankommen die Tat vollbracht,
Der Wind dagegen Briefe unterwegs aufgefangen:
Die vierzehn Beschwörer einer Sekte:
Durch Rousseau werden die Unternehmungen verbreitet.

I,69

La grand montaigne ronde de sept etades,
Apres paix, guerre, faim, inundation,

Roulera loing abysmant grands contrades,
Mesmes antiques, & grand fondation.

Der große runde Berg, von sieben Stadien,
nach Frieden, Krieg, Hungersnot und Überschwemmung;
Lang wird er rollen, große Gebiete verschlucken,
Selbst alte und große Gründung.

I,87

Ennosigée feu du centre de terre
Fera trembler au tour de ciré neufue:
Deix gradsrochiers log tepsferont la guerre
Puis Arethusa rougira nouueau fleuve.

Vulkanisches Feuer aus dem Inneren der Erde
Verursacht Erdbeben in der Neuen Stadt.
Zwei große Felsen werden einander lang bekämpft haben,
Dann wird Arethusa einen neuen Fluss röten.

II,24

Bestes farouches de faim fleuves tranner,
Plus part du champ encontre Hister sera.
En caige de fer le grand fera treisner,
Quand rien enfant de Germain observera.

Tiere wild mit Hunger werden die Flüsse überqueren,
Der größte Teil des Feldes wird gegen Hister sein.
In einen eisernen Käfig wird der Große gezogen (wird sich ziehen lassen),
Wenn das Kind Deutschlands nichts beobachtet.

IV,68

En lieu bien proche non esloigne de Venus,
Les deux plus grans de l'Asie & d'Affrigue
Du Rhin & Hister qu'on dira sont venus,
Cris, pleurs à Malte & costé liguistique.

In einem naheliegenden Ort, nicht weit von Venus,
Die zwei größten von Asien und Afrika,
Von denen es gesagt wird dass sie von dem Rhine und Hister kommen,
Schreie, Tränen zu Malta und an der Küste Liguriens.

V,29

La liberté ne sera recouvree,
l'occupera noir fier vilain inique:
Quand la matiere du pont sera ouvree,
D'Hister, Venise fasché la republique.

Die Freiheit wird nicht wieder eingeholt (erlangt),
Sie wird von einem schwarzen, stolzen, ungerechten Bösen genommen:
Wenn die Sache der Brücke eröffnet wird,
Von Hister, Venedig wird die Republik ärgern.

IX,20

De nuict viendra par la forest de Reines,
Deux pars vaultort Herne la pierre blanche,
Le moine noir en gris dedans Varennes
Esleu cap. cause tempeste feu sang tranche.

In der Nacht werden kommen durch den Wald von Reines,
Zwei Paare durch einen schlechten Weg Herne der weiße Stein,
Der schwarze Mönch in grau nach Varennes,
Gewähltes Haupt verursacht Sturm, Feuer, Blut, Schneiden.

X,72

L'an mil neuf cens nonante neuf sept mois
Du ciel viendra un gran Roi deffraieur
Resusciter le grand Roi d'Angolmois,
Avant que Mars regner par bon heur.

Das Jahr 1999 siebente Monat,
Vom Himmel wird ein großer schrecklicher (sorgender) König kommen.

Er wird den großen König der Angolmois wieder erwecken.
Bevor Mars für die gute Stunde (zum Glück) regiert.

X,74

An revolu du grand nombre septiesme
Apparoistra au temps Jeux d'Hecatombe,
Non esloigné du grand eage milliesme
Que les entres sortiront de leur tombe.

Zur Zeit der großen siebenten Zahl
Er wird erscheinen zur Zeit der Hekatomben Spiele,
Nicht weit von dem großen tausendjährigen Zeitalter
Wenn die Toten herauskommen aus ihren Gräbern.

X,49

Jardin du monde aupres de cité neufue,
Dans le chemin des montaignes cauees,
Sera saisi & plongé dans la Cuue,
Beuuant par force eaux soulfre enuenimees.

Garten der Welt nahe der Neuen Stadt
Auf dem Pfad des hohlen Berges;
Er wird ergriffen werden, in ein Fass getaucht
Und gezwungen, giftiges Schwefelwasser zu trinken.

Anmerkungen

Bei Zitaten aus englischsprachigen Quellen handelt es sich um eigene Übersetzungen des Autors.

Kapitel 1: Die kommende Zeitenwende und die Zeichen der Zeit

1 „Vorwort von M. Michel Nostradamus zu seinen Prophezeiungen an César Nostradamus", aus: *Les Prophetie de M. Michel Nostradamus*, Ausgabe von Benoist Rigaud, 1568 zu Lyon (wird in Kapitel 4, „Die Nostradamus-Briefe", im Zusammenhang nochmals zitiert; siehe auch Anmerkung 1, Kapitel 4)

2 „Brief von M. Michel Nostradamus an Heinrich II.", aus: *Les Prophetie de M. Michel Nostradamus"*, Ausgabe von Benoist Rigaud, 1568 zu Lyon (wird in Kapitel 4, „Die Nostradamus-Briefe", im Zusammenhang nochmals zitiert; siehe auch Anmerkung 1, Kapitel 4)

3 ebenda

Kapitel 2: Zeitenwende 2012 Der Kalender und die Prophezeiungen der Maya

1 Argüelles, *Der Maya-Faktor*, S. 78

2 Jenkins, *Maya Cosmogenesis 2012* und *Galactic Alignment*

3 Argüelles, *Der Maya-Faktor*, S. 79 f.

4 Sheldrake/McKenna/Abraham, *Denken am Rande des Undenkbaren*, S. 15

5 Sheldrake, *Der Siebte Sinn der Tiere*, S. 354 f.

6 ebenda, S. 360 f.

7 ebenda, S. 371 f.

8 Argüelles, *Der Maya-Faktor*, S. 88 f.

Kapitel 3: Die Prophezeiungen des Michel de Notre Dame

1 Wilson, *The Occult*, S. 329 f.

2 ebenda, S. 331 f.

3 Vierzeiler aus Nostradamus' letztem Almanach: *Almanach pour l'an M.D.LCVII. avec ses amples significations, ensemble les explications de l'Eclypse merveilleux & du tout formidable qui sera le IX d'Avril proche de l'heure de midy,*, Lyon 1568, Benoît Odo (reproduit en 1905 par Henri Douchet, dans une édition en fac-similé; der französiche Text mit englischer Übersetzung ist nachzulesen unter: www.propheties.it/nostradamus/works/presages.htm)

4 Wilson, S. 344

5 Zelikovics, *Historical Prophecy: Past, Present and Future,* Vienna Metaphysical Society, Wien 1982

Kapitel 4: Die Nostradamus-Briefe

1 Die Nostradamus-Briefe werden in so gut wie alle Nostradamus-Ausgaben in allen Sprachen wiedergegeben. Die Übersetzungen in den diversen Ausgaben sind allerdings unterschiedlich. Wir haben mehrere deutsche Ausgaben mit den französischen Texten verglichen und die Formulierungen gewählt, die unserer Meinung nach den Originalen sinngemäß am nahesten waren. Als Hauptquellen hierfür dienten: Pfändler, *Nostradamus. Seine Prophezeiungen;* Fontbrune, *Was Nostradamus wirklich sagte;* Fontbrune, *Nostradamus, Historiker und Prophet.* In diesen Büchern sind die französischen Nostradamus-Texte wiedergegeben, u. a. aus der Le Pelletier-Ausgabe von 1867, die als eine besonders zuverlässige Quelle erachtet wird: Le Pelletier, Anatole, *Les oracles de Michel de Nostredame, astrologue, médecin et conseiller ordinaire des rois Henri II, François II et Charles IX. Edition ne varietur, comprenant: 1. Le Texte-type de Pierre Rigaud (Lyon, 1558–1566), d'après l'édition-princeps conservée à la Bibliothèque de Paris, Avec les Variantes de Benoist Rigaud (Lyon, 1568) et les Suppléments de la réédition de M.DCV; 2. Un Glossaire de la langue de Nostredame, avec Clef des Noms énigmatiques; 3. Une Scholie historique des principaux Quatrains par Anatole Le Pelletier.* 2 Bände. Le Pelletier, Imprimeur Lithographe, Paris 1867. *Les Prophetie de M. Michel Nostradamus.* ist die erste, heute

noch erhaltene *Gesamtausgabe*, erschienen bei Benoist Rigaud, Lyon 1568 (als pdf.-download erhältlich unter: www.nostradamus-bibliothek.de/ausgaben/1568-lyon.htm)

2 „Vorwort von M. Michel Nostradamus zu seinen Prophezeiungen an César Nostradamus", aus *Les Prophetie de M. Michel Nostradamus,* Ausgabe von Benoist Rigaud, 1568 zu Lyon

3 „Brief von M. Michel Nostradamus an Heinrich II", aus *Les Prophetie de M. Michel Nostradamus,* Ausgabe von Benoist Rigaud, 1568 zu Lyon

Kapitel 5: Jeane Dixon – die Seherin von Washington D. C.

1 Dixon, *My Life and Prophecies*, S. 1 f.

2 ebenda, S. 54 f.

3 ebenda, S. 49 f.

4 ebenda, S. 171 f.

5 ebenda, S. 191 f.

Kapitel 6: Die Pyramiden-Prophezeiungen

1 *The Readings of Edgar Cayce*, Readings 270-29; 281-42; 294-151; 5748-5,6; 5749-2; 5750-1 (Die Readings gibt es für ARE-Mitglieder online unter: www.edgarcayce.org)

Kapitel 7: Der Prophet Edgar Cayce

1 *The Readings of Edgar Cayce*, Reading 561-1

2 Ebon, „*Prophecy in Our Time*, S. 40 f.

3 Cayce, *Reading* 5748-1

4 Ebon, S. 46 f.

5 Robinson, *Edgar Cayce's Story of the Origin and Destiny of Man*, S. 217 f.

6 ebenda, S. 167

Kapitel 8: Geologische und klimatische Veränderungen und deren politische Folgen

1 *The Readings of Edgar Cayce,* Reading 3976-15

2 Cayce, Reading 270-45

3 Goodman, *We Are the Earthquake Generation*, S. vii f.

4 ebenda, S. 228 f.

5 ebenda, S. 172 f.

Kapitel 9: Alter und Echtheit der Bibel

1 Pfeiffer, *The Dead Sea Scrolls and the Bible,* S. 25

2 Weaver, „Science Seeks to Solve the Mystery of the Shroud"

3 Baumann, Hans D.: „Graue Eminenz", in: *MACup* 9/1994

4 Demarest, Kenneth, in: *Consciousness and Reality: The Human Pivot Point.* Muses, Charles; Young, Arthur M. (Hrsg.), Discus Books, Avon 1974 (Kapitel 23 & 25)

Kapitel 10: Die messianischen Prophezeiungen des Alten Testaments und die „siebzig Wochen" des Propheten Daniel

1 Die Hauptquellen hierfür sind *Die Bibel, Altes und Neues Testament.* (Einheitsübersetzung). Katholische Bibelanstalt, Stuttgart 1980; *Heilige Schrift des Alten und Neuen Testaments* (nach der deutschen Übersetzung Martin Luthers). Württembergische Bibelanstalt, Stuttgart 1963; *Die Bibel* (nach der Übersetzung Martin Luthers). Deutsche Bibelgesellschaft, Stuttgart 1985; Hertz, Dr. J. H.; Cohen, Dr. A. (Hrsg.), *.Soncino Books of the Bible.* Soncino Press, London 1960 (hebräischer Text, Übersetzung und Kommentare in englischer Sprache); *The Holy Scriptures.* Koren Publishers, Jerusalem 1977 (masoretischer Text); *The Greek New Testament.* United Bible Societies, London 1975

Kapitel 11: Die Vorbereitung auf die Zeitenwende und die „letzten sieben Jahre"

1 Lindsey/Carlson, *The Late Great Planet Earth,* S. 52 f.

2 „Brief von M. Michel Nostradamus an Heinrich II." (siehe Anmerkung 1, Kapitel 4)

Kapitel 12: Die Rolle Europas in der Zeitenwende

1 www.britannica.com/eb/article-9076660/Western-European-Union

2 w|ww.weu.int/

Kapitel 14: Der Antichrist, der Nahe Osten und der islamische Fundamentalismus

1 Shepherd, *Historical Atlas*, S. 18-19 (freundlicherweise zur Verfügung gestellt von *University of Texas*, Austin)

2 „Brief von M. Michel Nostradamus an Heinrich II." (siehe Anmerkung 1, Kapitel 4)

Kapitel 17: Die Propheten des Neuen Zeitalters

1 Ferguson, *Die Sanfte Verschwörung – Persönliche und Gesellschaftliche Transformation im Zeitalter des Wassermanns*

Kapitel 19: Der Nahost-Krise und die Möglichkeit eines Atomkriegs

1 „Brief von M. Michel Nostradamus an Heinrich II." (siehe Anmerkung 1, Kapitel 4)

2 ebenda

Anhang 5: Einige Theorien zum präkognitiven Phänomen

1 Ostrander/Schroeder, *Psychic Discoveries Behind the Iron Curtain*, S. 42 f.

Anhang 6: UFOs und ein kosmischer Messias

1 Ostrander/Schroeder, S. 94 f.

2 White, *Frontiers of Consciousness*, S. 370 f.

3 Berendzen, *Life Beyond Earth and the Mind of Man*

Anhang 7: Vorhersage der deutschen Wiedervereinigung

1 Rauprich, *Cheops. Anfang und Ende der Zeit im Grundmuster der Pyramide,* S. 271 f.

Anhang 8: Nostradamus' Vierzeiler

1 Wir haben mehrere deutsche Nostradamus-Ausgaben mit den französischen Texten verglichen und die Formulierungen gewählt, die unserer Meinung nach den Originalen sinngemäß am nahesten waren. (Auflistung der Hauptquellen; siehe Anmerkung 1, Kapitel 4)

Bildnachweise

S. 32, „Mikrowellen-Strahlungen in der Milchstrasse", mit freundlicher Genehmigung zur Verfügung gestellt von NASA/JPL-Caltech • S. 36, „Zyklus der Präzession", mit freundlicher Genehmigung zur Verfügung gestellt von *Tau'olunga Graphic Productions* • S. 37, „Position der Sonne", entnommen aus John Major Jenkins, *Galactic Alignment*, S. 19 • S. 38, Foto von José Argüelles, von *Crystal Eagle* • S. 49, Portrait Nostradamus, Original: Bibliothek Méjanes, Aix-en-Provence • S. 73, Foto von Jeane Dixon, entnommen aus Jeane Dixon, *My Life and Prophecies* • S. 89, Pyramiden-Gänge, entnommen aus Max Toth, *Pyramid Prophecies*, S. 217 • S. 95, die Fotos von Edgar Cayce stammen von der *Edgar Cayce Foundation*, Virginia Beach • S. 115, die Fotos von Qumran sind entnommen aus Charles F. Pfeiffer, *The Dead Sea Scrolls and the Bible*; oben: S. 14; unten: S. 113 • S. 121, Turiner Grabtuch; Foto oben: Barrie Schwartz; Abbildung in der Mitte: *National Geographic Magazine;* Abbildung unten: Thomas Humber, *The Fifth Gospel*, Bildtafeln 12–13 • S. 122, Turiner Grabtuch, entnommen aus Thomas Humber, *The Fifth Gospel*, Bildtafel 10 • S. 123, Turiner Grabtuch; Fotos links und rechts: *National Geographic Magazine*; Grafik in der Mitte entnommen aus Thomas Humber, *The Fifth Gospel*, Bildtafel 15 • S. 125, Turiner Grabtuch, entnommen aus der Zeitschrift *MACup* (Kap. 9, Anm. 3) • S. 191, Karte mit freundlicher Genehmigung zur Verfügung gestellt von Bibliothek der *University of Texas*/Austin • S. 276, Kronkreis von Lucy Pringle • S. 278, Kronkreis-Grafiken und die auf dem Cover verwendete Grafik, mit freundlicher Genehmigung zur Verfügung gestellt vom Archiv von *Studio Phoenix*, Gmunden/Österreich

Verzeichnis der Quellen und der weiterführenden Literatur

Deutschsprachige Bücher

Allgeier, Kurt: *Die Prophezeiungen des Nostradamus. Übersetzt, kommentiert und neu gedeutet.* Heyne Verlag, München 2000

Argüelles, José: *Der Maya-Faktor.* 2003 (Sonderausgabe im Eigenverlag Kössner, A-860 Heidenreichstein, Waidhofenstr. 1)

Argüelles, José: *Der Maya-Faktor. Ein Pfad über die Technologie hinaus.* Pan Verlag, Gössenheim 2001

Bellinger, Gerhard J.: *Knaurs Lexikon der Mythologie.* Area Verlag 2005

Berndt, Stephan: *Prophezeiungen zur Zukunft Europas & reale Ereignisse.* G. Reichel Verlag, Weilersbach 2007

Brandenburg, John E.; Rix Paxson, Monica: *Wie der Erde die Luft ausgeht. Das Ende eines blauen Planeten.* Heyne Verlag, München 1999

Braun, Bettine (Hrsg.): *Die Weisheit von Ramala.* Hugendubel Verlag, München 1992

Bro, Harmon H.: *Edgar Cayce. Seher, Heiler, Mystiker. An der Schwelle des Neuen Zeitalters.* Heyne Verlag, München 1996

Carter, Mary Ellen: *Das Neue Zeitalter. Authentische Visionen des Edgar Cayce.* Ariston Verlag, Genf 1990

Dimde, Manfred: *Das Siegel des Nostradamus.* Droemer Knaur Verlag, München 2001

Drosnin, Michael: *Der Bibel Code.* Heyne Verlag, München 1998

Eggenstein, Kurt: *Der Prophet Jakob Lorber.* Droemer Knaur Verlag, München 1992

Eichler, Abhoy; Neuber, Hans Peter: *Machtübernahme.* Neue Dimension Verlag, Fürth 1993

Eilenberger, Wolfram; Schubert, Viktor: *Nostradamus. Zukunftsbilder einer anderen Wirklichkeit.* Ariston Verlag, Genf 1993

Einstein, Albert; Infeld, Leopold: *Die Evolution der Physik.* Anaconda Verlag Köln 2007

Ernst, R.: *Nostradamus. Astrologe – Magier – Wunderheiler – Prophet der Apokalypse.* Heyne Verlag, München 1986

Ferguson, Marilyn: *Die Sanfte Verschwörung. Persönliche und Gesellschaftliche Transformation im Zeitalter des Wassermanns.* Sphinx Verlag, Basel 1992

Fontbrune, Jean-Charles de: *Nostradamus. Historiker und Prophet. Seine Vorhersagen von 1555 bis zum Jahr 2000.* Paul Zsolnay-Verlag, Wien/Hamburg 1993

Fontbrune, Max de: *Was Nostradamus wirklich sagte. Die authentische Exegese des französischen Forschers. Mit einer Einleitung von Jean-Charles de Fontbrune und einem Brief von Henry Miller an den Autor.* Ullstein-Verlag, Frankfurt am Main/Berlin 1991

Freund, René: *Braune Magie? Okkultismus, New Age und Nationalsozialismus.* Picus Verlag, Wien 1998

Gesenius, Wilhelm: *Hebräisches und aramäisches Handwörterbuch über das Alte Testament.* Springer Verlag, Berlin 1962

Grosser, H-G.: *Die Wiederkehr des Einen. Atlantide Offenbarungen zur Zeitenwende.* IL Verlag

Hoffmann, Hellmuth: *Die Wahrheit über die Botschaft von Fatima.* Rohm Verlag, Bietigheim 1983

Holey, Johannes: *Jesus 2000, das Friedensreich naht.* Amadeus Verlag, Fichtenau 2005

Humber, Thomas: *The Fifth Gospel. The Miracle of the Holy Shroud.* Simon & Schuster, New York 1974

Hübsch, Hadayatullah: *Prophezeiungen des Islam.* Droemer Knaur Knaur, München 1993

Kirkwood, Annie: *Marias Botschaft an die Welt.* Ch. Falk Verlag, Seeon 1992

Lichtenfels, Karl L. von: *Lexikon der Prophezeiungen. Eine Analyse von 350 Voraussagen von der Antike bis heute.* Heyne Verlag, München 2002

Loerzer, Sven: *Visionen und Prophezeiungen. Die berühmtesten Weissagungen der Weltgeschichte.* Pattloch Verlag, München 1989

Mayer, Reinhold (Hrsg.): *Der Talmud.* Orbis Verlag, München 2000

Ovason, David: *Das letzte Geheimnis des Nostradamus.* Heyne Verlag, München 1997

Peterson, Scott: *Indianische Seher und ihre Prophezeiungen.* Peter Erd Verlag, München 2002

Pfändler, Jean-Claude: *Nostradamus. Seine Prophezeiungen. Die Urtexte neu übersetzt und kommentiert von Jean-Claude Pfändler.* Laredo Verlag, Chieming 1997

Powell Davies, Arthur: *Der Fund von Qumran. Die Schriftrollen vom Toten Meer und die Bibel.* Brockhaus, 1958

Rauprich, Herbert: *Cheops. Anfang und Ende der Zeit im Grundmuster der Pyramide.* Aurum Verlag, Freiburg 1982

Risi, Armin: *Machtwechsel auf der Erde. Die Pläne der Mächtigen, globale Entscheidungen und die Wendezeit.* Heyne Verlag, München 2007

Schmertzing, Georg: *Geheimnis Maria. Erscheinungen, Erkenntnisse, Botschaften.* Kompetenz Verlag, Dorfen 2002

Sheldrake, Rupert: *Der Siebte Sinn der Tiere. Warum Ihr Katze weiß, wann Sie nach Hause kommen, und andere ungeklärte Fähigkeiten der Tiere.* Fischer Verlag, Frankfurt/M. 2007

Sheldrake, Rupert: *Der Siebte Sinn des Menschen. Gedankenübertragung, Vorahnungen und andere unerklärliche Fähigkeiten.* Fischer Verlag, Frankfurt/M.2006

Sheldrake, Rupert; McKenna, Terence; Abraham, Ralph: *Denken am Rande des Undenkbaren. Über Ordnung und Chaos, Physik und Metaphysik, Ego und Weltseele.* Piper Verlag, München 2004

Smith, T. H.; Braeucker, Vavitri: *Mutter Erde wehrt sich. Über die Heilung des Planeten und die Aufgabe des Sterngeborenen.* Govinda Verlag, Zürich/CH 2001

Snow, Dr. Chet B.: *Zukunftsvisionen der Menschheit. Apokalypse oder spirituelles Erwachen – Wir haben die Wahl.* Ariston, Genf 1991

Stearn, Jess: *Der schlafende Prophet. Edgar Cayces Prophezeiungen in Trance.* Kailash Verlag, München 2006

Tompkins, Peter: *Cheops. Die Geheimnisse der Großen Pyramide.* Droemer Knaur Verlag, München 1992

Topper, Uwe: *Das letzte Buch. Die Bedeutung der Offenbarung des Johannes in unserer Zeit.* Hugendubel Verlag, München 1993

Toth, Max: *Das Geheimnis der Pyramid Power.* Goldmann Verlag, München 1998

Walliman, Silvia: *Die Umpolung vom Materiellen zum Geistigen.* Hermann Bauer Verlag, Freiburg 2002

Weidner, Gisela, Hrsg. *Zukünftige Ereignisse auf Erden aus geistiger Sicht.* Eigenverlag, Wien 1988

Weinberg, Steven Lee; Wright, Carol: *Ramtha Intensiv. Wendezeit. Die künftigen Tage.* In Der Tat Verlag, Bruggen 1989

White Eagle: *Die verborgene Weisheit des Johannes-Evangeliums.*

Aquamarin Verlag, Grafing 2003

Englischsprachige Bücher und Artikel

Allegro, John: *The Dead Sea Scrolls.* Pelican Books, Gretna/Louisiana 1956

Backster, Cleve: "Evidence of a Primary Perception in Plant Life", in: *International Journal of Parapsychology,* Vol. 10/No 4, 1968

Bannerjee, H. N.: "Parapsychology in Russia", in: *Indian Journal of Parapsychology,* 1961

Barclay, William: *The Revelation of John.* Westminster Press, Philadelphia 1960

Bebbington, David: *Patterns in History.* InterVarsity Press, Downers Grove/Illinois

Becker, Robert: "Relationship of a Geo-Magnetic Environment to Human Biology", in: *New York State Journal of Medicine*, Vol. 63/No l5, 1963

Berendzen, Richard (Hrsg.): "Life Beyond Earth and the Mind of Man", NASA Document SP-328, 1973

Brinton, Crane: *A Decade of Revolution, 1789–1799.* Harper and Row, New York 1935

Brockelmann, Carl: *History of the Islamic Peoples.* Capricorn Books, New York 1960

Brooks, Lester: *Great Civilizations of Ancient Africa.* Four Winds Press, New York 1971

Burr, H. S.; Northrop, F.: "The Electro-Dynamic Theory of Life", in: Main Currents in Modern Thought, Vol. 19, Oct./Nov. 1962

Carter, Mary Ellen; Cayce, Hugh Lynn (Hrsg.): *Edgar Cayce on Prophecy.* Warner Books, New York 1968

Cayce, Edgar *The Readings of Edgar Cayce.* A.R.E. Press, Virginia Beach 1971

Ceram, C. W.: *Gods, Graves and Scholars.* Alfred A. Knopf, New York 1961

Clark, Arthur C.: *Profiles of the Future.* Harper and Row, New York 1963

Coates, W. H. & White, H. V.: *An Intellectual History of Europe.* Mcgraw Hill, New York

Coles, Paul: *The Ottoman Impact on Europe.* Thames and Hudson, London 1968

Cournos, John: *A Book of Prophecy.* Scribner, New York 1942

Cumming, John: *The Destiny of Nations.* Hurst & Blackette, London 1864

Daniels, Robert V.: *The Russian Revolution.* Prentice Hall, Englewood Cliffs/New York 1972

de Fontbrune, Max : *Ce-que Nostradamus a Vraiment Dit.* Editions Stock, Paris 1980

Dixon, Jeane: *My Life and Prophecies.* William Morrow & Co., New York 1969

Dixon, Jeane: *The Call to Glory.* William Morrow & Co., New York 1971

Dunbar, C. O.: *Historical Geology.* Wiley, New York 1949

Dunne, J. W.: *An Experiment with Time.* AC Black, London 1927

Durant, Will: *The Story of Civilization.* Simon & Schuster, New York 1944

Ebon, Martin: *Prophecy in Our Time.* New American Library, New York 1968

Edgar, Morton: *The Great Pyramid: Its Symbolism, Science and Prophecy.* Bone & Hulley, 1924

Einstein, Albert; Infeld, Leopold: *The Evolution of Physics.* Simon & Schuster, New York 1942

"ESP: More Science, Less Mysticism", in: *Medical World News*, March 21, 1969

Feld, Werner: *The European Community in World Affairs.* Alfred Publishing Co., 1976

Ferguson, Marilyn: *Aquarian Conspiracy – Personal & Social Transformation in the 1980s.* J. P. Tarcher, Los Angeles 1980

Festinger, L.; Riecken, H. W.; Schachter, S.: *When Prophecy Fails.* University of Minnesota Press

Fodor, Nandor: *Between Two Worlds.* Prentice Hall, 1964

Forman, Henry James: *The Story of Prophecy.* Tudor, New York 1939

Freud, Sigmund: *Studies in Parapsychology.* Collier Books, New York 1963

Gann, T. W. F.: *Ancient Cities and Modern Tribes.* Duckworth, London 1926

Garnier, J.: *The Great Pyramid.* Banks, London 1905

Garrett, Eileen: *The Sense and Nonsense of Prophecy.* Creative Agent Press, New York 1950

Gauquelin, Michel: *The Cosmic Clocks.* Avon Books, New York 1969

Gibbon, Edward: *The Decline and Fall of the Roman Empire.* E. P. Dutton, New York

Gilbert, Adrian G.; Cotterell, Maurice M.: *The Mayan Prophecies.* Element Books, 1995

Glass, B.; Heezen, B. C.: "Tektites and Geomagnetic Reversals", in: *Scientific American* 217, 7/1967

Gold, Thomas: "Instability of the Earth's Axis of Rotation", in: *Nature*, 175/Mar. 26, 1975

Goodman, Jeffrey: *We Are the Earthquake Generation.* Seaview Books, New York 1978

Grant, Michael: *The Twelve Ceasers.* Charles Scribner's Sons, New York 1975

Grey, E. Howard: *Visions, Previsions, and Miracles.* L. N. Fowler, London 1915

Hays, H. R.: *In the Beginning: Early Man and His Gods.* Putnam, New York 1963

Hempel, C. G.: *Aspects of Scientific Explanation.* Free Press, New York 1965

Holtman, Robert B.: *The Napoleonic Revolution.* J. B. Lippincott, Philadelphia 1967

Hügel, Friedrich Freiherr von: *The Mystical Element of Religion.* Dent, London 1908

Jaffe, Aniela: *Apparitions and Precognition.* University Books New Hyde Park/NY

Jenkins, John Major: *Galactic Alignment.* Bear & Company, 2002

Jenkins, John Major: *Maya Cosmogenesis 2012.* Bear & Company, 1998

Jessup, M. K.: *Unidentified Flying Objects.* Arco, London 1955

Jung, C. G.: *The Interpretation of Nature and the Psyche.* Routledge & Kegan Paul, Ltd. London

Kac, Arthur W.: *The Rebirth of the State of Israel.* Marshall Morgan and Scott, London 1958

Kahn, Herman; Wiener, A. J.: *The Year 2000.* Macmillan Publishing Co., New York 1967

Keil, C. F.; Delitzsch, F.: *Biblical Commentary on the Old Testament.* Eerdmans Publishing Co.

Kilner, Walter: *The Human Aura.* University Books, New York 1965

Koenigsberger, H. G.; Mosse, George L.: *Europe in the Sixteenth century.* Holt, Rinehart & Wilson

Laister, M. L. W.: *The Great Roman Historians.* University of California Press, 1971

Lamsa G. M. *The Holy Bible from Ancient Eastern Manuscripts.* A. J. Holman, Philadelphia 1933

Laver, James: *Nostradamus.* Penguin Books Ltd., London

Lefebvre, Georges: *The Coming of the French Revolution.* Princeton University Press, 2005

Leoni, Edgar: *Nostradamus: Life and Literature.* Nosbooks, New York 1961

Lewinsohn, Richard: *Science, Prophecy and Prediction.* Harper and Row, New York

Lichtheim, George: *The Origins of Socialism.* Praeger Publications, New York 1969

Lindsay, J.: *Byzantium into Europe.* The Bodley, Head London

Lindsey, Hal; Carlson, C. C.: *The Late Great Planet Earth.* Zondervan Publishing House, Grand Rapids/Michigan 1970

Lukacs, John: *Decline and Rise of Europe.* Greenwood, Westport/Conn. 1976

Lyttleton, Edith *Our Superconscious Mind.* London: Philip Allan, 1931

Madigan J.: *World Prophecy.* Mei Ling Publications, Los Angeles 1964

Malinowski, Bronislaw: *Magic, Science and Religion.* Doubleday Anchor, 1948

Mansfield, Peter: *The Ottoman Empire and its Successors.* St. Martin's Press 1973

Manuel, Frank E.: *The Age of Reason.* Cornell University Press, Ithaca/NY 1951

Mendelssohn, Kurt: *The Secret of Western Domination.* Praeger, New York 1976

Millard, Joseph: *Edgar Cayce: Mystery Man of Miracles.* Fawcett , Greenwich/CN 1967

Muses, Charles; Young, Arthur M. (Hrsg.): *Consciousness and Reality: The Human Pivot Point.* Discus Books/Avon, 1974

Nash, Ronald (Hrsg.): *Ideas of History.* E. P. Dutton and Co., New York 1969

Neumann, John van: *The Computer and the Brain.* Yale University Press, New Haven

Nostradamus (Michel de Notre Dame): *Centuries.* Mace Bobhomme, Lyon 1655

Osborn, Arthur W.: *The Future is Now: The Significance of Precognition.* University Books, New York

Ostrander, Sheila; Schroeder, Lynn: *Psychic Discoveries Behind the Iron Curtain.* Prentice Hall, Englewood Cliffs 1970

Pareke, H. W.; Wormwell, D. E. W.: *The Delphic Oracle.* Blackwell, Oxford 1956

Pfeiffer, Charles F.: *The Dead Sea Scrolls and the Bible.* Baker Book House, Grand Rapids 1969

Pfeiffer, Charles F.; Vos, H. F.: *The Wycliffe Historical Geography of Bible Lands.* Moody Press

Plunket, E. M.: *Ancient Calendars and Constellations.* John Murray, London

Price, Randall: *Secrets of the Dead Sea Scrolls.* Harvest House Publishers, Eugene/OR 1996

Robb, Stewart: *Prophecies on World Events by Nostradamus.* Liveright, New York 1961

Robinson, Lytle: *Edgar Cayce's Story of the Origin and Destiny of Man.* Coward, McCann, NY 1972

Robinson, Lytle: *The Great Pyramid and Its Builders.* A.R.E Press, Virginia Beach 1966

Rhine, J. B.: *The Reach of the Mind.* Pelican Books, London 1954

Rimmer, Harry: *The Coming War and the Rise of Russia.* Eerdmans Publishing Co., 1940

Rude, George F.: *Revolutionary Europe. 1783–1815.* Harper and Row, NY 1961

Runciman, S.: *The Fall of Constantinople.* Cambridge University Press

Saltmarsh, H. F.: *Foreknowledge.* G. Bell, London 1936

Saxtorph, Niels M.: *Warriors and Weapons of Early Times*. Macmillan Co., NY 1972

Schneider, Del Byron: *Religions of the East*. Jaico Publishing House, Bombay 1972

Scholem, G.: *On the Kabbalah and its Symbolism*. Soncino Press, London & New York

Schonfield, Hugh: *Secrets of the Dead Sea Scrolls*. Thomas Yaseloff, Inc., New York

Schweitzer, Albert: *The Quest of the Historical Jesus*. Macmillan, New York 1968

Seiss, J. A.: *The Apocalypse*. Zondervan Publishing House, Grand Rapids/MI 1962

Seton-Watson, Hugh: *The Russian Empire. 1801–1917*. Oxford University Press, London

Shephard, William: *Historical Atlas*. Henry Holt and Company, New York 1911

Stace, Walter T.: *The Teachings of the Mystics*. Mentor Books, New York 1960

Stearn, Jess: *The Door to the Future*. Doubleday, Garden City/NY 1963

Stearn, Jess: *Edgar Cayce: The Sleeping Prophet*. Doubleday, New York 1967

Stevens, William Oliver: *The Mystery of Dreams*. Dodd, Mead & Co., New York 1949

Stokes, W. L.: *Essentials of Earth History – An Introduction to Historical Geology*. Prentice Hall, Englewood Cliffs, NY

The New Complete Works of Josephus. Kregel Publications, Grand Rapids/Michigan

Tomaschek, R.: "Great Earthquakes and the Astronomical Positions of Uranus", in: *Nature* 7/18/59

Tompkins, Peter: *Secrets of the Great Pyramid*. Harper and Row, New York 1971

Toth, Max: *Pyramid Prophecies*. Warner Books, NY 1979

Toynbee, Arnold J.: *A Study of History*. Oxford University Press, London 1939

Tyrell, G. N. M.: *Science and Psychical Phenomena*. University Books, New York 1961

Velikovsky, Immanuel: *Earth in Upheaval*. Doubleday, Garden City/NY 1955

Walker, Williston: *History of the Christian Church*. Ch. Scribner's Sons, New York

Waters, Frank: *Book of the Hopi*. Viking Press, New York 1963

Weatherhead, Leslie: *The Resurrection of Christ in the Light of Modern Science and Psychical Research*. Hodder and Stoughton, London 1959

Weaver, Kenneth F.: "Science Seeks to Solve the Mystery of the Shroud", in: *National Geographic Magazine* 06/1980

Weber, A. L.; Liss, P. H.: *The Age of Cataclysm*. Berkeley/Putnam, New York 1964

Wedel, T. O.: *The Mediaeval Attitude towards Astrology*. Yale University Press, New Haven

White, John (Hrsg.): *Frontiers of Consciousness*. Avon Books, New York 1975

Williamson, G. A.: *The World of Josephus*. Lillte Brown and Co., New York 1964

Wilson, Colin: *The Occult*. Hodder & Stoughton Ltd., London 1971

Young, E. J.: *The Prophecy of Daniel*. Eerdmans Publishing, Grand Rapids/MI 1949